उत्तर-आधुनिक साहित्यिक विमर्श

उत्तर-आधुनिक साहित्यिक विमर्श

सुधीश पचौरी

वाणी प्रकाशन

वाणी प्रकाशन
4695, 21-ए, दरियागंज, नयी दिल्ली 110 002

फ़ोन : +91 11 23273167 फ़ैक्स : +91 11 23275710

शाखाएँ

अशोक राजपथ, पटना 800 004, बिहार

कॉफ़ी हाउस कैम्पस, महात्मा गांधी मार्ग, इलाहाबाद 211 001, उत्तर प्रदेश

महात्मा गांधी अन्तरराष्ट्रीय हिन्दी विश्वविद्यालय, वर्धा 442 001, महाराष्ट्र

www.vaniprakashan.com
marketing@vaniprakashan.in
sales@vaniprakashan.in

Uttar-Adhunik : Sahityik Vimarsh
by Sudhish Pachauri

ISBN : 978-81-7055-485-1
Criticism

संस्करण 1996, 2000, 2010
चतुर्थ संस्करण 2023

मूल्य : ₹ 695

आर.के. ऑफ़सेट, शाहदरा, दिल्ली-110 032 में मुद्रित

वाणी प्रकाशन का लोगो मक़बूल फ़िदा हुसेन की कूची से

क्रम

भूमिका

'कविता का अन्त' (1990) में जब कविता के भीतर कुछ 'उत्तर-आधुनिक' घटने की बात इस लेखक ने कही थी तो बिरादरी में खीज और उपेक्षा के लक्षण देखे गए थे। पाँचेक साल में बढ़कर वे पूरी बीमारी बन गए हैं। ज्ञान के अत्यन्त पिछड़े हल्कों में उत्तर-आधुनिकता ने ढेर सारे लेखकों को पकड़ लिया है। आश्वस्त, सुरक्षित और आरक्षित साहित्य-संस्कृति में सुखी जनों का चैन हराम है कि यह उत्तर-आधुनिकता क्या बला है। अनेकों ने बिना पढ़े, बिना जाने उसे शाप दिए हैं। वे यह भी नहीं जानते कि उनका शाप देना एक उत्तर-आधुनिक स्थिति ही है। आधुनिकता के सपनों के उजाड़ में खीज ही शाप या गाली बन रही है। अनेक ज्ञानी मान रहे हैं कि वह एक नया साहित्यिक 'वाद' है जिसे इस नाचीज लेखक ने पैदा किया है ! अनेक उसे पश्चिम का कहते हैं जैसे कि वे स्वदेशी हों। ऐसी स्थिति गवाह है कि हिन्दी में उत्तर-आधुनिक युग कुछ बुरी तरह ही आया है। कुछ लोग चाहते हैं कि उत्तर-आधुनिकता की एकमुश्त परिभाषा हो जाए और बच्चों को आसानी हो कि वे प्रश्नोत्तरी कर सकें। वे नहीं जानते कि उत्तर-आधुनिकता स्वयं समस्यामूलक है। उत्तरमूलकता को समस्यामूलक बनाने की सांस्कृतिक अवस्था है।

चूँकि उत्तर-आधुनिकता एक आर्थिक, सांस्कृतिक अवस्था है, इसलिए वह 'स्वायत्त' क्षेत्र नहीं बचता जहाँ से कोई गैर उत्तर-आधुनिक विमर्श कर सके। पश्चिम में उत्तर-आधुनिकता को लेकर उसके समीक्षकों ने सुदीर्घ बहसें चलाई हैं, लेकिन वहाँ भी उत्तर-आधुनिकता द्वारा उठाई गई समस्याओं के उत्तर नहीं दिए गए। हाँ, उसे शापित ही अधिक किया गया। शाप तो उत्तर नहीं होते। गालियाँ विकल्प नहीं होतीं। वे दुर्वासाओं की कमजोरियों का ही प्रमाण हैं। इन दिनों हिन्दी की साहित्यिक बिरादरी यदि पश्चात्-पद और हतप्रभ है तो इसीलिए कि निरन्तर आधुनिकता के पुनरुत्पादन में लगे लोग यह नहीं मान पा रहे कि भौतिक स्थितियाँ

उनकी इच्छाओं से स्वतंत्र भी चलती हैं और बदलती भी हैं।

आधुनिकतावाद का एक सड़ा-गला यूरोपीय ढाँचा यहाँ चढ़ाया गया है। उसमें दीक्षित 'रचनाकार' आधुनिकता का इस कदर आदी है कि जब पूँजीवाद बदला तो वह सिर्फ रो सकता था या चीख सकता था। सब कुछ पश्चिम का ओढ़कर भी वह यह जानने को व्याकुल नहीं है कि दूसरी लड़ाई के बाद पश्चिम के पूँजीवाद ने बड़े दुर्दान्त ढंग से जीने के तरीके निकाले हैं, जबकि समाजवादी विचार ने अपने जीने के तर्क भुलाए हैं। हिन्दी में 'समाजवाद' के विचार को बनाए रखने की नकली व्याकुलता का भाव और असली चिन्ता का जैसा अभाव है, उसे देखकर सहसा ही कहा जा सकता है कि लेखकों की विकलता और चीत्कार-फूत्कार अचानक इतिहास-बाहर हो उठने के अहसास का परिणाम है।

पुस्तक में यत्र-तत्र ऐसी तमाम आपत्तियों का जवाब आ गया है जो उत्तर-आधुनिकता को लेकर हिन्दी में उठाई गई हैं। हम समझते हैं, इससे नया विमर्श पैदा होगा। इस विमर्श की केन्द्रीय समस्या है मार्क्सवाद और उत्तर-आधुनिकता के बीच द्वन्द्वात्मक सम्बन्ध की। अनेक लोग स्वयं को 'मार्क्सवादी' मानकर उत्तर-आधुनिकता को उसका विलोम समझकर उस 'पोदना' चिड़िया की तरह व्यवहार करते हैं जो आकाश को गिरने से रोकने के लिए उल्टा सोती है।

यह तो तमाम उत्तर-आधुनिकतावादी स्वयं कहते रहे हैं कि वह कोई आध्यात्मिक चीज नहीं, ठोस पूँजीवादी अवस्था है। फ्रेडरिक जेमेसन ने जब उसे 'वृद्ध पूँजीवाद का सांस्कृतिक तर्क' कहा तो यही मानकर कि वह पूँजीवाद का एक नया रूप है। उन्होंने मार्क्सवादी अर्नेस्ट मेंडेल की 'लेटकैपीटलिज्म' को अपना सन्दर्भ ग्रंथ बनाया। स्पष्ट है कि मार्क्सवाद में ही उत्तर-आधुनिकता को समझने के बीज हैं, क्योंकि वह पूँजीवाद की ही नई अवस्था है। पूँजीवाद की इस अवस्था का एक विश्वसनीय चित्र खुद मार्क्स ने 1848 में कम्युनिस्ट-मेनिफेस्टो में खींचा था, जिसमें विश्व बांजार और बुर्जुआ के अति चंचल गतिवान होने का जिक्र था (इसका उल्लेख पुस्तक में आया है)। वृद्ध पूँजीवाद की उत्तर-आधुनिक लीला उसी का मूर्त्त रूप है। (इसलिए व्याख्येय भी है और परिवर्तनीय भी)। लेकिन इस पूँजीवाद ने जिस तरह पुराने पूँजीवाद को अर्थ दिया है, उसी तरह उसके विकल्प ने मार्क्सवाद को भी समस्याग्रस्त किया है। तकनीकी क्रान्ति ने उसे टिकाऊ बनाया है। लेकिन मार्क्सवाद चूँकि पूँजीवाद को द्वन्द्वात्मक मानता है, इसलिए वृद्ध पूँजीवाद में भी वही द्वन्द्वात्मकता निहित है जिसे भाववाद से ग्रस्त कई मार्क्सवादी नहीं देख पाते। कम्युनिस्ट मेनिफेस्टो को दोबारा पढ़ें तो जान सकते हैं कि जो हो रहा है वह पहले कहा जा चुका है और मार्क्स ने उसे बिना किसी चीत्कार-फूत्कार के द्वन्द्वात्मक तरीके से कहा है। यह उस मौजूदा मार्क्सवादी विमर्श की भीतरी समस्या है जो सत्ता के विमर्श में बदल गया है और 'सत्य' के विमर्श को त्याग चुका है।

इसीलिए 'पतनशील पूँजीवाद' की ताकत को द्वन्द्वात्मक ढंग से समझने की जगह वह उसे 'शाप' देना चाहता है या मन में किन्तु, परन्तु लगाकर स्वीकार-अस्वीकार करता है।

जब तक पूँजीवाद है तब तक समाजवाद भी रहना है। लेकिन पूँजीवाद, जैसा कि मार्क्स ने बार-बार कहा कि एक 'क्रान्तिकारी शक्ति' है और वह लगातार क्रान्तिकारी (रिवोल्यूशनाइजिंग) है। इसलिए उसके द्वन्द्वात्मक चरित्र को समझना होगा। यह शाप देने या गाली देने से न होगा। यह उसके यथार्थ रूप को द्वन्द्वात्मक ढंग से जानने से ही होगा।

यह सच है कि वृद्ध पूँजीवाद की तकनीकी क्रान्ति ने जहाँ उत्पादकता के साधनों में क्रान्तिकारी परिवर्तन किया है, वहीं मनुष्य का शोषण-उत्पीड़न बढ़ाया है। जहाँ उसने विश्व बाजार बढ़ाया है, वहीं उसने सूचना और तकनीक से मनुष्य और प्रकृति मात्र को अपनी पकड़ में लाकर अपने लिए भी सवाल पैदा किए हैं। समाजशास्त्रों में नए संकट पैदा किए हैं तो तकनीक से उसने कुछ नई समस्याएँ अपने लिए भी पैदा की हैं। आधुनिकता का केन्द्रवाद टूटा है तो नए केन्द्र बने हैं। नया बाजार बना है तो नए उपभोक्ता भी बने हैं और नए प्रतिरोध भी बने हैं। औद्योगिक बुर्जुआ का साम्राज्य नए स्तर पर पहुँचा है तो स्थानीय पहचानें और प्रश्न भी उभरे हैं। स्त्रीलिंगी प्रश्न, दलित प्रश्न या कालों या पर्यावरण के प्रश्न ऐसे ही हैं। विश्व बाजार बना है तो विश्व मजदूर भी पैदा हुआ है और मार्क्स का यह कथन पहली बार सिद्ध हुआ है कि मजदूर का कोई देश नहीं है। बहुत से मार्क्सवादी अपने 'देश' की बात करते हैं तो इसीलिए कि वे बुर्जुआ प्रभाव में हैं। स्पष्ट है, नए पूँजीवाद ने नए शोषण दिए हैं तो नए अवसर भी। मार्क्सवाद उन नए अवसरों को बनाने-बताने का काम करे तो आगे बढ़े। सिद्धांतिकी की असल समस्या मार्क्सवाद के 'पाठ' की है। लोगों ने उसे 'डेटेड' कर रखा है, उसे अपडेट होना है। उसमें समग्रतावाद और केन्द्रवाद बुर्जुआ तत्त्व हैं। नए समय में मार्क्सवाद विकेन्द्रित होगा। होना चाहिए।

उत्तर-आधुनिकतावाद, जो उत्तर-आधुनिक स्थितियों का सांस्कृतिक तर्क है और अपरिवर्तनवादी सांस्कृतिक प्रतिज्ञाओं को समस्याग्रस्त करता है, साहित्य संस्कृति के क्षेत्र के लिए एक निर्णायक वाद है, क्योंकि उससे साहित्य और संस्कृति एक बार फिर नए रूप लेते हैं।

उत्तर-आधुनिकता इसके लिए सबसे पहले साहित्य की सिद्धांतिकी को कष्ट देती है, उसे समस्याग्रस्त बनाती है। साहित्य महान् न होकर, मौलिक न होकर साधारण और पेरोडी या नकल या पेश्टीच बन जाता है। मीडिया के बीच अक्सर वह मीडियामय क्षणभंगुर और व्यावसायिक हो जाता है। इस क्रम में साहित्यकार की भूमिका, साहित्य की भूमिका बदल जाती है। वह भाषा का खेल-भर र जाता

है, पण्य बन जाता है, प्रायोजन बन जाता है, प्रबन्धनीय बन जाता है। पुरखों ने बहुत पहले साहित्य के 'यशसे, अर्थकृते' आदि हेतु माने थे। उत्तर-आधुनिकता में वे एक बार फिर सिद्ध होते हैं।

हिन्दी के आधुनिकतावाद ने साहित्य को जिस ढंग से यूरोप में केन्द्रित किया उसमें यह भरोसा बचा ही नहीं है कि साहित्य की कोई स्थानीय सिद्धांतिकी भी हो सकती है। उत्तर-आधुनिक विकेन्द्रण ने साम्राज्य के तीन सौ साल में पहली बार बताया है कि एक और एकमात्र सिद्धांतिकी संभव ही नहीं। गांधी ने 1909 में 'हिन्द स्वराज' में इसी बात पर जोर दिया है कि स्थानीयता क्या है। और गांधी नीत्शे के चेले नहीं थे ! तो उत्तर आधुनिकता पहली बार मानती है कि एकमात्र सिद्धांतिकी उसी तरह ज्ञान के लिए खतरनाक है जिस तरह पर्यावरण के लिए एक तरह का रहन-सहन। यहीं से उत्तर-आधुनिकता प्रतिरोध के बिन्दु पैदा करती है जो 'महान्' नहीं, बड़े नहीं, जो मामूली हैं, लेकिन सक्षम हैं। इस क्रम में 'हिन्द स्वराज' एक बड़ी उत्तर-आधुनिक 'टैक्स्ट' बन जाती है। कई जगह उसकी अनुगूँजें यहाँ मिलेंगी।

हिन्दी में उत्तर-आधुनिकता आ चुकी है। मीडिया में छपकर, रिव्यू होकर यशकामी, पैसाकामी लेखकों की अनन्त भीड़ साहित्य को सहजकर्म बना रही है। कहा जा सकता है कि एक उत्तर भारतीय किस्म की उत्तर-आधुनिकता यहाँ व्यवहार में काफी पहले से मौजूद है यद्यपि उसके अनन्त व्यवहार-कर्ता यह नहीं मानते कि वे नितान्त उत्तर-आधुनिक नर्क में हैं। यह पाखंड स्वयं आधुनिकता और उत्तर-आधुनिकता के बीच फँसे होने का सूचक है। यह हिन्दी वालों के अस्तित्व का प्रतीक है। यही उनकी अवस्था है। यश, इनाम, प्रकाशन के लिए दौड़, लेखकों के ठेठ उत्तर-आधुनिक व्यवहार के प्रमाण हैं। इस खेल में नागार्जुन और काका हाथरसी और दाऊद इब्राहीम और बिल गेटस सब एक जगह हैं। बिल गेटस तब भी कुछ करते हैं, यहाँ तो कुछ भी नहीं करना है। बगुले की भाँति एक पैर पर खड़े हैं लोग। उत्तर-आधुनिकता इस पाखंड को नष्ट करती है, इसलिए गाली खाती है। उत्तर-आधुनिकता घोर यथार्थवादी है।

इस पुस्तक में और इससे पहली पुस्तकों में यदि विमर्श में ऐसी बेबाकी दिखती है तो इसीलिए कि उत्तर-आधुनिकता में पूज्य, पवित्र का पाखंड—कुछ भी नहीं है। पहली बार साहित्य भौतिक हुआ है। विचार साहित्य में बहुलता और जनतंत्र इसीलिए सम्भव हुआ है। इसीलिए उत्तर-आधुनिकता गांधी के अधिक निकट है। उसमें विरोधी विचारों के प्रति सहनशीलता है। यह साहित्य की सहज अहिंसक स्थिति है। पुस्तक के केन्द्र में जितना 'हिन्द स्वराज' है उतना ही 'कम्युनिस्ट मेनिफेस्टो' है। मार्क्स का एक उत्तर-आधुनिक पाठ यहाँ मिलेगा।

पुस्तक में शुरू के सात निबन्ध सिद्धांतिकी से सम्बन्धित हैं। 'उत्तर-आधुनिकता

के डर' में उत्तर-आधुनिकता के समीक्षकों से विमर्श चलता है तो 'मार्क्स ने कहा उत्तर-आधुनिकता' में 'कम्युनिस्ट मेनिफेस्टो' का नया पाठ है। 'सिद्धांतिकी (थ्यौरी) के संकट' में जेमेसन इत्यादि के आक्षेपों पर विमर्श है तो 'संकट में सिद्धांतिकी' में एज़ाज़ अहमद के विमर्श पर (आंशिक) विमर्श है। 'फूको और साहित्य' में फूको की मुख्य अवधारणाओं का परिचय है तो देरिदा के 'भाषादर्शन' का नागार्जुन और भर्तृहरि से मिलान है। 'पेश्टीच और पेरोडी' में उत्तर-आधुनिक साहित्य रूपों और शैली का परिचय है। 'स्त्रीवादी विमर्श की शुरुआत' में स्त्रीविमर्श का परिचय दिया गया है। शेष दस लेखों में समकालीन हिन्दी साहित्य के कुछ उत्तर-आधुनिक क्षणों को टटोला गया है, विखंडित किया गया है। कुरुकुरु स्वाहा, हरिया हरकुलीज की हैरानी, डूब, मुझे चाँद चाहिए जैसे उपन्यासों के अलावा अशोक वाजपेयी, गिरिधर राठी, प्रयाग शुक्ल, मंगलेश डबराल, कृष्णगोपाल वर्मा की कविता का उत्तर-आधुनिक पाठ किया गया है। इन रचनाकारों ने समकालीन हिन्दी के विमर्श को बहुत दूर तक बदल दिया है। उनमें बहुत कुछ आधुनिक बचा हुआ है। अनेक जगह आधुनिक तथा उत्तर-आधुनिक में हल्के तनाव यहाँ हैं। लेकिन ये वो लोग हैं जिनकी रचनाएँ उत्तर-आधुनिक दृश्य को भरने वाली हैं। (ऐसे ही कई अन्य महत्त्वपूर्ण कवि भविष्य के विमर्श के लिए छोड़ दिए गए हैं।)

उम्मीद है कि उत्तर-आधुनिकता में हैरान-परेशान, लेकिन जिज्ञासु जनों को यह किताब दिलचस्प लगेगी।

लेखक उन तमाम विद्वानों का हृदय से आभारी है, जिनकी पुस्तकों का उल्लेख यत्र-तत्र आया है।

अरुण माहेश्वरी का तो बुनियादी रूप में आभारी होना ही होगा, जिन्होंने इस तरह की एक किताब लिखने का न्योता दिया था।

–सुधीश पचौरी

द्वितीय संस्करण के लिए दो वाक्य

जिन्होंने इस पुस्तक को पढ़ा और सराहा उनका आभार। जिन्होंने सदा की तरह बिना पढ़े-समझे निंदा की, उनके प्रति हार्दिक सहानुभूति।

—सुधीश पचौरी

उत्तर-आधुनिकता के डर

उत्तर-आधुनिकतावाद जब से चलन में आया है, तभी से विवाद के केन्द्र में है। 1975 के आसपास और कुछ बाद में उत्तर-आधुनिकतावाद ने वर्तमान की जो 'समीक्षा' दी वह पश्चिमी ज्ञानोदय के विरुद्ध थी और उसके आधारभूत सूत्रों को प्रश्नांकित करती थी। समाजशास्त्रों, इतिहास और दर्शन में उसने उन बने-बनाए स्वीकृत सिद्धान्तों को समस्यापूर्ण बताया जो एकतावादी, समग्रतावादी और मुक्तिवादी थे। यहाँ तक बात ठहरती तो भी गनीमत थी। ज्यादती यह रही कि उत्तर-आधुनिकतावाद ने समूची ज्ञानोदयवादी योजना को समस्यापूर्ण ही नहीं बताया बल्कि यह दावा किया कि वह मौजूदा पश्चिमी सामाजिक व्यवस्था को रूपान्तरित कर सकता है। यही इसका अन्तर्विरोध था, और है, और यही उसके समीक्षकों का अन्तर्विरोध बना।

इससे पहले हम उत्तर-आधुनिकतावाद के समीक्षकों की समीक्षा करें, हमें यह जान लेना चाहिए कि उत्तर-आधुनिकतावाद कोई एकायामी या इकहरी स्थिति नहीं है। उत्तर-आधुनिक सिद्धान्तिकी के इन दिनों कम से कम चार संस्करण तो मौजूद ही हैं। ये चार हैं उत्तर संरचनावाद, नव मार्क्सवाद, नव व्यवहारवाद और फेमिनिज्म यानी स्त्रीवाद। स्पष्ट ही उत्तर-आधुनिकतावाद की कोई समग्रतावादी या सकलतावादी मुकम्मल परिभाषा सम्भव नहीं, क्योंकि वह स्वयं समग्रतावाद विरोधी है। उसमें निहित बहुलतावाद स्वयं प्रमाण है कि उसके 'मुंडे मुंडे' 'मतिर्भिन्न' होंगे ही। इसे देख तमाम समग्रतावादी विचार और सकलतावादी प्रत्यय इसकी भर्त्सना करते हैं।

जॉन मैकगोवान ने अपनी पुस्तक 'पोस्टमॉडर्निज्म एण्ड इट्स क्रिटिक्स' में एक जगह लिखा है कि उत्तर-आधुनिकतावाद एक ऐसी फिसलनदार पदावली है कि हम उसे आसानी से स्थिर नहीं कर सकते। वह शिक्षा संस्थानों में तेजी से

पनपती सिद्धान्तिकी है या वह महानगरों, उपनगरों का स्थापत्य है या वह सलमान रश्दी या गैब्रील गार्सिया मारकेस या एंजेल्स कार्टर के नए उपन्यासों के रूप में है।

उत्तर-आधुनिकतावाद चूँकि 'स्वायत्तता' (व्यक्ति की समाज से स्वायत्तता और फलस्वरूप हस्तक्षेपकारी भूमिका) को सम्भव नहीं मानता, इसलिए उसके समीक्षक भी उत्तर-आधुनिक कहाते हैं। उत्तर-आधुनिकता के समीक्षा कर्म की सबसे बड़ी दुविधा यही है कि चूँकि वह एक भौतिक, सामाजिक अवस्था या स्थिति है, ज्ञान की एक दशा है और विकसित पूँजीवाद की एक सर्वव्यापी सांस्कृतिक आर्थिक स्थिति है, इसलिए समीक्षा कर्म 'स्वायत्त' नहीं रह पाता। मैकगोवान किंचित् तकलीफ के साथ कहते हैं कि मैं उन सब लेखकों को उत्तर-आधुनिकतावादी कहता हूँ जो उसका विरोध करते हैं।

मैकगोवान कहते हैं (वे हैबरमास से प्रभावित हैं जो स्वयं उत्तर-आधुनिकता के एक समीक्षक हैं) कि "मैं नहीं जानता कि हम किसी ऐसे नए ऐतिहासिक काल में हैं जो पिछले से अलग है, ताकि हम इस नए 'ब्राण्ड' को उचित ठहरा सकें। लेकिन मुझे पूरा यकीन हो चला है कि समकालीन बुद्धिजीवी की अपने कर्म की भूमिका की अवधारणा बदल गई है। बीसवीं सदी में निश्चित की गई प्रतिरोध की रणनीतियाँ नए विद्रोहियों को प्रभावी नहीं लगतीं।"

उत्तर-आधुनिकतावाद के तीन प्रस्ताव केन्द्रीय हैं : समग्रतावादी सार्वभौमिक सत्यों का नकार, तर्कवाद का नकार और आधुनिकतावाद की सक्षमता का नकार। इससे अब तक के समाजशास्त्रों की अवधारणाएँ चुनौती पाती हैं और काम पाती हैं।

पश्चिमी दुनिया ने अपनी जवानी में एक सपना पाला : एक ऐसा केन्द्रीकृत विश्व जिसमें एक सार्वभौमिक सिद्धांत में हर चीज डूब जाती है। लेकिन यह केन्द्रीकृत विश्व और कुछ नहीं पूँजीवादी विश्व ही है, जिसने पश्चिम में चरमोत्कर्ष प्राप्त कर लिया है और साम्राज्यवाद के तरीके से शेष दुनिया को भी अपने भीतर अन्तर्भुक्त कर लिया है। इस सर्वव्यापी और सर्वक्षेत्रीय केन्द्रीकृत यथार्थ के महाकाय (मोनोलिथ) में लगभग हर चीज शामिल है। भोला आधुनिकतावादी ही सोच सकता है कि वह इस सबसे अलग, स्वायत्त और स्वतन्त्र है। उत्तर-आधुनिकतावाद कहता है कि इस पूँजीवाद के महाकाय में हर चीज शामिल है, अन्तर्भुक्त है। कथित विद्रोही भी इसमें अन्तर्भुक्त है, आधुनिकतावादी स्वायत्तता या आलोचनात्मक दूरी असम्भव है जो पहले उपलब्ध थी और जिससे पूँजीवाद की समीक्षा सम्भव थी।

उत्तर-आधुनिकतावाद के बड़े से बड़े आलोचक ने इस प्रस्तावना की काट अभी तक नहीं खोजी है। जेमेसन से लेकर हैबरमास तक के पास विकसित पूँजीवाद के महाकाय की अन्तर्भुक्तिवादी शक्ति की कोई काट नहीं है। हैबरमास का

'संचारात्मक कर्म' 'अन्तर्भुक्ति' को स्वीकार करके ही चलता है।

रूढ़िवादी आलोचक प्राचीन समाज के आदर्शन के लिए तड़पते रहे और आधुनिकतावाद से संघर्ष करते रहे। रैडीकल आलोचक उग्र सिद्धान्तिकी बनाते रहे लेकिन पूँजीवाद अप्रतिहत वेग से अपने रास्ते चला। आधुनिकतावादी अपने समय की प्रभुत्वशाली संस्कृति (पूँजीवादी संस्कृति) से बच नहीं सके।

'पोस्टमॉडर्निज्म और द कल्चरल लाजिक आफ लेटकैपीटलिज्म' में एक जगह जेमेसन कहते हैं कि उत्तर-आधुनिकतावाद पूँजीवाद के इसी 'एपोथियोसिस' से शुरू होती है, वह पूँजीवाद के उस सर्वव्यापकत्व में निहित है, जिसके तहत पूँजीवाद गैर-पण्यीय क्षेत्रों में भी जा पहुँचा है और हर चीज को पण्य बना डाला है।

'लेटकैपीटलिज्म' के लेखक अर्नेस्ट मेंडेल ने कहा है कि वृद्ध पूँजीवाद में समकालीन जीवन के तमाम क्षेत्र अन्तर्भुक्त हो जाते हैं। जेमेसन इसे आगे बढ़ाते हुए कहते हैं कि पूँजीवाद के इस सर्वव्यापकत्व में एक तरह की समग्रता निहित है। उत्तर-आधुनिकतावाद इस तथ्य को स्वीकार करता है और इस समग्रता से निपटने के लिए वह बहुलतावाद को रणनीति की तरह इस्तेमाल करता है। जॉन मैकगोवान ने लिखा है कि उत्तर-आधुनिकता का लक्ष्य इसी पूँजीवादी समग्रता को विखंडित करना है। इसके लिए वह समग्रतावाद के तले दबे-कुचले लोगों को सत्ता देती है। (भारत में दलित, पिछड़ों को सत्ता का आह्वान या स्त्री को सत्ता का आह्वान एक प्रकार के उत्तर-आधुनिक प्रतिकार ही हैं जो अब तक के बूर्ज्वा समग्रतावाद को, उसमें निहित ब्राह्मणवादी समग्रतावाद को चुनौती देते हैं।)

चूँकि उत्तर-आधुनिकतावाद सांस्कृतिक क्षेत्र का तर्क है, इसलिए यह स्वाभाविक ही है कि उसके समूचे विमर्श संस्कृति को मुख्य क्षेत्र मानें। उत्तर-आधुनिकतावादी लेखक, कलाकार आर्थिक-राजनैतिक संस्थानों की आलोचना प्रमुखतया न करके, पूँजीवाद के सांस्कृतिक क्षेत्र की समीक्षा या उनका विमर्श बनाते हैं। वे वृद्ध पूँजीवाद द्वारा ग्रसित और उत्पादित सांस्कृतिक क्षेत्र की समीक्षा करते हैं। इस क्रम में सबसे पहला और बड़ा काम एडोर्नो-होर्खिमार का है। 'डायलैक्टिक्स ऑफ एनलाइटिनमेंट' में विस्तार से यह बताया गया है कि ज्ञानोदय ने अन्ततः जिस सांस्कृतिक उद्योग को जन्म दिया, उसने जीवन के हर क्षेत्र को ग्रस लिया। उन्होंने विस्तार से बताया है कि किस तरह विज्ञापनों और लोकप्रिय जनसंस्कृति (पॉपुलर कल्चर) की भाषा, पूर्ववर्ती भाषा को 'भ्रष्ट' करती है, किस तरह उसे 'सार्थक' नहीं रहने देती और किस तरह ऐसे 'चिह्नों' का संसार बनाती है जिनमें कोई 'गुणवत्ता' नहीं होती।

इसे देखकर फ्रेडरिक जेमेसन ने उत्तर-आधुनिकता को 'सांस्कृतिक तर्क' की तरह रखा तो ठीक ही रखा, लेकिन वे तथा अन्य समीक्षक इस सांस्कृतिक जंजाल की कोई ऐसी सर्वाश्लेषी व्याख्या नहीं ही दे सके हैं जो समीक्षा के स्वायत्त क्षेत्र

के लिए कोई जगह बनाती हो, जहाँ से उत्तर-आधुनिक की कायदे की समीक्षा सम्भव हो सके। (जो लोग वृद्ध पूँजीवाद के सांस्कृतिक तर्कों को देख-देख, नाराजी में गाली देते हैं वे उन आरम्भिक विद्रोहियों की तरह ही नजर आते हैं जो मशीन आने के जमाने में, मशीनों को इसलिए घृणा का केन्द्र मानते थे, क्योंकि वे उन्हें कष्ट देती थीं। उत्तर-आधुनिकतावाद को लेकर खिसियाहट तो बढ़ी है, शास्त्र नहीं बढ़ा।)

यह बात सबसे पहले एडोर्नो ने ही लक्षित की कि सांस्कृतिक उद्योग के भीतर हमारी नई सांस्कृतिक पदावली दुर्भेद्य हो जाती है। चीजों से जुड़े हुए 'ब्राण्ड' (लेबल) ऐसी ही दुर्भेद्य पदावली है। इस क्रम में टॉक शो, सीरियल, रूपंकर नानाविधि टी. वी., सिनेमा, वीडियो शो, एम. टी. वी. के गीत आदि और ज़ोड़े जा सकते हैं। ये पदावली उन चीजों पर कोई रोशनी नहीं डालतीं जिन पर ये चिपकी होती हैं। वे वस्तुओं से हमारे सत्य संबंधों के खिलाफ पर्दे का काम करती हैं। वे सामाजिक कर्ता और भोक्ता के बीच भेद मिटा देती हैं। एडोर्नो आगे कहते हैं कि उपभोक्ता-पूँजीवाद में बिना सोचे-विचारे चीजों का स्वीकार विज्ञापन को स्वयं 'समग्रतावादी' बना देता है। उत्तर-आधुनिकतावाद इसी समग्रतावाद से दो-चार होता है जब वह 'व्यंजकों' की नई समस्याओं को पहचानता है, उठाता है और एक नया सांस्कृतिक वितर्क खड़ा करता है। बौद्रीआ आदि के आखिरी निष्कर्षों के निराशावाद को छोड़ दें तो उनमें हमें उत्तर-आधुनिकतावाद के सांस्कृतिक विमर्श में निहित प्रतिरोध बिंदु पर्याप्त मिलते हैं।

बौद्रीआ के लेखन में आकर लगता है कि पूँजीवाद के उत्कर्ष का चेहरा कैसा है। बौद्रीआ के लेखन में ही हमें पता लगता है कि उन्नीसवीं सदी के पूँजीवाद ने बीसवीं सदी के इन अन्तिम दिनों में 'सामाजिक प्रतिनिधित्व' को किस तरह अनुकूलित (मैनुपुलेट) किया है। 'इन द शैडोज आफ साइलैंट मैजोरिटीज' तथा 'साइमूलेशंस' में बौद्रीआ ने विस्तार से सिद्ध किया है कि किस तरह यथार्थ की 'नई छलना' ने भाषा और संबंधों को उलझाया है और 'अदृश्य' किया है। इसे पढ़कर ज्ञात होता है कि चीजें और दृश्य वे नहीं रहे हैं जो हुआ करते थे। पूँजीवाद के अतिविकसित वृद्ध जर्जर रूप ने अपनी ही शक्ल बदली है। परंपरागत ढंग से सोचने वाले मार्क्सवादी चिंतक, जो अभी भी 'उत्पादन के सम्बन्धों' का विश्लेषण करने के आदी हैं और अभी भी 'मजदूर वर्ग' द्वारा राज्यसत्ता पर 'कब्जे' की पुराने ढंग की परिकल्पना करते हैं, पूँजीवाद के नए रूपान्तरण को देख ही नहीं पाते। यह रूपान्तरण महत्त्वपूर्ण है।

बौद्रीआ बताते हैं कि पूँजीवाद ने श्रम द्वारा उत्पादित माल पर अपने परम्परागत नियन्त्रण से लेकर अब उन सामाजिक छवियों, प्रतीकों और संबंधों तक पर नियन्त्रण कर लिया है जो समाज का संचालन किया करती थीं। इसमें 'उत्पादन'

ही शामिल नहीं है, बल्कि वे तमाम मानव गतिविधियाँ आ जाती हैं जो उत्पादकतावादी पूँजीवाद ने भी नियन्त्रण में नहीं ली थीं। इस वृद्ध पूँजीवाद में, 'पूर्वानुमान, छलना और कार्यक्रम' द्वारा सामाजिक नियन्त्रण होता है। 'साइमूलेशंस' में बौद्रीआ एक स्थान पर कहते हैं कि पहले जहाँ सामाजिक नियन्त्रण उत्पादन से होता था और बहुत-सा क्षेत्र 'स्वायत्त' रह जाता था, अब नहीं बचता। अब एक चिह्न या मॉडल से नियन्त्रण होता है। ये चिह्न या मॉडल यथार्थ से 'पृथक्' रहते हैं। हम कह सकते हैं कि ये चिह्न या मॉडल उन वस्तुओं (यथार्थ) से पहले मौजूद होते हैं जिन्हें बनाया जाना होता है। बन जाने के बाद वे चीजें उसी तरह से चाही जाती हैं, खरीदी जाती हैं, जिस तरह चिह्न या मॉडल ने बताया होता है। इन चिह्नों का सन्दर्भ दोयम तीयम स्तर पर दिखता है, इनके साथ नहीं दिखता। सच तो यह है कि उनके सन्दर्भ मात्र अनुपस्थित रहते हैं, क्योंकि चिह्न साक्षात् वस्तुजगत को अपदस्थ करके ही आते हैं। बौद्रीआ कहते हैं कि "यह पूँजी ही थी जिसने अपने इतिहास में अपने हर सन्दर्भ को नष्ट किया। अपने हर सम्बन्ध को खत्म किया। जिसने सच और झूठ के बीच आदर्श भेद को खत्म किया। अच्छे और बुरे के बीच सम्बन्ध को खत्म किया, ताकि विनिमय और समतुल्यता का उसका नया नियम लागू हो सके। नया नियम, जो उसकी सत्ता का लौह नियम है।" अपने स्वरूप में विनिमय का नियम मूलतः प्रतीकात्मक है। आर्थिक नहीं है। पूँजीवाद हमेशा छलना (साइमूलक्रा) की ऐसी चिह्न-व्यवस्था इसलिए पैदा करता है, ताकि अचानक उग आने वाले संकटों से खुद को महफूज रख सके, ताकि वह नई सामाजिक माँगों की नई जीवन शैली से महफूज रह सके। इस तरह वह अपने जगत को लगातार पुनरुत्पादित करता रहता है कि हर बार वह अपने पुराने रूपों को ही अपदस्थ करता जाता है। नए पूँजीवाद ने पुराने पूँजीवाद के दिनों में 'उत्पादन पर जोर' के नारे को आच्छादित कर लिया है। बौद्रीआ के लिए यही उत्तर-आधुनिक जीवन रूप है। यह (पूँजीवादी) जीवन 'छलनामय' है, जिसमें 'चिह्नों' का एक ऐसा रूप सक्रिय होता है जो स्वयं को ही पुनरुत्पादित करता रहता है और कभी भी सच्चे लक्ष्यों तक नहीं पहुँचता। पूँजीवाद द्वारा समाज के चिह्नों की ऐसी पुनर्संरचना स्वयं उत्तर-आधुनिक रचनाकार और बुद्धिजीवी के भाषावादी, सौंदर्यवादी और पाठीय आग्रह को औचित्य प्रदान करती है। बौद्रीआ मानते हैं कि विकसित पूँजीवाद की सत्ता चूँकि इन्हीं सांस्कृतिक क्षेत्रों में सक्रिय दिखलाई पड़ती है, इसलिए यहीं उसे चुनौती दी जानी चाहिए। (उत्तर-आधुनिकता के आलोचक पूँजीवाद से निपटने के इस तरीके को अवसर का लाभ नहीं देते, यद्यपि अन्य कौन-सा तरीका कारगर हो सकता है वह भी कोई नहीं बताता। 'छलना' की द्वन्द्वात्मकता क्या है सिवाय छलना के भीतरघात के ? चिह्नों के भीतर विचरते हुए हमारे बहुत-से आन्दोलन इसीलिए वीरगति को प्राप्त होते हैं, क्योंकि वे 'चिह्नों की छलना' को सत्य मानते हैं यानी

शुद्ध षड्यन्त्र। उत्तर-आधुनिकतावाद नए चिह्नशास्त्र को सक्रिय करता है। अब इससे 'अर्थवादी' किस्म की पुरानी समीक्षा गिर जाती है तो गिरे !)

'डायलैक्टिक्स आफ ऐनलाइटिनमेंट' में एडोर्नो होर्खिमार ने विस्तार से बताया है कि किस तरह पश्चिम का विमर्श प्रकृति को नियन्त्रण में लाने का विमर्श रहा है (फूको ने जिसे अपने ढंग से बाद में और विस्तार तथा गहराई दी)। मनुष्य को जीना है तो विकास करना है। विकास करना है तो प्रकृति (मनुष्य के भीतर और बाहर) पर नियन्त्रण, पूर्णनियन्त्रण जरूरी है। तमाम ज्ञानविज्ञान (ज्ञानोदय के आसपास बना) इसी उद्देश्य से प्रेरित है। सर्वत्र नियन्त्रण। यही समग्रतावाद है, निरंकुशवाद है। हर नियन्त्रण पिछले पर भारी होता है। संगठन और प्रशासन बढ़ता जाता है। एडोर्नो बताते हैं कि हर प्रगति के साथ ही साथ दमन भी चलता है। नियन्त्रण करने के लिए दमनकारी (प्रतिनिधित्व नियम) बनाए जाते हैं, अलगाव, विलगाव और लगाव की तकनीक बनाई जाती है। यही प्रतिनिधित्व की श्रेष्ठता है कि वह कितना सुसंगत है। अपने लक्ष्य के प्रति कितना समर्पित है। (वीर नायकों का चरित्र याद कीजिए।) पश्चिम का समूचा तर्कशास्त्र पूरी तरह अन्तर्विरोधों रहित अवस्था प्राप्त करने का रास्ता है जो मूलतः नियन्त्रण के रास्ते आता है। अपने भीतर के और बाहर के अन्तर्विरोधों का दमन, भेद और भिन्नता, बहुलता की जगह एकसूत्रता, एकरूपता का आग्रह। तर्कशास्त्र जो आदर्श चीजों को गैर अन्तर्विरोधी और संग्रथित मानता है, मूलतः 'भेद' करने वाला माना जाता है जो किसी एक केन्द्र की ओर गतिमान रहता है, एक ही सूत्र में बँधता जाता है। इससे तो वही अच्छा था जब चीजें इस कदर अन्तर्भुक्त नहीं थीं। परम्परागत पुराने तर्कशास्त्र में सभी चीजों की जगह थी। अन्तर्विरोधहीन चीजें और अन्य सब अपनी अपनी जगह रह सकती थीं। भले ही उनमें अराजकता, अव्यवस्था थी। यह स्थिति नए तर्कवाद की कैद में बनाए जाते केन्द्रवादी समाज से कहीं बेहतर थी। बहुविधितावाला तत्त्व उस सम्पूर्ण एकायायी केन्द्र से बेहतर है और वह नए तर्कवाद से पूर्वस्थित है। लेकिन मनुष्य को इसी सम्पूर्ण की ओर जाना चाहिए, केन्द्रीकृत इकहरी एकरूपता की ओर !

तर्कवाद द्वारा इस इच्छित वर्चस्व को उत्तर-आधुनिकतावाद प्रश्नांकित करता है। और यहाँ तक आता है कि वह तर्कवाद द्वारा विभेदीकृत और श्रेणीकृत विभिन्न प्रकार के साहित्यिक विमर्शों के भेद और भिन्नता को भी बहुत नहीं मानता। न उच्च या नीची कला श्रेणी मानता है, न रचनाकार और आलोचक में भेद मानता है न व्यंजना और व्यंग्य में भेद मानता है। हर क्षेत्र में असल लक्ष्य है उस विशेषाधिकार को गड़बड़ाना जो इकहरा और एकायामी है और अपने 'अन्य' को दबाता है। यह काम एकरूपता में 'भेद' के तर्क और 'भिन्नता' की रणनीति के बिना नहीं हो सकता। उच्च कलाओं की स्वायत्तता, साहित्य की स्वायत्तता, उसकी

शुद्धता और पवित्रता, उसकी शुचिता, पॉपुलर संस्कृति से उसका अस्पृश्य रहना इत्यादि विचार उत्तर-आधुनिकतावाद के आखेट हैं। यहीं 'स्त्रीवाद' (फेमिनिज्म) गहराई से उत्तर-आधुनिकतावादी बनता है, क्योंकि स्त्रीवादी लेखन भी मर्दवाद की श्रेष्ठता को चुनौती देता है। उत्तर-आधुनिक कला में उच्चकला या निम्न कला के भेद नहीं ठहरते। (लालू यादव अगर अपने घर में छोकरा नाच कराते हैं या संयुक्ता पाणिग्रही को कम पसन्द करते हैं, या दोनों को नचाते हैं तो वे एक उत्तर-आधुनिक कलाचरण ही करते हैं। उत्तर-आधुनिक में सबको जगह है।)

कला के क्षेत्र में विकसित 'शुचिता' का विचार एक आधुनिकतावादी विचार है जिसे उत्तर-आधुनिकतावादी 'अटैक' करते हैं। वे आधुनिकतावाद द्वारा खोजी गई कला की 'स्वायत्तता' को भी खंडित करते हैं। इस काम के लिए 'पाठ' की रणनीति अपनाते हैं। 'पाठ बनाने' की रणनीतियाँ ही 'विखंडन' (डिकंस्ट्रक्शन) के नाम से जानी जाती हैं। 'पाठ' (टैक्स्ट), जिसमें व्यक्ति, संस्थान या समाज सब आते हैं, में ऐसे तत्त्व हमेशा रहते हैं जिनके होने को 'पाठ' (टैक्स्ट) नकारना चाहते हैं। सच यह है कि यद्यपि हम बहुत कुछ को अलहदा करते हैं; लेकिन कुछ भी अलग नहीं होता। इस विखंडन की रणनीति में पुराना मानवतावाद ध्वस्त हो जाता है, क्योंकि उसमें 'अस्मिता' की खोज होती है जो 'आत्म' को 'स्वायत्त' बनाती है।

(मुक्तिबोध के पाठक 'अँधेरे में' का विखंडन करेंगे तो पाएँगे कि वह कविता कुल मिलाकर बुर्जुआ मानवतावाद की स्थापना करती है, अस्मिता की खोज करती है। वह पूरी तरह एक आधुनिकतावादी कविता है। नायक का संघर्ष स्वायत्त होने का संघर्ष-भर है। इस तरह पढ़ने पर यह कविता प्रेमचन्द के किसी उपन्यास से हलकी ही ठहरेगी, क्योंकि प्रेमचन्द 'स्वायत्तता' पहले सम्भव करते हैं, मुक्तिबोध बहुत बाद में और काफी उधेड़बुन के बाद। मुक्तिबोध का नायक किसी महावृत्तांत में शामिल होने को विकल है, वह लगभग अधीनस्थ है, अपराध का मारा हुआ है, विचारधारा का शिकार है। प्रेमचन्द में ऐसा अपराध नहीं है। वहाँ बुर्जुआ आधुनिकता की स्वायत्त प्रक्रिया सक्रिय है।)

मानवतावादी विचार किसी न किसी समग्र केन्द्र की ओर ही दौड़ते हैं। उत्तर-आधुनिकतावादी मानवतावादी अस्मिता को एक सामाजिक, ऐतिहासिक संरचना मानते हैं। आधुनिकतावादी अस्मिता को सामाजिक, ऐतिहासिक संरचना नहीं मानते। अस्मिता के निर्माण में 'अन्यों' का दमन भी वे स्वीकार नहीं करते। वे अस्मिता को इतिहास प्रदत्त मानते हैं, आत्मसर्जित नहीं मानते। इसीलिए 'स्त्रीवादी' और गैरउपयोगितामूलक विमर्श उस अस्मिता की एकता को विभक्त करने लगते हैं।

आधुनिकतावाद में अस्मिता का निर्माण, जो अन्यों के दमन और नियन्त्रण से बनता है, राजनीति में बहुत स्पष्ट दिखाई देता है। उत्तर-आधुनिकतावाद की ओर

से देखें तो ज्ञात होगा कि राजनीतिक स्तर पर पश्चिम ने अपनी 'अस्मिता' ही दूसरों की अस्मिता पर लादी है। अल्पसंख्यकों और स्त्रियों का दमन तथा गैरयूरोपीय जातियों का दमन मूलतः परिचय के उसी पागलपन का नतीजा है जिसमें हर जगह वह अपनी अस्मिता, एकसूत्रता और शुद्धता लादना चाहता रहा है। वह यह मानकर चला है कि एकीकृत, एकरस आत्म और राज्य ही प्रभावी ढंग से काम कर सकते हैं। उत्तर-आधुनिकतावादी मानते हैं कि पश्चिम का यह पागलपन उसके तर्कशास्त्र में निहित है। एकीकरण, एकसूत्रता, स्वायत्तता, एकता आदि नारे आधुनिकतावादी पश्चिम के नारे हैं, जिन्होंने अल्पसंख्यकों और औरतों को दबाया है। वे उसके श्रेणीकृत समाज में हाशिए पर फेंके जाते हैं या अप्रस्तुत ही रहते हैं। इसके आर्थिक, राजनीतिक परिणाम कितने घातक रहे हैं, यह आज किसी से छिपा नहीं है।

(अपने समाज के सन्दर्भ जाग्रत करके देखें। अल्पसंख्यकों, स्त्रियों और पिछड़ों, दलितों की अस्मिताएँ अब तक दबी रही हैं। पिछली दो-तीन सदियों में अधिक मजबूत हुई ब्राह्मणवादी व्यवस्था और पश्चिमी आधुनिकतावादी विमर्श की गहरी मित्रता के चलते ऐसा हुआ है। उपनिवेशवादी विमर्श और ब्राह्मणवादी विमर्श उस आधुनिकतावादी विमर्श के खाद-पानी ही बने जो यूरोप में चला और 'अन्यों' को हाशियों पर डालता रहा, दबाता रहा। सूचना, भूमंडलीकरण और पूँजी के तेज प्रसार ने अचानक इन 'अन्यों' को यत्र-तत्र जाग्रत किया है। यह खुद एक उत्तर-आधुनिक स्थिति की सूचना है।)

चूँकि पश्चिमी आधुनिकतावाद ने, परम्परागत तर्क को अपदस्थ कर अपना, एकीकृतवादी तर्क लादा। सिर्फ सत्ता ही नहीं लादी, वे विचार भी लादे जिन्हें हम मुग्ध होकर आधुनिक कहते हैं। सिर्फ समान्तरतावाद के तहत तर्क करें तो राजनीतिक उपनिवेशीकृत आधुनिकता ने हमारे अर्थतन्त्र को नष्ट किया तो क्या विचारों में बहुत कुछ नष्ट नहीं किया ? उत्तर-आधुनिकता पश्चिमी आधुनिकतावाद के वर्चस्व को उलटकर, परम्परागत तर्करूपों को जाग्रत करके उन्हें उनकी विविधता में बनाए रखना चाहती है, ताकि कोई अन्य विचार भी बने रहें जिनके तहत समाज बनते थे, चलते थे और जिन्हें दबा दिया गया है।

इसे देख जो लोग परम्परा का अर्थ धार्मिक पुनरुत्थानवादी परम्परा से निकालने की जल्दबाजी में उत्तर-आधुनिकता को पुनरुत्थानवाद का पर्याय मानकर चलते हैं, चलने को स्वतन्त्र हैं, लेकिन उन्हें यह तो याद रखना ही होगा कि वृद्ध पूँजीवाद उत्तर-आधुनिकता के केन्द्र में, ऐसी किसी भी ऐतिहासिक पुनर्रचना को सम्भव नहीं करता जो आधुनिकतावादी पश्चिमी उपनिवेशीकरण के दौर में, नवजागरण के दौर में 'पुनरुत्थान' के रूप में जाग्रत हुईं। पुनर्जागरण और नवजागरण दोनों आधुनिकतावादी ज्ञानोदय के विमर्श हैं। उत्तर-आधुनिकता में तो ये टूटते हैं। वृद्ध पूँजीवाद परम्परा को, इतिहास को, ज्ञानोदय की योजना को ही

तहस-नहस करता है। वृद्ध पूँजीवाद का चंचल पैसा इन्हें इनकी आधुनिकतावादी महानता से रहित करके इन्हें 'पेरोडी' 'पेश्टीच' में ही सम्भव करता है। 'महान्' सम्भावनाएँ उत्तर-आधुनिकता में सम्भव ही नहीं हैं।

उत्तर-आधुनिक विकेन्द्रण, विखंडन तथा बहुलतावादी राजनीति किस तरह आधुनिकता की बेदखली करे, यह बात पश्चिमी जगत में इसलिए सच नहीं दिखती क्योंकि वहाँ पूँजीवाद ने अपने अन्यों (स्त्री को छोड़कर) को लगभग खत्म कर डाला है, लेकिन यह बात उन समाजों में स्पष्ट दिखती है जो 'अपने अन्यों' को खत्म नहीं कर सके हैं, यानी कि जिन समाजों में आधुनिकतावाद अभी एक संपूर्ण योजना नहीं बन सका है। यही समाज के नए प्रतिरोध क्षेत्र हैं जहाँ बहुलता एक प्रतिरोध बिन्दु बन रही है। स्थानीय विशेषताओं की ओर लौटना, उन्हें जाग्रत करना, रुचियों, भाषाओं और व्यवहार की विविधता को बनाए रखने की इच्छाएँ अनेक रूपों में होती हैं। गांधी का 'हिन्द स्वराज' जिस तरह 'स्थानीयता' का दस्तावेज बनता है, वह अपने आप में एक प्रतिरोधात्मक उत्तर-आधुनिक दस्तावेज है जिसका विमर्श अभी फैलना है।

इस तरह उत्तर-आधुनिकतावाद सिर्फ नकारात्मक विमर्श नहीं है। वह सिर्फ 'हमला' नहीं है, उसमें विविधता को बनाने का रचनात्मक सुझाव भी निहित है। वह पश्चिमी मानवतावाद को निशाना बनाता है, लेकिन 'इतिहास फिर से लिखो' की मुद्रा में नहीं। वह पश्चिम को भी उसके परम्परात्मक तर्कशास्त्र की ओर ध्यान देने को कहता है। वह पश्चिमी विमर्श में 'आजादी' की जगह 'सत्य' के विमर्श की पेशकश करता है। आजादी का विमर्श 'सत्ता' का बनता है, 'सत्य' का विमर्श सत्ता का नहीं बनता। रिचार्ड रोर्ती ने 'कंटिंजैंसी एण्ड सोलिडैरिटी' में कहा है कि पश्चिम को अब समाज-लक्ष्य के रूप में, 'आजादी' की जगह 'सत्य' को रखना चाहिए और अपना विमर्श पलटना चाहिए, क्योंकि पुराना विमर्श नहीं रह गया है।

(उत्तर-आधुनिकता से पूँजीवाद के सम्बन्धों के बारे में विचार करें तो पाते हैं कि उत्तर-आधुनिकतावाद विकसित पूँजीवाद को भी एक एकीकृत 'सर्वभक्षी' प्रक्रिया मानता है जिससे कुछ भी नहीं बच सकता। पूँजीवाद द्वारा हर चीज का भक्षण उसकी प्रकृति में ही निहित है, क्योंकि इसके बिना न वह बना रह सकता है, न स्वयं को पुनरुत्पादित कर सकता है। पूँजीवाद उस सकलतावादी, समग्रतावादी सामाजिक संरचना का नाम है जिसके लिए पिछले रोमांटिक चिंतक व्याकुल रहे। यद्यपि एक दमनकारी समग्रतावाद जन्मा, काल्पनिक (यूटोपियन) समग्रतावाद नहीं जन्मा। इस तरह उत्तर-आधुनिकतावाद में एक अंश रोमांटिक समीक्षा का भी सक्रिय माना जा सकता है। रोमांटिक समग्रता में सबको जगह है, वह सबका जनतन्त्र है।)

रिचार्ड रोर्ती के शब्दों में उत्तर-आधुनिक सिद्धान्तिकी एक 'विडम्बनात्मक सिद्धान्तिकी' (आयरनिस्ट थियरी) है जो अमर शाश्वत सत्यों और अनिवार्यताओं

की खोज के विरुद्ध चलती है और जो किसी भी 'एकमात्र' व्याख्या या निष्कर्ष की योजना को चुनौती देती है।

उत्तर-आधुनिकता की सबसे बड़ी विशेषता यह भी है कि वह पश्चिमी वर्चस्ववाद को चुनौती देती है। वह इसके लिए पश्चिमी तर्कशास्त्र को चुनौती देती है, वह तर्कशास्त्र जो 'अस्मिता' के लिए भेद और 'भिन्नता' को दबाता है। इस तरह यह एक नैतिक विमर्श है। पश्चिमी तत्त्व मीमांसा, पुरुष सत्तात्मकता, मानवतावाद आदि ने अस्मिता के लिए 'भेदों' को दबाया है। इसीलिए उत्तर-आधुनिकतावादी सिद्धान्तिकी कोई 'एकमात्र' हल नहीं देती, बल्कि 'अपने-अपने हल' की सम्भावना बताती है। हम कह सकते हैं कि वह प्रतिरोधात्मक व्यवहारवाद है। उत्तर-आधुनिक चिंतक मानते हैं कि चीजों के बीच, सत्यों के बीच भेद और भिन्नता जो वे स्थापित करते हैं (जैसे ल्योतार देरिदा, जेमेसन, बौद्रीआ अपने अपने ढंग से स्थापित करते हैं), उसमें हर चीज अलग-अलग नजर आती है, हर सत्य अलग नजर आता है, अलग-अलग रंग में नजर आता है। इस 'भिन्नता' की स्थापना के बारे में जान मैकगोवान का कहना है कि भिन्नता को स्थापित करने में सापेक्षिकता का जो सिद्धान्त उत्तर-आधुनिक लागू करते हैं उसमें एक ही साथ हीगेल और मार्क्स की व्याख्यात्मक पद्धतियों पर निर्भरता नजर आती है। इस तरह उत्तर-आधुनिकता यद्यपि आधुनिकतावादी समग्रता के विरुद्ध विमर्श बनाती है लेकिन प्रकारान्तर से एक 'समग्र' अपना भी बनाती है। सिद्धान्तिकी की समस्या ही यह है कि वह हर बार 'समग्रता' की ओर दौड़ती है। समग्रता का विरोध और स्वयं एक अभावपूर्ण नकारात्मक समग्रता—यह उत्तर-आधुनिकतावाद का अपना अन्तर्विरोध है। उत्तर-आधुनिकतावादी इस अन्तर्विरोध को स्वीकार करके चलते हैं।

कला की स्वायत्तता के मामले में उत्तर-आधुनिकतावाद कहता है कि कलाकार की स्वायत्तता एक असम्भव स्थिति है। आधुनिकतावाद स्वायत्तता पर ही टिका है। उत्तर-आधुनिकता उस आधार को ही नहीं मानती जिस पर स्वायत्तता टिकी होती है। इसीलिए वह कलाकार की 'सुधारक' भूमिका, रूपान्तरणकारी भूमिका को अस्वीकार करती है। उत्तर-आधुनिक स्थितियाँ इस भूमिका को असम्भव बनाती हैं। आधुनिकतावाद ने इस झूठ को बड़ी दूर तक सच बनाए रखा कि बुद्धिजीवी पूँजीवाद के बाहर के क्षेत्र में सक्रिय हो सकता है और इस तरह उसके विरुद्ध 'विपक्ष' की भूमिका, आलोचनात्मक भूमिका निभा सकता है। उत्तर-आधुनिक स्थितियाँ इस भूमिका को एक 'भ्रम' ही सिद्ध करती हैं। 'अजनबीपन में जीने को अभिशप्त' कलाकार—(यानी आधुनिकतावादी कलाकार) जो पहले हस्तक्षेप करता बताया जाता था, क्योंकि अजनबी या बहिष्कृत लेखक-कलाकार पूँजीवाद से भी बहिष्कृत मान लिया जाता था—उत्तर-आधुनिकता में 'खत्म' हो चला है। कलाकार विराट् सांस्कृतिक उद्योग का एक हिस्सा है। आधुनिकतावादी कलाकार 'भ्रूच्च'

कलाकार है। उत्तर-आधुनिकतावादी कलाकार जन संस्कृति या लोकप्रिय संस्कृति का कलाकार है। आधुनिकतावादी ऐलीट कला ने जनता को त्यागकर जो शून्य बनाया है, उत्तर-आधुनिक कला उसे भरती है। (कवि सम्मेलन, मुशायरे, संगीत कैसेट, फिल्मी गाने, टी. वी. सीरियल, आदि कला की उत्तर-आधुनिक स्थितियाँ ही हैं।) आधुनिकतावादी कला अपने श्रेष्ठिवाद में किसी भी जनसमूह से स्वयं को सम्बन्धित नहीं मानती और अपनी शुद्धता और शील की रक्षा अकेले करती है। उत्तर-आधुनिक साहित्य और कला का समाज से सम्बन्ध बुनियादी रूप से बदला जाता है। वह शाश्वत नहीं दैनिक, शुद्ध नहीं व्यावसायिक हो जाती है। कलाकार का बुनियादी (और आधुनिक) अजनबीपन हट जाता है। 'व्यवसाय' आ जाता है। उत्तर-आधुनिकता में 'महान्' विशेषण नहीं होता। बहुत-से अभावों के साथ 'कला' के अभाव का नाम है उत्तर-आधुनिकता।

इस मायने में उत्तर-आधुनिकतावादी राजनीति जनतांत्रिक और बहुत दूर तक 'अराजक' कही जा सकती है। इस प्रकट अराजकता के जरिए वह जिस रैडीकल डैमोक्रेसी की व्यवस्था करती है, वह नए हाशिए पैदा कर सकती है; प्रतिरोध भी पैदा कर सकती है, बहुलतावाद की सुरक्षा कर सकती है; लेकिन कोई समग्र विकल्प वहाँ नहीं है। वह हो भी नहीं सकता, क्योंकि उत्तर-आधुनिकतावाद किसी भी 'पूर्ण' का निषेध है।

विश्व-भर में उत्तर-आधुनिकता की व्यापक स्वीकृति और चलन का कारण उसका 'सांस्कृतिक व्यसन' (कल्चरल रिसीडिविज्म) होना है। आधुनिकतावादी सार्वभौमिक, अन्तर्राष्ट्रीय रुचियों या सार्वभौमिक सत्यों की अलम्बरदारी की जगह छोटे समूहों, स्थानीय सांस्कृतिक रूपों, रुचियों की उत्तर-आधुनिकता में ज्यादा जगह है। अमरीका के कैथोलिक हों या एशिया के इस्लामिक तत्त्ववादी, वे प्रतिरोधक बिंदु हैं जिन्होंने आधुनिकतावाद के सांस्कृतिक दबावों का प्रतिरोध किया है। (भारत में ऐसे अनेक धार्मिक, जातिगत, स्थानीय समूह एवं सांस्कृतिक समूह हैं जो आधुनिकता में नहीं हैं। यही अपना उत्तर-आधुनिक परिदृश्य है।)

मार्क्स ने कहा उत्तर-आधुनिकता

उत्तर-आधुनिकतावाद ने पिछले दो दशकों में कला के क्षेत्र में सबसे बुनियादी चुनौतियाँ पैदा की हैं। उसने कला के रूपों और प्रक्रिया (मोड) को चुनौतियाँ दी हैं। यही नहीं, सामाजिक सिद्धान्तिकी तथा राजनीति के क्षेत्र में भी उसने गहरा असर डाला है।

उत्तर-आधुनिक विमर्शों ने 'आधुनिकतावाद' के सर्वस्वीकृत प्रस्तावों को प्रश्नांकित किया है, चुनौतियाँ पेश की हैं। उत्तर-आधुनिक विमर्श ने एफ. आर. लीविस के द्वारा पेश की गई पूर्व-औद्योगिक सामुदायिकता का निषेध भी किया है। लीविस ने अपने विमर्श में औद्योगिक बोध के 'टुकड़े-टुकड़े अनुभव' का निषेध करते हुए सामुदायिक भाव को प्रधानता दी है। कला के क्षेत्र में पूर्वाधुनिक और आधुनिक, दोनों में अब तक पर्याप्त झगड़े रहे हैं। तब सामन्तवाद बरक्स पूँजीवाद के द्वैत में सभी कला प्रस्ताव ढल जाते थे। तर्कहीनता और तर्कवाद, परम्परा और कानूनी प्रक्रिया के बीच, आनुवंशिक सम्बन्ध और यांत्रिकता के बीच कला के समस्त सवाल लगभग हल हो चुके थे।

मुक्ति के सारे महावृत्तांत तभी जन्मे थे। सामन्तवाद के विरुद्ध संघर्ष में ही वे बने। पश्चिम के चिन्तन के इतिहास में लूकाच के आधुनिकतावाद विरोधी चिन्तन, बेंजामिन के उत्साही आधुनिकतावाद और एडोर्नो के ज्ञानोदय के द्वन्द्ववाद ने बहुत बुनियादी योगदान दिया है। ये सभी मार्क्सवादी हैं और इनके मार्क्सवादी चिन्तन के बिना आधुनिकतावाद उस रूप में महावृत्तान्तिक नहीं होता, जैसा कि बना। इन्होंने कला के तमाम पूर्वाधुनिक रूपों से आधुनिकता को अलग और स्पष्ट किया। उत्तर-आधुनिकतावाद पूर्वाधुनिक और आधुनिक दोनों तरह की अवधारणाओं को ही चुनौती देता है, विखंडित करता है। वह इनके द्वारा कमाए गए सत्यों को 'समस्यापूर्ण' बनाता है। समस्यापूर्ण बनाना ही सिद्धान्त की उत्तर-आधुनिकता है।

यों उत्तर-आधुनिकता का इतिहास कुछ पुराना ही है। पहले-पहले जान बार्थ

ने 1967 में कला के सन्दर्भ में इस पद का इस्तेमाल किया। लेकिन 1974 में पीटर बर्जर के 'थियरी डर अवांगार्द', 1979 में प्रकाशित ल्योतार की 'द पोस्टमॉडर्न कंडीशन : ए रिपोर्ट आन नॉलेज' तथा 1984 में प्रकाशित फ्रेडरिक जेमेसन की 'पोस्टमॉडर्निज्म' और 'द कल्चरल लौजिक ऑफ लेटकैपीटलिज्म' ने उस बुनियाद को रख दिया जिसे इन दिनों उत्तर-आधुनिक शैतानी कहते हैं और जिसने कला और समाजशास्त्र के बीच उपद्रव खड़ा किया हुआ है।

उत्तर-आधुनिक कला ने बहुलतावाद को कुछ इस तरह खोला है कि जितने मुँह उतनी ही बातें दिखलाई पड़ती हैं। उसकी परिभाषाएँ हैं, लेकिन कोई एक मुकम्मिल परिभाषा नहीं है। पीटर बर्जर उसे दादावाद तथा सुर्रीयलिज्म में पैदा हुआ मानते हैं, जब जीवन और कला के बीच उपलब्ध आधुनिकतावादी भेद की स्वायत्तता को इन आन्दोलनों ने चुनौती दी। ल्योतार ने 'महावृत्तांतों के प्रति अविश्वसनीयता' की प्रवृत्ति को सामने रखा। आधुनिकता के समग्रतावादी वृत्तांत को ल्योतार ने निरंकुश माना और सन्देहवाद को बहुलतावाद में बदला। उत्तर औद्योगिक समाज में चूँकि 'ज्ञान ही उत्पादक' हो गया, इसलिए ल्योतार ने महावृत्तान्त (महाविचार, महान् नायक, महामुक्ति आदि) को भविष्यहीन कहा। जेमेसन ने उत्तर-आधुनिकतावाद को वृद्ध पूँजीवाद के सांस्कृतिक तर्क के रूप में देखा, जिसमें बहुराष्ट्रीय निगमों की तकनीक और उपभोगवादी विचार सक्रिय हैं, जिसमें पेरोडी और पेश्टीच भारी रहती हैं, जहाँ अतीत वर्तमान बनता है, जहाँ शैली के नियम नहीं हैं जो अन्तर्राष्ट्रीय हैं। एनस हैलर के लिए उत्तर-आधुनिकतावाद 'अन्ततः बहुलतावाद' है जो उत्तर औद्योगिक समाज का परिणाम है। हैबरमास के लिए उत्तर-आधुनिकता एक योजना है, उपलब्धि नहीं है।

ल्योतार उत्तर-आधुनिकता को आधुनिकता का ही विस्तार मानते हैं। जेमेसन के 'वृद्ध पूँजीवाद' से यह विचार कुछ-कुछ मिलता है, क्योंकि पूँजीवाद की आधुनिकता का विस्तार उत्तर-आधुनिकतावाद सहज ही माना जा सकता है। डेविड बैनेट और जान रंडेल उत्तर-आधुनिकतावाद को द्वन्द्वात्मक ढंग से देखते हैं। रंडेल की नजर में उत्तर-आधुनिक क्षण एक ही साथ समझौते का क्षण भी है और संघर्ष का क्षण भी। जान रंडेल, मिलनर द्वारा सम्पादित 'पोस्टमॉडर्न कंडीशंस' में कहते हैं कि उत्तर-आधुनिकता के बीज मार्क्स की रचनाओं में मिलते हैं, क्योंकि मार्क्स सबसे बड़े आधुनिक विचारक हैं। उत्तर-आधुनिकता, आधुनिकता के बीच पैदा हुआ वह क्षण है, जहाँ आधुनिकता थक गई है।

इस तरह उत्तर-आधुनिकतावाद की प्रकृति, पूँजीवाद की प्रकृति की तरह ही द्वंद्वात्मक है। डाइलैक्टिकल है। एक तरफ मनुष्य को अनुकूल बनाती हुई; दूसरी ओर उसे आलोचनात्मक विमर्श में सक्रिय करती हुई। लेकिन वृद्ध पूँजीवाद जितने जबरदस्त ढंग से विचारों के पण्यीकरण में व्यस्त है, उसमें प्रकटतः यही दिखता

है कि उत्तर-आधुनिकतावाद वृद्ध पूँजीवाद में मनुष्य को शामिल करने का दूसरा नाम है। इस तरह उत्तर-आधुनिकतावादी दुविधा कला का एक असम्भव क्षण है। वह शून्यवादी है। वह इतिहास विरोधी है। वह वृत्तांत को खत्म करके अराजकता को न्यौता देता है। हैलर कहते हैं कि वह अपने 'बहुलतावाद' से अराजकता पैदा कर सकता है और अधिक व्यापक जनतन्त्र तथा जनतान्त्रिक कार्रवाई पैदा भी कर सकता है।

हिन्दी में चूँकि उत्तर-आधुनिकतावाद इन दिनों क्षीण विचार का विषय बना है और बहुत-सी आलोचना वामपंथी बुद्धिजीवियों से आती है, इसलिए यह देखना उपयोगी होगा कि मार्क्सवाद से उत्तर-आधुनिक दशा का क्या सम्बन्ध बनता है ? 'मार्क्स एण्ड द पोस्टमॉडर्न इमेज ऑफ सोसाइटी' नामक निबन्ध में जान रंडेल ने लिखा है कि उत्तर-आधुनिकता आधुनिकता का अंग भी है और विलोम भी। वह क्रमिक भी है और परिवर्तन भी। रंडेल मानते हैं कि मार्क्स के बहुत-से अंश दबे हुए हैं, उन्हें जगाना होगा।

'द पोस्टमॉडर्न कंडीशन' में ल्योतार ने आखिर में एक अंश में जवाब दिया है कि पोस्टमॉडर्न मॉडर्न का ही विस्तार है। इसका मतलब यही है कि ल्योतार आधुनिकता के समग्रीकरण में टूट देखते हैं। वे मानते हैं कि बहुत-से उपकेन्द्र उपलब्ध हैं जिनमें झगड़े हैं, जो सत्ता के नए रूपों को प्रकट करते हैं। आधुनिकता ल्योतार के लिए औद्योगिक पूँजीवाद का अंग है। आधुनिकता का महत्त्व यह नहीं है कि वह सभी क्रियाओं के नियम खोजती, स्थापित करती है, बल्कि यह है कि ऐसा वह अपने समग्रतावाद के तहत निरंकुशता लागू करके सम्भव करती है। यह एकता, एकसूत्रता और समग्रता 'झूठी' है, क्योंकि यहीं महावृत्तांत बनते हैं। लेकिन पूँजीवाद के नए विकास ने नए-नए वृत्तांत भी बनाए हैं जो इन वृत्तांतों की परिधि के बाहर पड़ते हैं और इन्हें कमजोर करते हैं। ल्योतार कहते हैं कि उत्तर-आधुनिक वह है जो अप्रतिनिधि योग्य को प्रतिनिधित्व देता है, जो सन्तोषपूर्ण रूपों में सन्तोष नहीं लेता, जो रुचियों की सर्वानुमति का आनन्द नहीं लेता, जो अप्राप्य के अतीत राग को नहीं गाता, जो नए प्रतिनिधित्व को तलाशता है, उसमें आनन्द लेने के लिए नहीं, बल्कि अप्रतिनिधि योग्य को प्रतिनिधित्व देने के लिए ऐसा करता है, उत्तर-आधुनिक कलारूप पूर्व-स्थिर नियमों से चालित नहीं हैं और न उनसे आँके ही जा सकते हैं, वे परिचित श्रेणियों से नहीं आँके जा सकते हैं। कलाकार और लेखक बिना किसी नियम के काम करता है, क्योंकि उन्हीं में से नियम बनते हैं कि क्या होना है। इसलिए कृति और पाठ घटना होते हैं, (पूर्वनिर्धारित स्थिर रूप नहीं)।

ल्योतार कहीं भी उत्तर-आधुनिक को आधुनिक से पृथक् नहीं मानते हैं— 'उत्तर-आधुनिकता आधुनिकता का आखिरी बिन्दु नहीं है, बल्कि उसमें मौजूद एक

नया बिन्दु है और यह दशा लगातार है। उत्तर-आधुनिकता की यह सातत्य-मूलक छवि महत्त्वपूर्ण है। अनेक समीक्षक उसे आधुनिकता से एकदम विच्छिन्न मानते हैं। आधुनिकता महावृत्तांतों का युग है। वह ज्ञानोदय में जन्मे महावृत्तांतों को कहती है। उसमें 'रूह' (हीगेल) की द्वन्द्वात्मकता अपने आप में एक वैध स्थिति है। वहाँ अर्थ का कारक शास्त्र जन्म लेता है। तर्कसंगत यानी श्रमशील कर्ता की मुक्ति होती है। सम्पत्ति बनती है। ये तमाम स्थितियाँ अपनी साख तीन सौ साल के बाद बीसवीं सदी के उत्तरार्द्ध में खो देती हैं। यहीं कहीं उत्तर-आधुनिकता शुरू होती है जो महावृत्तांतों को 'ढलते' हुए पाती है, जब तकनीकी और साइबरनैटिक ज्ञान पुनरुत्पादक बन जाता है। पुराने तमाम वृत्तान्त जहाँ समग्रतावादी होते थे, उत्तर-आधुनिकता के सूचना-निर्मित सम्बन्ध सन्दर्भों और सम्बन्धों की असमग्रता अनेकता पैदा करते हैं।

कुछ भंग, विकेन्द्रित स्थिति तथा कुछ नवकेन्द्रित स्थिति समाज की एक नई छवि तो बना ही देती है, जो ल्योतार के परम निराशावादी उत्तर-आधुनिक विकेन्द्र को फिर चुनौती देती है। ल्योतार जिस 'समग्रता' पर हमला बोलने की बात करते हैं, वह बहुराष्ट्रीय निगमों के विश्व बाजार या विश्व व्यापार संगठन के केन्द्रवाद या पूँजी के केन्द्रवाद में बदल जाता है। ल्योतार ने जिस प्रक्रिया को खत्म हुआ मान लिया था, वह फिर से शुरू हो सकती है। राष्ट्र, राज्यों की जगह विश्व बाजार और उस पर बहुराष्ट्रीय निगम आ जाते हैं, जिसका पर्याप्त जिक्र 'द पोस्टमॉडर्न कंडीशन' में स्वयं ल्योतार ने किया है। ल्योतार की समस्या यह है कि वे बहुराष्ट्रीय निगमों के केन्द्र को, राष्ट्र राज्यों के केन्द्र को अपदस्थ करते तो दीखते हैं, लेकिन उनकी समग्रतावादी शक्ति पर हमला बोलने की कोई रणनीति नहीं सुझाते। जान रंडेल उनकी इसी सीमा की ओर इंगित करते हुए कहते हैं कि उत्तर-आधुनिकता में समाज एक ओर विखंडित और श्रेणीयुक्त बन जाता है, दूसरी ओर सूचना निर्भर प्रबन्धन में नियुक्त हो जाता है और इस जगत में हर विखंडित समूह अपने आसपास फिर केन्द्र को बनता पाता है।

हालाँकि ल्योतार विखंडित समाज के उपकेन्द्रों के सम्बन्धों पर नजर रखते हैं। वे एक ऐसा समाज पेश करते हैं यहाँ वह 'लीला' बन जाता है। ल्योतार की एक सीमा यह भी है कि वह उत्तर-आधुनिक सम्बन्धों को टकरावहीन मानते हैं। उनके तईं सब सम्बन्ध भाषा की लीला हैं।

ल्योतार के यहाँ आधुनिकता विज्ञान और सार्वभौमिक वृत्तान्त दोनों का मेल है। सार्वभौमिक वृत्तान्त अपनी वैधता आप लाते हैं। आजादी के मतवाले नायक या एक तर्कसंगत नौकरशाह, दोनों सार्वभौमिक वृत्तान्त की वैधता के नमूने हैं। समाज और ज्ञान के बीच इस तरह एक सहजात मान्य सम्बन्ध बन जाता है, जहाँ ट्रेनिंग, शिक्षा अपने होने की वैधता प्रकट करती है। इसी में वैध कर्ता (निपुण

ज्ञानी) पैदा होता है। विज्ञान, राजनीति और लक्ष्योन्मुख कर्म तीन चीजें वैधता में सक्रिय रहती हैं। यहाँ कर्ता व्यक्ति नहीं होता। एक राज्य, सत्ता से ज्यादा एक दार्शनिक सत्ता होती है। एक सकलता होती है जो आलोचना और ज्ञान के आधार तै करती है। आधुनिक राष्ट्र राज्य, राष्ट्रीयंता, स्थिरता और गति पैदा करता है। इस हेतु तकनीशियन और राज्य दोनों हस्तक्षेप करते रहते हैं। इस तरह ज्ञान समाज और राज से अविरल सम्बन्ध रखता है।

ल्योतार का मानना है कि महावृत्तान्तीय मानक दूसरी लड़ाई के बाद बदल गए। ज्ञान की वैधता की साख खत्म हो गयी। तकनीकी और तकनीकों ने उसे बदल दिया। बाजार की शक्तियों के नए तरीकों ने उसे बदल दिया। जिसके आगे कल्याणकारी राज्य भी हाशिए पर चला गया। ज्ञान के क्षेत्र एक-दूसरे से स्वतंत्र हो गए। उनकी वैधता राज्य से नहीं, उन्हीं से आने लगी। इस स्थिति ने ज्ञान के पोजिटिविज्म और उपयोगितावाद को ध्वस्त कर दिया। फलतः महावृत्तान्त या महानता के प्रति सन्देह उत्पन्न हो गया। महानता अविश्वसनीय हो उठी।

महानता या महावृत्तान्तों की 'अविश्वसनीयता' के अलावा उत्तर-आधुनिकता की विशेषता वैधता का विकेन्द्रण है, विद्रूपण है। उत्तर-आधुनिकता में सम्बन्ध 'व्यावहारिक' (पैरालॉजीकल) होते हैं, 'सभंग' होते हैं, विपदग्रस्त होते (कैटास्ट्रोफिक) हैं, असुधार्य होते हैं और विडम्बनात्मक होते हैं। व्यावहारिकता उत्तर-आधुनिक सम्बन्धों का सार है। आदर्शहीन, प्रतिबद्धताहीन सम्बन्ध, जो क्षण-क्षण बदलते हैं, वे मूलतः सत्तात्मक सम्बन्ध होते हैं। यह अराजकता ही 'लीला' है, जिसे ल्योतार भाषा की लीला कहते हैं। व्यावहारिकतावादी सम्बन्ध, पुराने मान्य सम्बन्धों को चुनौती देते हैं। इसके लिए भाषायी राजनीति ही एकमात्र रणनीति है।

'द पोस्टमॉडर्न कंडीशन' के आखिरी हिस्से में ल्योतार 'भाषा के खेल' को खेलते हुए बताते हैं कि भाषा के नियम तभी बदलते हैं जब उन्हें खेलने वाला खुद उन्हें खेलते हुए बदले। यानी कि सूचना और तकनीक पर पहुँच और नियन्त्रण ही वह मार्ग है जहाँ से 'खेल' बदला जा सकता है। लेकिन ल्योतार में 'परिवर्तन' की इच्छा का इतना अभाव है कि यह सुझाव भी एक निष्क्रिय सुझाव बना रहता है। कहने की जरूरत नहीं कि इस बिन्दु पर ल्योतार बहुत पिटाई खाते हैं। यही मार्क्सवाद का दबाव है (और सही है)।

बरमैन ने 'आल दैट इज सॉलिड मैल्टस इनटू एअर' में कहा है कि आधुनिकता के महावृत्तान्त 'नए' में उतने नहीं मिलते हैं, बल्कि लगातार अन्तर्विरोधी खोजों में मिलते हैं और 'सम्प्रति' की खोज में हैं, जो अनन्त सम्भावनाओं के द्वार खोलती है। इस दृष्टि से ल्योतार द्वारा आधुनिकता की परिकल्पना कुछ सरल नजर आती है। यद्यपि इसी बिन्दु से वे उत्तर-आधुनिकता को आधुनिकता का विस्तार भी कहते हैं।

आधुनिकता सिर्फ ऐतिहासिक या भौगोलिक स्थिति नहीं है, बल्कि वह आधुनिक समाज को सम्भव करने वाली स्थिति है। आधुनिकता ऐतिहासिक रूप से निश्चित सम्बन्धों, रूपों, संस्थाओं का सन्दर्भ देती है। वह व्यवहारसिद्ध व्याख्येय स्थिति है। वह तर्कसंगत स्थिति है जो श्रेणीबद्ध करती है, व्यवस्था करती है। आधुनिकता में औद्योगीकरण होता है, कलाएँ स्वायत्त बनती हैं, आलोचना सम्भव होती है। नए जनक्षेत्र बनते हैं। ये नए जनक्षेत्र राज्य के विकास के अन्तर्विरोध में आते हैं। स्वायत्त व्यक्ति और स्वयंप्रभु समाज के तर्क समाज में अन्तर्विरोध पैदा करते हैं। यह स्थिति स्वयं बहुलता पैदा करती है और साथ ही समग्रता भी।

संस्कृति में आधुनिकता पुनर्जागरण, सुधार और ज्ञानोदय का नाम है, इसमें मानवजाति स्वायत्त हो जाती है। यह जगत स्वायत्त हो जाता है। मनुष्य आत्म सम्भव और आत्मव्याख्येय हो जाता है। ज्ञानोदय में मनुष्य को त्रिधा कर्मी और त्रिधा तर्की पाया गया। ज्ञान, राजनीति और श्रम ये तीन चीजें मनुष्य की विशेषताएँ हैं। एंथ्रोपोलॉजी, जो ज्ञानोदय का समाज विज्ञान बनी, ने बताया कि मनुष्य ने स्वयं को ऐसे बनाया है। यह ज्ञानोदय ही महावृत्तान्त है। सत्य, शान्ति, और विकास ये महावृत्तान्त हैं।

ये महावृत्तान्त किस तरह सम्भव हुए ? यह सर्वानुमति कैसे बनी कि मनुष्य ऐसा हो ? ऐसे सवाल आधुनिकता को गड़बड़ा देते हैं।

यह मार्क्स ने बताया। मार्क्स ने मनुष्य की आत्मव्याख्येयता को पुनर्स्थापित किया और कांट एवं हीगेल से आगे पहुँचाया। इस अर्थ में मार्क्सवाद ज्ञानोदय का चरम विकास हुआ। 'श्रम' की भूमिका बताकर मार्क्स ने ज्ञानोदय को नए अर्थ दिए। मनुष्य को 'स्वयं सक्रिय' बताया, स्वयं व्याख्येय भी और स्वयं परिवर्तनीय भी। मार्क्स ने कहा कि मनुष्य जाति अपना इतिहास और समाज खुद बनाती है। इस केन्द्रीय स्तर से ही मार्क्स ने अपने समय की आधुनिकता की व्याख्या की। उसने मानव की 'स्वतंत्रता' की एक लगभग पूर्ण परिकल्पना की और उसे 'जरूरत' से जोड़ा, इस प्रयत्न में ही मार्क्सवाद विकसित हुआ जिसे ल्योतार आखिरी महावृत्तान्त कहते हैं। (आधुनिकता के 'ढलान' के बावजूद मार्क्स की योजना व्यर्थ नहीं हुई है, क्योंकि उत्तर-आधुनिकता में भी उत्पादन सम्बन्ध, आजादी और मुक्ति के सवाल बच रहते हैं। पूँजी से श्रम के सम्बन्धों में मौजूद अन्तर्विरोध जब तक हैं, मार्क्स के विचार सक्रिय रहेंगे। वे महावृत्तान्त हैं तो इसीलिए, क्योंकि पूँजीवाद स्वयं एक महावृत्तान्त है। पूँजीवाद के महावृत्तान्त के मुकाबले समाजवाद का महावृत्तान्त जरूरी है।)

लेकिन मार्क्स का चिन्तन आधुनिकतावादी एंथ्रोपोलॉजी से काफी आगे जाता है। वे मनुष्य की वर्ग चेतना की बा करते हैं। 1844 की इकॉनोमिक फिलौसौफीकल मैनुस्क्रिप्ट में मार्क्स कहते हैं कि तना का व्यावहारिक रूप भाषा है। समाज ज्ञान

का निर्माण करता है। मार्क्सवाद में निहित समाजवाद का महावृत्तान्त इसीलिए सम्भव हुआ, क्योंकि मार्क्स पूँजीवाद में से समाजवाद का रास्ता खोजते थे। वे श्रम को पूँजीवाद के बीच देखते हैं। इसीलिए उनके लिए एक ओर बुर्जुआ 'क्रान्तिकारी' है, दूसरे वह शोषक हैं। पूँजी ही नियंत्रक है (पूँजी ही महावृत्तान्त है पूँजीवाद में)। बिना कहे वह नियंत्रित, अनुशासित करती है। पूँजीपति यानी बुर्जुआ वर्ग उसका अधिपति है। वह इस महावृत्तान्त का नायक है। मार्क्स कहते हैं :

"उत्पादन के औजारों और इस तरह उत्पादन सम्बन्धों और समाज को लगातार क्रान्तिकारी ढंग से बदले बिना बुर्जुआ अस्तित्ववान नहीं रह सकता। उत्पादन के पुराने रूपों का अपरिवर्तित रूप में रख-रखाव, पिछले युगों की तमाम औद्योगिक वर्गों की विशेषता थी। उत्पादन में लगातार क्रान्तिकारी परिवर्तन, तमाम सामाजिक स्थितियों में बेरोक उपद्रव, शाश्वत अनिश्चितता तथा आन्दोलन, बुर्जुआ युग को अन्य तमाम पूर्व युगों से अलग करते हैं। पक्के, जमे-जमाए सभी सम्बन्ध जिनमें प्राचीन परम्पराप्रसूत समाजिक पूर्वग्रह सक्रिय होते हैं, झाड़ू मारकर बुहार दिए जाते हैं, और नए बने सम्बन्ध जब तक जमें कि पुराने पड़ जाते हैं। हर वह चीज जो ठोस है, हवा में भाप बनकर उड़ जाती है, हर पवित्र चीज अपवित्र हो जाती है, और अन्ततः मनुष्य गम्भीरता के साथ अपने जीवन की वास्तविक स्थितियों और अपने सम्बन्धों के आमने-सामने होता है।"

"अपने सामान के लिए लगातार बढ़ते बाजारों की खोज बुर्जुआ को धरती के हर कोने में ले जाती है। उसे हर जगह घोंसला बनाना, हर जगह टिकना है हर जगह सम्पर्क बनाने हैं।"

"बुर्जुआ ने विश्व बाजार के शोषण के जरिए हर देश में उत्पादन और उपभोग को एक कास्मोपोलिटन व वैश्विक चरित्र दे दिया है। प्रतिक्रियावादियों की खिसियाहट के साथ, उसने उद्योग के नीचे से वह राष्ट्रीय पृष्ठभूमि खिसका दी है जिस पर वह बना था। पुराने राष्ट्रीय उद्योग खत्म कर दिए गए है या खत्म किए जा रहे हैं। उनकी जगह नए उद्योग बनते हैं, जिन्हें लगाना सब सभ्य देशों के लिए जीवन-मरण का प्रश्न हो जाता है। ये ऐसे नए उद्योग होते हैं जो स्थानीय कच्चे माल पर निर्भर नहीं होते, बल्कि दूर कोने-कोने के कच्चे माल पर निर्भर होते हैं। ये ऐसे उद्योग होते हैं जिनके उत्पाद सिर्फ घर में ही उपभोज्य नहीं होते, बल्कि धरती के हर क्षेत्र में पहुँचते हैं।" (विस्तार के लिए देखिए : कम्युनिस्ट मेनिफेस्टो।)

मार्क्स ने पूँजी का यह रूप 1848 में देख लिया था। यही उत्तर-आधुनिकता है। श्रम व पूँजी में इस तरह अन्तर्भुक्ति को दुहरे अन्तर्विरोधों से देखने (कि पूँजीवादी अपनी कब्र खोदने वालों को साथ पैदा करता है) के बावजूद मार्क्स किसी सरलीकरण की ओर नहीं जाते। अठारहवीं ब्रूमेर में मार्क्स कहते हैं : "मनुष्य अपना इतिहास बनाते हैं, लेकिन अपनी स्वतंत्र इच्छा से नहीं, अपनी चुनी हुई परिस्थितियों

में नहीं बनाते, बल्कि उन दी गई और मिली हुई स्थितियों में बनाते हैं जिनके सामने वे होते हैं।'' (समकालीन बहुत-से मार्क्सवादी अपने विमर्श में इन कथनों की जटिलताएँ भूल जाते हैं।)

स्पष्ट ही, मार्क्स द्वारा पूँजीवाद की व्याख्या और विखंडन बहुत जटिल और तनावपूर्ण हैं। वे जानते हैं कि पूँजीवाद अपनी आत्मसजगता प्राप्त कर लेता है जो वर्ग-सम्बन्धों को मात्र बनाती नहीं है, नियंत्रित भी करती है। पूँजीवाद की यह आत्मसजगता वह संस्थानिक प्रक्रिया है जिसे मार्क्स श्रम, उत्पादन, तनुखा के रूप में बताते हैं, जिन्हें वे 'जीवन रूप' के रूप में भी बताते हैं। इसे देखना है तो 'ग्रंड्रिसे' में देखें। पूँजीवाद की अपनी केन्द्रीय छवि बन जाती है जो आधुनिक युग के बहुआयामी रूप के केन्द्र में रहती है। पूँजी के शासन में विनिमय मूल्य या दाम विनिमय मूल्य के भीतर से ही तै होते हैं। इसमें 'उत्पादन' प्रमुख न होकर मनुष्य के लिए साधन बन जाता है। इस तरह, पूँजी के आरम्भिक चरण में अंतर्भुक्त श्रम धीरे-धीरे विकसित पूँजीवाद में वास्तविक 'अन्तर्भुक्ति' के लिए तैयार होने लगता है। विकसित पूँजीवाद अधिक श्रमसघन होता है। (सोवियत संघ का पतन पूँजी की इसी सघनता के फलस्वरूप हुआ कहा जा सकता है।)

मार्क्स के पूँजी सम्बन्धी विश्लेषण में धन या पैसे (मनी) की भूमिका का बड़ा महत्त्व है। खासकर 'ग्रंड्रिसे' (1857) में उनके विश्लेषण में मनी या पैसे की प्रकृति और भूमिका पर विस्तार से विचार किया गया है। विकसित पूँजीवाद के बारे में मार्क्स के विश्लेषण में 'धन' की भूमिका महत्त्वपूर्ण है। यह विश्लेषण दो तरह से आता है। अविकसित पूँजीवाद के मुकाबले विकसित पूँजीवाद में 'पैसे' की भूमिका बहुत ज्यादा बढ़ जाती है। यह दो तरह से होता है। प्रथमतः पूँजीकरण की प्रक्रिया की प्रकृति बदल जाती है और इस तरह वह ऐतिहासिक भौतिकवाद तथा उससे जुड़े एंथ्रोपोलॉजी को समस्यापूर्ण बना देता है। 'पैसे' का 'मूल्य' पूर्व पूँजीवाद तथा पूँजीवादी सामाजिक रूपों के बीच एक मंच बन जाता है। वेतनभोगी कामगार और पूँजीपति के बीच जो सम्बन्ध होते हैं वे वेज, लेबर-कैपीटल सम्बन्ध पुरुषसत्तात्मक सम्बन्धों और व्यक्तित्व को अपने में अन्तर्भुक्त कर लेते हैं। पैसा स्वयं एक संवाद बन जाता है। (मार्क्स का 'पैसे' के सन्दर्भ में यह विश्लेषण ज्यां बौद्रीआ के 'साइमूलक्रा' या 'छलना' के विश्लेषण से मिलाया जा सकता है। हम पाएँगे कि जिसे बौद्रीआ 'सिंबलिक एक्सचेंज' या प्रतीकात्मक विनिमय कहते हैं, मार्क्स उसे ग्रंड्रिसे में 'पैसे' की लीला कह चुके हैं। इससे इतना ही सिद्ध होता है कि उत्तर-आधुनिकता, जिसे हम वृद्ध पूँजीवाद का तर्क कहते हैं, के लक्षण मार्क्स ने पहले कह दिए थे। भले ही उसे पूरा देखा नहीं था। इस प्रकार उत्तर-आधुनिकता की पूँजीवादी व्याख्या और अवधारणा मार्क्सवाद के विकास में ही पढ़ी जा सकती है। इसके लिए खुली आँखों से 'ग्रंड्रिसे' को देखना काफी है। आज उत्तर-आधुनिकता

के बहुत-से प्रकट लक्षण मार्क्स के यहाँ बहुत पहले से दिखते हैं। उत्तर-आधुनिकता को जो लोग 'षड्यंत्र' मानते हैं वे और जो हों, ऐतिहासिक भौतिकतावादी तो नहीं हो सकते। यदि वे होते तो पूँजीवाद के इस दौर के ऊर्जस्वी रूप को ऐतिहासिक विकास मानते। षड्यंत्र नहीं। क्योंकि 'षड्यंत्र' मानकर चलने से ऐतिहासिकता और भविष्यात्मकता दोनों का संहार हो जाता है।)

विकसित पूँजीवाद में पैसा, 'मूल्य' (कीमत) की अभिव्यक्ति की जगह प्रतीकात्मक संहिता की ऐसी सामाजिक प्रक्रिया में बदल जाता है जो सत्ता और वर्चस्व के बीच नए सम्बन्ध बना देता है। पहले जो 'मूल्य' (कीमत) 'अमूर्त श्रम' था, वह बदलकर पैसे की 'सत्ता' में केन्द्रित हो जाता है। पैसा प्रकटतः स्वतंत्र शक्ति बन जाता है।

ग्रंड्रिसे में पैसा एक ऐसा सामाजिक प्रतीक है जो एक सार्वभौमिकता में सामाजिक सम्बन्धों को व्यक्त करता है, उन्हें निश्चित करता है। पैसा आनुपातिक निर्भरता पैदा करता है और इस तरह पुरानी निर्भरताएँ खत्म कर देता है। पैसा संवाद बन जाता है, जो स्वयं एक एंथ्रोपोलॉजिकल संरचना है। 'कीमत के स्वायत्त प्रतिनिधि के रूप में पैसा'—यह मार्क्स का प्रख्यात सूत्रीकरण है जो उन्होंने ग्रंड्रिसे में लिखा है। पैसे की विकसित स्वतंत्रता के बारे में, उसके प्रतीकात्मक वास्तवीकरण के बारे में मार्क्स के विचार बताते हैं, विकसित पूँजीवाद के ये रूप (पैसा) प्रतीकों की नई संरचना करते हैं और भाषा वैज्ञानिक संरचना करते हैं। जिस तरह मनुष्य की देह वनमानुष की देह का विकास है उसी तरह 'पैसे' की श्रेणी में पूर्व पूँजीवादी सम्बन्धों, संरचनाओं का सार निहित है। बल्कि मानव जाति की निर्णायक क्षमताओं का द्योतक भी है।

पैसा भाषा की तरह काम करता है। यद्यपि मार्क्स पैसा और भाषा के सांग-रूपक को असुविधाजनक मानते हैं, क्योंकि इसमें 'दोहरे प्रभाव' होते हैं। लेकिन मार्क्स मानते हैं कि संवाद (इंटरकोर्स) के रूप में उनके काम एक जैसे हैं। भाषा या प्रतीक मार्क्स के लिए चेतना का व्यावहारिक रूप हैं। भाषा उसी तरह मनुष्य का 'सार्वभौम वास्तव' है जिस तरह उसका 'श्रम' सार्वभौम वास्तव है। इस प्रकार संवाद (इंटरकोर्स) के रूप में विनिमय (यानी आदान-प्रदान) भी प्रतीकात्मक होता है। पश्चिमी अफ्रीका के तटवर्ती नीग्रो लोगों के बीच 'बार्टर' के सन्दर्भ में मार्क्स कहते हैं कि आदान-प्रदान से पहले 'वस्तुएँ' दिमाग में और भाषा में 'प्रतीक' (बार) बन जाती हैं, तभी उनकी अदला-बदली होती है। यह आदान-प्रदान और प्रतीकात्मकता उसकी अपनी (निजी बनाई गई) नहीं है संवाद (इंटरकोर्स) के जरिए काम करने वाली सामाजिक व्यवस्था का प्रकार्य है जो अपने चलन के लिए ऐसा प्रतीक गढ़ती है। विश्व बाजार के बारे में मार्क्स की टिप्पणियाँ उसे और भी स्पष्ट कर देती हैं। मार्क्स के अनुसार प्रतीकों का विनिमय ऐसी भौतिक और मानसिक

प्रक्रिया है जो व्यक्तियों की इच्छाओं और बोध से स्वतंत्र है। प्रतीकों और भाषा का वास्तव (रूप) सामाजिक ऐतिहासिक सन्दर्भ से कभी अलग नहीं होता। उसमें सामाजिक संवाद (इंटरकोर्स) के चिह्न सक्रिय रहते हैं। बल्कि ऐतिहासिक होने के कारण वह समाज की प्रवृति को भी बताता है। इस प्रकार चेतना के रूप, जो अर्थ को वास्तव करते हैं, न तो समाज से कभी अलग होते हैं न मानव जीवन के क्षण से जिसमें वे बनते हैं।

पूँजीवाद में प्रतीक के रूप में पैसा उस मात्रा तथा संगठनात्मकता को बताता है, जिसमें वह सक्रिय रहता है।

हम कह सकते हैं कि पैसा प्रतीक का भी प्रतीक है। मार्क्स के यहाँ पैसा पूँजीवाद का सार है। वह सिर्फ ऊपरी रूप नहीं है। वह पूँजीवाद की सारवस्तु है, उसका एक निश्चित अर्थ है। मार्क्स ग्रंड्रिसे में कहते हैं कि विनिमय मूल्य प्रतीकात्मक रूप में ही सम्भव होते हैं। इन प्रतीकों का वस्तुगत अस्तित्व होता है। वे सिर्फ अवधारणाएँ नहीं होते, बल्कि दिमाग में एक वस्तुगत ढाँचे में ही उपस्थित होते हैं।

इस प्रकार पूर्वपूँजीवादी अस्मिता का निर्माण पूँजीवादी विकास के लिए जरूरी है, क्योंकि वही उसका प्रतिरोधी बिन्दु भी है। मार्क्स 'पैसे' के औजार से पूर्वपूँजीवादी और पूँजीवादी समाज में भेद करते हैं। पैसा पहले भी था, लेकिन मार्क्स के विश्लेषण के बाद वह एक निर्णायक कोटि के रूप में पहचाना गया। मार्क्स मानते हैं कि पैसा आधुनिक समाज को बनाने वाला तत्त्व है। अपने 'तीसरे प्रकार्य' में पैसा प्राचीन समुदायों को ध्वस्त कर, स्वयं समुदाय बन जाता है। विनिमय कर्म सभी तरह का माध्यम बन जाता है। जो व्यक्ति एक-दूसरे से अनभिज्ञ हैं, वे इस पर सभी तरह से निर्भर होते हैं। और इस तरह अनजाने नए सम्बन्धों में आते हैं। यह सम्बन्ध विनिमय मूल्य में प्रकट होता है। इस विनिमय मूल्य से हरेक व्यक्ति का काम या उत्पाद एक प्रक्रिया बन जाता है और उसके लिए उत्पाद बनता है। वह हमेशा एक ही 'उत्पाद' पैदा करता है। 'विनिमय मूल्य' का उत्पाद यानी धन या पैसे का उत्पाद। व्यक्ति का पैसा ही दूसरों पर उसकी सत्ता तै करता है। मार्क्स की प्रसिद्ध उक्ति यहीं आती है कि "हर आदमी अपनी सामाजिक सत्ता और समाज से अपने सम्बन्ध अपनी जेब में रखकर चलता है।" यह स्थिति उससे भिन्न है जिसमें परिवार या किसी कुल या समुदाय का कोई व्यक्ति स्वयं को प्राकृतिक ढंग से पुनरुत्पादित करता था या जिसमें उसकी उत्पादक क्रिया और उत्पादन में उसका हिस्सा उसके श्रम और उत्पादन का एक खास रूप लेता था जो उसके सम्बन्धों को खास ढंग से प्रभावित करे।

मार्क्स इस तरह पैसे के केन्द्र से समुदाय के जीवन का विखंडन करते हैं और पाते हैं कि पूँजी की इस अंतर्भुक्ति में सिर्फ सामाजिक जीवन ही नहीं, बल्कि

तकनीकी और भौतिक वस्तुएँ भी अंतर्भुक्त हो जाती हैं।

ग्रंड्रिसे में पैसे का ऐसा विशद विवेचन बताता है कि मार्क्स भले ही उत्पादक शक्तियों को प्राथमिकता देते थे, लेकिन उनके विश्लेषण में सामाजिक सम्बन्धों (पैसा) का भी उतना ही महत्त्व था। ग्रंड्रिसे में वे सामाजिक सम्बन्धों, सामाजिक रूपों को भी पर्याप्त प्राथमिक बताते हैं। यह महत्त्वपूर्ण है, क्योंकि सामाजिक सम्बन्धों पर इतना जोर उनके उत्पादक शक्ति की प्राथमिकता वाले सिद्धान्त को द्वन्द्वात्मक रूप से सन्तुलित कर देता है। (कठमुल्ले लोग सिर्फ उत्पादक शक्तियों पर जोर देते हुए ही मार्क्स को पढ़ते हैं।) ग्रंड्रिसे का महत्त्व यही है कि यहाँ मार्क्स पूँजीवाद के एक ऐसे रूप की परिकल्पना करते हैं, जहाँ पूँजी द्वारा जीवन का ऐसा संचालन होता है जो आधार और अधिरचना दोनों को प्रभावित करता है।

पूँजीवाद में, पैसे की दुनिया में, ऐसी अंतर्भुक्ति में समाज स्वयं को एक सांस्कृतिक वस्तु समझने लगता है। यह वस्तुकरण ही किसी समाज की पहचान बन जाता है। पूँजीवाद में मूल्य और अतिरिक्त मूल्य की स्वायत्त प्रक्रिया 'बाजार' में सम्भव होती है। यह प्रक्रिया एक सांस्कृतिक प्रविधि बन जाती है और उसी तरह समझी जाती है। मूल्य की यह स्वायत्त गति सिर्फ विनिमय मूल्य में ही व्यक्त नहीं होती बल्कि 'उत्पादन के लिए उत्पादन' के नारे में प्रकट होती है और ऐसी संवाद व्यवस्था (इंटरकोर्स) पैदा करती है जो पूँजीवाद के विस्तार को गति दे देती है। वह जीवन के अन्य क्षणों को अपना उपनिवेश बनाती है, अपना उपक्षेत्र बनाती है।

पूँजीवाद की यह गति मूलतः सामाजिक सम्बन्धों की गति बन जाती है, जो स्वयं को फैलाते चलते हैं। पैसा 'पण्य' का चलन नहीं करता, बल्कि पण्यों के नामों की मिल्कियत पैदा करता है। इसी बिन्दु पर पूँजीवाद को मजदूर वर्ग चुनौती देता है। ग्रंड्रिसे में मार्क्स का विश्लेषण बताता है कि वेतन एक प्रतीक रूप है जो पूँजी के सामने मजदूर की अधीनता को तै करता है और माध्यमीकृत करता है। वेतन लगातार भ्रम को पुनर्नवीकृत करता रहता है कि बेचने वाले और खरीदार के बीच अब एक निश्चित सम्बन्ध है। इस तरह एक भ्रम पैदा होता रहता है जैसे बेचने वाला और खरीदार दोनों बराबर हैं, आजाद हैं।

यदि हम मार्क्स के इस 'पाठ' को बौद्रीआ के पाठों से मिलाकर पढ़ें तो पाएँगे कि जो उत्तर-आधुनिकता है, वह बहुत कुछ मार्क्स के विकसित पूँजीवाद का ही विस्तार है। पूँजीवाद की जिस विकसित अवस्था की मार्क्स ने चर्चा की है, वह उत्तर-आधुनिक दशाओं से मिलती-जुलती है। मार्क्स ने ग्रंड्रिसे में सामाजिक सम्बन्धों और अधिरचना को जो महत्ता दी उससे भी प्रकट है कि सामाजिक सम्बन्ध हर बार आधार से दो दूनी चार का सम्बन्ध नहीं रखते।

विकसित पूँजीवाद ही वह अवस्था है जो इन दिनों उत्तर-आधुनिकता है। अर्नेस्ट मेंडेल जिसे 'लेटकैपीटलिज्म' कहते हैं, जेमेसन जिसे 'वृद्ध पूँजीवाद का

सांस्कृतिक तर्क' बताते हैं। हम उसे संवाद का आर्थिक, राजनैतिक और सामाजिक तर्क भी कह सकते हैं।

उत्तर-आधुनिकता पूँजीवादी विकास की एक नई स्थिति है और उत्तर-आधुनिकतावाद उसका सांस्कृतिक प्रत्यय। उत्तर-आधुनिकतावाद का अवदान यह तो है ही कि वह पूँजीवादी राष्ट्रराज्य के समग्रीकृत निरकुंश मिजाज को निराशा से, सन्देह से देखता है और आधुनिकता को लगभग सर्वत्र ही प्रश्नांकित करता है, समस्यापूर्ण करता है। उत्तर-आधुनिकतावाद एक सांस्कृतिक प्रत्यय है, जबकि उत्तर-आधुनिकता एक सामाजिक प्रत्यय है। जान मैकगोवान ने लिखा है कि उत्तर-आधुनिकतावाद संस्कृति और समाज के रिश्ते के बदले रूपों का दूसरा नाम है। आधुनिकतावादी बुद्धिजीवियों, संस्कृतकर्मियों और सांस्कृतिक संस्थानों ने समाज को बदलने में जो भूमिका निभाई, जो दावे किए, यह उनकी पड़ताल करता है और उन्हें समस्यापूर्ण मानता है। वह 'आधुनिकता की स्वायत्तता' की अवधारणा खंडित करके मानता है कि कुछ भी 'स्वायत्त' नहीं होता। मार्क्स के 'पैसे' का व्यापार इस अन्तर्भुक्ति से मिलता-जुलता है कि पैसे में 'स्वायत्तता' नहीं होती। इसीलिए उत्तर-आधुनिकतावाद कोई रास्ते नहीं देता। 'रास्ते' के लिए 'स्वायत्त' मनुष्य की परिकल्पना जरूरी है जिसे उत्तर-आधुनिकतावाद सम्भव ही नहीं मानता।

मार्क्स के युग गें पूँजीवादी राज्यसत्ताओं की समग्रतावादी दृष्टि पूरी तरह प्रकट नहीं हुई थी। वर्गों (मजदूर वर्ग) द्वारा पूँजीवादी वर्ग के विकल्प में बनाई गई सत्ताओं का पूँजीवाद के वातावरण में अन्तर्भुक्ति से अलग विकास का रूप क्या बनेगा, यह सवाल भविष्य पर छोड़ दिया गया था। तब तकनीकी क्रान्ति नहीं हुई थी, सूचना क्रान्ति भी नहीं थी और पूँजीवाद का वह रूप साक्षात नहीं हुआ था, जैसा कि आज है। यद्यपि मार्क्स ने सर्वप्रथम इसकी परिकल्पना की थी। यह विकसित पूँजीवाद है या वृद्ध पूँजीवाद या उत्तर-आधुनिकवाद, कुछ भी कहें, बहस का विषय 'नाम' न होकर वह वास्तविकता ही हो सकती है जो इस पूँजीवाद में स्पष्ट होती है। चूँकि यह पूँजीवाद ही है, कोई षड्यंत्र नहीं, इसलिए मार्क्सवाद आज भी ढूँढ़ना चाहेगा कि वह स्वायत्त क्षेत्र कहाँ है जहाँ से प्रतिरोध शुरू होता है, विकल्प शुरू होता है। विचार का मुद्दा इस 'स्वायत्तता' को पुनर्सम्भव करना है। उत्तर-आधुनिकतावाद ने स्वायत्तता पर जो प्रश्न उठाए हैं, वो गर्दन टेढ़ी करके सिर्फ दुत्कारे नहीं जा सकते। उनसे बचना नहीं, उनसे भिड़ना ही मार्क्सवाद का विकास कहला सकता है ।

सिद्धान्तिकी के संकट

जेमेसन के 'पोस्टमॉडर्न' की सबसे बड़ी विशेषता इस बात को स्वीकार करने में निहित है कि 'वृद्ध पूँजीवाद' (लेटकैपीटलिज्म) के द्वारा निर्मित उत्तर-आधुनिक स्थिति में वह जगह खो गई है जहाँ से कोई आलोचनात्मक विमर्श शुरू किया जा सकता। जेमेसन ऐसे साहसी मार्क्सवादी हैं जो इस जगह की कमी को स्वीकार करके चलते हैं और इसे वे 'कर्ता की मृत्यु' (डैथ ऑफ सब्जैक्ट) कहते हैं, 'इतिहास के विलोप' (इफेसमेंट ऑफ हिस्ट्री) तथा 'आलोचनात्मक दूरी की समाप्ति' कहते हैं। जेमेसन बताते हैं कि उत्तर-आधुनिक कला अतीत के जिन प्रतीकों, शैलियों और थीमों को 'रिसाइकिल' करती है, उस अतीत को किसी भी 'जीवित सार्थकता' से रहित कर देती है। अतीत अब 'तमाशे के समाज' के लिए छवियों का कोष-भर रह जाता है, और इस 'तमाशे' में गिरफ्तार 'कर्ता' 'सीजो फ्रेनिक' बन जाता है जिसके लिए 'व्यंग्य-व्यंजक' की शृंखला टूट जाती है। किसी भी 'वाक्य' का अर्थ परस्पर भेदीकृत चिह्नों में से होकर आता है और जब व्यंजना करने वाली शृंखला टूट जाती है तो सीजोफ्रेनिया पैदा हो जाता है जिसमें हर 'चिह्न' असंबद्ध और असंपृक्त गड्डमड्ड में बदल जाता है। असंबद्ध, असंपृक्त, असंदर्भित छवियों, चिह्नों, बिम्बों का अनन्त प्रसार 'अर्थ' को स्थिर करने वाले संस्थानों, प्रक्रिया को तोड़-फोड़ डालता है। इतना सब 'यथार्थ' स्वीकार करने के बाद जेमेसन कहते हैं कि उत्तर संरचनावाद का विखंडन इस स्थिति को तोड़ता नहीं है, मजबूत करता है। जेमेसन ये चाहते हैं कि फिर इस सबकी कोई सर्वाश्लेषी आलोचना बने। समीक्षा बने ! (ऐसी कामना किसकी न होगी, लेकिन जब 'स्थितियाँ' बदल गई हैं तो बदली स्थितियों का समीक्षाशास्त्र भी बदलेगा। उत्तर-संरचनावाद एक तरीका है, लेकिन एकमात्र तरीका नहीं, यह बात तो उत्तर-आधुनिकता ही कहती है। उत्तर-संरचनावाद को छोड़िए। कोई नई पद्धति लाइए। इस पर किसी का झगड़ा नहीं। मार्क्सवाद का नया संस्कार करें, ताकि कोई रास्ता निकले। एक रास्ता उत्तर-संरचनावाद देता

है और दावा नहीं करता कि वही एकमात्र रास्ता है।)

जेमेसन कहते हैं कि अगर जटिल समय में विरोध की, अतीत और भविष्य को पुनर्गठित और सुसंगत अनुभव बनाने की क्षमता खो गई है, तब यह देखना कठिन हो जाता है कि इस कर्ता के पास 'टुकड़ों के ढेर' के अलावा और क्या हो सकता है। उत्तर-संरचनावाद पर जेमेसन का यह प्रहार अच्छा है, लेकिन बहुत जल्द अपनी चमक खो देता है, क्योंकि एक ओर वे इस 'कर्तव्यहीन' कर्ता को अस्तित्ववान मानते हैं दूसरी तरफ वे उसे कर्तृत्वहीनता का औचित्य देने वाला भी मानते हैं। उधर उत्तर संरचनावाद यह वहम ही नहीं पालता कि उसे 'कर्ता' को नए 'कर्तव्य' देने हैं। जेमेसन कहते हैं कि बीमारी को इलाज नहीं माना जा सकता। वृद्ध पूँजीवाद की सारी बीमारी यह है कि वह इतना व्यापक और इतना समग्र और जटिल है कि वह समकालीन दुनिया की असम्भव समग्रता के बारे में सोच भी नहीं सकता। टुकड़ों-टुकड़ों में सोचना ही सम्भव है, जो यह बताता है कि कितनी भयावह स्थिति है।

स्पष्ट है कि जेमेसन उत्तर-आधुनिक सिद्धान्तिकी को दूर तक एक छूट देते हैं। पद्धति में वे 'टैक्स्ट' से पीछा नहीं छुड़ा पाते। विचार में वे 'कर्ता' को राजनीतिक सक्रियता नहीं दे पाते। न तो मजदूर वर्ग और न कोई दूसरा प्रतिनिधि प्रकट होता है जो वृद्ध पूँजीवाद के आगे के भविष्य के बारे में बताए। कोई ऐसा समूह सामने नहीं आता जो हमें 'जरूरतों' के क्षेत्र से हटाकर 'आजादी' के क्षेत्र में ले जा सके। ऐसी भविष्यहीनता में वे द्वन्द्वात्मकता का सहारा लेते हैं : 'द्वन्द्वात्मकता की माँग है, हम लेटकैपीटलिज्म के उभार के धनात्मक या प्रगतिशील मूल्यांकन का सहारा लें।' इसके लिए मार्क्स का हवाला देते हुए वे कहते हैं कि मार्क्स कह चुके हैं कि इस विकास (पूँजीवाद) के एक ही साथ नकारात्मक और सकारात्मक दोनों पक्षों के बारे में असम्भव की हद तक हमें सोचना चाहिए। जेमेसन कहते हैं कि ऐतिहासिक द्वन्द्ववाद आगे जा रहा है और हमें वह मानना होगा जो यह ला रहा है, क्योंकि पूँजी के महाअस्तित्व के कारण सांस्कृतिक कर्म की उसके बाहर परिकल्पना करना एक पुराना विचार है। जेमेसन मानते हैं कि इसमें अनदेखी सम्भावनाएँ भी उपस्थित होंगी जो यह विकास अपने साथ पैदा करेगा।

(यहाँ फ्रेडरिक जेमेसन के मार्क्स के 'पाठ' से पूरी तरह सहमत हुआ जा सकता है कि क्योंकि जब तक पूँजीवाद रहना है, उसके तोड़ मार्क्सवाद को रहना है। ऐसा सिर्फ मूर्ख ही कह सकते हैं कि मार्क्सवाद का अन्त हो गया। दरअसल विश्व पूँजीवाद के साक्षात् होने पर मार्क्सवाद का विश्वरूप और उत्कट ढंग से प्रकट होगा।)

जेमेसन कहते हैं कि आलोचक और कलाकार इस वक्त के सबसे बड़े सहारे हैं, क्योंकि वे ही इस वक्त के फौरी कार्य पूरे कर सकते हैं। आलोचक का काम

है कि वे हमें वृद्ध पूँजीवाद के बारे में सचेत करें, क्योंकि यह अभी तक किसी ने नहीं कहा कि पूँजीवाद 'ज्ञेय' नहीं रह गया है, हाँ इतना ही कहा गया है कि वह प्रतिनिधान के भीतर नहीं आ रहा। उत्तर-आधुनिकतावादी यही कहते हैं कि उसका प्रतिनिधित्व चालू रूप में सम्भव नहीं हो रहा। वह 'अज्ञेय' है, ऐसा उत्तर-आधुनिकतावादी नहीं कहते। अज्ञेय होना अलग बात है, अप्रतिनिधानीय यानी 'अकथनीय' होना दोनों अलग-अलग बात हैं। कलाकार का काम है कि इन दिनों जो प्रतिनिधित्व में नहीं आता (कथन में नहीं आता), उसका प्रतिनिधित्व करे (कथन करे)। क्रान्ति तब तक ठहरी है जब तक प्रतिनिधित्व (कथन) के एकदम नए तरीकों को नहीं खोजा जाता, जो बहुराष्ट्रीय पूँजीवादी यथार्थ को सही प्रतिनिधित्व दे सके, (उसका बखान कर सके) और फलतः हमें व्यक्तिगत रूप में तथा समूह के रूप में एक दिशा दे सके। हम कर्म एवं संघर्ष करने की क्षमता फिर से प्राप्त कर सकें जिसे इन दिनों तरह-तरह की छवियों ने असंभव कर रखा है। जेमेसन मानते हैं कि आजादी और कर्ता सिर्फ कुछ समय के लिए निलम्बित-भर हैं और समीक्षा में महावृत्तान्त की प्रतीक्षा में हैं, हमें द्वन्द्ववाद का भरोसा करना है और उन सम्भावनाओं पर यकीन रखना है जो यह खोलेगा।

इस घटाटोप में यह आशावाद ही सहारा है। यह महत्त्वपूर्ण है। उत्तर-आधुनिक यथार्थ के बाद जेमेसन के विश्लेषण में निराशा का तत्त्व बढ़ा है क्योंकि यहीं आकर उन्होंने माना कि वर्चस्वी व्यवस्था से संस्कृति की स्वायत्तता नहीं बची है और सीजोफ्रेनिक 'आत्म' (कर्ता, रचनाकार) इस जगत से जरूरी दूरी नहीं रख पाता है। 'थर्ड वर्ल्ड लिटरेचर इन द इरा ऑफ मल्टीनेशनल कैपीटलिज्म' में जेमेसन कहते हैं कि मुक्ति के लिए हमें पश्चिम के बाहर देखना होगा। यह लेख 'पोस्टमॉडर्निज्म' का विस्तार ही है जिसमें जेमेसन ने कहा है कि यथार्थ की समग्र पहचान वर्चस्ववादियों के यथार्थ की जगह अधीनस्थ यथार्थ में उपस्थित है। विकसित देशों में मजदूर वर्ग के बीच व्याप्त भ्रांतियाँ उन्हें दूसरी जगह जाने को मजबूर करती हैं, जहाँ वे रूपान्तरण के सम्भव कर्ता को पा सकें। (एज़ाज़ अहमद ने उनकी इस विकलता और विचलता को विकसित देशों में सम्भव 'बहुस्तरीयता' का दमन करने वाला कहा है। कहने की जरूरत नहीं कि जॉन मैकगोवान ने इसे उनका 'सरल निराशावाद' कहा है कि पश्चिमी जनता बर्बाद हो चुकी है और 'सरल आशावाद' कि अब भरोसा तीसरी दुनिया का ही है।)

जेमेसन का बार-बार मार्क्सवाद का स्मरण और सन्दर्भ बताना यह सिद्ध करता है कि उत्तर-आधुनिकता का निराकरण 'निन्दा' करके नहीं, उससे द्वन्द्वात्मक भिड़न्त से ही सम्भव है। इस वक्त का मार्क्सवाद यही हो सकता है। जेमेसन की विशेषता यह है कि वे वृद्ध पूँजीवाद के वर्चस्व को (जिसका प्रकट रूप उत्तर-आधुनिकतावाद है) मार्क्सवाद के जरिए ही समझना चाहते हैं। वे कहते हैं

कि उत्तर-आधुनिक 'तमाशे' के दमनात्मक रूप में ही कहीं उसका उत्तर छिपा है। उनकी मुक्ति की भी कल्पना इस उत्तर-आधुनिक वर्चस्व से पलायन नहीं है। जिस तरह मार्क्स ने, आलोचना करते हुए भी पूँजीवाद को ऐसा अस्तित्व माना था जो शोषण के साथ भविष्य के बीज भी लाता है उसी तरह समकालीन मार्क्सवाद मानता है कि उत्तर-आधुनिक स्थितियाँ (वृद्ध पूँजीवाद) अनपेक्षित सम्भावनाओं के द्वार भी खोलेंगी। ये सम्भावनाएँ क्या हैं ? हमें जेमेसन अभी नहीं बता सकते। न वे राजनीतिक प्रकार्य बता सकते हैं।

जेमेसन के बाद उत्तर-आधुनिकतावाद के दूसरे महत्त्वपूर्ण समीक्षक टैरी ईगलटन हैं। जेमेसन विकल्प में सामाजिक और वर्गीय भविष्य की कल्पना करते हैं, ईगलटन व्यक्तिगत प्रतिरोध के मार्क्सवादी संस्करण की परिकल्पना करते हैं। कहने की जरूरत नहीं कि विद्रोह के लिए व्यक्तिगत विद्रोह की सम्भावना की यह परिकल्पना इन दिनों बहुत-से मार्क्सवादी चिन्तकों में आम है, जो मूलतः 'फूको' का असर है जो 'सत्ता और हितों' में विरोध मानते हैं।

ईगलटन मानते हैं कि सभी तरह की सिद्धान्तिकी हितवादी है, सत्तावादी है। 'लिटरेरी थियरी : एन इंट्रोडक्शन' में ईगलटन बताते हैं, ज्ञान कभी मूल्य निरपेक्ष नहीं होता। 'फंक्शन ऑफ क्रिटिसिज्म' में टैरी ईगलटन कहते हैं कि साहित्यिक समीक्षा का एक अपराध यह रहा है कि वह स्वयं अपनी निहित राजनीति के प्रति असचेत रही है। साहित्य की सिद्धान्तिकी की आलोचना इसलिए नहीं होनी चाहिए कि वे राजनीतिक हैं, बल्कि इसलिए होनी चाहिए कि जाने-अनजाने वे जिसे तकनीकी, स्वयं उपस्थित, वैज्ञानिक, सार्वभौमिक मूल्य सिद्धान्त कहती हैं, उसके प्रति अंधी होती हैं। इस बात को आसानी से देखा जा सकता है कि वे किसी न किसी समूह के हित का साधन करती हैं। ईगलटन के लिए आलोचना की प्रकृति अनिवार्यतया राजनीतिक ही है। राजनीतिक यानी सामाजिक जीवन को संगठित करने वाली प्रक्रिया। बुद्धिजीवी का काम सीधा है। उस सिद्धान्तिकी और आलोचनात्मक विमर्श और व्यवहार को करना, जो उनके हितों को बढ़ाए। (हिन्दी की मार्क्सवादी समीक्षा और प्रगतिशील आन्दोलन इन बातों को सिद्धान्त का दर्जा दिए बिना ऐसा ही 'कर्म' करता आया है।) 'फंक्शन ऑफ क्रिटिसिज्म' में ईगलटन साहित्य और राजनीति के सम्बन्ध को एक सिद्धान्तिकी का दर्जा देते हैं।

यहाँ एक सवाल इस आसानी को खासा गड़बड़ा देता है। अगर हम पूछें कि आलोचक के 'अपने हित' की अवधारणा क्या है ? क्या हितों की कोई सहजानुभूति होती है ? ये कठिन प्रश्न हैं और उत्तर भी अधिक जटिल हैं। अपने हितों की अवतारणा जिस भाषा में होती है, वही अपनी नहीं होती तो 'अपने हित' भला 'अपने' कैसे होते हैं ? यदि साहित्य के अध्ययन की भाषा सत्ता के द्वारा बनाई जाती है तब ऐसी भाषा हम कहाँ से लाएँगे जो शुद्ध हमारी हो, हमारे हितों

को बताने वाली हो। ऐसे में हमारी जगह, हैसियत, ताकत भी हमारे प्रतिरोध को सम्भव करती है।

'कैपीटलिज्म, मॉडर्निज्म एण्ड पोस्टमॉडर्निज्म' नामक लेख में वे कहते हैं समकालीन व्यक्ति स्वायत्त प्रतिनिधि की तरह काम करते हैं। वे विमर्शात्मक सत्ताओं की सृष्टि होते हैं। वृद्ध पूँजीवाद (लेटकैपीटलिज्म) का कर्ता (सब्जैक्ट) न तो मानवतावादी दौर का आत्मस्थ प्रतिनिधि है, न वह कामना का विकेन्द्रित संजाल है, बल्कि दोनों का गड्डमड्ड है। इस कर्ता का रूप सिर्फ उपभोक्ता का नहीं है। कारण कि समकालीन समाज को अपने कर्ताओं (सब्जैक्ट) की किसी न किसी समाज-क्षेत्र में जरूरत होती, ताकि वह पुराने मानववादी व्यक्ति की तरह काम कर सके। भले ही वह अन्य क्षेत्रों में उत्तर-आधुनिकतावादी, विकेन्द्रित उपभोक्ता बना रहे। यह अन्तर्विरोध 'उत्पादक' हो सकता है। इसका अर्थ हुआ कि मानवतावादी कर्ता का अपना विवेक निर्णायक है। अपनी क्षमताएँ निर्णायक हैं। जेमेसन की तरह वे यह भी मानते हैं कि नया यथार्थ उग रहा है यद्यपि उसे कोई नाम नहीं दिया जा सकता।

ईगलटन यह मानते हैं कि मौजूदा अन्तर्विरोध जटिल हैं जो सिद्धान्तिकी को पूरी तरह बनने नहीं देते। वे इस चरम को एक संक्रमण मानते हैं। एक ओर समाज के समग्रतावादी विचार हैं, जो बदनाम हैं, तो दूसरी ओर टुकड़ों की राजनीति है। इनमें किसी सिद्धान्त का न बनना बताता है कि मामला सिर्फ सैद्धान्तिक ही नहीं है, बल्कि बताता है कि सिद्धान्तिकी में कुछ बुनियादी अवरोध और कठिनाइयाँ मौजूद हैं, दुविधाएँ मौजूद हैं और नए बदलाव में समाहार की प्रतीक्षा में हैं। उत्तर-आधुनिकता के चक्रव्यूह में फँसे रचनाकार को उस वक्त का इन्तजार करना चाहिए। ईगलटन की विशेषता यह है कि कर्ता को वे एक ही साथ दुहरा व्यक्तित्व देते हैं। उनका कर्ता एक ही साथ 'स्वायत्त प्रतिनिधि' है और 'उपभोक्ता' भी है। यह अवधारणा उनकी उस बलवती कामना का परिणाम है जिसमें वे संस्कृति के विचारधारात्मक हितों की रक्षा करते हुए दृढ़तर प्रतिरोध और शोषक-शोषित के स्पष्ट भेद को उतना ही स्पष्ट करते हैं जितना उत्तर-संरचनावाद उन्हें इजाजत देता है।

ईगलटन परम्परागत मार्क्सवाद के 'छद्म चेतना' और 'वास्तविक चेतना' का सहारा लेते हैं। यहाँ उनकी वह अवधारणा बेकार हो जाती है जिसमें व्यक्ति के 'अपने हित' स्पष्ट होते हैं। वे मानते हैं कि समाजवादी बुद्धिजीवी को पॉपुलर संस्कृति और शिक्षा के संस्थानों में प्रतिरोधात्मक क्षेत्र बनाने चाहिए। प्रतिरोधात्मक क्षेत्र अभी मौजूद नहीं हैं, बल्कि उसकी जगह जनसंस्कृति (मास कल्चर) है जो विचारधारात्मक मथानी का काम करती है, जो 'पण्य' का चलन आसान बनाती है। समीक्षा का काम इसलिए लोगों के दिल और दिमाग को जीतने का है। समाजवादी क्षेत्र बनाने के लिए जरूरी है कि जिस जनसंस्कृति ने प्रतीकों को हड़प

रखा है, उसके खिलाफ लगातार संघर्ष किया जाए। मार्क्सवादी आलोचक का काम यह है कि वह जनता की सांस्कृतिक मुक्ति के लिए सक्रिय रूप से सीधे हिस्सेदारी करे। आलोचक की भूमिका 'पण्य' के वर्चस्व का प्रतिरोध करना है। यह काम 'प्रतीकात्मक' को 'राजनीतिक' से जोड़ने से ही सम्भव है, उनसे विमर्श से तथा व्यवहार से निपटने से ही सम्भव है, ताकि एक ऐसी प्रक्रिया बने जिसमें दबी हुई आकांक्षाएँ, जरूरतें, हित ऐसे सांस्कृतिक रूप बनें जो सामूहिक राजनैतिक शक्ति बन सकें। नई जनसंस्कृति के प्रतीकात्मक रूपों द्वारा कर्ता का निर्माण हो सकता है। दबी हुई यथार्थ स्थिति इसे सम्भव करती है। जनता को जनसंस्कृति (मास कल्चर) से मुक्त करके यथार्थ में वापस लाया जा सकता है। यही आलोचना का काम है। वह जनता को उसके सत्य तक लौटा सकती है, इस दबे सत्य को ऊपर ला सकती है।

यहाँ आलोचक मुक्तिदाता है, नायक है, जो जनता को किसी देवदूत की तरह मुक्ति के लिए, 'पण्य' के जगत से मुक्त कराएगा। यह अवधारणा बताती है कि आलोचक समेत जनता भी इस बदले हुए प्रतीकात्मक (पण्य) जगत में रहती है और इस जगत से अप्रभावित और अस्पृश्य भी है। देवदूत बना आलोचक 'निर्दोष' है। एक बार प्रतिरोधात्मक प्रतिपक्षी 'जनक्षेत्र' पैदा हुआ, (जिसे वही पैदा करेगा) तब आलोचना के भीतर 'हित' की सक्रियता की बात अपने आप ठीक हो जाएगी। है न सर्वसुलभ और आसान रास्ता ! (अपने यहाँ भी अनेक आलोचक ऐसा सोचते हैं।) आलोचक शुद्ध प्रबुद्ध ज्ञान है। जनता अज्ञानी है। आलोचक विशिष्ट है। वह हितवाद निरपेक्ष है। जगत का दुष्प्रभाव उस पर नहीं पड़ता। जनता पर ही पड़ता है।

ईगलटन मानते हैं कि आलोचना ही दबे हुए सत्यों को उजागर करती है। वह उन विचारों को बहाल करती है जो बुर्जुआ ने सकेरकर बाहर कर दिए थे। यह काम वही आलोचक कर सकता है जो तात्कालिक संघर्ष से अलग रहे, तटस्थ रहे और सिद्धान्तिकी बनाए। आलोचक 'दूर' रहे तभी 'समग्र' दृष्टि बन पाएगी। जो 'शामिल' लोगों के पास हो ही नहीं सकती। वही जनता को सूचना देकर ज्ञानी बना सकता है (यह याद रहे कि वह डिसइंटरैस्टेड–हितवादरहित–ईश्वर है)।

टैरी ईगलटन जहाँ नई स्थितियों से मुकाबले की बात करते हैं, वहाँ एडवर्ड सईद समीक्षा को कुछ नए ढंग का प्रतिरोधी दर्जा देते हैं। उनके अनुसार आलोचना को व्यवस्था (सिस्टम) और संस्कृति के बीच खड़ा होना चाहिए। व्यवस्था का मतलब है विचार के समग्रीकृत और ठोसीकृत रूप। सईद आलोचना को एक ही साथ स्थानीय मानते हैं। आलोचना को सिद्धान्तिकी (समग्रतावादी) का विरोध करना चाहिए। उत्तर-आधुनिक संस्कृति के बारे में सईद ने लगातार सोचा है। वे मानते हैं कि हर संस्कृति मूलतः वर्चस्व की संस्कृति होती है। इससे निपटना

आलोचना का काम है। आलोचना की यह प्रतिरोध क्षमता व्यक्तिगत चेतना में स्थित होती है, यहीं से आलोचना पैदा होती है। यह 'चेतना' संस्कृति और व्यवस्था दोनों से 'दूर' होती है, वह इन दोनों के बीच कहीं होती है। वे बुद्धिजीवी पर पूरा भरोसा करते हैं। किसी न किसी रूप में ये बुद्धिजीवी लोग ही होते हैं जो मूल्यों, विचारों तथा कर्म के लिए खड़े होते हैं। इनकी गतिविधि राष्ट्र, राज्य और राष्ट्रीय संस्कृति के वर्चस्व को जानबूझकर चुनौती देती है। यह 'आलोचना चेतना' सामाजिक है। दुनिया से पैदा होती है, पलायन से नहीं पैदा होती। आलोचक को इस दुनिया में रहना चाहिए, लेकिन इसमें तोष नहीं करना चाहिए।

एडवर्ड सईद स्वयं को व्यवस्था विरोधी तथा सम्प्रदाय विरोधी मानते हैं। वे आजादी और न्याय के प्रश्नों पर लड़ते हैं, फिर भी वे किसी भी एक सिद्धान्तिकी को अन्तिम नहीं मानते। यही 'अमान्यता' आलोचक को 'तटस्थ' जगह देती है। यद्यपि 'पूर्ण तटस्थता' असम्भव है, फिर भी हर तटस्थता या पक्षधरता समान नहीं होती।

सईद की आलोचना 'यथार्थ पर आधारित' है। आलोचना और विद्वत्ता द्वारा किए जाते ज्ञान के दावों का भी आधार है। आलोचना का लक्ष्य ज्ञान है। वह ज्ञान का निर्माण करती है। आलोचना जो ज्ञान पैदा करती है वह स्पष्ट तथा विविध होता है, क्योंकि उसमें स्वयं विवाद होते हैं। फिर भी आलोचना के सत्य की राजनीति उसके अपने सत्य से अलग मानी जा सकती है। (यहाँ सईद फूको से अलग बोलते हैं।)

एडवर्ड सईद का सबसे बड़ा काम 'ओरियंटलिज्म है। उनका मानना है कि 'पूरब' की परिकल्पना एक निष्क्रिय प्रक्रिया थी जिसे बाद में पश्चिमी विमर्श ने बनाया। 'पूरब' कहीं नहीं है। वह पश्चिमी इतिहास के विमर्श ने बनाया है और वही है। पश्चिम द्वारा निर्मित 'ओरियंटलिज्म' नए किस्म का सांस्कृतिक रूपक है। यह अधीनता का रूपक है। पूरब की उपेक्षा के बारे में कहना इसलिए व्यर्थ है। सार्थक है तो पूरब से प्रतिरोधी विमर्श बनाना और प्रतिरोधी से भिड़ाना है। इसलिए लेखक सिर्फ लिखता नहीं है। वह किसी न किसी लेखन या विमर्श के खिलाफ ही लिखता है। यह एक नैतिक स्थिति है जो 'ओरयिंटलिज्म' में व्यापी हुई है।

सईद की आलोचनात्मक रणनीति उत्तर-संरचनावाद से मेल खाती है और वहीं से आती है। वे 'भेद' की राजनीति की सार्थकता स्वीकार करते हैं। फिलीस्तीनी पहचान के 'भेद' पर जोर उनके विमर्श में इसलिए है। 'भेद की राजनीति' अधिक सहनशील और जनतांत्रिक है। सईद मानते हैं कि 'भेद की राजनीति' सार्वभौमिक सहनशीलता बढ़ाने वाली है। यह एक असम्भव स्थिति की कल्पना है, मगर आकर्षक है। उत्तर संरचनावादी सिद्धान्तिकी में वे अत्याचारी और अत्याचारित के बीच भेद का प्रवेश कराते हैं। 'भेद' से ही सईद उत्तर-संरचनावादी 'अन्य' का

महत्त्व रेखांकित करते हैं। इसी 'अन्य' से कोई विकल्प निकल सकता है। पश्चिम के अन्य 'पूरब' से ही कोई विकल्प उठ सकता है। इसके लिए हमें 'मैट्रोपोलिटन संस्कृति' से दूर रहना है। सईद का मानना है कि प्रमुख वर्चस्व के विमर्शों में अत्याचारित लोगों के विमर्श नहीं होते, उन्हें बाहर कर दिया जाता है। (सबाल्टर्न सिद्धान्तिकी यही मानती है।) विकेन्द्रण का उत्तर-आधुनिकतावाद यहाँ से शुरू होता है।

उत्तर-आधुनिकतावाद के इन समीक्षकों में बहुत कुछ उत्तर-आधुनिक आता और जाता है। अच्छी बात यह है कि ये उत्तर-आधुनिकतावाद को 'एक स्थिति' जरूर मानते हैं और फिर भी किसी विमर्श की छटपटाहट इनमें सक्रिय है।

फूको और साहित्य

फूको समकालीन उत्तर-आधुनिक चिन्तकों में एक ऐसा नाम है जिसने ज्ञान की प्रविधियों—खासकर आधुनिकतावादी ज्ञान की प्रविधियों, सत्यार्थों तथा दावों, सब को एक साथ उलट दिया। फूको को वामपंथी चिन्तक 'नीत्शेवादी' कहते हैं। नीत्शे वही हैं जो कभी अस्तित्ववाद के हल्ले में हिन्दी में आए थे और अब फिर उत्तर-आधुनिकता में आते हैं। अनेक लोग नीत्शे के चिन्तन को 'फासिस्ट' कहते हैं। फलस्वरूप फूको भी फासिस्ट कहलाते हैं। यद्यपि उत्तर-आधुनिक चिन्तकों में 'फासिज्म' अब एक गया-गुजरा शब्द है। फ्रेडरिक जेमेसन ने लिखा है कि बैंजामिन कला के जिस मास प्रोडक्शन से डरते थे, वह बुर्जुआ का 'आनन्द कानन' बन चुका है, फासिज्म नहीं। लेकिन यहाँ इस बहस में जाने से बेहतर है हम फूको के बारे में सोचें।

मिशेल फूको ने 'मैडनेस एण्ड सिविलाइजेशन', 'डिसीप्लिन एण्ड पनिश', 'द हिस्ट्री ऑफ सैक्सुअलिटी' जैसे तीन बड़े 'पुरातात्विक' (आर्क्योलॉजीकल) अध्ययनों में समाजों को पढ़ने का एक नया ढंग निकाला जिसे 'जीनियोलॉजी' या आनुवंशिकी कहा जाता है। आनुवंशिकी समाजशास्त्र का क्षेत्र है। फूको के 'आनुवंशिकी शास्त्र' ने कलाओं के क्षेत्र में उत्तर-आधुनिक स्थितियों की ओर संकेत किया।

आनुवंशिकी शास्त्र मूलतः 'ज्ञान' से सम्बन्धित है। वह सत्ता (पावर) से भी सम्बन्धित है और वह 'मनुष्य शरीर' से भी सम्बन्धित है। उत्तर-आधुनिकता में देह या शरीर की वापसी एक प्रमुख विशेषता है। यहाँ हम 'देह' या 'शरीर' की इस आनुवंशिकतावादी विचार की व्याख्या करना चाहेंगे।

इस क्रम में सर्वप्रथम फूको के विचार देखे जाएँ :

प्राचीन ज्ञान में (यूरोप में) देह और आत्म अलग-अलग माना जाता रहा। आधुनिकता के जनक देकार्त ने सिद्ध किया कि देह ही ज्ञान का प्रतिनिधित्व करती है, वह उत्पादन, पुनरुत्पादन का जरिया है।

फूको ने 'मैडनेस एण्ड सिविलाइजेशन' में बताया कि पुराने समय में पागल मनुष्य का शरीर 'तर्क बाह्य' कर दिया गया। बाद में, आधुनिकता में मनोविज्ञान और अस्पतालों ने जन्म लिया जिनके जरिए 'बाहर' कर दिए गए 'शरीर' को ठीक करने की कोशिश की गई। आधुनिक अस्पतालों ने देह की जाँच-परख को सम्भव किया। देह आत्मा का व्यंजक नहीं रही, वह अपने आप में एक 'सम्पूर्ण' 'मशीन' बनकर उभरी। 'डिसीप्लिन एण्ड पनिश' में फूको ने 'शरीर' को केन्द्रीकृत किया और 'ज्ञान' की मनुष्य की 'कामना' को उसकी शरीर सुख की कामना से जोड़ा। यही उन्हें 'स्मृति' की भूमिका नजर आई जो 'नीत्शे' के लिए केन्द्रीय महत्त्व रखती थी (जिसकी वजह से लोगों ने उन्हें नीत्शे का चेला कहा)। फूको के यहाँ 'देह' इतिहास की 'सजा' की गवाह होती है। उसकी स्मृतियाँ देह पर खोजी जा सकती हैं। सत्रहवीं-अठारहवीं सदी के यूरोप में मनुष्य देह पर सबसे ज्यादा अत्याचार हुए हैं। देह एक बहुत बड़ी प्रयोगशाला रही है। आधुनिक समय में, दंडसंहिता के आधुनिक हो जाने से 'देह' को सामाजिकता मिली है। अब सत्ता देह पर सीधे क्रूरता नहीं करती, बल्कि उसकी चेतना पर हमला करके काम चलाती है।

पुराने समय में देह को घायल या नष्ट किया जाता था, अब कानूनी विमर्श द्वारा उसे नियमित किया जाता है। यह विमर्श ही 'स्मृति' को जाग्रत करता है। देह इसी विमर्श में जीती है, यहीं से वह 'प्रतिरोध' करती है।

हिन्दी फिल्मों में अत्याचार का बदला लेने के लिए सम्भव की जाती हिंसा फूको की देह पर अत्याचार और उसकी प्रतिरोधात्मक स्मृति को समझने के लिए सर्वोत्तम उदाहरण है। यह प्रतिरोधात्मक हिंसा, यह प्रतिरोधात्मक 'स्मृति' को जन्म देती है जो सत्ता के विमर्श से अलग जा पड़ती है। यहीं फूको कहते हैं कि यह स्मृति और वृत्तान्त, अत्याचारी सत्ताओं के विमर्श का प्रतिकार करता है। यह गैर विमर्शात्मक भाषा साहित्य में मिलती है। यदि समाजशास्त्रों का विमर्श देह को अपने अत्याचार का विषय बनाता है (कानून, जेल, अन्य संस्थान जो सामाजिक नियम-कानून बनाते हैं, जहाँ मनुष्य कदम-कदम पर कानून से बाधित है) तो गैर विमर्शात्मक भाषा एक ऐसी 'स्मृति' निर्मित कर सकती है जो देह पर होने वाले अत्याचार का प्रतिकार कर सके। फूको 'स्मृति' को जाग्रत करना ही देह को जाग्रत करना कहते हैं।

देह, स्मृति, कामना, सत्ता। फूको 'ज्ञान' में इन्हीं तत्त्वों को केन्द्रीय और सक्रिय मानते हैं। कामना देह की सत्ता की गुलाम है। यह कहकर वे नीत्शे से अलग भी होते हैं, जो कहता है कि मनुष्य की कामना ही 'सत्ता' की कामना है।

विचित्र लगेगा कि फूको का सारा शास्त्र नस्ल और वंश को लेकर चलता है। फूको 'रूप सम्बन्ध' और नस्ल (स्टॉक) को अपने समाजशास्त्र में बहुत महत्त्व देते हैं। आनुवंशिकी में वंश, रूप, नस्ल, जाति की एक शृंखला स्थापित की जाती

है। नीत्शे अपने विचार में नीति और नैतिकता की, बड़े-छोटे, अच्छे-बुरे की शृंखला स्थापित करता है, जबकि फूको 'देह' की शृंखला देखते हैं। समाजशास्त्र में, आनुवंशिकी में यह एक स्वाभाविक कार्य है।

फूको से पहले डिलूज ने शरीर और आनुवंशिकी पर विचार किया था, जिसका असर फूको ने स्वीकार भी किया। डिलूज ने देह और कामना के सम्बन्ध को व्याख्यायित किया। अपने साथी गुट्टारी के साथ डिलूज ने 'एंटी-ईडीपस' लिखी जिसमें उन्होंने 'लाकां' के कामना (डिजायर) की अवधारणा को थोड़ी चुनौती दी। लाकां का मानना था कि कामना अभाव का पुनर्जीवन है। वह काम्य वस्तु के अभाव का दूसरा नाम है। वह अचेतन होती है। वह कुछ-कुछ फ्रायड की 'इच्छा' (विश) को कामना (डिजायर) से अलगाता है। छोटा बच्चा जरूरत और माँग में फर्क नहीं कर पाता, क्योंकि वह माँ से अभिन्न होता है। माँ से दूर होते ही उसकी 'जरूरत' स्पष्ट हो जाती है और 'कामना' पैदा हो जाती है। माँग (डिमांड) सचेत होती है, कामना अचेत। इस तरह कामना अभाव का 'दर्शन' बन जाती है। माँ चाहिए, क्योंकि अब माँग नहीं है। डिलूज गुट्टारी में कामना 'अभाव' का नहीं, फ्रायड के 'लिबिडो' का प्रयोग है।

कामना देह का प्रतिउत्पाद है। फूको की यह निष्पति उनके आनुवंशिकी शास्त्र का एक टुकड़ा है। इसका असर जितना साहित्य पर पड़ा है, उससे अधिक राजनीति और संस्कृति में इसका प्रतिपालन देखा जा सकता है।

फूको के चिन्तन की एक बड़ी विशेषता किसी भी किस्म के सार्वभौमिक (यूनिवर्सल) विमर्शों को शक की नजर से देखना है। मनुष्य की 'प्रकृति' की प्राकृतिकता के बारे में उनके अपने गहरे शक हैं।

फूको के चिन्तन की दूसरी बड़ी विशेषता यह है कि वह एक ही साथ सामाजिक-ऐतिहासिक है, फिर भी 'इतिहासवाद' के विपरीत है। वे इतिहास या समाज के 'सार्वभौमिक' निष्कर्ष नहीं निकालते। वे मनुष्य प्रकृति को एक बार हमेशा के लिए व्याख्या देकर निश्चिंत नहीं होते। वे हर बार उसे नए ढंग से, शुरू से देखने में यकीन करते हैं। इसीलिए वे तर्क की 'बहुलता' में यकीन करते हैं। वे ज्ञान को सामाजिक स्थिति में घटाते नहीं, ज्ञान को सामाजिक स्थितियों से, जैसा वह निकल सकता है, निकलने देते हैं। वे हर व्यवहार, सामाजिक संस्थान के सम्बन्धों को इतिहास में समझना चाहते हैं। इसीलिए पश्चिमी 'सिद्धान्तिकी' को वे अपने ढंग से चुनौती देते हैं। पश्चिमी सिद्धान्तिकी की एक बुनियादी विशेषता सिद्धान्त या यूटोपिया के 'प्राथमिक' होने की रही है। पहले सिद्धान्त खोजे जाते हैं जो सार्वभौमिक हों, फिर व्यवहार आता है। फूको कहते हैं कि 'ज्ञान' की इसी पद्धति, इसी तरह की इच्छा ने पश्चिमी सत्ता की कार्यप्रणाली को समीक्षा से परे कर दिया है। सो असल सवाल 'सिद्धान्तिकी' की खोज का नहीं होता, बल्कि सत्ता

की वास्तविक प्रक्रिया का है जो इन सिद्धान्तिकियों के पीछे सक्रिय रहती है। वे कहते हैं कि एक समाज में वास्तविक राजनीतिक कार्य उसके संस्थानों की कार्य प्रक्रियाओं की समीक्षा करना है जो प्रायः मूल्य तटस्थ नजर आती हैं और इतने 'सत्य' नजर आते हैं कि वे आलोचना से बाहर नजर आते हैं। असल कार्य यही है कि उनकी ऐसी समीक्षा की जाए, उनके जरिए होने वाली अनिवार्य राजनीतिक हिंसा का पर्दाफाश किया जाए, ताकि लोग उनसे लड़ सकें।

यहीं 'न्याय' की बँधी-बँधाई परिकल्पना को वे प्रश्नांकित करते हैं। राज्य सत्ता या सामाजिक संस्थानों का 'न्याय' मूलतः सत्ता और 'ताकत' के ही विचार हैं जो बराबर बनाए गए हैं, ताकि ये संस्थान कार्य कर सकें। फूको के अनुसार चाहे हम संस्थानों के पक्ष में हों या न हों, हम सक्रिय हों या न हों, हम हमेशा एक सत्ता के विमर्श में ही रहते हैं। ज्ञान, चाहे वह किसी भी प्रकार का हो, इसी सत्ता-विमर्श का एक हिस्सा है। ज्ञान किसी भी तरह उसके भीतर चलने वाले सत्ता संघर्ष से अलग नहीं है। संस्कृति में 'ज्ञान की इच्छा' मूलतः और एक साथ 'सत्ता की इच्छा' ही है। ज्ञान कभी भी अपनी सत्तात्मक जरूरतों से निरपेक्ष नहीं होता, स्वतंत्र नहीं होता। इस अर्थ में ज्ञान कभी 'शुद्ध प्रबुद्ध' नहीं होता। इसीलिए कभी 'शुद्ध तर्क' नहीं होते। पहले जहाँ धर्म कुर्बानी माँगा करता था, देह या शरीर की बलि माँगा करता था, अब ज्ञान प्रयोगशालाओं में बलि माँगता है। ज्ञान अपने लिए, (यानी अपनी सत्ता के लिए) कुर्बानी माँगता है। ज्ञान कभी सत्ता निरपेक्ष नहीं रहा। चूँकि ज्ञान स्वयं सत्ता का विमर्श है, इसलिए इसकी चुनौती का जवाब यहीं से देते हैं कि हम जानें कि ज्ञान (सामाजिक ज्ञान, विज्ञान, कलात्मक ज्ञान आदि सभी) चूँकि कर्ता (सब्जेक्ट) केन्द्रित हैं, इसीलिए सत्ता में बदल जाते हैं। वे तमाम मनुष्य को अपना कर्ता बनाते हैं।

फूको कहते हैं कि दरअसल काम उन प्रक्रियाओं का इतिहास लिखना है जो मनुष्य को ही अपने सत्ता-विमर्श का 'विषय' (सब्जेक्ट या कर्ता) बनाती हैं। उत्तर-आधुनिकता के द्वारा जिस 'विषय' या कर्ता को सबसे ज्यादा समस्यात्मक बनाया गया है, वह यही विषय या कर्ता है। फूको इसी का अध्ययन करते हैं। फूको इस प्रकार के अध्ययन को तीन तरीके (मोड) कहते हैं। पहला तरीका है 'विभाजनकारी व्यवहार'। फूको ने बताया कि मध्यकालीन यूरोप में किस तरह कोढ़ी मनुष्यों को स्वस्थ से अलग किया जाता था। गरीबों, पागलों, आवाराओं को किस तरह से अलग रखा जाता था, किस तरह 1656 में पेरिस के जनरल अस्पताल में उन्हें डाल दिया जाता था, फ्रांस में उन्नीसवीं सदी में किस तरह उन्हें अलग-थलग करने के लिए नई-नई बीमारियाँ खोजी गईं, किस तरह आधुनिक मनोविश्लेषण शास्त्र का प्रपंच बना, किस तरह अस्पतालों में विभाग बना, मनोरोगियों के लिए जेलें बनीं, शफाखाने बने। यूरोप की उन्नीसवीं और बीसवीं सदी समाज में इस

तरह के अनन्त श्रेणी विभाजनों का इतिहास है।

फूको कहते हैं कि इस तरह से हर बार विषय (कर्ता) का 'वास्तविकीकरण' (औब्जैक्टीफिकेशन) किया गया। ऐसी विभाजक प्रक्रिया की गई जो या तो मनुष्य को उसे उसके भीतर से विभाजित कर दें (सीजोफ्रेनिया, सीजोडायनैमिक्स) या वह दूसरों से विभक्त रहे। इस क्रम में मनुष्य को एक सामाजिक पहचान (चिह्न) दी गई, श्रेणी दी गई, नाम-पद दिया गया। यह एक ही साथ 'सामाजिक' बनाना और 'अलग' करना है। 'मैडनेस एण्ड सिविलाइजेशन' में फूको इसी विभाजक प्रक्रिया की गहन छानबीन करते हैं। यही काम वे 'बर्थ ऑफ क्लिनिक' में करते हैं। यही खोज 'डिसीप्लिन एण्ड पनिश' में दिखलाई पड़ती है। वे बार-बार बताते हैं कि सामान्य समाज से जहाँ आदमी विभक्तिरहित रहता है, विभाजक प्रक्रिया वहाँ से निकालकर उसे 'वस्तु' में बदल देती है। यह श्रेणीकरण नियंत्रण का एक तरीका ही है, एक मानववादी सुधार तथा प्रगति की परम्परा को सीमित करने का तरीका है। तमाम तरह के ज्ञानों एवं विज्ञानों के अमल से लोगों को अपनी सत्ता के अधीन रखना है। मनुष्य को वस्तु बनाने का दूसरा तरीका है 'वैज्ञानिक वर्गीकरण'। यह उन तरीकों से पैदा होता है जो स्वयं को वैज्ञानिक तरीका सिद्ध करते हैं। यहाँ हर चीज इतिहास में, बायलॉजी व समाजशास्त्रों में सिद्ध होती है। वैज्ञानिक वर्गीकरण या विभाजन की अवधारणा फूको ने 'द आर्डर ऑफ थिंग्स' में दी है। यहाँ फूको ने बताया है कि जिन्दगी, श्रम या भाषा के विमर्श इस तरह बने हैं, बनाए गए हैं कि वे 'अनुशासन' बन गए हैं। ये 'अनुशासन' स्वायत्त दिखते हैं, सुगठित दिखते हैं; लेकिन इन अनुशासनों (जीवन, श्रम और भाषा) में अनेक बार टूट पैदा हुई है। फ्रांसीसी क्रान्ति से पहले ये अनुशासन क्लासीकल ढंग के रहे। फ्रांसीसी इतिहास से खोज करते हुए फूको ने पता लगाया कि यूरोपीय ज्ञान और अनुशासन में लगातार 'टूट' रही है, वे सदा शृंखलाबद्ध, एक जैसे सातत्य वाले नहीं रहे।

'द ऑर्डर ऑफ थिंग्स' और 'द आर्किलॉजी ऑफ नॉलेज' में लगता है कि फूको ने सामाजिक व्यवहारों को संस्थानों से अलग कर देखा। लेकिन ऐसा है नहीं। यहाँ फूको सामाजिक विमर्शों की बात पूछते हैं कि "यह विमर्श कार्य कैसे करते हैं। यह प्रश्न इसीलिए पूछते हैं ताकि सत्ता की तकनीकों को अलग-थलग किया जाए। फूको की सर्वाधिक दिलचस्पी सामाजिक संस्थानों और मनुष्य देह के विविध सम्बन्धों को समझने की रही है। जैसे हमने देखा कि वस्तुकरण के 'तरीके' में (विभाजन के तरीके में) विषय या कर्ता 'शिकार' रूप में नजर आता है जैसे कि कैदी या पागल लोग होते हैं। 'द बर्थ ऑफ क्लिनिक' में फूको बताते हैं कि शरीर किस तरह से सिर्फ एक 'चीज' की तरह देखा जाता है और किस तरह अस्पताल समाज को विभाजित करता है। वैज्ञानिक विभाजन या वर्गीकरण ऐसा

नहीं है। यहाँ ये तर्क में विभाज्य रहते हैं, व्यवहार में नहीं दिखते।

मनुष्य को चीज बनाने का तीसरा तरीका है–'विषयकरण' (सब्जैक्टिफिकेशन)। मनुष्य को विषय में बदलना। यही फूको का सर्वाधिक मौलिक अवदान है। आदमी को शुद्ध विषय कैसे बनाया जाता है ? आधुनिकता में आदमी बिना जाने खुद को किस तरह एक 'विषय' में ढाल लेता है ? फूको इन प्रश्नों का उत्तर देते हैं। (यों, हम रोजमर्रा के अनुभव में यह पाते रहते हैं कि हम 'विषय' बन गए हैं, लेकिन हम यह कभी नहीं समझ पाते कि किस तरह से ऐसा हुआ है, आधुनिक सभ्यता की वे कौन-सी 'भारतीय' प्रणालियाँ हैं जो हमें 'विषय' बना देती हैं। यह हम कम समझ पाते हैं। फूको ने इस 'कैसे' का उत्तर दिया है। 'विषय' बन जाने में एक भ्रम है। 'विषय' बनकर मनुष्य समझता है कि वही 'कर्ता' है। लेकिन होता सिर्फ इतना है कि वह किसी बड़े सिस्टम या किसी बड़े संस्थान का औजार-भर बनता है।)

हम याद करें कि 'विभाजन' का तरीका मूल वर्चस्व की तकनीक का दूसरा नाम है। (जैसे अपने यहाँ जाति व्यवस्था है जिसने एक पूरी जनता को समाज से बाहर कर रखा है, अलग कर रखा है। यूरोप में यह आवाराओं के लिए हुआ, यहाँ यह 'जाति' के लिए होता है।) वैज्ञानिक वर्गीकरण में भी विकसित ज्ञान विज्ञान एक बड़ी जनसंख्या को हमेशा 'अलग' करके चलते हैं। दोनों तरीके मनुष्य को अलग करके 'अक्रिय' (पैस्सिव) बनाते हैं। लेकिन यह तीसरा तरीका–'विषयकरण' अक्रिय नहीं रखता। इसमें विभाजित मनुष्य सक्रिय भी होता है, उसकी अस्मिता भी बनती है 'विषय' बनने के बाद, व्यक्ति में अस्मिता का विकास हो जाता है लेकिन काफी जटिल प्रक्रिया से होता है। जब 'विषय' बने लोग अपनी देह को प्राप्त करते हैं, जब अपनी आत्मा पर 'प्रयोग' करते हैं, जब अपने विचारों पर, व्यवहार पर प्रयोग करते हैं तो विषय को 'व्यक्तित्व' मिलता है। उन्नीसवीं सदी में 'सैक्स' को लेकर काफी वैज्ञानिक विमर्श प्रचलित हुए। इसका कारण यह था कि विज्ञान ने माना कि सैक्स ही आत्मज्ञान का आधार है, यहाँ से फ्रायड आगे बढ़ा। यहीं से मनुष्य का देह में, स्वास्थ्य में, सैक्स में आग्रह बढ़ा। यहाँ आकर विभाजन के तरीके और 'विषय' बनाने के तरीके एकाकार-से हो गए।

विषय के 'वस्तु' बनने के उपरोक्त तीन तरीके, जिनसे हम आज स्वयं को समझ पाते हैं, जो हमें हमारा अर्थ प्रदान करते हैं, फूको की जाँच के विषय हैं। मनुष्य का विषय बनना किस तरह हुआ, यह फूको के यहाँ बार-बार उठने वाला प्रश्न है।

विषय बनने की प्रक्रिया क्या है ? मनुष्य किस प्रकार किसी अन्य का 'विषय' बनता है, इसे समझने के लिए दो बातें फूको और बताते हैं। एक है सत्ता (पावर) या ताकत। दूसरा है 'ज्ञान'। इन दो पदों में ही 'विषय' बनने का रहस्य

निहित है। कहने की जरूरत नहीं कि फूको ने 'ज्ञान' और 'सत्ता' जैसे मूल्यनिरपेक्ष सार्वभौमिक 'सत्य' हो चले 'पदों' को अपने ढंग से विखंडित किया।

फूको ने शुरू से यह चाहा कि मानव-विज्ञानों की संरचनाओं को 'विमर्शात्मक व्यवहार' के रूप में देखा जाए। अपनी प्रविधि में उन्होंने इन विज्ञानों के 'छलों' को अपना 'विषय' नहीं बनने दिया। यह उनकी प्रविधि की खूबी रही। उन्होंने यह नहीं माना कि वे विज्ञान 'सत्य' कहते हैं या 'असत्य'। बल्कि सिर्फ यह जानना चाहा कि वे किस प्रकार काम करते हैं, विमर्श करते हैं। काम करना ही उनका विमर्शात्मक व्यवहार है। (एक मामूली-सा कानून, एक मामूली-सा समाजशास्त्रीय सूत्र वस्तुतः किस प्रकार कार्य करता है, यही उसका विमर्शात्मक व्यवहार है।) मानव विज्ञानों में निहित ज्ञानात्मक अनुशासन किन सिद्धान्तिकियों में और कैसे काम करते हैं ? वे अपने व्यवहार में क्या जटिल चक्र बनाते हैं ? उनका उपयोग कैसे होता है ? वे आगे कैसे बनते हैं ? यही सवाल फूको के लिए महत्त्वपूर्ण हैं। यानी असल सवाल यह बना कि समाजविज्ञानों के सूत्रों को किस तरह मूल्यांकित किया जाए ? 'पावर/नॉलेज' नामक एक प्रसिद्ध किताब के सम्पादक कॉलिन गार्डन ने बताया है कि फूको की मुख्य चिन्ता यह समझने की है कि आखिर समाज विज्ञान ऐतिहासिक रूप से किस तरीके से सम्भव हुए हैं, और उनके बने रहने के ऐतिहासिक कारण क्या हैं ? यों कॉलिन बताते हैं कि नीत्शे ने भी इसी तरह के प्रश्नों की पड़ताल अपनी 'जीनियोलॉजी ऑफ मोरल्स' में की थी, लेकिन फूको ने इस प्रश्न को जितनी गहनता से और सततता से उठाया, नीत्शे ने नहीं उठाया था। इस क्षेत्र में फूको प्रकटतः न केवल हीगेल विरोधी हैं, बल्कि मार्क्स के विरुद्ध हैं। वे इतिहास को जानने की कोई आम सिद्धान्तिकी नहीं खोजते। यह उनके लिए स्वयं जाँच का विषय है कि यह आम सिद्धान्तिकी होती कैसे है ? वे तो इतिहास के शास्त्र को ही समीक्षा में लाते हैं जो नीत्शे और हैडेगर ने शुरू किया था। लेकिन नीत्शे जहाँ गैरविमर्शात्मक ढंग से यह सिद्ध करते हैं, फूको तर्क से, तथ्य से यह सिद्ध करते हैं। वे 'तर्कविरोधी या तर्कहीन' चिन्तक नहीं हैं। हाँ, वे 'तर्क' से बहुत उम्मीद नहीं करते, उसे भी शंका से देखते हैं। वे मानते हैं कि "तर्क व्यवस्था और राजनीतिक सत्ता की ज्यादतियों का सम्बन्ध स्वयं-प्रमाणित है। उसे समझने के लिए हमें नौकरशाही ढाँचे को फिर से बनाए जाने या यातना शिविरों का इन्तजार नहीं करना है। लेकिन असल प्रश्न यह है कि स्वयं प्रमाणित स्थिति के बाद हम क्या करें ? क्या हम इसे 'तर्क' से खोलें ? मेरी समझ में यह तरीका निष्फल है, कारण स्पष्ट है।" यहाँ न तो अपराध बोध है न भोलापन जो गलती मान ले। दूसरे तर्क में जाने का मतलब यह नहीं है कि "हम तर्कहीन नहीं हो रहे हैं। तर्कवाद पर चलने वाली समीक्षा अन्ततः हमें यादृच्छिकता की ओर ले जाएगी।" फूको के यहाँ 'तत्त्व मीमांसा' नहीं चलती। फिर भी वे 'तर्क' की स्थिति पर लगातार प्रश्न करते

हैं। इस तरह वे मैक्स वेबर, हैडेगर, थियोडोर, एडोर्नो होर्खिमार की शृंखला में आते हैं। ये तमाम चिन्तक बढ़ते तर्कवाद तथा तकनीकवाद की केन्द्रीयता और खतरों को समझते हैं, व्याख्यायित करते हैं। वे 'तर्कवाद' के भेद करते हैं और उसके छलों को रेखांकित करते हैं तथा उसके दिये पक्षों का उद्घाटन भी करते हैं जो 'छल' को दिखा सकते हैं, बचा सकते हैं।

वे ऐसे 'तर्कों' की ओर आते हैं जो सत्ता के तर्कों का प्रतिकार कर सकते हैं। इस तरह वे एक 'बहुलता' पैदा करते हैं। हर महान् विचार को विखंडित करके वे 'बहुवचनता' स्थापित करते हैं। वे तमाम महान् विचारों, सिद्धान्तिकियों को समस्याग्रस्त सिद्ध करते हैं। फूको कहते हैं, आधुनिक दर्शन के लिए केन्द्रीय मुद्दा यह है हम जिस 'तर्क' से जीते हैं, वह क्या है ? इसके ऐतिहासिक परिणाम क्या हैं ? इसकी सीमाएँ क्या हैं ? खतरे क्या हैं ? यदि दर्शन का काम समीक्षात्मक बुद्धि में सक्रिय रहकर कार्य करना है तब हमें 'तर्क' के इस जटिल रूप को देखना होगा, तर्क की चक्करदार तिलिस्म को समझना होगा। उसकी अनिवार्यता के साथ उसके खतरों को भी समझना होगा।

फूको की इस समीक्षा का एक केन्द्र राज्यसत्ता है। फूको बताते हैं कि यूरोप में सोलहवीं सदी के बाद सत्ता का एक नया राजनीतिक रूप पैदा हुआ। यह था नयी राज्यसत्ता (स्टेट)। उसके बारे में अक्सर यह गाया जाता है कि वह 'समग्रता' का खयाल रखती, 'समग्र' की, 'समष्टि' की सेवा करती है, व्यक्ति की नहीं। वह किसी वर्ग या समूह की होती है, व्यक्ति की नहीं। यह सच है, लेकिन राज्य की सत्ता न केवल समग्रीकरण करती है, एक ही समय वह व्यक्तिकरण भी करती है। यह एक अत्यन्त छलपूर्ण प्रक्रिया होती है कि वह व्यक्तिकरण भी करती है, समग्रीकरण के साथ-साथ।

राज्यसत्ता की यह 'समग्रीकरण' की कथित प्रक्रिया क्या है ? हम यह देखें कि राज्यसत्ता व्यक्ति से क्या और कैसे सम्बन्ध बनाती है ?

'ज्ञानोदय' के साथ ही राज्यसत्ता ने व्यक्ति के साथ नए ढंग के सम्बन्ध स्थापित किए। यूरोप के संसदीय सम्बन्धों के बीच से पैदा हुई क्षेत्रीय राजशाहियों के बीच वह ज्ञानोदय पैदा हुआ था। यहाँ व्यक्ति की मुक्ति के प्रश्नों को सुधार तथा प्रतिसुधारों के आन्दोलनों में केन्द्रीय प्रश्न बनाया गया। सोलहवीं सदी के मध्य से—'शासन की कला' जैसे ग्रन्थ आने शुरू हुए। यहाँ राज्य सत्ता की प्रवृत्ति पर प्रश्न नहीं थे, न ये कि राजकुमार लोग अपनी सत्ता किस तरह चलाएँ। यहाँ जरा दूसरे सवाल उठाए जाते थे। वे जीवन के हर क्षेत्र को घेरने वाले होते थे। वे घरों, आत्माओं, बच्चों, सूबों, स्कूलों, धर्म संस्थानों, परिवारों; सबको अपने में समाते थे। जीवन की लगभग सभी स्थितियाँ राजनीतिक प्रपंच के घेरे में इस तरह ली गईं। सेना के बड़े अभियान से लेकर सड़क पर चलने तक की तमाम गतिविधि

राजनीतिक बना दी गई। सर्वोत्तम कार्य वह रहा जो आर्थिक रूप से कम खर्चीला हो, लाभकर हो, इकॉनॉमिकल हो। सरकार चलाने की कला आर्थिक हो गई। व्यक्ति, धन और परिवार सबको नियन्त्रण में लेने का यही एक तरीका बन गया। राज्य पिता बन गया। समाज उसका परिवार।

फूको की ये अवधारणाएँ शुद्ध अनुभवात्मक हैं। हाँ, इन्हें समझने के लिए पहला प्रश्न आधुनिक राज्यसत्ता के समक्ष ही रखना होता है कि जिसे हम राज्य कहते हैं, राजनीति कहते हैं वह स्वयं एक 'नियन्त्रण' है। ऊपर से नीचे तक आने वाला नियन्त्रण, लगातार हर मानवीय गतिविधि को तै करने वाला नियन्त्रण। 'राज्यसत्ता' सबके लिए न्यायसंगत बँटवारे का आधार है, यह विचार एक ठगिया विचार ही रह जाता है। फूको राज्यसत्ता की विविध अवधारणाओं का मूल्यांकन करते हैं।

एक विचार यह रहा कि राज्यसत्ता विभिन्न लोगों, वर्गों का एक समझौता है। फिर विचार यह बना कि वह एक निश्चित भूभाग की सम्प्रभुता का नाम है। फिर यह कि राज्य सभी के न्यायसंगत बँटवारे का नाम है। हर बार राज्यसत्ता का रूप बदला। 'न्यायसंगत बँटवारा' करने वाली परिभाषा में अचानक भौगोलिक सीमा हटा दी गई। अब राज्यसत्ता का कार्य मनुष्यों का प्रबन्ध रह गया। मनुष्य की सम्पत्ति, साधन, जीने के साधन, उनके घर, अस्तित्व सबका प्रबन्ध करने वाली संस्था बन गई राज्य।

पुराने राजशाही राज्यों में राज्यसत्ता जीवन में सर्वत्र नहीं थी। आधुनिक राज्यसत्ता हर कहीं हो गई। लेकिन राजनीतिशास्त्र में हमेशा इसे एक जरूरी व्यवस्था और न्यायसंगत व्यवस्था बनाया गया। यूरोप में ज्ञानोदय के बाद ऐसे अनेक 'प्रबन्ध' लिखे गए जो राज्यसत्ता के कामों को सहज ही न्यायसंगत सिद्ध करके चलते थे। फूको फ्रांस के इतिहास का हवाला देते हुए कहते हैं कि आधी सोलहवीं सदी के बाद, राज्यसत्ता का मायने 'प्रशासनिक' होने लगा, सत्रहवीं सदी के शुरू होते-होते 'राज्यसत्ता' और प्रशासन का एक 'विज्ञान' ही विकसित हो गया। राज करने की कला और राज्य के सम्पत्ति साधन का आकलन, यानी सांख्यिकी ने यहीं जन्म लिया। योजना ने नई किस्म के राजनीतिक तर्क को जन्म दिया। ऐसी योजना पद्धति और आयोजनाएँ, जिनसे बाद में कभी मुक्ति नहीं पाई जा सकी।

फूको का मुख्य अवदान इस बात में है कि उन्होंने आबादी, परिवार, अर्थव्यवस्था के बीच राज्यसत्ता के द्वारा बनाए जाते सूत्रों का खुलासा किया, उनके बीच आए दीर्घकालीन परिवर्तनों का संकेत किया और उन राजनीतिक प्रणालियों की पड़ताल की जो इस केन्द्रीकरण की प्रक्रिया में बनीं। यूरोप के क्लासिकल युग में आबादी क्षेत्र, राजनीतिक प्रणाली और आर्थिक स्थिति किस तरह एक सचेत प्रयत्न द्वारा नियन्त्रित किए गए, यह चीज फूको के यहाँ बताई जाती है। वे कहते

हैं कि आबादी का नियमन-नियन्त्रण जब राज्यसत्ता का प्रमुख कार्य बन गया तो एक नई किस्म की 'सत्ता' का जन्म हुआ। फूको के अनुसार यह नई सत्ता 'जैव सत्ता' (बायो पावर) थी। फूको बताते हैं कि आधुनिक राज्यसत्ता की 'बायो पावर' मनुष्य जीवन और उसके नियमन को गणना योग्य बना देती है और इस तरह 'ज्ञान की सत्ता' (नॉलेज पावर) को जीवन को बदलने वाला 'एजेण्ट' बना देती है। वे कहते हैं कि "आधुनिक मनुष्य एक ऐसा जानवर है जिसकी राजनीति ही उसके अस्तित्व को तै करती है।" 'बायो पावर' के अन्तर्गत तमाम वैज्ञानिक श्रेणियों तथा स्पेसीज, आबादी, प्रजनन, आदि ऐसे राजनीतिक हस्तक्षेप की 'वस्तु' बना दिए जाते हैं। यह बायो पावर का मानविकी वाला क्षेत्र है। दूसरा क्षेत्र है देह का। यहाँ देह को वैज्ञानिक रूप में नहीं, एक ऐसी चीज के रूप में लिया जाता है जिसे नियन्त्रित-नियमित करना है। यहाँ फिर ज्ञान और सत्ता जुड़ जाती है। ज्ञान और सत्ता के इस नए सन्धि समीकरण का नाम ही 'तकनीक'(टैक्नोलॉजी) है। यह देह को बाँधती-खोलती, नियन्त्रित करती है। तथा तकनीक इसी देह के वस्तुकरण की तैयारी होती है। इन्हें हम अनुशासनात्मक तकनीक भी कह सकते हैं। इसे फूको ने 'डिसीप्लिन एण्ड पनिश' में विस्तार से विश्लेषित किया है।

अनुशासनात्मक तकनीक का रूप चाहे जो हो (चाहे वह कानून हो या कास्मेटिक्स), उसका मूल उद्देश्य है एक ऐसी 'देह' बनाना या तैयार करना जो प्रयोग, उपयोग और सुधार के लिए एक विनीत 'विषय' बन जाए। देह को इसके लिए कई तरह से बनाया जाता है। पीटी, ड्रिल, प्रार्थना, स्कूल कक्षा द्वारा, कार्य के स्तरीकरण द्वारा, जगह के नियन्त्रण द्वारा। अनुशासन का यह नया ढंग समूचे 'देश' (स्पेश) का ही नियमन करता है। एक बार स्वीकृत स्थापित हो जाने के बाद यह अनुशासन चक्र, सभी अनुशासित होने वाले व्यक्तियों को अपने घेरे में ले आता है। एक फैक्टरी में यह उत्पादन में देखा जा सकता है जहाँ उत्पादन मनुष्यों को अपने घेरे में ले लेता है। स्कूल में यह अनुशासनात्मक व्यवहार पैदा करता है—कस्बों का, नगरों का अनुशासन भीड़ों को वश में करता है, आवाराओं को ठिकाने लगाता है। फूको के अनुसार 'अनुशासनात्मक नियंत्रण' पूँजीवाद के विकास से सीधे-सीधे जुड़ा है। लेकिन पूँजी संचय और सत्ता संचय के बीच सम्बन्धों को ठोस रूप में समझना होगा। फूको कहते हैं कि ये दोनों तत्त्व एक-दूसरे पर निर्भर हैं। इसमें एक दूसरे का आदर्श पूरक बनता है।

स्पष्ट है कि अनुशासनात्मक तकनीक आधुनिक पूँजीवाद से पहले से चली आ रही हैं। वे पूँजीवाद की पूर्व शर्त हैं। व्यक्तियों को अनुशासन में डाले बिना और उनसे काम लिये बिना पूँजीवादी विकास सम्भव नहीं था, और लगभग समान्तर ढंग से, आबादी के नियमन, नियन्त्रण और वितरण के बिना पूँजीवाद सम्भव नहीं था। ज्ञान का और सत्ता का ऐसा अनुशासनात्मक तर्क पूँजीवाद का पूर्वज रहा है।

इन तकनीकों के बिना यूरोप का पूँजीवाद पूँजीवाद न होता। फिर भी फूको का मुख्य विषय पूँजीवाद नहीं है। उनका विषय है 'अनुशासन की राजनीति को खोजना।' 'मनुष्य' को 'विषय' बनाकर, गुलाम बनाकर चलने वाली सत्ता की राजनीति। उसके पीछे सक्रिय राजनीतिक तर्क पद्धति, जो सारे प्रकट और अप्रकट दमन को वैधता प्रदान करती चलती है। वे उस सन्धि को दिखाते हैं जहाँ राजनीतिक तर्क सत्ता के तर्क बनकर मनुष्य को नियन्त्रण में लाते हैं।

ज़िन्दगी में सत्ता किस तरह मनुष्य को नियन्त्रित करती है, इसे देखना हो तो जेरेमी बैंथम के राजनीतिशास्त्र में अनुशासन की तकनीक देखें। इसे 'पैनोप्टीकोन' कहा गया। 'जेल' कहा गया। यही था अनुशासन की तकनीक का परम विचार। आधुनिक जेल। बैंथम ने कहा कि "हर जेल कमरा एक अकेला क्षेत्र है जहाँ कैदी (मनुष्य) अकेला ही अभिनेता होता है। पर्यवेक्षण योग्य होता है, अपने जगत में किसी सम्बन्ध से अलग पर्यवेक्षण के लिए उपयुक्त। पर्यवेक्षण की यह सत्ता लगातार बनी रहती है और अनाम रहती है। यही जीवन का रूपक भी है। यही शरीर का रूपक भी। आप चाहे जेल में कैदी को देखें, पर्यवेक्षण करें, चाहे स्कूली बच्चों को नियन्त्रित करें, चाहे घर में पत्नी को नियन्त्रित करें। हर नियन्त्रण इसी 'जेल पद्धति' (पैनोप्टीकोन) का सुफल है।" बैंथम बताता है कि हरम चलाने में यही पद्धति लागू होती है। इस पद्धति से वे हिजड़े नहीं रखने पड़ेंगे जो रानियों की पहरेदारी के लिए जरूरी थे।

जेल का स्थापत्य स्वयं ऐसा होता है कि बिना किसी पहरेदार के भी उसकी सत्ता का तन्त्र लागू रहता है, यह आज के वक्त तक लागू रहा आया है। कैदी नहीं जान पाता कि पहरेदार कहाँ है, मीनार में है या कहीं और, उसे तो 'कायदे' से कमरे में ही रहना है। पता नहीं कौन कहाँ से देख ले ? इस तरह उसकी 'देख-रेख' सशक्त और सार्वदेशिक हो उठती है। अगर कैदी को कभी सन्देह भी होता है कि कोई उसकी देख-रेख करता है या नहीं, तब वह स्वयं ही स्वयं की उसी ढंग से देख-रेख करने लगता है जैसी कि पहरेदार करता है। वह अपना पहरेदार बन जाता है। इस रूपक में पहरेदारों की भी पहरेदारी होती चलती है। प्रबन्धन के इस तरीके में सत्ता किसी एक खास के पास नहीं होती जिसका इस्तेमाल वह व्यक्ति कर सकता है, और पूरी तरह से कर सकता है, बल्कि सत्ता की इस मशीन में सब एक साथ शामिल रहते हैं। वे भी, जिनके पास सत्ता होती है और वे भी, जिनके ऊपर सत्ता का उपयोग किया जाता है।

इस तरह 'देश' (स्पेस) की व्यवस्था होती है आधुनिक काल में। 'जेल' रूपक के रूप में 'पैनोप्टीकोन' हर कहीं है। वह अपनी सत्ता से 'देह' का नियन्त्रण करती है, समूहों का नियन्त्रण करती है, ज्ञान का नियन्त्रण करती है। आधुनिक राज्य एक जेल ही है। यह प्रकट और अप्रकट सत्ता आदमी को देश में पकड़ती है,

व्यवस्था के अनुक्रम (हाईरार्की) में पकड़ती है, संगठन में पकड़ती है। अठारहवीं सदी के फ्रांस में सत्ता बैंथम के शास्त्र पर पूरी तरह न भी चली हो, उसकी प्रक्रिया वही थी जो बैंथम ने सुझाई थी।

फूको बैंथम के शास्त्र की परीक्षा करते हुए एक अन्य अवधारणा तक आते हैं। 'सामान्य' होने की अवधारणा। 'जेल' सामान्य बनाती है। आदमी को कुछ नियमों से सामान्य बनाती है। शृंखलाबद्धता, नियमबद्धता ही सामान्यीकरण करती है। 'असामान्य' से अलग करती है। 'सामान्य ज्ञान' हमें सामान्य बनाता है। यही सामान्य ज्ञान 'बायो पावर' की सत्ता का जरूरी औजार है। इसका काम है सुधार करना, ठीक करना (क्या हम अपनी समीक्षा में यही काम होता नहीं देखते ? तब क्या समीक्षा भी स्वयं सत्ता का विमर्श नहीं ?)। ऐसी सत्ता पैमाना बनाती है, गुणग्राहकता तै करती है, गुण तै करती है, उसमें क्रम निर्धारित करती है, वितरण क्षेत्र को व्यवस्थित करती है, एक सामान्य धरातल के गिर्द वह एक पूरी व्यवस्था रखती है।

यह सामान्यीकरण की सत्ता (नौर्मेटिव तर्कवाद) उसी तरह से सत्ता बनाता है जैसे शरीर में परजीवी वाइरस। कानून में यह प्रकट है तो स्वास्थ्य विज्ञान में भी यही है। समाजशास्त्र में यही है सामान्य ज्ञान। उन्नीसवीं सदी के बाद यह ज्ञान-सामान्यीकरण सर्वोपरि होता गया। वह अन्ततः सांख्यिकी और आँकड़ों में बदल गया। एक 'जनता' के लिए क्या 'सामान्य' है क्या नहीं है, इसके नियम आँकड़ों में बदल गए। इस बायो पावर के चक्र से कुछ भी नहीं बचता। हर चीज सामान्य आँकड़ों में बदल जाती है। देह नाम में, खेल रिकॉर्ड में, विद्या अंकों में, ज्ञान सूचना में।

यह सामान्यीकरण की तकनीक समाज में विकृति को रोकने, उसे वर्गीकृत करने, व्यवस्थित करने का काम करती है। कुछ तकनीकें कुछ विकृतियों को पहचानने का काम करती हैं और फिर उन्हें ठीक करके सामान्य बनाने का कार्य दूसरी तकनीकें करती हैं।

लेकिन फूको बताते हैं कि ये तकनीकें जितनी बड़ी, जितनी 'विकृतियों' को खत्म करने, सामान्य बनाने के लिए सक्रिय होती हैं, उतनी ही विकृतियाँ नए-नए रूप में बनती रहती हैं। पागलों, चोरों, विक्षिप्तों, आवारों को जितना समाज से बाहर किया गया, वे उतने ही समाज में पैदा होते गए हैं। कारण स्पष्ट है। रोगी को स्वस्थ करने वाले औजार (सामान्यीकरण) में स्वयं रोग रहता है। इसीलिए अपराध समाप्त नहीं होते। क्योंकि 'बायो पावर' स्वयं एक अपराध का परिणाम होती है। इस क्रम में आँकड़े बढ़ते जाते हैं, विश्लेषण बढ़ते जाते हैं, खुफिया रिपोर्ट, जाँचें बढ़ती जाती हैं। राज्यसत्ता हर बार एक सकल समग्र आकलन करने जुटती है। नियन्त्रण जाल को पक्का करती है और शास्त्र 'व्यक्ति' को सामान्य से 'बाहर'

एक 'व्यक्तित्व' दिए चलते हैं। समग्रीकरण के साथ व्यक्ति कार्य चलता रहता है। सत्ता बाँटी जाती रहती है।

जब सत्ता का इतना जबर्दस्त चक्र है तब कोई क्या करे ? इसका जवाब फूको बहुत स्पष्ट ढंग से नहीं देते। वे सिर्फ इतना कहते हैं कि सत्ता के इस मकड़जाल को पहचानना ही 'ज्ञान' का एक नया क्षेत्र बनाता है। यानी राज्यसत्ता से व्यक्ति की मुक्ति करने में 'मुक्ति' नहीं है, बल्कि व्यक्ति को राज्यसत्ता से साथ ही व्यक्तिकरण से मुक्त करने में है। इसका नए ढंग से 'विषयकरण' करना होगा। हमें उपलब्ध 'व्यक्तिकरण' की प्रक्रिया से इनकार करना होगा, जिसे हम पर सदियों से लादा गया है।

फूको अपने प्रश्नों के उत्तर देते हैं, दूसरों के प्रश्नों के नहीं। वे मुक्ति का घोषणा-पत्र नहीं लिखते, समस्याएँ बताते हैं। हाँ, वे हर उस जगह प्रश्न उठाते हैं जहाँ समग्रीकरण और सत्ता और ज्ञान का दबाव बनता है। वे सत्ता के विमर्श को प्रश्नित करते हैं।

फूको के लिए एक लेखक एक बुद्धिजीवी के रूप में क्या है ? इसे हम यों भी पूछ सकते हैं कि फूको के मन में अपने 'लेख' की और अपने 'लेखक' या बुद्धिजीवी की छवि क्या है ? क्या उसका कोई सन्देश है ? हो सकता है ? इस अस्तित्ववादी प्रश्न का उत्तर फूको ठीक वैसे नहीं देते जैसे कि अस्तित्ववादी सार्त्र देते हैं। वे दावा नहीं करते कि वे तर्क, न्याय या प्रगतिशीलता की अवधारणाओं या शास्त्रवाद की अवधारणाओं के जरिए कोई उत्तर देते हैं। यही नहीं, कई बार वे बुद्धिजीवीपरक भविष्यदृष्टा की सम्भावना से इनकार कर चुके हैं। उनकी राय में, सार्वभौमिक तर्क, न्याय तथा मानवता के नाम पर सत्ता के आगे सत्य कहने वाले सार्वभौमिक बुद्धिजीवी की अब कोई सांस्कृतिक इकाई नहीं रह गई है। बुद्धिजीवी का शासन खत्म हो गया है।

तब बौद्धिक कार्य में लगे लोग क्या हैं ? कहाँ हैं ? आज बुद्धिजीवी वही है जो अपने जैसे अन्य बहुत के साथ, राज्यसत्ता या उसकी जैसी किसी संस्था के साथ या उसके विरोध में किसी सत्ता के तर्क का प्रतिनिधित्व करता है। वह किसी शाश्वत सत्ता का प्रतिनिधि नहीं है, वह जीवन और मृत्यु का रणनीतिवेत्ता है। इस लेखक की वह हैसियत नहीं है जो विक्टर ह्यूगो, एमिल जोला की रही। अब तकनीक विशेषज्ञ लेखक की जगह ले रहे हैं।

'व्हाट इज एन ऑथर' में फूको लेखक को ढूँढ़ते हैं। बदलते इतिहास में लेखक की स्थिति बदल गई है। पश्चिम में सत्रहवीं सदी तक 'ऑथर' की 'ऑथारिटी' थी। उस वक्त की रचनाएँ, 'टैक्स्ट' (पाठ), जो अन्तरिक्ष विज्ञान, भूगोल इत्यादि के बारे में बताती थीं, तब 'सत्य' के रूप में स्वीकृत थीं। वे सत्य थीं, क्योंकि उनके साथ उनके लेखकों का नाम जुड़ा था। यह स्थिति अब बदल

गई है। जब पुराने टैक्स्ट ने अपने सत्यापन के अलग तरीके बना लिये तो 'ऑथर' की ऑथारिटी कम हो गई। 'टैक्स्ट' के केन्द्र में ऑथर नहीं रह गया। 'सत्य' सामान्य हो गया, 'अनाम' हो गया, 'यूनीवर्सल' हो गया।

साहित्य के क्षेत्र में यह कार्य थोड़ा दूसरे ढंग से हुआ। मध्यकाल में वे टैक्स्ट जिन्हें हम आज 'साहित्यिक' कहते हैं, लेखक के बिना भी प्रसार में रहती थीं। लेखक कौन है यह महत्त्वपूर्ण नहीं था। वह है, यही सूचना काफी होती थी। उन्नीसवीं सदी के शुरू से 'साहित्य' 'साहित्य' के रूप में उभरकर आया। और लेखक एक सार्वभौमिक बौद्धिक बन गया। वह 'स्वायत्त' और महत्त्वपूर्ण हो उठा। उसकी ऑथारिटी बढ़ती गई। साहित्यिक कृति के साथ 'प्रसिद्धि', 'यश' मिलने लगी और वह सत्ता से गहरे जुड़ने लगी। आधुनिक लेखक सत्ता की ओर खिंचने लगा।

फूको लेखक की एक तीसरी श्रेणी भी बताते हैं। यह है विमर्शकर्ताओं की। इसमें सामाजिक चिन्तक आते हैं। फूको इस श्रेणी में मार्क्स और फ्रायड को रखते हैं, जिन्होंने अवधारणाओं के आधार बदले, अनुभव और विचार के धरातल बदले। जिन्होंने भविष्य के समाज की परिकल्पना बदली, इस क्रम में आइंस्टीन भी आते हैं, जेम्सक्लर्क मैक्सवैल भी। विमर्शकारों की विशेषता यह है कि गलत साबित हुए हों या सही, उन्हें बार-बार सन्दर्भ में लाना पड़ता है। मार्क्स की भविष्यवाणी गलत हुई हो, वे बार-बार सन्दर्भों में आते हैं। फूको ऐसे ही विमर्शकारों में आते हैं, वे तर्कवादी हैं। वे न तो अतीत को भावुकता का विषय बनाते हैं न खतरनाक भविष्य से आँखें चुराते हैं। वे ज्ञान में नैतिक प्रश्नों का प्रवेश करते हैं।

संकट में सिद्धान्तिकी

वो शाम एक यादगार शाम थी और है।

'पहल' की पहल पर बीसवीं सदी का अवसान और मार्क्सवाद पर एज़ाज़ अहमद को बोलना था और प्रो. इरफान हबीब को सदारत करनी थी। बीसवीं सदी के अवसान के इस दौर में मार्क्सवाद के अवसान के नारों से व्याकुल न जाने कितने उस शाम त्रिवेणी सभागार में पहुँचे थे। कहीं दिल के कोने में एक अहसास था और एक हल्का-सा भरोसा था कि 'इनथियरी' के लेखक एज़ाज़ अहमद को सुनते हुए हमें ऐसा कुछ नया मिलेगा जिसकी इन दिनों बेहद जरूरत है। और कुछ नहीं तो भरोसा मिलेगा।

वो शाम गवाह है कि हिन्दी वालों ने एज़ाज़ को सुनने के लिए पलक-पाँवड़े बिछा दिए। खचाखच से भी कुछ ज्यादा भरा हॉल और डेढ़-पौने दो घण्टे का उर्दू भाषण हिन्दी वालों के लिए पारदर्शी था। विचारों के लिए विकल मन भाषा के भेद बहुत नहीं मानता। कठिन उर्दू शब्दों को भी एज़ाज़ ने इस तरह उचारा कि एक-एक मानी साफ होते गए। और एक इतिहास बना कि सबसे लम्बा परचा सबसे ज्यादा लोगों ने दम साधे, प्रशंसायुक्त मन से सुना। इतने खूबसूरत और लम्बे परचे के बाद इरफान ने उतना ही थोड़ा और मानीखेज वक्तव्य दिया।

भाषण दो स्तरों पर घटित हुआ। एक वह जो एज़ाज़ ने बोला और दूसरा वह जो छपे पर्चे के टैक्स्ट के रूप में श्रोताओं को मिला। श्रोता जब हाल से बाहर निकले तो अनेक चेहरों पर एक आवश्यक सन्तोष था। उन्हें लगता था कि बहुत दिन बाद (और सचमुच बहुत दिन) किसी ने दिल की बातें कही हैं। सोवियत समाजवाद के विघटन के बाद बुद्धिजीवियों के हल्कों में शायद पहली बार किसी ने यह भरोसा दिलाया है कि मार्क्सवाद का महत्त्व असंदिग्ध है और रहेगा। यह अहसास अनमोल था, क्योंकि हममें से अनेक उस निराशा में अरसे से ऊभ-चूभ करते आए हैं जो सोवियत विघटन से चारों ओर फैली है और मीडिया ने जिसे

लगातार बताया-बनाया है।

यह भरोसा उन लोगों को ज्यादा मुफीद था जो बहुत अकेले रचनाकार थे। यह भरोसा उनके लिए भी मूल्यवान था जो कम्युनिस्ट आन्दोलन में यकीन करते थे, करते हैं और यह भरोसा उनके लिए भी उपयोगी था जो मार्क्सवाद में अटूट यकीन करते हुए भी उसे समकालीन बनाना चाहते हैं। सबके बीच एक भरोसा ही वह सम्बन्ध था जो गोष्ठी में बना था। यही एज़ाज़ का मकसद भी था और यही शायद 'पहल' का मकसद भी। जब पाँतों में पस्तहिम्मती फैली हो, हम एक लड़ाई हार गए हों तो कमाण्डर का काम है निराश-हताश पाँतों में हिम्मत भरना, उन्हें यकीन दिलाना कि जो रास्ता उन्होंने चुना, वह सही था और सही है। जो लक्ष्य था और है, वह सौ फीसदी सही है। जो लोग प्रगतिशील आन्दोलन और जनवादी आन्दोलन से जुड़े रहे हैं वे जानते हैं कि संघर्ष का विमर्श क्या होता है। साहित्य को क्रान्तिकारी मशीन का कलपुर्जा बनाने और वर्ग संघर्ष का औजार बनाने का अभ्यास हिन्दी में पुराना है और प्रायः वह उन सावधानियों को मानता रहा है जो एज़ाज़ अहमद ने बताईं कि "स्टालिनियत का एक तोहफा प्रगतिशील तहरीक के लिए यह रहा है कि अपनी किसी गलती का, किसी जुर्म का एतराफ न किया जाए और समाजवाद के नाम पर किए गए हर फैसले और हर काम को अच्छा ही कहा जाए। साम्राज्यवाद और उसके तरफदारों का तरीका यह रहा है कि समाजवाद की पूरी तारीख को जराइम की ही तारीख कहा जाए। प्रगतिशील तहरीक की बड़ी जरूरत है कि वो इन दोनों रास्तों से बचकर निकले और अपनी एक आजाद सोच बनाए और मेरा ख्याल है कि आजाद प्रगतिशील सोच को आज सबसे बड़ा खतरा साम्राज्यवाद से है, क्योंकि जीत साम्राज्यवाद की हुई है।"[1]

एज़ाज़ अहमद जब पर्चा सुना रहे थे तो कुछ ऐसा 'लोगोसैंट्रिक' हो रहा था कि सुनते वक्त जहाँ मन नहीं अटका, पढ़ते वक्त अटक रहा है। दो पद अटकते हैं : 'प्रगतिशील तहरीक के लिए' 'आजाद सोच' और 'क्योंकि साम्राज्यवाद की विजय हुई है।' तर्क कुछ इस तरह चलता है कि समाजवाद की कट्टरता और साम्राज्यवाद की कट्टरता दोनों से बचना है और चूँकि साम्राज्यवाद की इस वक्त जीत हुई है, इसलिए पहली टक्कर इसी से है। (साथ ही एक अनुगूँज यह भी कि समाजवाद जीतता तो पहली टक्कर उसे दी जा सकती थी !)

सुनते हुए यह कार्यनीति जितनी सुखद लगी (भरोसा लौटा) पर्चा पढ़ते हुए उतनी नहीं लगी। तो क्या यह वाचिक का वह फरेब था जो भरोसे और मुहब्बत में हमेशा बनता है, लेकिन 'पठन्त' में आते ही गायब हो जाता है और नई हकीकत

---

1. आज के जमाने में मार्क्सवाद का महत्त्व/भाऊसमर्थ व्याख्यानमाला/'पहल', पृ. 36-37

बनने लगती है। एज़ाज़ का 'लेखक' (कर्ता) इन दिनों भी इतनी 'स्वायत्तता' अर्जित कर लेता है जिन दिनों संयुक्त साम्राज्यवाद की जीत हुई है। 'हम' वही हैं, लेकिन 'उनमें' एक नई शिद्दत आई है[1]। (इस शहादत पर फिदा होने का मन करता है) क्योंकि 'हम वहीं हैं' जबकि वे जीते हैं, उनमें शिद्दत आई है! वैसे उनकी जीत की मुहिम दूसरी लड़ाई के बाद ही शुरू हो गई थी।[2] (यद्यपि समाजवाद 'डिसओरियेंट'[3] भर हुआ है। लेकिन हम वही हैं! साम्राज्यवाद जीता है लेकिन हम वही हैं ! साम्राज्यवाद जीता है तो कोई हारा भी होगा। हारा है समाजवाद ! जीता है साम्राज्यवाद। तब भी हम वही हैं जैसे थे !)

चूँकि मार्क्स के दबे हुए सुरों ने 'मानवेच्छा' को पर्याप्त महत्त्व दिया है (यद्यपि उस पर विस्तार से प्रकाश नहीं डाला) इसलिए 'हम वही हैं' की दावेदारी किसी भी हिम्मतवर सेनानायक के मुँह से जब निकलती है तो 'इतिहास की इच्छा' जैसी नजर आती है। सुनते हुए यह कितना सुखद लगता है कि हम वही हैं, लेकिन क्या यह मार्क्सवाद है ? क्या इस मूल्यांकन में मार्क्सवाद काम कर रहा है ? भारत की कम्युनिस्ट पार्टियाँ मानती हैं, यानी कि उनका मूल्यांकन है, कि समाजवाद हारा नहीं है। उनके दस्तावेजों में अभी भी मुख्य अन्तर्विरोध समाजवाद और साम्राज्यवाद के बीच है। समाजवाद पीछे हटा है, हारा नहीं है। (और यह मूल्यांकन बहुत हद तक सही है।)

कम्युनिस्ट चिन्तन में ऐसे सामान्यीकरणों के बड़े गहन अर्थ निकलते हैं। समूची रणनीति और कार्यनीति बदल जाती है, भूमिकाएँ बदल जाती हैं। चूँकि मार्क्सवाद एक समग्र सुसंगति चाहता है, इसलिए ऐसे सूत्रों का बुनियादी महत्त्व होता है, अन्तर्विरोधों के ठीक-ठीक निर्धारण का बुनियादी महत्त्व होता है। अगर साम्राज्यवाद जीत गया है तो कम्युनिस्ट आन्दोलनों के सारे अन्तर्विरोध बदलने लग जाते हैं। साम्राज्य जीता है, समाजवाद हारा है तो मुख्य अन्तर्विरोध तो गया। समाजवादी दुनिया नहीं बची। और अगर संयुक्त साम्राज्यवाद जीता है तो बाकी के तीन अन्तर्विरोधों में कौन-सा प्रमुख बना ? समाजवादी प्रतिरोध के केन्द्र का क्या हुआ ? उसके गिरने से राष्ट्रीय बुर्जुआ के साम्राज्यवाद से अन्तर्विरोध भी गड़बड़ाया, बुर्जुआ अकेला हुआ, लेकिन एज़ाज़ राष्ट्रीय बुर्जुआ की श्रेणी नहीं मानते[4]। अन्तर्साम्राज्यवादी अन्तर्विरोध भी कमजोर हुए (जापान के बावजूद और

1. आज के जमाने में मार्क्सवाद का महत्त्व, पृ. 36
2. इनथियरी। एज़ाज़ अहमद, पृ. 21
3. वही, पृ. 30
4. वही, पृ. 30

यूरोपीय केन्द्र की कशमकश के बावजूद) और मजदूर वर्ग और भी निहत्था हुआ। सारी दुनिया उपनिवेश बनी। ऐसे में एकमात्र काम 'आजादी की लड़ाई' हुआ ! ऐसा नहीं है कि लेखक कम्युनिस्ट आन्दोलन अन्तर्विरोधों की स्थिति में आए परिवर्तनों को नहीं जानता, लेकिन 'इनथियरी' इन्हें अभी भी सलामत मानता है। एज़ाज़ अहमद उन्हें थोड़ा बढ़ा-चढ़ाकर देखते हैं। शायद यह लेखकीय शैली हो लेकिन इससे वह स्वायत्त क्षेत्र और भी खत्म हो जाता है जहाँ से प्रतिरोध दिया जा सके, आजाद सोच विकसित हो सके।

शीतयुद्ध खत्म हो चुका है। समाजवाद हार चुका है। साम्राज्यवाद जीत चुका है, लेकिन नुस्खा शीतयुद्ध वाला ही है। 'आजाद सोच'। आजाद प्रगतिशील सोच। कठमुल्लापन (डाग्मेटिक) से मुक्त और आत्महीनता से भी मुक्त। हम कह सकते हैं कि एज़ाज़ अहमद का सोच कम से कम आजाद प्रगतिशील सोच है। (शीतयुद्ध में दोनों पाटों के बीच में अपनी 'आजादख्याली' की जगह बनाता आया प्रगतिशील लेखक पार्टियों के लिए कितना महत्त्वपूर्ण रहा है, यह यहाँ बहस का विषय नहीं है। असली कम्युनिस्ट विमर्श में यह लेखक फैलो ट्रेवलर है। यह भी तब है जब पार्टी कमजोर हो रही हो, अन्यथा गद्दार है, क्योंकि वह क्रान्तिकारी मशीन का कलपुर्जा नहीं बनता।)

'आजाद' से हमें भरोसा मिलता है कि पार्टियों में जाए बिना भी लेखक एक बड़ी भूमिका निभाता है, निभा सकता है। "कम-अज-कम इल्म के मैदान में तो यादों का चिराग जलाए रखने की दो ही उस्लूब सबसे ज्यादा कारगर हैं—इतिहास और साहित्य।"[1] आज़ाद सोच के लिए साहित्य पर इतना भरोसा जरूरी है। और यह भरोसा उसे कलपुर्जे से आगे का दरजा देता है। वह नायक बन जाता है। (यद्यपि वह आजाद इच्छा (स्वायत्त क्षेत्र) जिसमें वह नायक बन सके कमबख्त साम्राज्यवाद की जीत यानी उत्तर-आधुनिकता ने छेक लिया है फिर भी किसी-किसी लेखक के पास यह मौजूद है। रेअर कमोडिटी !) टैरी ईगलटन भी साहित्य और साहित्यकार (आलोचक) पर ऐसा ही जोर देते हैं, लेकिन शीतयुद्ध के दिनों में देते हैं। एज़ाज़ अहमद इन दिनों में देते हैं। और हम पाते हैं कि देरिदा लेखन पर ही सबसे ज्यादा जोर देते हैं। इतना कि इतिहास को भी दोयम कर देते हैं। और एज़ाज़ भाई भी ऐसा ही जोर देते हैं। वे इतिहास के बराबर साहित्य को दर्जा देते हैं। यहीं वे प्रतिरोध की सत्ता मानते हैं। देरिदा उत्तर-संरचनावाद के अलम्बरदार हैं। उत्तर-संरचनावाद को एज़ाज़ 'मेट्रोपोलिटन (साम्राज्यवादी) देशों की साहित्यिक सिद्धान्तिकी' कहते हैं।[2] क्लासिकी कम्युनिस्ट साहित्य की स्वायत्तता को सन्देह की नजर से देखने

---

1. आज के जमाने मार्क्सवाद का महत्त्व, पृ. 37
2. इनथियरी, पृ. 34

के आदी रहे हैं। 'स्टालीनियत' ने हमेशा साहित्य की स्वतन्त्रता को खतरनाक माना है (वह तो मशीन का कलपुर्जा होता है) स्टालीनियत से बचना है तो साहित्य में आना है। साहित्य में आना है तो जीते हुए साम्राज्यवाद से लड़ने का काम कैसे होगा ? बार-बार हर बार, अपने निर्मल गुस्से में वे प्रतिरोध देखते हैं, वस्तुस्थिति के आकलन में नहीं।

क्रोध ! एज़ाज़ की टैक्स्ट का यह स्थायी भाव है। इससे लगता है कि उनका मिजाज रचनाकार का है, जो भावों से परिचालित हो सकता है। (पहल की गोष्ठी में बोलते हुए भी वे उत्तर-आधुनिकतावादियों पर अपने क्रोध को न्यौछावर करते थे, नीचे का होंठ बाईं ओर से थोड़ा दबता था।) यही उनका मानवतावादी विमर्श था और रहना चाहिए। चूँकि वे करीब बीस साल अमरीकादि में रहे हैं, वहाँ के विश्वविद्यालयों में पढ़ाया है, इसलिए उनकी रिसर्च में एक तरह की प्रामाणिकता भी ढूँढ़ी जा सकती है। क्रोध में यदि मूल्यांकन थोड़ा इधर-उधर हो जाए तो क्या हुआ। मामला लाक्षणिक ही समझना चाहिए। यह लाक्षणिकता ही ठहरी कि 'इनथियरी' में जिस उत्तर-संरचनावाद को मैट्रोपोलिटन देशों की 'साहित्य सिद्धान्तिकी' कहकर उसे हिकारत से देखा है वहीं परचे में 'डिकंस्ट्रक्शन' (विखंडन) को वे मार्क्सवादी विचार से यों जोड़ते हैं : "देरिदा बार-बार कहते हैं कि डिकंस्ट्रक्शन मार्क्सीय सिद्धान्त का ही एक हिस्सा है और इस सिद्धान्त से पीछे हटने की नहीं बल्कि आगे बढ़ने की कोशिश है।"[1] यह विचलन है या क्षति-पूर्ति ?' बहरहाल, सिद्धान्तिकी निर्माण में क्षतिपूर्ति उलटे मुँह गिरती है। डिकंस्ट्रक्शन के प्रति एज़ाज़ अहमद की ये सहनशीलता उनकी टैक्स्ट का, आत्यंतिक हिस्सा नहीं बनता, तर्क कौशल का हिस्सा बनता है जो उन्हें वहीं ले जाता है जहाँ उन्हें ठहरना पसन्द नहीं। यह प्रमाण है कि मार्क्सवादी विमर्श में डिकंस्ट्रक्शन उतनी ही तेजी से घुसा चला आता है, जितनी उसे रोकने की पुरजोर कोशिश होती है।

एज़ाज़ अहमद जब मार्क्सवाद के महत्त्व की बात करते हैं तो वे बहुत ही आकर्षक और मनोहर नजर आते हैं। खासकर वो अन्दाज, जिसमें वे मार्क्सवाद के दुश्मनों से निपटते हैं, दिल को जीतने वाला होता है। इसे देखना हो तो फ्रेडरिक जेमेसन की 'थर्डवर्ल्ड साहित्य' थीसिस पर अहमद का लम्बा लेख (इनथियरी में) देखने योग्य है। जेमेसन की तर्कसंगत ढंग से दूर तक 'पिटाई' करते हुए वे यह भूल जाते हैं कि तीसरी दुनिया के साहित्य पर जेमेसन का जरूरत से ज्यादा भरोसा यदि है तो उसमें खुद एज़ाज़ अहमद भी दूर तक शामिल हैं। उनका टैक्स्ट भी जेमेसन के अर्थों में 'तीसरी दुनिया का टैक्स्ट' ही है।[2] अन्यथा उनका अमरीका में रहना, और फिर तीसरी दुनिया से पहली दुनिया (मैट्रोपोलिटन दुनिया)

---

1. आज के जमाने में मार्क्सवाद का महत्त्व, पृ. 33
2. इनथियरी, पृ. 109

पर गोले छोड़ना इस तरह तो सम्भव नहीं होता। 'इनथियरी' में जितनी शिद्दत से 'मार्क्सवाद' के 'विरोधियों से बहस की गई है, उसका भरोसा तभी तो है, क्योंकि जेमेसन के यहाँ पहली दुनिया में तो कुछ बचा नहीं है। जेमेसन की निराशा का जो कारण है, वही एज़ाज़ अहमद की आशा का भी तो कारण है। एज़ाज़ जिन पाँच सितारा बुद्धिजीवियों को (यथा नैयपाल, रश्दी, एडवर्ड सईद आदि को) पश्चिम की वैधता का प्रमाण मानते हैं, उन्हें पहली दुनिया में 'स्थापित'[1] मानते हैं, स्वयं एज़ाज़ अहमद उससे अलग या स्वायत्त नहीं हैं। उनका समूचा विमर्श वही अमरीकी यूरोप में बना है और वैसा ही है। एकदम जैटसैटिंग बुद्धिजीवी का !

लेकिन फिलहाल उनके 'मार्क्सवाद के महत्त्व के बारे में और 'मार्क्सवाद' के बारे में ही सोचा जाए। इस सन्दर्भ में पहली दुविधा ही पहला तर्क कौशल बन उठती है। क्योंकि "कई बुद्धिजीवियों के लिए आज का जमाना पोस्टमॉडर्निज्म का जमाना है[2], पोस्टमॉडर्निज्म का ख्याल है कि उनकी (जिनकी तादाद कुछ हजार तक है) तरफ से किए गए ऐतराजात का जवाब फराहम करना इंतहाई जरूरी है। लेकिन चूँकि ऐसे पोस्टमॉडर्निस्टों की तादाद कुछ हजार तक ही है, जबकि सोवियत संघ की टूट के बाद करोड़ों ऐसे लोग हैं जिनकी जिन्दगी मार्क्सवाद के किसी न किसी सवाल के साथ जुड़ी हुई है।[3] (और चूँकि इन सवालों से पोस्टमॉडर्निस्टों को कोई मतलब नहीं है इसलिए पोस्टमॉडर्निज्म के ऐतराजात का जवाब टैक्स्ट के बाहर कर दिया जाता है।) फालतू बकवास करने वालों के मुँह लगना किसी भी मार्क्सवादी को शोभा नहीं देता। खासकर तब, जब देश में फासिस्ट खतरा हो।

इसलिए मार्क्सवाद के महत्त्व का प्रश्न निश्चय ही एक स्वतन्त्र प्रश्न होना चाहिए, यद्यपि उसे आज के जमाने को भी सम्बोधित करना चाहिए। 'आज का जमाना' पोस्टमॉडर्निस्टों के लिए मार्क्सवाद पर ऐतराज उठाने का जमाना है। लेकिन एज़ाज़ के 'आज का जमाना' में तीन बड़े मसाइल उसकी शक्ल बनाते हैं। साम्राज्यवादी दबाव का मसला, साम्प्रदायिकता का मसला, जनतांत्रिक इदारों का मसला। इन मसलों से निपटने के लिए जनवादी और लोकतांत्रिक कौमी एकता की जरूरत है। जिस सोच की, आर्ट की, अदब की और राजनीति की जरूरत है, इसके मर्कज पर वो साम्राज्यवाद विरोधी, सैकूलर, रोशनख्याल और प्रगतिशील आन्दोलन ही हो सकता है, जिसका रंग निखारने और चोखा करने में पिछले

1. इनथियरी, पृ. 109
2. आज के जमाने में मार्क्सवाद का महत्त्व, पृ. 7
3. वही, पृ. 8

कमोबेश सत्तर साल के दौरान मार्क्सवाद ने इस देश में बहुत अहम और कहीं-कहीं तो बिल्कुल मर्कजी किरदार अदा किया है।[1] बेशक ! आधुनिक भारत के निर्माण में ऐसा ही होना था। किसी हद तक ऐसा हुआ भी।

इसके आगे एज़ाज़ साहब कहते हैं कि मैं आज के जमाने को पोस्टमॉडर्निज्म का जमाना नहीं समझता, बल्कि एक तरफ तो तरह-तरह के जनवादी और जमूरी आन्दोलनों और दूसरी तरफ साम्राज्यवाद के बिल्कुल नए और हमेशा से ज्यादा जालिम दौर का जमाना समझता हूँ।[2] (पोस्टमॉडर्निज्म में तो साम्राज्यवाद का सवाल दबाया जाता है।)

जाहिर है कि इतनी सारी चुनौतियों में मार्क्सवाद का महत्त्व असंदिग्ध है, क्योंकि वहीं हमें इन चुनौतियों से निपटने के तरीके मिलते हैं। लेकिन मामला इतने कथन से नहीं निपट सकता। इसलिए महत्त्व का सवाल थोड़ी देर के लिए अपना देशकाल प्राप्त करने लगा है। "महत्त्व की बात करते हुए एक चीज जो हमारे जेहन में बिल्कुल साफ होती है, वो है सोवियत यूनियन का टूटना। रूस, यूगोस्लाविया और पूर्वी यूरोप के सारे देशों की कम्युनिस्ट सरकारों का गिरना, इन सारे देशों का पश्चिमी साम्राज्यवाद के सामने इस हद तक झुक जाना कि मलेशिया, ईरान और ब्राजील जैसे देश भी उस हद तक नहीं झुक रहे और चीन और वियतनाम में 'मार्केट सोशलिज्म' के नाम पर सरमायादाराना रिश्तों का तेजी के साथ फैलना। इस हिसाब से हमारे सवाल का मतलब यह बनता है कि सोवियत यूनियन के टूट जाने के बाद चीन में सरमायादारी के हद तक फैल जाने के बाद इस नए जमाने में मार्क्सवाद का क्या महत्त्व हो सकता है ?"[3]

चूँकि वो सबूत खाक में मिल गया है जिसके केन्द्र में मार्क्सवाद था (1917 से 1939 तक तो था ही[4]) और चूँकि मजबूत सियासती व्यवस्था के बगैर किसी राजनीतिक सिद्धान्त का महत्त्व ढूँढ़ना मुश्किल है, इसलिए भी इस नए जमाने में मार्क्सवाद का महत्त्व हमें (यानी बहुत-से लोगों को) समझ नहीं आता।

जिस तर्ककौशल और उसमें सक्रिय दुविधा का जिक्र हम कुछ पहले कर आए हैं, वह यहाँ यों प्रकट होती है : "इसका मतलब यह हुआ कि किसी सिद्धान्त का ठीक या गलत होना उसके अपने उसूलों पर निर्भर नहीं होता और न इस बात पर निर्भर है कि दुनिया को और दुनिया में आने वाली नित नई तब्दीलियों को समझने में वो किस हद तक हमारी मदद करता है, बल्कि दारोमदार इस बात पर

1. आज के जमाने में मार्क्सवाद का महत्त्व, पृ. 8
2. वही, पृ. 9
3. वही, पृ. 9
4. वही, पृ. 9

है कि कोई रियासती निजाम हो, जो उसकी नुमाइन्दगी करे और अगर वो रियासतें टूट जाएँ जो इस सिद्धान्त की नुमाइंदगी का दावा किया करती थीं, तो साबित हो जाता है कि नजरिया गलत था। इस तरह देखा जाए तो मार्क्सवाद की अलग कोई तारीख नहीं रह जाती, बल्कि सोवियत यूनियन की तारीख के अन्दर घुल जाती है ··· सोवियत यूनियन टूट जाए तो मार्क्सवाद का महत्त्व खत्म हो जाता है, क्योंकि उसकी अलग कोई तारीख नहीं।''[1]

एज़ाज़ सोवियत संघ की तारीख को मार्क्सवादी तारीख से उचित ही अलगाते हैं। मार्क्सवाद की तारीख सोवियत यूनियन और दूसरी कम्युनिस्ट पार्टियों और सरकारों की तारीख से बहुत पुरानी और बहुत बड़ी तारीख है। और यह तब तक रहनी है जब तक सरमायादारी मौजूद है।[2]

और सच ही, ''सोवियत संघ के टूटने को समझने की सबसे अच्छी कुंजी भी मार्क्सवाद में ही है।'' क्योंकि मार्क्सवाद सिर्फ सिद्धान्तिकी नहीं है, वह एक व्यवहार भी है। मार्क्सवाद बार-बार यही कहता है कि मार्क्सवाद का अध्ययन मार्क्सवादी ढंग से ही सम्भव है। यानी सिद्धान्त को व्यवहार से जोड़कर और व्यवहार को सिद्धान्त से जोड़कर ही उसका अध्ययन किया जा सकता है, उसका व्यवहार किया जा सकता है। इसलिए यह तो माना जा सकता है कि मार्क्सवाद की तारीख सोवियत संघ से भी पुरानी है, लेकिन इस झपट्टे में यह भला कैसे भूला जा सकता है कि सोवियत संघ समेत समाजवादी दुनिया का विघटन और बिखराव ठोस ऐतिहासिक हकीकत है और मार्क्सवाद के महत्त्व का कोई भी विमर्श इस हकीकत की चीर-फाड़ किए बिना नहीं हो सकता। एज़ाज़ अहमद 'मार्क्सवाद सोवियत-संघ-का-पर्याय-नहीं-है' के सही तर्क में एक ऐसी सफाई पैदा करते हैं कि यह पूछने को जगह नहीं बचती कि भाई सोवियत संघ पर्याय नहीं, एकमात्र व्यवहार न सही, एक व्यवहार था तो वह किस विधि सफल न हुआ, और असफल भी हुआ तो क्योंकर ! और क्या 'आज का जमाना' इस 'असफलता' या 'टूट' के मार्क्सवादी विश्लेषण के बिना समझा जा सकता है ? तमाम कम्युनिस्ट पार्टियों की तरह एज़ाज़ साहब इस बुनियादी सवाल से पूरी तरह टकराए बिना ही आज के जमाने को समझने-समझाने चल देते हैं ! यही तर्क कौशल हमें कायल करता है जो दुश्मन की पहचान पहले करता है, 'आत्म' की पहचान भूल जाता है। हमारा मत है कि समाजवाद के विघटन के द्वन्द्वात्मक विश्लेषण में ही कहीं हमारे जमाने की सही मार्क्सवादी व्याख्या छिपी है। समाजवाद के विघटन में साम्राज्यवाद की भूमिका तो है ही, समाजवादी व्यवहार की अपनी मौलिक समस्या

1. वही, पृ. 9-10
2. वही, पृ. 10

की भूमिका भी रही है और आगे भी रहनी है। आज के जमाने को समझने के लिए उन्हें नजरअन्दाज नहीं किया जा सकता। और यह भी सच है कि इन्हें समझने के लिए मार्क्सवाद से बेहतर कोई दर्शन नहीं है। लेकिन एज़ाज़ साहब इस दर्शन से उसे खोलते नहीं चलते।

यहीं वे एक और कमाल की बात कहते हैं कि "मार्क्सवादी सिद्धान्त के अन्दर बहुत-सी आलोचनात्मक धाराएँ रही हैं जिन्होंने कोई सरकारी पॉलिसी कबूल नहीं की।"[1] यानी मार्क्सवाद में बहुत-सी अन्तर्धाराएँ हैं। वह इकहरी धारा नहीं है, उसमें बहुत सारी धाराएँ आज भी सक्रिय हैं, इनसे मिलकर ही वह बहुत बड़ी धारा बनती है। (क्या यह मार्क्सवाद का विकेन्द्रण नहीं हैं, एक उत्तर-आधुनिक विकेन्द्रण ?)

मार्क्सवाद सिद्धान्त व्यवहार का द्वन्द्वात्मक दर्शन है। फिर भी सोवियत पराभव मार्क्सवाद की समस्या नहीं है और मार्क्सवाद बहुत-सी धाराओं से मिलकर बना है, यानी मार्क्सवाद सर्वहारा का ही केन्द्रीय दर्शन नहीं है। ऐसे संकेत एज़ाज़ के टैक्स्ट में पढ़े जा सकते हैं जो सिर्फ कार्यनीतिक वक्तव्य तो नहीं हैं, लेकिन जिसमें कार्यनीतिक शैली अपनाई गई है। कार्यनीति स्पष्ट है। शत्रु की पहचान करो। अभी अपने हाल पर मत जाओ।

लेकिन एज़ाज़ एक जगह फिर सही उँगली रखते हैं। "मार्क्सवाद को अपनी तारीख नए सिरे से समझनी है और यह तै करना है कि आज के इन्कलाबों में वो किस तरह भाग लेगा और किस तरह के नए सिद्धान्त, कैसी नई राजनीति की अब जरूरत है।"[2] आत्मसमीक्षा की जगह इतने से सन्तोष करें, क्योंकि फौरी काम लामबन्दी का ही है। व्यवहारवादी की तरह एज़ाज़ कहते हैं कि "आज हम न सिर्फ अपनी नाकामियों का कड़वा फल खा रहे हैं, बल्कि खुद अपनी कामयाबियों और उस नई सोच का आधार बनाकर आगे न बढ़ सकने की सजा भुगत रहे हैं।"[3] काश, वे उन नाकामयाबियों के बारे में भी थोड़ा कुछ कहते तो आज के जमाने के ये कठिन पेचीदा सवाल साफ होते।

'आज के सवाल' आज के सवाल ही हो सकते हैं। वे वहीं से शुरू होते हैं जहाँ समाजवाद का विघटन हुआ। नए समाजवाद के लिए उन सारे सवालों को सोचा जाना चाहिए जो एज़ाज़ साहब ने ऊपर उठाए हैं, लेकिन वे सवाल मार्क्सवाद के भीतर के सवाल की तरह उठाए गए हैं, उन पर सोचने की फुर्सत नहीं रह गई है।

चूँकि साम्राज्यवाद नए सिरे, नई शिद्दत से उभरा है, ग्लोबल कल्चर के नाम पर साम्राज्यवादी कल्चर का हमला जोरों पर है। उधर साम्प्रदायिक शक्तियाँ खतरा

1. आज के जमाने में मार्क्सवाद का महत्त्व, पृ. 11
2. वही, पृ. 16-17
3. वही, पृ. 17

बनी ही हैं, तीसरे लोकतन्त्र की समस्याएँ हैं, इसलिए रास्ता क्या है ?

यह कि "आज के जमाने में राष्ट्रवादी चेतना की नुमाइन्दगी बुर्जुआजी नहीं कर सकती, बल्कि मेहनतकश जनता ही कर सकती है। आर्थिक दुनिया में राष्ट्रवाद की बात आज की कौमी बुर्जुआजी सौदेबाजी के लिए करती है, जैसे ऐनरौन के मामले में आज महाराष्ट्र की सरकार कर रही है।"[1] यानी साम्राज्यवाद के नए हल्ले में दुनिया-भर का बुर्जुआ संयुक्त हो गया है, इसलिए राष्ट्रवाद की बात वह नहीं कर सकता। करता है तो सौदेबाजी के लिए। यानी अब सिर्फ मजदूर वर्ग ही राष्ट्रवाद की बात कर सकता है। यह है साम्राज्यवाद की नई शक्ति और तत्सम्बन्धी मार्क्सवाद में मजदूर वर्ग की रणनीति। साम्राज्यवाद संयुक्त हुआ तो मजदूर वर्ग राष्ट्रवादी हो गया। यहाँ यह नहीं कहा जा रहा है कि मजदूर वर्ग ही अन्य ढुलमुल वर्गों की नुमाइंदगी करता है (यह पहले भी सच था)। कहा जा रहा है कि मजदूर वर्ग को राष्ट्रीयतावादी होना होगा। बुर्जुआजी एनरोन से सौदेबाजी करता है, लेकिन पश्चिम बंगाल की सरकार नई औद्योगिक नीति के तहत विदेशी पूँजी से समझौता-सौदेबाजी करती है तो क्योंकर ? चीन का 'मार्केट सोशलिज्म' स्वयं नहीं बताता है कि मजदूर वर्ग भी सौदेबाजी पर उतर आया है ? एज़ाज़ की टैक्स्ट में पश्चिम बंगाल, चीन का यह अनुभव दोबारा नहीं आता, क्योंकि यह साम्राज्यवाद से उनके संघर्ष के केन्द्र 'राष्ट्रवाद' को मजदूर वर्ग के लिए सुरक्षित नहीं छोड़ता। चीन का मजदूर वर्ग अपने राष्ट्रवाद में पानी मिला रहा है, क्यूबा भी मिला रहा है, फिर भी एज़ाज़ कहते हैं कि बुर्जुआ ही अपराधी है राष्ट्रवाद को समर्पित करने का। इस तर्क में एक वहम राष्ट्रवाद का है जो बुर्जुआ के द्वारा त्याग दिए जाने के बाद भी एक संस्था के रूप में मजदूर वर्ग के लिए बचा रहता है ! (क्या मार्क्स ने नहीं कहा कि मजदूर वर्ग का कोई राष्ट्र नहीं होता ?)

एज़ाज़ अहमद के 'आज के जमाने' में राष्ट्रीय बुर्जुआ का अस्तित्व नहीं है। 'इनथियरी' में वे बार-बार इस बात को रेखांकित करते हैं। खासकर तीसरी दुनिया के साहित्य वाले सन्दर्भ में। बल्कि उसकी सौदेबाजी उत्तर-आधुनिकता की कामना में प्रकट होती है।[2] इसीलिए अब साहित्य में राष्ट्रीय रूपक सम्भव नहीं है।

उत्तर-आधुनिकता इसी कौमी बुर्जुआजी का विस्तार है। "साहित्य की दुनिया में इसी कौमी बुर्जुआजी के नुमाइन्दे आजकल देश-विदेश की बात या तो ऊँची जातियों की क्लासिकी मैटाफिजीकल संस्कृति के नाते से करते हैं या साहित्य को आज के समाज से और हमारी आँखों तले बुनते हुए समकालीन इतिहास से अलग करके ऐसी सौन्दर्यात्मक दुनिया की तरफ ले जाना चाहते हैं जिसमें कोई पैबन्द

1. वही, पृ. 25

2. इनथियरी, पृ. 102

क्लासिकी संस्कृति का होता है तो कोई जोड़ आधुनिकतावाद का, और इस तरह एक नई किस्म की देरी और कम्प्राडोर उत्तर-आधुनिकता हमारे बीच जन्म ले रही है।''[1]

कौमी बुर्जुआजी तो गया। उधर मजदूर वर्ग भी मार्केट सोशलिज्म में गया। तब क्या करें ? एक ऐसी क्रिटिकल थियरी या आलोचनात्मक सिद्धान्तिकी ईजाद करें जिस पर गहरी छाप मार्क्सवाद की हो और चूँकि इस पर पड़ी मार्क्सवाद की गहरी छाप को कभी मिटाने और कभी अपनाने की कोशिश[2] पोस्टमॉडर्निज्म की है, इसलिए क्रिटिकल थियरी को उससे भी बचाना है।

गजब का साहस है, गजब की क्षतिपूर्ति। एडोर्नो होर्खिमार की डाइलैक्टिक्स आफ ऐनलाइटिनमेंट जिस क्रिटिकल थियरी की बुनियाद में सक्रिय है और जिससे 'महावृत्तान्त के खात्मे' तथा मार्क्सवाद के टोटलिटेरियन वृत्तान्त होने की बात निकलती है तथा जो उत्तर-आधुनिक औद्योगिक विमर्शों का प्राथमिक सन्दर्भ बिन्दु है, एज़ाज़ अहमद उसी क्रिटिकल ('कुख्यात' फ्रैंकफर्ट स्कूल या क्रिटिकल थियरी) को उत्तर-आधुनिकता से बचाने की बात करते हैं। उनकी एक परेशानी यह भी है कि 'व्यवहारवादी' उत्तर-आधुनिकतावादी मार्क्सवाद को अपनाते भी हैं। (चील के घोंसले में भी मांस होता है !)

बुर्जुआ गद्दारी कर चुका है और बुर्जुआजी की क्रिटिकल थियरी जिससे पूरे शीत युद्ध में मार्क्सवाद में नकब लगाई गई, उसी को बचाया जाना है ! यह एज़ाज़ के 'मार्क्सवाद' की नई कार्यनीति ठहरी। बुरी नहीं। लेकिन कवायद काफी कठिन रहेगी। जोखिम ज्यादा है। कम्बख्त आज के जमाने की व्यावहारिकता का यही तकाजा है। और व्यावहारिकता ससुरी उत्तर-आधुनिकता है !

एज़ाज़ अहमद के 'आज के जमाने' के मूल्यांकन का केन्द्र है साम्राज्यवाद की शिद्दत। चूँकि वे अमरीका आदि में खूब रहे हैं, इसलिए बेहतर जानते होंगे कि यह कितना ताकतवर है, सो इसे हम उनकी प्रथम सूचना रिपोर्ट की तरह ही लें। रिपोर्ट चौंकानेवाली है। लेकिन मार्क्स ने बहुत पहले ही भविष्य बता दिया था पूँजीवाद का।

पूँजीवाद के बारे में मार्क्स-एंगेल्स ने तकरीबन डेढ़ सौ साल पहले जो कहा था वह आज सिर्फ सच हो रहा है, इसलिए यह न बौखलाने की बात है, न चौंकने की बात कि आज पूँजीवाद विश्व-भर में छाया हुआ है। जिसे एज़ाज़ साम्राज्यवाद की जीत कहते हैं वह और कुछ नहीं, उसी पूँजीवाद का विकास है जो मार्क्स ने अपने जमाने में देखा था और जिसके बारे में कम्युनिस्ट मेनिफेस्टो में विस्तार से लिखा था :

1. आज के जमाने में मार्क्सवाद का महत्त्व, पृ. 25
2. वही, पृ. 25

"बुर्जुआ वर्ग उत्पादन के औजारों को लगातार बदले बिना नहीं रह सकता। वह उत्पादन सम्बन्धों को भी लगातार बदलता चलता है और इस तरह वह समाज के समूचे सम्बन्धों को बदलता चलता है। पुराने ढंग की उत्पादन प्रक्रिया को बनाए रखना पुराने औद्योगिक वर्गों की पहली शर्त होती थी। उत्पादन को लगातार बदलना, सभी सामाजिक स्थितियों में उपद्रव करना, अमर किस्म की अनिश्चितता पैदा करना और आन्दोलन करना बुर्जुआ युग की वो पहचान है जिनसे वह पहले के युगों से अलग होता है। प्राचीन परम्परा पुष्ट सभी निश्चित, जमे-जमाए सम्बन्ध, संस्कार और विचार, झाड़-बुहार दिए जाते हैं, नए बने सम्बन्ध स्थिर होने से पहले ही पुराने पड़ जाते हैं। वह सब कुछ जो ठोस है, हवा में उड़ जाता है, हर पवित्र चीज दूषित हो जाती है, और अन्ततः मनुष्य गम्भीरता से पहली बार अपने जीवन की वास्तविक दशा को जान पाता है और अन्य मनुष्यों से अपने सम्बन्धों की समक्षता में होता है।"

"अपने उत्पाद के लिए लगातार बढ़ते हुए बाजार की जरूरत बुर्जुआ वर्ग को धरती-भर दौड़ाती है। उसे हर जगह टिकना है, रुकना है और हर जगह अपने सम्बन्ध बनाने हैं।"

"बुर्जुआ वर्ग ने विश्व बाजार के शोषण के जरिए हर देश में उत्पाद और उपभोग को वैश्विक (कास्मोपोलिटन) चरित्र दे दिया है। प्रतिक्रियावादियों को लज्जित करते हुए, उसने उस राष्ट्रीय आधार को नीचे से खींच दिया है, जिस पर उद्योग खड़े थे। सभी पुराने स्थापित राष्ट्रीय उद्योग या तो नष्ट किए जा चुके हैं या रोजाना खत्म किए जा रहे हैं। उनकी जगह नए उद्योग पैदा हो रहे हैं, जिनकी शुरुआत सभी सभ्य राष्ट्रों के लिए जीवन-मरण का सवाल है, ऐसे उद्योग जन्म ले रहे हैं जो अपना देसी कच्चा माल इस्तेमाल नहीं करते, बल्कि दूर-दराज से लाए कच्चे माल का इस्तेमाल करते हैं। ऐसे उद्योग बन रहे हैं जिनके उत्पाद देश में ही नहीं, धरती के हर कोने में उपयोग किए जाते हैं। पुरानी जरूरतों की जगह जिन्हें देश के उद्योग पूरा करते थे, नई जरूरतें पैदा की जाती हैं, जिनके तोष के लिए अन्य वातावरण तथा दूर के उत्पाद चाहिए। पुराने जमाने के स्थानीय तथा राष्ट्रीय एकान्त तथा आत्मनिर्भरता की जगह, हर क्षेत्र में नया समागम पैदा होता है, सार्वभौमिक अन्तर्निर्भरता पैदा होती है। जैसे यह भौतिक क्षेत्र में होता है, बौद्धिक क्षेत्र में भी होता है। विभिन्न राष्ट्रों के अपने-अपने बौद्धिक सृजन सबकी समान सम्पत्ति बन जाती है। राष्ट्रीय पक्षपात और संकीर्णता अधिकाधिक असम्भव होती जाती है और असंख्य राष्ट्रीय और स्थानीय साहित्यों के बीच एक विश्व-साहित्य पैदा होता है!"[1]

---

1. पृ. 487/488, कलैक्टैड, वर्क्स/मार्क्स एंगेल्स/जिल्द-6

क्या यह उत्तर-आधुनिक सचाई नहीं है ? तब चौंकना क्या और चीत्कार कैसा ?

किसी भी भ्रूच्च विमर्श में, किसी भी वामपन्थी विमर्श में इन दिनों 'कम्युनिस्ट मेनिफेस्टो' का जिक्र नहीं आता। मेनिफेस्टो के उक्त अंश यह बताने के लिए काफी हैं कि क्यों नहीं आता। मेनिफेस्टो बताता है कि पूँजीवाद एक ऐतिहासिक प्रक्रिया है और उससे यह बात भी समझ में आती है कि समाजवाद का जो संस्करण खड़ा किया गया वह पूँजीवाद की हद से बहुत परे अभी जा नहीं सकता था। समाजवाद किसी खुफिया षड्यंत्र की वजह से न गिरकर पूँजीवाद के दबाव से गिरा। मेनिफेस्टो बहुत पहले उस नक्शे को खींच देता है जो हमारे सामने अपने सबसे नंगे रूप में मौजूद है। समाजवाद के सत्तर साल भोग लेने के बाद यह यकीन करना बहुत-से लोगों को कठिन है कि वह अपने अन्तर्विरोधों तथा पूँजीवाद से उसके अन्तर्विरोधों की वजह से भी गिर सकता था। 'साम्राज्यवाद जीता समाजवाद हारा' में इस तरह इतिहास या ऐतिहासिक भौतिकवाद नहीं बोलता, एक प्रच्छन्न स्टालिनिस्ट ही बोलता है। स्टालिन ने 1935 के आसपास यह ऐलान कर दिया था कि अब समाजवाद का 'युग' आ गया। कम्युनिस्ट मेनिफेस्टो आज के जमाने को 'बूर्ज्वा' कहता था, कहता है। समाजवादी आन्दोलन और समाजवादी विचार उसका एकमात्र विकल्प और प्रतितर्क है, लेकिन समाजवादी युग ? नहीं ! अभी युग तो बूर्ज्वा ही है। समाज के लिए यह युग (आज का जमाना) इसलिए संकटग्रस्त है, क्योंकि समाजवाद हारा है, साम्राज्यवाद जीता है। स्पष्ट ही इस भाषा में जो डर छिपा है (और फिर डर से निपटने की तरकीब) वह मार्क्स के यहाँ नहीं है। इसीलिए यह पर्चा फैज अहमद फैज की नज्म की निराशा में खत्म होता है :

अब जो भी चाहो छान करो,
अब जो भी चाहो दोष धरो
छाती तो वही है घाव वही
अब तुम ही कहो क्या करना है
यह घाव कैसे भरना है ?

आज के युग में मार्क्स का महत्त्व यही है कि कम से कम कम्युनिस्ट मेनिफेस्टो को हम एक बार फिर पढ़ें और जानें कि पूँजीवाद अपने उरुज पर उसी ढंग से आया है जैसा मार्क्स ने लिखा था और यह कोई साजिश नहीं है, ऐतिहासिक स्थिति है। मार्क्स की टैक्स्ट इस पूँजीवाद को फाँदने की अनुमति नहीं देती। महान् लेनिन ने अपने प्रबल प्रयत्नों से प्लेखनोव को तब भले हरा दिया हो, लेकिन आज के रूसी कम्युनिस्ट सत्तर साल के बाद और अनन्त तकलीफों के बाद यह तथ्य आज

बेहतर समझ रहे हैं कि पूँजीवाद क्या है और उसमें कैसे जीना है।[1]

एज़ाज़ की 'इनथियरी' में भी साम्राज्यवाद ही साम्राज्यवाद है। "यद्यपि साम्राज्यवाद के वर्चस्व के नीचे अनेक ऐसी संस्कृतियाँ रहती हैं, लेकिन वे प्रतिरोध नहीं बनती हैं।"[2] राष्ट्रवाद साम्राज्यवाद का विलोम है, इसमें एज़ाज़ को शक है। उसका विलोम सिर्फ समाजवाद ही हो सकता है।[3] और चूँकि समाजवाद हार गया है, इसलिए क्या करें ? क्रान्तिकारी राष्ट्रवाद तो सहारा नहीं है ! (लेनिन के साम्राज्यवाद की व्याख्या में राष्ट्रवाद को जगह थी, राष्ट्रीय प्रतिरोधों को जगह थी, एज़ाज़ साहब के प्रतिरोध में एक झटके में सर्वहारा राजसत्ता ही चाहिए। चूँकि वह है नहीं, इसलिए निहत्थे रहिए और भयभीत रहिए।)

साम्राज्यवाद कितना भयानक है ? जैट सैटिंग, अन्तर्राष्ट्रीय कुछ बहुत सम्पन्न लोग ही समझ सकते हैं कि वे पढ़ने-लिखने, भाषण देने की क्षमता के कारण साम्राज्यवाद के चंगुल से छूट निकले हैं। ग्लोबीय यात्राओं में वे भूल ही जाते हैं कि साम्राज्यवाद से उनके सम्बन्ध राष्ट्र-राज्यों में आ जाते हैं और वहाँ साम्राज्यवादी वर्चस्व से छूट निकलने का कोई रास्ता ही नहीं बचता, जब तक कि भिन्न किस्म की राष्ट्रीय योजना के लिए काम न किया जाए और अपने राष्ट्र-राज्य को नई क्रान्तिकारी शक्ल देने के प्रयत्न न किए जाएँ ! फिर भी वह जगह एज़ाज़ के पास बच रहती है जिसमें प्रतिरोध हो सकता है ! दुनिया भर की कम्युनिस्ट पार्टियाँ राष्ट्र को सत्ता मानती हैं। एज़ाज़ भाई नहीं मानते। उन्हें चाहिए तो क्रान्तिकारी 'राष्ट्र'। विकास का सूक्ष्म प्रयत्न ठहरा।

'इनथियरी' (1994) एज़ाज़ अहमद की एक महत्त्वपूर्ण किताब है, जहाँ वे साहित्य को समाज का चिह्न मानते हैं, जहाँ वे उत्तर-आधुनिकता को राष्ट्रवाद मानकर चलते हैं और उत्तर-संरचनावाद को राष्ट्रवाद का संरक्षक बताते हुए सिद्धान्त के क्षेत्र में आ रहे घपलों की ओर इशारा करते हुए कहते हैं कि (चूँकि उत्तर-संरचनावाद ने मार्क्सवाद के भी कुछ प्रच्छन्न तत्त्वों को अपने में मिला लिया है, जिनमें से एक फेमिनिज्म भी है और इस तरह वह एक छलिया बहुरूपिया बन गया है) समस्या बहुत जटिल है। उसमें बहुत से अन्तर्विरोधी तत्त्व सक्रिय हैं। इस समय एक ऐसी रैडीकलथियरी सक्रिय है जो अपने अतीत के मार्क्सवादी तत्त्व का खण्डन करती है। राष्ट्रीय बुर्जुआ राज्य का उत्थान और पतन इस रैडिकलवाद का मूल भाव बन गया है। पूँजीवाद का भूमण्डलीय आक्रमण हो रहा है और अस्सी के दशक के खत्म होते-होते उसकी भूमंडलीय विजय हो चुकी है, उत्तर-संरचनावाद

---

1. आज के जमाने में मार्क्सवाद का महत्त्व, पृ. 39
2. इनथियरी, पृ. 8
3. वही, पृ. 11

चढ़ान पर है। साहित्य सिद्धान्त के इतिहास में राष्ट्रीय विचारधारा का उत्थान-पतन हो चुका है जो विश्व के भीतर होने वाले अन्य सिद्धान्तवादी तथा राजनीतिक विकास से जुड़ा है। इसलिए 'नयी सिद्धान्तिकी' चाहिए जो इन सबसे अलग हो, सही हो। 'इनथियरी' की कामना है यह।

लेकिन 'इनथियरी' उत्तर-आधुनिकतावाद के प्रस्तावों का सीधा प्रतिउत्तर नहीं देती। हाँ, कहीं एडवर्ड सईद के माध्यम से, कहीं सलमान रश्दी के माध्यम से उत्तर-आधुनिकता से बहस करती है। इसके लिए एज़ाज़ पहले यह सिद्ध करते हैं कि राष्ट्रीय बुर्जुआ द्वारा दी गई प्रगतिशील सांस्कृतिक उत्पाद की सिद्धान्तिकी खत्म हो गई है। उत्तर-औपनिवेशिक राज्यों की जड़ता और भी स्पष्ट हुई है, और उत्तर-संरचनावाद ने उस शून्य को भरने की कोशिश की है, जो पुराने राष्ट्रीय बुर्जुआ की सिद्धान्तिकी की विदाई ने पैदा किया है जिसमें सांस्कृतिक राष्ट्रवाद को इन दिनों भ्रम, मिथ, टोटलाइजिंग, वृत्तान्त कहकर उपेक्षित किया जा रहा है। सांस्कृतिक राष्ट्रवाद के प्रति यहाँ हमदर्दी व्यर्थ और नकली है, क्योंकि एज़ाज़ की नजर में सांस्कृतिक राष्ट्रवाद तो पोस्टमॉडर्न ही है, सब पोस्टमॉडर्न ग्रिड का हिस्सा है। लेकिन राष्ट्रवाद को फिर भी बचाना है, इसलिए राष्ट्रवाद को अपदस्थ करने वाली सिद्धान्तिकी से पंगा है।

राष्ट्रवादी सिद्धान्तिकी के होने-न होने के बारे में जानना हो तो एज़ाज़ की तीसरी दुनिया के साहित्य के बारे में कुछ सन्दर्भ देखे जा सकते हैं, साथ ही जेमेसन के राष्ट्रीय रूपक वाली सिद्धान्तिकी को भी देखा जा सकता है। वे कहते हैं :

"तीसरी दुनिया के साहित्य की अवधारणा अमरीका और इंग्लैण्ड के विश्वविद्यालयों में बनी है। भारत के विश्वविद्यालय इन पर ज्ञान के लिए हमेशा निर्भर हैं। ज्ञान वहाँ से चलता है और यहाँ विराजमान हो जाता है। मैट्रोपोलिटन विश्वविद्यालयों के परजीवी हैं हमारे विश्वविद्यालय। इसे देखना हो तो अंग्रेजी विभागों में देखें। जब तक लातीनी उपन्यास दिल्ली पहुँचता है तब तक वह तीसरी दुनिया के साहित्य के अभिलेखागार में प्रोसेस, सलेक्ट करके धर दिया जाता है। मैट्रोपोलिटन ज्ञानी अपने ज्ञान से उसे सिद्ध करके रख देते हैं। यह भूमण्डलीय सांस्कृतिक उत्पाद है।" (यह साम्राज्यवाद का हिस्सा है। जिनसे ये उत्पाद आते हैं वहाँ उन केंद्रों में अपने दमन मौजूद हैं। साहित्य का यह अन्तर्राष्ट्रीयवाद साम्राजी पूँजी का हिस्सा है। इसलिए वामपंथ के अन्तर्राष्ट्रवाद और पूँजी के अन्तर्राष्ट्रीयवाद के बीच की भेदक रेखा स्पष्ट की जानी चाहिए। एज़ाज़ इसे पुस्तक में साफ-साफ नहीं कर पाते।)

एज़ाज़ के अनुसार, तीसरी दुनिया के साहित्य की अवधारणा में चार तत्त्व हैं। (क) समकालीन साहित्य सिद्धान्तिकियाँ, (ख) मैट्रोपोलिटन राजधानियों में गैर-पश्चिमी लेखकों की टैक्स्ट की उपलब्धता, (ग) गैर-पश्चिमी प्रवासियों की

उपलब्धता, (घ) नई तीसरी दुनिया की सिद्धान्तिकी की उपलब्धता। यह सब मिलकर मार्क्सवाद का सुविधाजंनक विकल्प बनाकर पेश किया जाता है। एज़ाज़ अपनी साहित्य सिद्धान्तिकी के संकेत देते हैं।

पश्चिम में एज़ाज़ का एकमात्र सहारा हैं रेमंड विलियम्स। (इंग्लैण्ड में रहकर भी) वे पश्चिमी 'साम्राजी-ग्रिड' से बाहर रहे। उन्होंने सबसे पहले साहित्य की सिद्धान्तिकी दी। पाल द मान और हैरोल्ड ब्लूम उदार साम्राज्यवाद के सरगने हैं। इनमें पाल द मान के 'नवनाजियों' के साथ सम्बन्ध रहे सो निन्दनीय हुए। (मार्क्स ने बाल्जाक को सामन्तीय होते हुए भी यथार्थवादी कहा तो कहा होगा, नवस्तालिनी इच्छाओं में दूसरे किसी को, अपने से अन्य को जीने का हक नहीं। सो पाल द मान के विचार और व्यवहार दोनों इस मार्क्सवादी पद्धति से घोर अपराधी। यद्यपि पॉल द मान ने इन आरोपों को कभी नहीं माना[1] और सिर्फ व्यापक 'समानता' ही स्थापित होती है[2] तब भी पूरी मुकम्मल सजा के काबिल है पाल द मान। अपने रामविलासजी ने जिन्दगी-भर ऐसी सजाएँ वर्गशत्रुओं को दी हैं। यह है स्तालिन से भी आगे का एज़ाज़ द्वारा साहित्य का शुद्धीकरण।) पाल द मान की एक खता यह भी है कि वह रूमानवादी हेडेगर से प्रभावित हैं। "चूँकि वह हेडेगर की तर्कवाद विरोधी शिक्षा में दीक्षित था, इसलिए देरिदा की तरफ जाना स्वाभाविक था। उधर अमरीकी विखण्डनवाद में कोई रैडीकल राजनीति नहीं थी, न फ्रांसीसी मूल के विखण्डन में। इसलिए पाल द मान द्वारा हर टैक्स्ट को 'हर्मेटिक' (गुप्त) बनाया जाना स्वाभाविक ही था।"[3] (ऐसी दो दूनी चार मार्का समीक्षाएँ हिन्दी के प्रगतिवाद के तूफानी दौर की याद दिलाती हैं)। "अमरीकी साहित्यालोचना में जो तर्कवाद विरोधी तत्त्व हैं, उसका असर मान पर काफी था। इसलिए इस आलोचना में तर्कवाद और ज्ञानोदय के लिए घृणा-भरे नारे स्वाभाविक थे। जब पेरिस से विखण्डन का फैशन आया तो यह खुलकर खेला।"

"नव्य समीक्षा में 'निकट पाठ-प्रविधि' तब भी गनीमत थी। वह जनता की थी। विखण्डन तो एक विकसित तकनीक ही बन गई, जिसकी ट्रेनिंग जरूरी थी। इसमें तर्कवाद के विरुद्ध घृणा भरी थी। इसी दौर में पश्चिम में साहित्य सिद्धान्तिकी बनी। उस समय की राजनीति ने और विखण्डन की तकनीक ने गहरा असर डाला। कार्टर और रीगन के दौर में आए बहुत-से वामपंथी समीक्षक इसकी चपेट में आए। वे वियतनाम युद्ध और मान के बीच फँसे।"[4]

---

1. इनथियरी, पृ. 54
2. वही, पृ. 54
3. वही, पृ. 55
4. वही, पृ. 56

'साहित्य खास' हो उठा। (भाषा खास। खास ज्ञान, अपने व्यवहार के लिए जिम्मेदार, अपने नियमों के लिए जिम्मेदार, बाहर की दुनिया से असंयुक्त)। इसमें दर्शन, मनोविज्ञान सब आ जुटे। फ्रायड ल़ाकां के जरिए आए। नतीजा यह कि साहित्य 'रीडिंग'-भर रह गया। बहुत-से विमर्शों में से एक विमर्श-भर रह गया जिसकी खासियत यह रह गई कि वह अपनी भाषा में और अलग था। भाषा के बाहर कुछ था ही नहीं। पाठ के बाहर कुछ नहीं था। प्रतिनिधिकता के बाहर कुछ नहीं था। अब हर चीज साहित्य थी। देरिदा, पाल द मान, फूको, ल्योतार ने ग्रामशी को हड़पने की कोशिश की। यह उपद्रव वियतनाम युद्ध से जुड़ा है। वियतनाम युद्ध के दिनों में पश्चिमी बुद्धिजीवी ने दुनिया में अपनी जगह पर प्रश्न उठाने शुरू कर दिए, अपनी अवधारणाओं पर प्रश्न उठाए।

"फ्रांस के उच्च दगालवाद के बाद बहुत-से नए उपद्रव हुए। 1968 में जो कुछ हुआ उसके बाद कम्युनिस्ट विरोध प्रवृत्ति शुरू हुई। पेरिस के अवारागार्दवादी घटिया पूँजीवादी हो गए और अन्ततः उपभोक्तावादी बन गए। क्रिस्टीएवा जैसे व्यक्तित्व दक्षिणपंथी प्रतिक्रियावादी हो गए। तब देरिदा, फूको, ल्योतार, बौद्रीआ, देलूज, गुट्टारी आए जिन्होंने आराम से घोषित किया कि कर्ता मर चुका है। सामाजिक मर चुका है"[1] इत्यादि।

"निष्कर्ष कि अमरीकी एंग्लो साहित्य सिद्धान्तिकियाँ मूलतः प्रतिक्रियावादी रही हैं। अमरीका में मार्क्सवादी रंग की कोई भी सिद्धान्तिकी सम्भव नहीं है। काले, स्त्रीत्ववादी या तीसरी दुनियावादी सिद्धान्तिकी (यों तीसरी दुनिया पहली दुनिया की ग्रिड का हिस्सा है !) का बुर्जुआकरण हो सकता है, वे तीसरी दुनियावाद में निहित राष्ट्रवाद में हजम हो सकते हैं। या आजकल की चालू टुकड़ों की सिद्धान्तिकी में खत्म हो सकते हैं, क्योंकि अभी ये बुर्जुआ संस्कृति में अन्तर्निहित हैं। वे कर्ता की मृत्यु की सिद्धान्तिकी में दफन हो सकते हैं। वे स्थानीयतावादी राजनीति या विचित्रतावाद में खत्म हो सकते हैं। या कि जैसा उत्तर संरचनावादी कहते हैं, वे सामाजिक खात्मे में खत्म हो सकते हैं, कर्ता की स्थिरता के असम्भव होने में खत्म हो सकते हैं, राजनीति के खत्म होने में खत्म हो सकते हैं। तीसरी दुनियावादी सिद्धान्तिकी और उत्तर-संरचनावाद की दोस्ती इन दिनों दृष्टव्य है।"[2]

उधर साम्राज्यवाद है, इधर साहित्य में टुकड़ों वाली सिद्धान्तिकी ! दृश्य भयंकर है। बचाना बहुत कुछ है। चीजें साफ हैं। बस इतना साफ नहीं है कि उत्तर-संरचनावाद कर्ता की मृत्यु की बात करता है तो किस कर्ता की ? ज्ञानोदय के कर्ता की ? और यह मान ही लिया जाता है कि जो कर्ता ज्ञानोदय में बना बस

---

1. वही, पृ. 60
2. वही, पृ. 65

वही एकमात्र कर्ता है विश्व का और वही अमर है। और उसे बचाने का जो तरीका अपनाते हैं उसमें चीजें साफ हैं। दो टूक। इधर वियतनाम वार, उधर उग्रता। इधर उसका अभाव, उधर वह ठण्डा। सिर्फ रैडीकलिज्म की खातिर अमरीका युद्ध जारी रख सकता है ! एज़ाज़ के यहाँ साम्राज्यवादी देश में, समाज के भीतर कोई अन्य मौजूद नहीं हैं। चारों तरफ प्रतिक्रिया का बोलबाला है। चीज जब तक मार्क्सवाद की कसम लेकर नहीं कही जाती, वह अस्तित्व नहीं रखती। मार्क्स ने समाजवाद का अन्य पूँजीवाद कहा, पूँजीवाद का अन्य समाजवाद कहा। एज़ाज़ साहब मार्क्सवाद का अन्य (पूँजीवाद) को नहीं मानते कि उसमें भी कुछ जान है। (यद्यपि वह संसार पर शासन करता है)। ऐसा गजब एक केन्द्रवादी लोगोसैंट्रिक मामला है, इसलिए जरा-से भी बहुलतावाद की बात करना यहाँ अपराध है। समाजवाद के गिरने के कारणों को समझने के लिए बहुत दूर जाने की जरूरत नहीं उन्हें। एज़ाज़ के ऐसे मूल्यांकनों में देखा जा सकता है कि वे शुद्ध स्तालिनी माँग करते हैं, जहाँ मतभेद बचते नहीं हैं। जहाँ साहित्य में वर्ग संघर्ष वैसा ही सुस्पष्ट नजर आता है जैसा राजनीति में आता है।

'तीसरी दुनियावाद की सिद्धान्तिकी समाजवाद के पिछड़ने और राष्ट्रीय बुर्जुआ के उभार के बाद शुरू हुई। इसी तरह उपनिवेशी विमर्श भी शुरू हुए जो सबको अतीत में ले जाने लगे। चूँकि राष्ट्रवाद को तीसरी दुनिया में वैचारिक शक्ति का निर्णायक स्रोत उन्हीं समीक्षकों ने कहा जो स्वयं उत्तर-संरचनावाद के कायल थे, इसलिए तीसरी दुनिया का राष्ट्रीय बुर्जुआ से मोह भंग हुआ। राष्ट्रवाद की समीक्षा का काम उत्तर-संरचनावाद और विखण्डन को दे दिया गया। इसका नमूना सबाल्टर्न (रणजीत गुहा इत्यादि) योजना है जो मूलतः उत्तर-संरचनावादी हैं। (नेशन एण्ड नेरेशन में होमी के. भाभा ने सिद्ध किया है, अल्पसंख्यक या हाशिए आत्म-बहिष्कार नहीं हैं। वे आधुनिकता की उस योजना में (प्रगति, एकसूत्रता, सांस्कृतिक संगठन, राष्ट्र और अतीत में हस्तक्षेप हैं जो अधिकारवाद को राष्ट्रवाद के नाम पर औचित्य देती है।)

''होमी के. भाभा खुद ऐसी भौतिक स्थितियों में रहते हैं जो उत्तर-आधुनिक है। जिनमें आधुनिकता के तमाम लाभ ही वे भूमिका बनते हैं जिनसे आधुनिकता ऐसा फैसले दिए जा सकते हैं। यानी प्रगति और लम्बे अतीत को खारिज करने के लिए ऐसा बुद्धिजीवी ही चाहिए जो जड़ से उखड़ा हुआ हो; अति सम्पन्न, अति आधुनिक हो।''[1] (एज़ाज़ की यह पद्धति खुद उत्तर-आधुनिक विमर्श की पद्धति है जिसमें व्यक्ति का चरित्र, उसकी निजता और विचार में आधुनिकतावादी चौहद्दियाँ विमर्श के बाहर नहीं रखी जातीं। एज़ाज़ एडवर्ड सईद के साथ भी करते हैं और

1. वही, पृ. 68

सलमान रश्दी के साथ भी। और यह भूल जाते हैं कि यह पद्धति स्वयं उन पर भी लागू होती है। सिर्फ सम्पन्न होना अपराध है तो वे क्या भिखारी हैं ? यदि उखड़ा होना उत्तर-संरचनावादी बनाता है तो क़स्बों से शहरों, गाँवों से कस्बों, तीसरी दुनिया से पहली में जाने वाले ढेर सारे लोग और बीस साल अमरीका में डालर कमाने वाले एज़ाज़ साहब किस श्रेणी में आएँगे ? इस 'मार्क्सवादी' पद्धति से व्हाइट कालर 'ईर्ष्या' और खीझ का सिद्धान्त तो बनेगा, मार्क्सवादी सिद्धान्तिकी नहीं ! एज़ाज़ की तर्कशैली इस तरह पाइंट जीतने की शैली बन जाती है। उन्हीं के तर्क से क्या पूछा जा सकता है कि नेहरू फैलोशिप पाने वाला व्यक्ति क्या नेहरू को वैधता नहीं देता, जबकि भारतीय मार्क्सवादियों में नेहरू वे नेता रहे हैं जो एक जमाने में अमरीकी दलाल थे।)

उत्तर-संरचनावाद के खिलाफ असल तर्क इस तरह आता है कि "जिन देशों के लोगों को अभी आधुनिकता के न्यूनतम लाभ अस्पताल या अच्छी स्वास्थ्य बीमा योजना तक नसीब नहीं हैं, वहाँ के लोग इस शब्दावली को (जो नेशन एण्ड नेरेशन में है) वहन नहीं कर सकते।" (हिन्दी में भी उत्तर संरचनावाद और उत्तर-आधुनिकतावाद के स्वरों को सुनकर कई लोग कह उठते हैं कि यह देश तो पिछड़ा हुआ है, यहाँ तो आधुनिकता भी ठीक से नहीं आई है, यहाँ इनका क्या होगा ! यह तर्क ऐसा ही है कि पहले सभी बन्दर मनुष्य बन जाएँ तभी पूँजीवाद लागू होगा !) एज़ाज़ के इस तर्क में ऐसा भोलापन छिपा है जो स्थानीय दुर्भेद्यता को मानता है। इस तर्क में यह भी निहित है कि तीसरे देशों में अभी आधुनिकता का चरण पहले पूरा होना है, तब कहीं उत्तर-आधुनिकता की चर्चा समीचीन है, यानी उत्तर-आधुनिकता का इन्तजार-भर करना है। निन्दकों से ऐसी आत्मप्रवंचना की उम्मीद नहीं की जाती। क्या हम कहें कि एज़ाज़ उत्तर-आधुनिकता के शत्रु उतने नहीं, जितने उसके मुंतजिर हैं ?

एज़ाज़ चाहते हैं कि दुनिया को समग्रता में ही देखा जाए। वे इसीलिए उन सब उत्तर-संरचनावादियों पर बरसते हैं, उत्तर-आधुनिकतावादियों को शाप देते हैं जो समग्रतावाद को, महावृत्तान्त बाँधने को निरंकुशतावादी ज्ञान प्रवृत्ति कहते हैं। उत्तर-संरचनावादी यही करते हैं, उत्तर-आधुनिकतावादी यही करते हैं। सबाल्टर्न यही करते हैं। एज़ाज़ कहते हैं : इन रैडीकल लोगों का मुख्य काम ज्ञानोदय के तर्कवाद को ही अस्वीकृत करना है।[1]

(सिर्फ दृष्टान्त की तरह पढ़ें : सूरदास के भ्रमर गीत में उद्धव-गोपी संवाद में उद्धव का संवाद आधुनिकतावादी किस्म का तर्कमूलक है, गोपियों का संवाद तर्कविरोधी। गोपियाँ उद्धव की हजार बार की अहंकार-भरी बदतमीजियों को

1. वही, पृ. 68

बर्दाश्त करती हैं। वे जवाब नहीं देतीं कि तुम्हारा ईश्वर और ज्ञान मिथ्या है। वे कहती हैं कि हो सकता है वह सच हो। लेकिन तुम्हारा ईश्वर हमारे किसी काम का नहीं है। यानी अनुभव का नहीं है। यहाँ अनुभव का यह आग्रह उद्धव के पश्चिम के तर्कवाद की तरह पूर्वी वेदान्ती तर्कवाद का कायल भले न हो, लेकिन एक उपयोगितावादी तर्क तो यहाँ भी है। ज्ञानोदय का तर्कवाद पश्चिम का अकेला तर्कवाद है जिसने साम्राज्यवाद को, समग्रतावाद को जन्म दिया है। यहाँ तक कि एडोर्नो के 'डाइलैक्टिक्स आफ ऐनलाइटिनमेंट' में फासिज्म तो दिखाई देता है, साम्राज्यवाद नहीं। लेकिन एज़ाज़ को इसमें से कुछ भी दिखाई नहीं देता। एज़ाज़ चाहेंगे कि पहले उन्हीं सारे चरणों से गुजरें जिनसे पश्चिम गुजरा है, तभी हम आधुनिक बनेंगे और फिर समाजवादी। हे ईश्वर ! अच्छे समाजवाद का क्या जैट सैट बुद्धिजीवियों के पास कोई दूसरा नक्शा नहीं है ! इसीलिए गांधी का 'हिन्द स्वराज' एज़ाज़ के लिए पुनरुत्थानवादी है। एज़ाज़ की सिद्धान्तिकी का नक्शा 'एक' ही है। उससे मतभेद की गुंजाइश नहीं है। तकनीक और पर्यावरण के उभरते सवालों के बीच भी यह 'हिन्द स्वराज' एक पुनरुत्थानवादी टैक्स्ट है।)

'इनथियरी' के इस किंचित् विश्लेषण से यह स्पष्ट है कि सिद्धान्तिकी-निर्माण की समस्या गम्भीर है। 'इनथियरी' में एज़ाज़, जेमेसन को सिद्धान्तिकी-संकट को अपने ढंग से समझने के लिए 'शाप' भले ही दे लें, सलमान रश्दी की 'शेम' और एडवर्ड सईद के 'ओरियंटलिज्म' को कोस लें; लेकिन प्रस्तुत उत्तर-आधुनिक प्रश्नों का स्पष्ट उत्तर वे नहीं देते। मार्क्सवाद समेत आधुनिकतावाद को उत्तर-आधुनिकता ने जहाँ-जहाँ 'समस्यात्मक' बनाया है, वहाँ-वहाँ के जवाब उनके पास नहीं हैं। यदि कुछ है भी तो जिद, क्रोध, शाप, और दुहराव। इनसे सिद्धान्तिकी नहीं बनती।

जैसे पूँजीवाद एक द्वन्द्वात्मक प्रक्रिया है उसी तरह वृद्ध पूँजीवाद और उसका 'सांस्कृतिक तर्क' (यद्यपि उत्तर-आधुनिकता इतनी-भर नहीं है) भी द्वन्द्वात्मक है। समाजवाद के कमजोर होने की वजह से समाजवाद से 'प्रेम करने वालों' का क्षोभ फूटता है तो द्वन्द्वात्मकता की समझ बिला जाती है। हमारे 'शाप' ही हमारी दृष्टि बन जाते हैं। हम इस तरह मार्क्स को 'डेटेड' करते हैं, 'अपडेट' नहीं करते। 'नया पाठ' नहीं करते। सिद्धान्तिकी की सारी समस्या मार्क्सवाद में 'अपडेट' करने की है। उसे 'नए पाठ' में बदलने की है। पूँजीवाद स्वयं को 'अपडेट' करता रहता है, लेकिन अपने मार्क्सवादी 'अपडेट' होने से भय खाते हैं।

भविष्य मार्क्सवाद में ही है, लेकिन जड़ मार्क्सवाद में नहीं···

देरिदा का विखंडन
(बरास्ते नागार्जुन और भर्तृहरि)

जॉक देरिदा पर काम करते हुए सुसन हैंडलमान ने पाया है कि उन पर 'जूडाइज्म' (यहूदीवाद) का गहरा प्रभाव है। अपनी किताब—'द स्लेयर्स ऑफ द मोजेज' में हैंडलमान ने बताया है कि देरिदा का दर्शन यहूदी रब्बीनी विचारों के बहुत नजदीक बैठता है। पश्चिमी दर्शन की दूसरी परम्परा है यहूदी दर्शन। पश्चिम दर्शन के केन्द्र में है ग्रीक दर्शन जो हमेशा दर्शन के 'एक-केन्द्रवाद' पर जोर देता है। यहूदी दर्शन ऐसा नहीं है। उसमें बहुवचनीयता (प्लूरलिटी) को पूरा सम्मान दिया जाता है। यहूदी दर्शन में 'मेटाफर' को एक तर्कसंगत वचन माना जाता है। जबकि अरस्तू आदि पश्चिमी विचारकों के यहाँ 'अलंकार' तर्कसंगत वचन नहीं कहाता। इसी तरह अर्थ की बहुविधता, अनेक स्तरीयता, भाषा के वे लक्ष्य माने जाते हैं जिन्हें भाषा में प्राप्त किया जाता है। यहाँ भाषा या शब्दार्थ की परम एकता की माँग नहीं है वह एकार्थ की जगह अनेकार्थवादी है। ग्रीक भाषा-विचार एकार्थवादी है। 'सामान्य' और 'विशेष' श्रेणियाँ 'स्थिर' (फिक्सड) नहीं हैं, वे तरल हैं, अन्तर्व्याप्त हैं। यहूदी परम्परा में वस्तु और शब्द के बीच एक आन्तरिक सम्बन्ध रहता है। ग्रीक परम्परा में 'वस्तु' और 'रूप' का पार्थक्य मानकर चला जाता है। यह जगत तभी समझ में आ सकता है जब 'वस्तु' और 'रूप' के रूप में उसे समझा जाए। इसके लिए वस्तुगत विज्ञान या वस्तुविज्ञान विकसित किया गया। यहूदी परम्परा में भाषा की व्याख्या में ही जगत का ज्ञान सन्निहित रहता है। भाषा में ही यथार्थ की तमाम संरचनाएँ निहित रहती हैं। इससे बाहर कुछ नहीं। याद करें, देरिदा ने भी लगभग यही कहा है : "पाठ (भाषा) से बाहर कुछ भी नहीं है।" यानी अर्थ के सन्दर्भ भाषा से बाहर नहीं, भाषा में ही होते हैं। यहूदी परम्परा में 'लिखित' और 'अलिखित' या मौखिक भाषा में आत्यन्तिक परस्परता है। 'वाक्' के बिना 'लिखित' अधूरा है। 'लिखित' के बिना 'वाक्' अधूरा है। ग्रीक परम्परा में 'वाक्'

को श्रेष्ठ माना गया है, लिखित को अश्रेष्ठ। यहूदी में 'सब बराबर' हैं। देरिदा भी लगभग ऐसी ही बातें कहते हैं।

देरिदा यहूदी परिवार के हैं। दूसरी लड़ाई में लाखों यहूदियों की तरह जॉक देरिदा की स्मृति में भी हाशिए पर रहने और अतिचारित रहने के अनुभव हैं और सम्भवतः यही अनुभव हाशियाकृत और वंचितों के प्रति उनका तादात्म्य कराते हैं।

देरिदा पर लिखते हुए क्रिस्टोफर नोरिस ने लिखा है कि यों बचपन के अनुभवों को देरिदा की दार्शनिक अवधारणाओं से सीधे-सीधे दो दूनी चार के ढंग से नहीं जोड़ा जा सकता, फिर भी वे अनुभव उनके लेखन में 'सतत सवाल' पैदा करने की प्रेरणा देते कहे जा सकते हैं। हम समझ सकते हैं कि आखिर पश्चिमी दर्शन की परम्परा से देरिदा का इतना गहरा झगड़ा क्यों है कि वह क्षण-क्षण उसे 'समस्यात्मक' बनाते हैं और फिर भी देरिदा स्वयं को पश्चिमी परम्परा का ही एक हिस्सा मानते हैं। रिचर्ड रोर्ती की लेखन की परम्परा के आसपास ही देरिदा की वह परम्परा बनती है जो पश्चिमी सांसदीय तर्कवाद से स्वयं को परे मानती है।

ऐसा देख अनेक लोग देरिदा को 'तर्कविरोधी', 'तर्कहीन' इत्यादि कहते हैं, लेकिन सच इतना ही है कि देरिदा पश्चिम के संसदीय-एक-केन्द्रवादी तर्क (लोगोसैंट्रिक) को स्वीकार नहीं करते। ऐसा करते हुए वे अन्य तर्क का सहारा लेते हैं। उनका प्रतितर्क है : ''तर्क को कौन ध्यान देता है ? कौन उसे साफ सुनता है ? वह, जो पलटकर प्रश्न करता है और इस प्रक्रिया में सोचने की कोशिश करता है या वह, जो तर्क में कोई सवाल सुनना ही नहीं चाहता ?'' देरिदा निहिलिस्ट या संशयवादी नहीं हैं, लेकिन उनके विरोधी उन्हें आसानी से वैसा कहते हैं, क्योंकि देरिदा के ऐसे कथन उनकी सत्ता को चुनौती देते हैं। सच तो यह है, देरिदा के तर्क के पीछे एक नैतिक बल छिपा है।

देरिदा का एक तर्क यह है कि पश्चिमी दर्शन सत्य और तर्क की एपिस्टीमोलॉजीकल समस्याओं में इस कदर उलझ गया है कि अब वह सिद्धान्त और व्यवहार के नैतिक धरातल में पुल नहीं बना सकता। देरिदा यहीं से अलग होते हैं।

देरिदा के दर्शन में 'भाषा' (उपलब्ध भाषा) की समस्या सबसे पहले उठती है। हेडेगर ने पश्चिमी दर्शन की परम्परा में पहला प्रश्न यही उठाया था कि ''चूँकि पश्चिमी दर्शन जब अपने अन्त (एपीस्टीमोलोजी के अन्त) तक पहुँच गया है, ऐसे में यही किया जा सकता है कि जो अब तक नहीं सोचा गया, वही सोचा जाए। अचिन्तनीय ही चिन्तनीय है।'' जो भाषा हमारे पास होती है, जो कभी वर्तमान रही होती है, वह भूत बन जाती है। इसलिए रचना में वर्तमान कभी सम्भव नहीं होता। इसलिए अर्थ के 'स्थान' का 'काल' स्वयं 'काल का स्थान' बन जाता है। सारे अर्थ इसी कालावधानता से पैदा होते हैं, 'स्थानावधानता' से पैदा होते हैं। यहीं

भेद (डिफरेंस) पैदा होता है। 'भेद' ही अवधान है। (डिस्जंक्शन है।) यही अनन्त ढंग से शब्द को उसके मान लिये गए निश्चित अर्थ (कोश) से लगातार अलग करता है और अनुभव की अन्विति नहीं बनने देता। अरस्तू की अन्विति-त्रयी याद करें। अरस्तू में सारा खेल यूनिटी या अन्विति का है। पश्चिमी समीक्षा में सारा खेल इसी 'अन्विति-त्रयी' का है। हेडगर के बाद और देरिदा से पहले ब्लांचो ने इस बात को थोड़ा जोर देकर बताया कि भेद से अर्थ मिलना सतत रहता है, यद्यपि हम सब एक अन्वितिपूर्ण अर्थ को प्राप्त करने के भ्रम में रहते हैं।

देरिदा, हेडेगर और ब्लांचो के इसी 'भेदवाद' को भाषा में सक्रिय करते हैं। यही विखंडन है।

यह साम्य विचित्र है कि भारतीय दर्शन की एक बड़ी परम्परा इस 'भेदवाद' को ज्ञान के क्षेत्र में सक्रिय करती रही है और वह भी देरिदा से सदियों पहले। जो लोग देरिदा को पश्चिमी-पश्चिमी कहकर किसी अन्धदेशभक्त पुनरुत्थानवादी की तरह खारिज करते रहते हैं और जो देशिक परम्पराओं को सिर्फ पुनरुत्थानवादियों के हवाले सुरक्षित कर निश्चिन्त हो लिये हैं, उन दोनों तरह के ज्ञानियों के लिए यह देखना अरुचिकर होगा कि भारतीय दर्शन की वैदिक परम्परा में भर्तृहरि और गैर-वैदिक यानी बुद्धीय परम्परा में नागार्जुन का भाषा चिन्तन कई ऐसी उद्‌भावनाओं से युक्त है जिनके आसपास सदियों बाद देरिदा आते हैं। बिना किसी अन्धगर्व के हमें उनकी निकटताओं और समान्तरताओं को रेखांकित करना चाहिए, जैसा कि हैरोल्ड कोवार्ड ने अपनी पुस्तक 'देरिदा एण्ड इंडियन फिलासफी' में विस्तार से बताया है।

भारतीय दर्शन के 'दर्शन' में ही वह बहुवचनीयता निहित है जो 'दृष्टि' या दर्शन में होती है। देरिदा जहाँ खत्म करते हैं, ये दर्शन उसके बहुत-बहुत पहले बहुवचनीय हैं। किन्तु दूसरे ढंग से। देरिदा का विखंडन जहाँ पश्चिमी दर्शन की एपीस्टीमोलॉजी और तत्त्व मीमांसा दोनों के खिलाफ जाता है, उसी तरह 'दर्शन' एकान्त दर्शन या एक ही दर्शन के खिलाफ होता है।

दर्शन का लक्ष्य है मोक्ष ! लेकिन मोक्ष माने क्या ? अविद्या से यानी अज्ञान से ज्ञान की ओर चलना है मोक्ष। ज्ञान यानी यथार्थ का ज्ञान। यथार्थ का ज्ञान ही मुक्ति है, मोक्ष है।

भाषा के दर्शन को देखना हो तो वेदों, ब्राह्मणों और उपनिषदों से गुजरना होगा। यहाँ 'वाक्' का माहात्म्य वर्जित है। ऋग्वेद में एक जगह कहा गया है कि ब्रह्म के जितने रूप हैं, उतने ही शब्द हैं। उपनिषदों में भी शब्द और ब्रह्म में समान्तरता है। तैत्तिरीय में तो वाक् को समूची सर्जना का आधार बताया गया है। यह दैवी वाक् है। ब्रह्म क्या है ? एक है, दूसरा नहीं है। वह सम्पूर्ण है। वही भाषा है। अज्ञानीजन को भाषा (यानी ब्रह्म यानी यथार्थ) प्रकट नहीं होती। वह उसके

रूप में फँसा रह जाता है। वह यथार्थ के गहन स्तरों तक नहीं जा पाता। यह भाषा की वैदिक परम्परा है। सांख्य, योग, मीमांसा, वेदान्ती आदि इसी परम्परा के हैं। इस क्रम में भर्तृहरि ऐसे वैयाकरण हैं जो भाषा के वैदिक सम्प्रदाय का प्रतिनिधित्व करते हैं। भर्तृहरि के भाषादर्शन में वैदिक सम्प्रदाय बहुत हद तक व्यवस्थित है। यहाँ वाक् दैविक है, स्वयं ब्रह्म है। शब्द ब्रह्म है। 'ब्रह्मन्' वाक् के प्रतिरूप ही है। शंकर भी ऐसा ही मानते हैं। भाषा ही 'ब्रह्मन्' है और वही मोक्ष का द्वार है।

इस परम्परा के विपरीत, इससे टकराती बुद्धीय परम्परा भाषा के वैदिक अर्थ को नकारती है। इनमें नागार्जुन के लिए भाषा ईश्वरीय या दैविक नहीं है, परम्परागत यानी समाज में बनी है। वह देववाणी नहीं है जो ज्ञानचक्षु खोल दे, यथार्थ के तुरन्त दर्शन करा दे। नागार्जुन कहते हैं कि बुद्ध भगवान् के वचन यथावत् मान्य नहीं होने चाहिए। भगवान् बुद्ध के वचन भी हर व्यक्ति अपने अनुभव से परखे तब स्वीकार करे। बुद्ध के वचन भी किसी भी भाषा की तरह कर्ता और कर्म या विषयी और विषय (सब्जैक्ट-ऑब्जैक्ट) के 'द्वैत' में फँसे हैं, जिन्हें व्यक्ति को अपने अनुभव से 'एक' करना चाहिए। नागार्जुन के लिए मोक्ष या निर्वाण के मायने हैं रोजमर्रा की भाषा की माया से परे जाना, और यथार्थ को विकृत करनेवाली भाषा की 'अविद्या' (विषयी और विषय की द्वैतता) से परे जाना।

भाषा की उत्पत्ति के बारे में दो तरह की दार्शनिक अवधारणाएँ प्रचलित हैं। एक है कि भाषा दैविक या पूर्वस्थित (अप्रायरी) है तो दूसरी वह कि भाषा परम्परा में यानी मनुष्यकृत है। वैदिक परम्परा में भाषा पूर्वस्थित है, परम्परा में (संकेत में) नहीं है। समस्या अर्थ की है कि शब्द को अर्थ किसने दिया ? मनुष्य ने या ईश्वर ने ? दर्शन की यह अनसुलझी गुत्थी है कि भाषा ईश्वरीय है या मानवीय ? ईश्वरीय मानने वाले कहते हैं कि परम्परा यदि वह है तो शब्द की पूर्वस्थिति माननी ही होगी। मानना होगा कि मनुष्य-परम्परा से पहले 'शब्द' उपस्थित थे। ईश्वरीय मानने वालों के लिए भाषा 'अनादि' है। बुद्धीय परम्परा ने इस अवधारणा को पहली बार यह कहकर चुनौती दी कि विषय ही यानी कर्ता (मनुष्य-सब्जैक्ट) ही ज्ञान (भाषा) का निर्माणकर्ता है, इसलिए भाषा शाश्वत या दैवीय नहीं है। भाषा परिकल्पनात्मक संरचना करती है, विकल्प करती है, वैकल्पिक होती है, जो यथार्थ के रूप को बताती है; लेकिन जो यथार्थ को पूरी तरह नहीं कह पाती। दैनिक उपयोग में आते हुए भी भाषा यथार्थ का ज्ञान नहीं देती।

वैदिक दर्शन की भाषा की अवधारणा है कि वह दैवी है, पूर्वस्थित है, पूर्व निर्मित है और ज्ञानदाता है। कहने की जरूरत नहीं कि जॉक देरिदा 'ऑफ ग्रामेटोलॉजी' में पश्चिमी सन्दर्भ में ऐसी ही अवधारणाओं का विखंडन करते हैं। बुद्धवादियों की तरह ही जॉक देरिदा भाषा को पूर्वकृत या पूर्वस्थित नहीं मानते।

भाषा के अनुभव के अर्जन में कर्त्ता के महत्त्व को, उसकी बुनियादी भूमिका को देरिदा फिर से रेखांकित करते हैं। लेकिन इस क्रम में वे वैयाकरणों जैसी कई बातें भी मानते हैं। हैराल्ड कोवार्ड इसे देखकर कहते हैं कि देरिदा में बुद्धवादी दर्शन और मीमांसकों के दर्शन के बीच कई पुल देखे जा सकते हैं।

देरिदा पश्चिमी दर्शन के भीतर से गुजरते हुए चलते हैं। वे पाते हैं कि पश्चिमी दर्शन की एक बुनियादी समस्या है : भाषा की पूर्वकृत, पूर्वस्थित उपस्थित 'लोगोसैंट्रिज्म' (यानी एक केन्द्रवादिता, वाक्केन्द्रिकता)। किसी दैवी उपस्थिति की पूर्णानुभूति है भाषा। प्लैटो, अरस्तू, कांट, हीगेल, हुसैर्ल, हेडेगर, नीत्शे, सास्यूर, रूसो के दर्शनों का सर्वेक्षण करते हुए देरिदा बताते हैं कि किस तरह पश्चिमी चिन्तन मूलतः केन्द्रवादी या दैवी है, जो अनुभव को पूर्वकृत मानता है।

देरिदा कहते हैं कि परम्परागत पश्चिमी दर्शन में 'शब्द वाचक निर्भर होते हैं', शब्दार्थ भी वाचक निर्भर होते हैं। अरस्तू ने माना कि हमारी आवाज और हमारी साँस में बड़ा गहरा सम्बन्ध होता है। और इनका दिमाग से सम्बन्ध होता है जो दैवी 'लोगोस' या केन्द्र को प्रतिबिम्बित करता है। लोगोस और दिमाग के बीच का सम्बन्ध नैसर्गिक है। दिमाग चीजों का प्रतिबिम्बन करता है। ऐसा वह उपमा या सादृश्यविधान द्वारा करता है। दिमाग और वाणी के बीच जो सम्बन्ध हैं वह प्रतीकीकरण से सम्भव होते हैं। 'वाक्' या कथन (स्पीच) मूलतः लोगोस का आत्मबिम्ब है। लिखित भाषा दूसरे नम्बर पर आती है, दोयम है। इस तरह 'वाक्' या वचन ही प्रतिबिम्बित वस्तु के सबसे नजदीक है। लिखित शब्द हमेशा दूर और दोयम दर्जे के होते हैं और वे वाक् के ही तकनीकी रूप हैं। चूँकि 'वाक्' प्रतिबिम्बित लोगोस के निकट है, इसलिए उसी में सच्चा अर्थ निवास करता है और वही कमदिश पैदा करता है। लेखन चूँकि मूल से एक कदम दूर है, इसलिए उसमें अर्थ भी नहीं होता या कमजोर होता है और उसमें कर्म भी निहित नहीं होता।

इस दृष्टि से लेखन कर्म स्वयं में एक घटिया काम है, दोयम दर्जे का काम है। सुकरात के विचार भी ऐसे ही हैं। सुकरात कहता है कि लेखन (राइटिंग) किसी की स्मृति या बुद्धिमत्ता को नहीं बढ़ाता। बल्कि उल्टा परिणाम देता है। सुकरात कहता है कि जब लोग लिखने पर निर्भर होते जाएँगे तो उनकी याददाश्त कमजोर हो जाएगी। लिखित शब्द ज्ञान नहीं फैलाते, सिर्फ याद दिलाने का काम करते हैं। लिखित चीजें याद करके ही सीखी जाती हैं, लेकिन वे इस तरह चीजें पूरी तरह जान नहीं पाते। लिखित सामग्री छात्रों के लिए उपयोगी नहीं, उन्हें ज्ञान नहीं मिलता जितना ज्ञान का प्रपंच पैदा होता है और वे बोझ बन जाते हैं। सुकरात लेखन पर इस बात के लिए भी ऐतराज करता है कि उससे ज्ञान 'वस्तुगत' होने लगता है। और नकारात्मक सम्भावनाएँ खुल जाती हैं। एक बार चीज लिख दी गई तो उसकी संरचना इधर-उधर होती ही है, वह उनके हाथ तो पड़ती ही है जो

इसे समझते हैं, दुरुपयोग होता है तो यह अपनी हिफाजत नहीं कर सकती। प्लैटो ने सुकरात की वाणी का जो संकलन 'फेड्रस' में किया है उसका सार यह है कि वाक् या वचन (स्पीच) जो यथार्थ से एक कदम दूर है 'लेखन' की पूर्वज है, बल्कि लिखित की व्याख्या भी वही करती है। भाषा का जन्म वचन या वाक् (स्पीच) में है, जो दैवी दिमाग की स्पष्ट अभिव्यक्ति है। लेखन वाक् या वचन से एक कदम और दूर है। इस तरह लेखन प्रतिनिधि (वचन जो दैवी का प्रतिनिधि है) का भी प्रतिनिधि है। दुहरा दूर होकर वह अर्थ और सत्ता की हानि अनुभव कराता है।

अब जरा हम अपने वैयाकरणों के सम्प्रदाय को देखें। वैयाकरणों में भाषा की ऐसी ही दैवी अवधारणा प्रचलित है। वहाँ वेद 'वाक्' ही है, वही ब्रह्म के प्रतिबिम्ब है। वे बोले जाते हैं, वे वचन हैं, स्पीच हैं। इन्हीं दैवी वचनों से धर्म या कर्म का ज्ञान होता है। वेद मंत्रों के उच्चारण से ही भाषा या अज्ञान दूर होता है। यहाँ लिखित या लेखन सुकरात द्वारा दिए दर्जे से भी थोड़ा नीचा है। वैदिक संस्कृत परम्परा में 'लिखना' उनके लिए है जो दिमाग से ठस हैं और याद नहीं रख सकते। यहाँ लेखन कभी भी वाचित शब्द के सभी अर्थ और संकेत नहीं पकड़ सकता, इसलिए दोयम हुआ। प्रतिसाख्यों ने ऐसी व्यवस्था की कि वेद अलिखित ही सुरक्षित रहे, वचन या उच्चारण में शुद्ध तथा सुरक्षित रहे। अपना ब्राह्मणवाद सुकरात से भी ज्यादा तेज है।

यूनानी दर्शन हो या वैयाकरणों का विचार, दोनों ही मानते हैं कि भाषा दैवी आशीर्वाद है, वह पहले वाणी रूप में (सरस्वती) आयी है, और बाद में लिखित रूप में। परम्परा उसके बाद आती है। भाषा 'लोगोस' निर्भर यानी ईश्वर-निर्भर है। (सबको नहीं मिलती।) इसके अर्थ और सत्ता सब दैवीय हैं। साँस ईश्वरीय, जीभ ईश्वरीय, वाणी ईश्वरीय, मायने भी ईश्वरीय। लेखन तो उसका बाह्य रूप है। वाणी 'अन्तर्वस्तु' है। लेखन उसका रूप। बाह्य रूप ! (साहित्य में अन्तर्वस्तु मूलतः ईश्वरीय है, बाह्य रूप हैं छन्द, भाषा आदि।)

देरिदा, सुकरात, प्लेटो और अरस्तू के ऐसे विचारों का विखंडन इसीलिए करते हैं कि दैवीय भाषा का प्रपंच पूरी तरह उजागर हो सके। भाषा के बारे में सर्वस्वीकृत और अब पूर्वकृत, पूर्वस्थित अवधारणाओं के पीछे जो 'अचिन्तनीय' है, उसकी चिन्ता की जा सके। देरिदा पाते हैं कि रूसो तथा सास्यूर भी इन्हीं अवधारणाओं की कैद में हैं। वे मानते हैं कि वाक् अन्तर्वस्तु है और लिखित भाषा सिर्फ बाह्य रूप। देरिदा इसी एक-केन्द्रिक अवधारणा को चुनौती देते हैं। वे सास्यूर और रूसो की अवधारणाओं में ही विसंगतियाँ दिखाते हैं और ध्रुवीय बहस को मुक्त करते हैं।

देरिदा मानते हैं कि भाषा का मूल 'लेखन' में है। वाक् में नहीं। लेखन, जो एक साथ आन्तरिक और बाह्य होता है। ऐसा वे 'आंटोलॉजी' (सत्ताशास्त्र) को

निरस्त करने के लिए करते हैं, जो सभी चीजों को अच्छे या बुरे में देखने की आदी होती है, जो एक साथ एक जगह अच्छा-बुरा और उनके बीच के अनन्त रूपों को उपस्थित नहीं मानती।

देरिदा इसके लिए एक नई तर्कविधि अपनाते हैं। वे जिसे 'विखंडित' करते हैं उसी से 'विखंडन' पैदा करते हैं। जिस तर्क को खंडित करना है, उसी तर्क से वे विखंडन पैदा करते हैं और इस तरह मैटाफिजिक्स या तत्त्व मीमांसा के रहस्यवाद से बाल-बाल बच निकलते हैं।

जिस तर्क का विखंडन करना है, उसी से विखंडन के स्रोत संचित करना—देरिदा यही तकनीक अपनाते हैं सर्वत्र और यही उनका 'विखंडन' है, और इसी में कहीं उन्हें धनात्मक धरातल (अर्थ) भी मिल जाता है। लेकिन समान्तरता के लिए यह जानना दिलचस्प है कि देरिदा भर्तृहरि और नागार्जुन के दर्शन से कहाँ किस तरह से मेल-बेमेल होते हैं।

नागार्जुन भी आंटोलॉजी का विखंडन करते हैं, लेकिन भाषा के अन्तिम शून्य को बनाने के लिए। नागार्जुन के लिए भाषा के भीतर कुछ (अर्थ) नहीं होता जिसका सहारा लिया जा सके। (इस सन्दर्भ में देरिदा भाषा को 'शून्य' नहीं पाते, जबकि नागार्जुन पाते हैं, यह एक बड़ा भेद है दोनों में) राबर्ट मोग्लीयोला ने 'देरिदा आन द मैंड' में यही पाया है कि देरिदा नागार्जुन के नजदीक हैं। लेकिन हैरोल्ड कोवार्ड ने कहा है कि भाषा की अवधारणा पर दोनों में दूर तक समानता दिखती है, लेकिन भाषा के भीतर उपलब्ध होने वाले धरातल (अर्थ) की सत्ता को लेकर दोनों अलग हैं। नागार्जुन की 'मूल माध्यमिका कारिका' इस सन्दर्भ में देखने योग्य है। कोवार्ड का कहना है कि देरिदा नागार्जुन के साथ-साथ भर्तृहरि के भी काफी नजदीक बैठते हैं।

देरिदा की असल चिन्ता भाषा के 'मूल' को जानने की है। यही चिन्ता नागार्जुन की भी है, यही भर्तृहरि की भी।

पहले नागार्जुन के सन्दर्भ में देरिदा को देखें :

राबर्ट मोग्लीयोला ने 'देरिदा ऑन द मैंड' में बताया है कि वाक्केन्द्रिक और लिखित भाषा के बीच जिस मध्यमार्ग को देरिदा खोजते हैं, वह नागार्जुन देते हैं। देरिदा ने कहीं बताया है कि पूर्वी दर्शन मूलतः 'वाक्केन्द्रिक' है। मोग्लीयोला बताते हैं कि देरिदा की विखंडनवादी पद्धति नागार्जुन की पद्धति से मिलती-जुलती है। मोग्लीयोला मानते हैं कि नागार्जुन में 'शून्य' (भाषा की अर्थशून्यता) देरिदा के भेद (डिफरेंस) से मेल खाने वाली है जो अर्थ का नकार करते हैं और फिर भी जो दिशासूचक स्पर्श (संकेत) देते हैं। कोवार्ड इस निष्कर्ष को यानी इस साम्य को पूरी तरह प्रमाणित नहीं मानते। उनका कहना है कि नागार्जुन की भाषा (विकल्प) में ज्ञान की ऐसी कोई श्रेणी नहीं है जहाँ यथार्थ से उसका सम्बन्ध कट जाए।

'क्लोजर ऑफ डिकंस्ट्रक्शन : ए महायान क्रिटीक आफ देरिदा' में डेविड लॉम ने अपने अध्ययन में यह पाया है कि भाषा के शून्य और यथार्थ से उसके सम्बन्ध को पकड़ने में नागार्जुन देरिदा से ज्यादा सफल हैं। देरिदा आधे रास्ते तक आकर 'शुद्ध पाठ' पर टिक जाते हैं, लेकिन नागार्जुन चिह्न (आइडैंटिटी) और भेद (डिफरेंस) दोनों को परस्पर विलोम करके दोनों को ही तोड़ते हैं, जबकि देरिदा सिर्फ 'चिह्न' (आइडैंटिटी) को तोड़ते हैं और 'भेद' पर चिपके रहते हैं। इस तरह, लॉम के अनुसार, देरिदा का इकहरा विखंडन भाषा की अवधारणा में फौरी ढंग का उलट-फेर करता है, अर्थ को सन्दर्भ से अधूरे ढंग से मुक्त करता है, अर्थ को उसकी जमीन से मुक्त करके ऐसे आकाश में डालता है जहाँ उसे कोई वैचारिक विराम (क्लोजर) ही न मिले। नागार्जुन के लिए यह स्थिति (कि अर्थ को विराम ही न मिले) मुक्ति का भ्रम-भर है, क्योंकि यह पाठ की बुरी अनन्तता है। देरिदा को इसी वजह से अराजकतावादी कहा जाता है। चूँकि देरिदा का विखंडन भेद निर्भर है इसलिए वह पैंडुलम की गति पैदा करता है। अर्थ हिलता रहता है, कहीं टिकता नहीं। यही इसका शून्यवाद है, क्योंकि निरुद्देश्य यह 'शब्दार्थ के स्वतंत्र खेल' में रुक जाता है और जिसे कोई विराम चिह्न नहीं मिलता। यहाँ देरिदा में 'सब कुछ साफ करने की' (रिवीलिंग) की इच्छा तो छटपटाती है, लेकिन विराम नहीं पाती। नागार्जुन इसके विपरीत, अपने विखंडन को अधूरा नहीं छोड़ते। वे शब्द और अर्थ (चिह्न और भेद) के दोनों सिरों को विखंडित करते हैं और नई मुक्ति देते हैं।

डेविड लॉम का यह विश्लेषण स्पष्ट करता है कि नागार्जुन और देरिदा दोनों के विखंडन की तकनीक एक जैसी है, लेकिन देरिदा अपने 'तर्क' के अन्तिम क्षण तक नहीं जाते, क्योंकि अपने विखंडनवादी तर्क को अन्तिम परिणति तक ले जाते तो उनका प्रिय भेद (डिफरेंस) व्यर्थ हो जाता। वे 'टोटलाइज' नहीं करते। नागार्जुन नहीं झिझकते और शब्द और अर्थ (चिह्न और भेद) दोनों को उनकी समग्रता में तोड़ते हैं। लॉम कहते हैं कि इस तरह देरिदा भाषा से चिपक जाते हैं, उसकी द्वैतता (शब्दार्थ की द्वैतता) में पैंडुलम बन जाते हैं, जबकि नागार्जुन बहुत आगे जाकर उस अनुभव की अवधारणा भी सम्भव मानते हैं जो भाषा से परे है। इस तरह वे शब्दार्थ के द्वैत को तोड़ देते हैं।

लेकिन नागार्जुन-देरिदा की इस साम्यता में लॉम नागार्जुन की 'मिसरीडिंग' भी करते हैं जिसकी ओर कोवार्ड ध्यान दिलाते हैं। नागार्जुन के यहाँ भाषा 'वाक्केन्द्रिकता' से नहीं शुरू होती। देरिदा की तरह बुद्धीय परम्परा में भाषा, वाक्केन्द्रिक भाषा, को प्राथमिकता नहीं दी जाती। लेकिन लिखित भाषा को भी बुद्धीय परम्परा में प्राथमिकता नहीं दी जाती। बौद्ध विचार में शब्द, चाहे वे बुद्ध के ही क्यों न हों, दैवी नहीं होते, वे मनुष्यकृत होते हैं। वे इसलिए बनाये जाते

हैं, ताकि मनुष्य अपने दैनिक जीवन को सँवार सके। शब्द हमारे दैनिक जीवन को चलाने में सहायक होते हैं, लेकिन ऐसा वे श्रेणियाँ बनाकर करते हैं, अन्यथा वहाँ भी कुछ नहीं होता (शून्य होता है)। बौद्ध वाणी अपने आप में औजार नहीं है, उसे औजार बनाया जाता है। अगर वह हमें इस साधारण (संसार) से ज्ञान (निर्वाण) देने में मददगार हैं तभी उसका मायने है। एक समय में अनुभवजनित शब्द अद्वितीय नहीं होते और न सीमित होते हैं।

बुद्ध मौखिक उपदेश करते थे। बाद में उनके विचार लिखे गए। ईसा के पौने पाँच सौ साल पहले, बुद्ध के निर्वाण के बाद 500 भिक्षु राजगढ़ में एकत्र हुए जो उस समय मगध राज्य की राजधानी थी और वहाँ वे बुद्ध के उपदेशों पर सहमत हुए। और तब उनकी संहिता बनी। 'आनन्द' नामक भिक्षु ने सभी उपदेश सुनाए जिन्हें स्थिर किया गया और जिसे 'संघ' ने प्रमाणित किया। उसके बाद सदियों तक फिर वे मौखिक रहे और लिपिबद्ध हुए। बाद में उनके अर्थभेद से नाना पंथ बने। वैदिक मंत्रों की तरह बौद्धिक प्रवचन स्थिर नहीं थे और उनके परवर्ती प्रचारकों में बहुत लचीलापन था। स्वयं भगवान् बुद्ध की दृष्टि बहुत संग्रहशील और लचीली थी। सब अपनी-अपनी भाषा में उनकी वाणी याद कर सकते थे। सम्भवतः इसीलिए बुद्ध की वाणी तीन भाषाओं में लिपिबद्ध हुई। पाली, चीनी, जापानी और तिब्बती। आज भी यहाँ मंत्रोच्चार या मौखिकता सक्रिय है। मौखिक और लिखित दोनों रूप यहाँ हैं। यहाँ मौखिक या लिखित दोनों में से कोई भी प्राथमिक या केन्द्रीय नहीं है। जैसा कि देरिदा मानते हैं, बौद्ध विचार भी मानता है कि भाषा चाहे मौखिक हो या लिखित, उद्देश्य दोनों का एक ही है। श्रोता या पाठक, जागरूक बने, उसमें दैनिक जीवन का आत्मबोध पैदा हो। मौखिक हो या लिखित, इनसे बड़ा फर्क नहीं पड़ता। देरिदा को पड़ता है, नागार्जुन को नहीं पड़ता। देरिदा पश्चिम के वाक्केन्द्रिकतावाद से झगड़ते हैं, क्योंकि वह अधूरा है, और लिखित पर जोर देते हैं। नागार्जुन दोनों पर जोर देते हैं। नागार्जुन में इस तरह भाषा के द्वैत का झगड़ा नहीं है, लेकिन देरिदा में है।

नागार्जुन और देरिदा की संक्षिप्त तुलना उपयोगी है। डेविड लॉम मानते हैं कि नागार्जुन भाषा के परे की अवधारणा सम्भव मानते हैं। इसे जानने के लिए हम नागार्जुन के भाषा सम्बन्धी विचारों को फिर से जानें।

नागार्जुन ने 'अभिधर्म' का विखंडन करते हुए भाषा के प्रकार्य को स्पष्ट किया जो यथार्थ के ज्ञान के पूर्व प्राप्ति का दावा करता था। यह पूर्णता का दावा, वैदिक विचार (आत्म की 'पूर्णता') की प्रतिक्रिया में दूसरे छोर पर पहुँचता था। नागार्जुन ने इसका विखंडन करते हुए पाया कि दिखने (जैसी कि दुनिया दिखती है) और दिखाने (दर्शन जिस तरह दिखाते हैं) में भेद रहता ही है। नागार्जुन कहते हैं कि जो लोग यथार्थ को चरम और परमज्ञान का (एब्सोल्यूट) दावा पेश करते

हैं (जैसे कि वैदिक और अभिधर्मवादी दोनों ऐसा ही दावा करते हैं) रुग्ण हैं और रोग की छूत दूसरों में फैलाते हैं। इस बीमारी का इलाज यही है कि इस बीमारी का खोखलापन दिखाया जाए। वे तमाम आंटोलॉजीकल मीमांसा की रिक्तियों को दिखाते हैं। अपने 'चतुष्कोटि' यानी चार आयामी विखंडन से वे सिद्ध करते हैं कि पूर्णता के समस्त दावे संदिग्ध हैं। वे कहते हैं कि कर्ता और कर्म का तर्क रोजमर्रा के जीवन को चलाने के लिए ठीक है, दार्शनिक मीमांसा के लिए अपर्याप्त है। तब वह एक धोखा हो जाता है। 'क' का अस्तित्व है, यह कहना इस विश्वास को पैदा करता है कि 'क' वाकई अस्तित्ववान है। व्यक्ति इस विचार या अवधारणा का शिकार हो जाता है। यही दृष्टि बन जाती है जब मनुष्य जगत के अन्तिम शून्य के सामने होता है तो यह दृष्टि सहारा देती है। इससे ज्यादा कुछ नहीं। नागार्जुन निराशावादी या नियतिवादी नहीं हैं, बल्कि इस ज्ञान से वे निराशा से मुक्ति प्रदान करते हैं, क्योंकि वे 'आंशिक सत्य' को आंशिक सत्य कहते हैं।

नागार्जुन की विखंडनवादी पद्धति को चतुष्कोटि या चार आयामी कहा जाता है। जिससे वे दर्शन की व्यवस्थाओं को 'सीधा' करते हैं। दर्शन सारे जगत को (यथार्थ को) कर्ता और कर्म, कर्ता और भोक्ता, कर्ता और वस्तु की सुविधाजनक कोटियों से देखते हैं। कोई कर्ता है, कर्म है, दोनों के मिलान में सत्य (मुक्ति) है। परमात्मा-आत्मा के अलावा कुछ नहीं है। दोनों का गिलन मुक्ति है। यह चराचर परमात्मा का रूप है। इतने निर्विकल्प ज्ञान से आँखें इतनी ज्यादा खुल जाती हैं कि फिर देखने को कुछ भी नहीं रहता। चतुष्कोटि की विखंडन पद्धति बताती है कि यथार्थ या सत्य कर्ता-कर्म, आत्मा-परमात्मा के द्वैत-अद्वैत में निहित नहीं है। यथार्थ का कर्ता-कर्म के जरिए ही नहीं अनुभव किया जा सकता। (इस ज्ञान के बाद ही असल ज्ञान प्रकट होता है।) यथार्थ का अनुभव ही होता है। इससे भाषा बनती है। लेकिन भाषा क्या काम करती है ? यथार्थ के अनुभव में भाषा कहाँ होती है ?

बुद्धवाद में भाषा विकल्प है यथार्थ का जो यथार्थ की ऊपरी सतह पर तैरती है और यथार्थ में हमें वस्तुतः जाने नहीं देती। नागार्जुन मानते हैं कि भाषा यथार्थ का विकल्प है यानी पहचान है, तो व्यवधान भी है। देरिदा के लिए भाषा यथार्थ को अर्जित करने का माध्यम है। देरिदा के लिए भाषा यथार्थ में हिस्सेदारी करती है। भाषा जिस यथार्थ को कहती है, उसमें शामिल होती है, बौद्ध विचार में, खासकर नागार्जुन के विचार में, भाषा का यथार्थ के साथ शामिल होना भाषा की सीमाएँ तोड़ देता है। देरिदा के भाषा विचार से यहीं नागार्जुन का विचार अलग है। देरिदा के लिए भाषा शामिल है, नागार्जुन के लिए भाषा पर्दा है। लेकिन देरिदा के लिए भाषा 'भेद' से काम करती है और नागार्जुन के लिए भी भेद (प्रतीय समुत्पाद) से काम करती है, क्योंकि वहाँ हर चीज लगातार बदल रही है। देरिदा

का भेद भी परिवर्तन केन्द्रिक है, नागार्जुन का भी। भेद लगातार आत्मविखंडन की ओर चलता है, क्योंकि वह कुछ भी फिक्स नहीं होने देता। देरिदा भेद को भाषा के भीतर देखते हैं। नागार्जुन उसे भाषा के बाहर चराचर में रखते हैं। नागार्जुन के मन में अवधारणाएँ, संज्ञाएँ, विशेषण परम्परा प्रसूत हैं। वे अन्तिम सत्य नहीं हैं, न वे अन्तिम सत्य का (यथार्थ का) प्रतिनिधित्व कर सकते हैं। क्योंकि यथार्थ या सत्य तो खामोश रहता है या अनुपलब्ध (या अनामिलाप्य) रहता है। विकल्प या भाषा मानसिक रूप है जिसमें कर्ता-वस्तु का द्वैत समाहित है। विकल्प मन की कल्पनावस्था जो अयथार्थ रूपों को भी देख सकती है, सोच सकती है। भाषा (विकल्प) जो एक मानसी संरचना (कंस्ट्रक्ट) है, परम्परागत सत्य के लिए बनी है। अन्तिम सत्य के लिए नहीं।

देरिदा के यहाँ इसका उलट है। यहाँ भाषा यथार्थ का विकल्प है, यथार्थ नहीं। यथार्थ का पर्दा है, यथार्थ नहीं है। देरिदा के यहाँ वह यथार्थ है। देरिदा की नजर से देखें तो नागार्जुन खामोशी को 'प्राथमिकता' देने वाले दिखते हैं। देरिदा का विखंडन शुरू करें और नागार्जुन को देखें तो नागार्जुन दूसरी अति पर जाने वाले दिखते हैं। देरिदा ऐसे अतिवाद के विरोध में होंगे। देरिदा के लिए भाषा यथार्थ से खाली या शून्य नहीं होती, बल्कि अपने भीतर 'भेद' का सत्य रखती है। देरिदा के लिए यथार्थ और उसका भेद ही तो अर्थ है। यह शून्य नहीं है। इस तरह बौद्ध विचार में अन्तिम सत्य भाषा से बाहर चला जाता है, जबकि देरिदा में यथार्थ भाषा से बाहर है ही नहीं। इसीलिए कहते हैं : पाठ से बाहर कुछ भी नहीं।

बौद्ध धर्म के भाषा चिन्तन और देरिदा में भेदाभेद पर्याप्त है। महत्त्वपूर्ण अभेद है जो बताता है कि देरिदा के विचारों पर, कहीं न कहीं भारतीय बौद्ध धर्म की परम्परा का असर अवश्य हुआ है। देरिदा का 'भेद' (डिफरेंस) तो बौद्ध विचार का विस्तार ही लगता है। कोवार्ड ने उसे रेखांकित करते हुए लिखा है कि 'भेद' को बुनियादी बताते हुए देरिदा बुद्ध धर्म के भाषा विचार से सहमत नजर आते हैं। बौद्ध विचार में 'प्रतीय समुत्पाद' का विचार केन्द्रीय विचार है। यही 'भेद' का विचार है। इसे इस तरह समझा जा सकता है। हमारे दैनिक जीवन में हर चीज बदलती रहती है। अनुभव का हर क्षण दूसरे से भिन्न होता है। यहीं 'प्रतीय समुत्पाद' सक्रिय होता है, अर्थ देता है। देरिदा के यहाँ भी। देरिदा का 'ट्रेस' या 'निशान' 'प्रतीय समुत्पाद' (संस्कार) ही है। भेद का लगातार अहसास। बौद्ध विचार में अनुभव चेतना की धारा है जो अपने बहाव के स्थायी निशान (ट्रेस) नहीं छोड़ती। शाश्वतता और पहचान के सिद्धान्त (दर्शनों) को इसीलिए बौद्ध विचार लगातार तोड़ता है और देरिदा भी तोड़ते हैं।

देरिदा और नागार्जुन के बीच 'भेद' उनके 'निष्कर्ष' में है। यह भेद भाषा

की प्रकृति को लेकर है। देरिदा के यहाँ भाषा में आन्तरिक निशान (ट्रेस) रहते हैं जो हमारे तमाम अनुभवों को जाग्रत करते हैं। नागार्जुन के यहाँ भाषा चूँकि पर्दा है, अतः अनुभव में बाधा है। देरिदा के लिए भाषा यथार्थ अनुभव का माध्यम है, नागार्जुन के यहाँ भाषा विकल्प है, अविद्या है। दोनों में यह बुनियादी भेद है।

देरिदा 'चिह्न' (साइन) के जरिए सम्पूर्ण की सत्ता मानते हैं। चिह्न की शुद्ध सत्ता नहीं होती। वह भाषा में होता है। अपने शुद्धतम रूप में भी वहाँ क्रमिकता, देशभेद, अन्वय आदि उसे 'भेद' की ओर धकेलते रहते हैं। वह देशकाल-भेद से 'भेद' प्राप्त करता रहता है। लेकिन भाषा 'चिह्न' को सम्पूर्ण नहीं कर पाती। यह भाषा की सीमा है। 'चिह्न' भाषा का पूर्ण रूप है।। बोलने (मौखिक) और लिखने (लिखित) के बीच के गतिशील तनाव की अभिव्यक्ति ही यथार्थ है। नागार्जुन के लिए भाषा की भूमिका 'सीमित' है। भाषा की विकल्पात्मक प्रकृति का अर्थ ही यह है कि वह यथार्थ में शामिल हो ही नहीं सकती। भाषा के कर्ता-कर्म-क्रिया रूप जीवन के निचले यानी व्यावहारिक जगत में ही काम करते हैं जो 'यथार्थ' से एकदम अलग स्तर पर सम्भव होती है। यथार्थ परमार्थ से अलग स्तर पर रहता है। भाषा यथार्थ में रहती है, परमार्थ में नहीं। दैनिक उपयोगी होते हुए भी वह परम सत्य से परे होती है। यथार्थ शब्दार्थ के द्वैत में नहीं होता (जैसा कि देरिदा समझते हैं)। परमार्थ तभी अनुभव होता है जब भाषा का नकार कर दिया जाता है यानी 'व्यावहारिक यथार्थ' का नकार कर दिया जाता है। नकार से ही परम-अर्थ (परमार्थ) का ज्ञान होता है। नागार्जुन के लिए यथार्थ शून्य है। भाषा उसे नहीं भेद सकती। वह भाषा से परे है। इस तरह नागार्जुन भाषा के दो स्तर मानते हैं। एक व्यावहारिक जगत की भाषा, दूसरी भाषा से परे की भाषा। देरिदा के यहाँ भाषा का दूसरा स्तर नहीं है। यहाँ भाषा से बाहर कुछ भी नहीं है।

शाश्वत, स्थिर और वर्तमान के भ्रम का लगातार विखंडन नागार्जुन में भी है और देरिदा में भी। दर्शन ने भाषा में शाश्वतता, स्थिरता को स्थायी बना दिया है। सत्य का अनुभव नहीं होता, अतः उसका विखंडन जरूरी है। तभी पूर्ण अनुभव होगा। लिखित से वाचिक तक जाना, वाचिक से लिखित तक आना—लगातार का यह क्रमभंग विखंडन है, देरिदा का। यही भाषा अस्तित्व (बिकमिंग) में आती है। यह भाषा वही है जो हमारी है, जिस भाषा को हम विखंडित करते हैं। इसीलिए 'पाठ' से बाहर कुछ नहीं है। भाषा का विखंडन आत्मबोध की प्रक्रिया है। देरिदा के लिए भाषा 'शून्य' नहीं है—'अनुभवित' है, आंटोलॉजीकल प्रक्रिया है। जब हम बोलते और लिखते हैं, भाषा हमें बोलती और लिखती है, हमें कर्म पर मजबूर करती है।

बौद्ध दर्शन में भाषा काल्पनिक है, विकल्प है, वह कर्ता-कर्म का शून्य

अनुभव है। आत्मचेतना बनाने की जगह वह हमारे परम-अर्थ के ज्ञान में बाधक है। इसलिए भाषा की उपलब्ध संरचना को नकारना जरूरी है। तभी निर्वाण मिलता है। 'निर्वाण' के संघर्ष में बुद्ध के उपदेश भी 'शून्य' हैं। भाषा के शून्य को लाँघा जाना जरूरी है। तभी यथार्थ (परमार्थ) प्राप्त होगा। देरिदा के यहाँ भाषा यथार्थ में है। नागार्जुन की भाषा यथार्थ का निषेध है। देरिदा की भाषा यथार्थ का स्वीकार। दोनों में यह बुनियादी भेद है। नागार्जुन और देरिदा दोनों का दर्शन विखंडनवादी है। लेकिन दोनों के उद्देश्य भिन्न हैं। दोनों ही दर्शनों की 'एक केन्द्रीयता' को तोड़ते हैं, लेकिन अलग रास्तों से अलग लक्ष्य प्राप्त करते हैं। दोनों ही मानते हैं कि यथार्थ को बाधित करने वाली भाषा अधूरी है। नागार्जुन भाषा से बाहर जाते हैं। देरिदा भाषा में ही रहते हैं।

नागार्जुन में भाषा की शून्यता या खामोशी है तो देरिदा के यहाँ भी खामोशी है। 'अनर्थ' खामोशी की बनी भूमिका है 'अर्थ' प्राप्ति में। शब्दों के बीच खाली स्थान ही खामोशी है। ब्लैंक्स ही खामोशी है। शब्द की खामोशियाँ ही अर्थ देती हैं। लेकिन दोनों (नागार्जुन एवं देरिदा) की खामोशी में भेद हैं। नागार्जुन की भाषा में खामोशी भाषा से परे जाने की स्थिति है। देरिदा के यहाँ खामोश 'शब्द' के मूल में स्थित है। भाषा 'ईश्वर' (यहूदी धर्मशास्त्र में) की खामोशी में ही पैदा हुई है। यहूदी ईश्वर की मार्फत। देरिदा कहते हैं कि ईश्वर बोलने से पहले हिचका। यहीं हिचकी में ही भाषा बनी। (यहूदी देवता खामोशी का देवता है)।

हम कह सकते हैं कि नागार्जुन में परमार्थ भाषा से परे जाने पर मिलता है। देरिदा में भाषा में ही रहने पर मिलता है। दोनों में यही बुनियादी भेद है, शेष अनेक स्तरों पर साम्य है। देरिदा का भेद और नागार्जुन की चतुष्कोटि पद्धति एक जैसी ही है। नागार्जुन 'तथता' (परमार्थ) पर जाते हैं, देरिदा अन्तिम भेद भी बनाए रखते हैं। 'जेन' (जापानी बुद्धधर्म) में जरूर देरिदा के प्रेरणातत्त्व स्पष्ट नजर आते हैं। यहाँ भाषा को देरिदा की तरह, यथार्थ में शामिल माना गया है–

नागार्जुन केवल खामोशी को भी सापेक्ष मानते हैं। 'जेन' परम्परा से उन्हें जोड़कर देखें तो स्पष्ट नजर आता है कि नागार्जुन और देरिदा के बीच स्तर भेद है, काल-भेद है, पद्धति भेद नहीं है। डेविड लॉम ने नागार्जुन की अपनी नई व्याख्या में यही सिद्ध किया है कि 'भाषा से परे' जाने के आग्रह का अर्थ यह भी है कि परे जाकर भी भाषा (दूसरी भाषा) सक्रिय रहती है।

भाषा चिन्तन की समस्या यह है कि हम दी हुई भाषा में ही चिन्तन कर सकते हैं। भाषा की परीक्षा करने के लिए हम भाषा से बाहर नहीं जा सकते। भाषा की समस्या हल करने का यह एक बुनियादी अन्तर्विरोध है कि हम भाषा की समस्या भाषा में पाते हैं। यह एक अलग समस्या है। रूसो के निबन्ध 'ऐसे ऑन द ओरिजिन ऑफ लेंग्वेज' का विखंडन करते हुए देरिदा ने भाषा के स्रोत पर चर्चा

की है। यही 'ऑफ ग्रामेटोलॉजी' में विकसित हुआ है (देखिए–देरिदा : द्वारा क्रिस्टोफर नोरिस)। रूसो को पढ़ते हुए देरिदा रूसो के रूपकों की पड़ताल करते हैं। यहाँ वे रूसो की भाषा की रणनीति को ही उसके विरुद्ध खड़ा करते हैं। यह सिर्फ श्रेणियों (कैटेगरीज) का उलटफेर-भर नहीं है या तर्कों का उलटफेर नहीं है, बल्कि दी गई प्राथमिकताओं तथा उनमें निहित परस्पर विरुद्ध विचारों की व्यवस्था को फिर से खोलना (अनडूइंग) है। यह पद्धति नागार्जुन की चतुष्कोटि पद्धति जैसी है। चार आयामी निषेध की चतुष्कोटि पद्धति भी ऐसी ही पद्धति है जो विषय की श्रेणियों की परस्पर आमने-सामने रखकर देखती है। नागार्जुन इस पद्धति से प्रचलित 'विचार' को लगभग व्यर्थ और खामोश कर देते हैं, लेकिन देरिदा लेखन में रास्ता तलाश करते हैं। नागार्जुन 'लेखे' को भी व्यर्थ करते हैं, देरिदा 'लेखे' को ही सत्य का अधिष्ठान मानते हैं। रूसो मानते हैं कि एक तरह का 'वाक्' (स्पीच) और 'गान' दोनों मनुष्य की चीख में होते हैं। अति आदिमकालीन मनुष्य न गाता है, न बोलता है; बल्कि वह ऐसी अस्पष्ट आवाजें निकालता है जो उसकी जरूरतों से पैदा होती है। नवजात बच्चे की चीख ऐसी ही होती है। जब जरूरत बदलती है और रक्षण का भाव बढ़ता है तब सार्थक वाक् (स्पीच) बनती है, इसलिए गीत को रूसो मानवीय आवाज का ही बदला हुआ रूप मानता है। इसलिए 'उच्चारण' विशेष उसके लिए खास महत्त्व रखता है। जिस भाषा में श्रुति सुख है, वह गीत के बहुत नजदीक होती है। ऐसी बोली ही भाषा होती है। चीख का गीत में, गीत का वाणी में बदलना और फिर वाणी का लेखन में बदलना एक ऐतिहासिक क्रम है। रूसो के भाषा चिन्तन में इस क्रमिक भाषा विकास में ही कहीं वाक् का वह मौलिक उत्स खो गया जो आदिम चीख में मौजूद था।

देरिदा इस विचार का विखंडन करते हुए बताते हैं कि गीत के जन्म तथा वाक् के जन्म के लिए जिम्मेदार आदिम चीख में ही वह अलगाव मौजूद है जिसे रूसो लिखित शब्द के मत्थे मढ़ लेते हैं। भाषा के 'मूल उत्स' से 'पार्थक्य' तो पहले ही मौजूद हो जाता है। देरिदा कहते हैं कि भाषा ज्यों ही आदिम चीख से आगे निकलती है, तभी उसमें भाषा 'बस' जाती है। आदिम चीख में ऐसे तमाम सार्थक चिह्न पैदा हो जाते हैं जिन्हें रूसो पतनशील कहते हैं। 'चीख' का विभिन्न रूपों में पर्यवसान ही 'लेखन' यानी देरिदा की 'राइटिंग' है। रूसो की प्राकृतिक चीख, जो मनुष्य की प्रकृति से समरसता का प्रमाण है, जो उसका उत्स है, भेदन से जो रूप धरती है, वह उसके अलगाव से ही कायम होता है। संप्रेषण या संवाद के भेद से ही भाषा जन्मती है। इसी क्रम में वह 'अनुभव' बनती है। इस तरह देरिदा कहते हैं कि भाषा के जन्म के बारे में रूसो का यह कथन कि वह इकहरी (यूनिटरी) या शुद्ध 'अस्ति' की अभेदीकृत 'चीख' (अनडिफरेंशिएटेड) है, उचित नहीं है। देरिदा बताते हैं कि रूसो स्वयं कहीं-कहीं अचेत भाव से ऐसा मानते हैं। क्योंकि

वे चीख और वाणी के पर्यवसान के लिए पूरकों पर जोर देते हैं। वाक् से लेखन, इसलिए पतन नहीं है, बल्कि उस 'भाषाभेद' की शुरुआत है जो हर लेखन, वाक् और विचार के बीच निरन्तर वर्तमान रहता है। देरिदा बताते हैं कि रूसो स्वयं इन भेदों को स्वीकार करते हैं। रूसो के यहाँ भाषा की पूरकता की बात भाषा की पूर्व-उत्स रहित प्रकृति को ही मानती है।

'भाषा के पूर्व-उत्स' (कि भाषा मनुष्य से पहले भी थी) की 'अस्ति' (प्रेजेंस) से 'उत्सरहित भाषा' की ओर आना वह कारण है जिसकी वजह से रूसो 'वाक्' को लेखन से पहले मानते हैं। पश्चिमी दर्शन और बहुत-से भारतीय दर्शन में यही मानकर चला जाता है कि वाक् पहले, लेखन बाद में। देरिदा चीख, वाक् और लिखित भाषा में एक भेद सहित सातत्य खोजते हैं।

देरिदा के लिए 'ध्वनि' और 'शब्द' में बुनियादी भेद है। इसी आधार पर देरिदा बताते हैं कि प्लेटो से लेकर रूसो और लेवीस्ट्रास तक सब ध्वनि और शब्द के बीच श्रेणी विभेद नहीं करते हैं। वे भाषा को 'वाक्' से पहचानने की भूल करते हैं। पश्चिमी दार्शनिकों के लिए भाषा की आन्तरिक संरचना या आन्तरिक शब्द ही 'मूल' है। देरिदा यहीं से अलग होते हैं। वे भाषा के सार को भाषा में सिद्ध करते हैं।

वाक् यानी शब्द के अन्दरूनी वृत्त से पहले 'लेखन' में आता है। लेकिन भाषा सिर्फ ऊपरी अक्षर नहीं होती। यहीं देरिदा का विखंडन पनपता है। विखंडन यानी भाषा का आत्मविश्लेषण जो निष्कर्षवाद की गलतियों को चौतरफा उजागर कर दे, दैवी 'एकार्थ' को भी समस्यापूर्ण बना दे और शब्द के बाहरी रूप को भी। देरिदा एक जगह कहते हैं कि भाषा लिखने का एक प्रकार नहीं है, बल्कि लेखन की आम सम्भावना पर बनने वाली सम्भावना है। देरिदा के लिए 'लेखन' भीतरी और बाहरी दोनों तरफ के शब्दों का गतिशील सम्बन्ध है।

लेखन को प्रथम बताने के पीछे देरिदा का उद्देश्य यह है कि वह फार्मूलावादी आसानी खत्म हो जिसके तहत हम 'पक्ष' या 'विपक्ष' (परस्पर दो विलोमों) के बीच ही सारे सत्य को महफूज रखना चाहते हैं। यह तत्त्व मीमांसा (मैटाफिजिक्स) की कैद है जो सारे सत्य को दो विपरीत ध्रुवों या 'बाइनरीज' में ही देखती है। यह पश्चिमी दर्शन की बड़ी सीमा है और भारतीय दर्शन की भी।

देरिदा के लिए लिखना सिर्फ कागज या कम्प्यूटर पर शब्द उकेरना-भर नहीं है, बल्कि उसमें मस्तिष्कीय सक्रियता भी शामिल है जिसे फ्रायड स्मृति कहते हैं। 'स्मृति' ही वह क्षण है जहाँ से संवादभेद (डिफरेंशिएशन) पैदा हो जाता है। जो हर रचना के मूल में रहता है। परम्परागत भाषा-दर्शन की प्राथमिकता उलटकर देरिदा नई जगह बनाते हैं।

अब तक दर्शन में 'वाक्' इतना महत्त्वपूर्ण क्यों रहा, इसे बताते हुए देरिदा

'डिसैमिनेशन' में कहते हैं कि 'वाक्' को इसलिए ज्यादा महत्त्वपूर्ण माना गया, क्योंकि वक्ता और श्रोता एक साथ मौजूद दिखते हैं। दोनों के बीच कोई बड़ा भेद नहीं रह जाता। जिस वक्त वक्ता बोलता है, उसी वक्त श्रोता सुनता है। संवाद सम्प्रेषण की इस तात्कालिकता से ऐसा भ्रम बनता है कि हम वही बोलते हैं जो हम कहना चाहते होते हैं, हम वही कहते हैं, जो हम बोलते हैं। वही जानते हैं जो हम सुनते या कहते हैं। वही जानते हैं जो करते हैं। इस तरह अर्थ स्वतः उपस्थित होता रहता है। अर्थ की स्वयं उपस्थिति पश्चिमी संस्कृति का आदर्श रहा है।

अर्थ की स्वयं उपस्थिति या स्वयं प्रतिनिधित्व (सैल्फ प्रेजेंटेशन) की देरिदा के शब्दों में वाक्-केन्द्रिकता (लोगोसैंट्रिज्म) है। लेखन दोयम दर्जे की चीज है। ऐसा वाक्-केन्द्रिकता यह मानकर चलती है कि लेखक जब लिखता है तो वह 'वाक्' की तात्कालिकता से दूर हो जाता है। उसे उसकी मृत्यु के बाद भी पढ़ा जा सकता है। यह पाठ स्वयं उपस्थित अर्थ वाला 'वाक्' इस भ्रष्टार्थ से मुक्त होता है। देरिदा इसी का विखंडन करते हैं और पाते हैं कि 'वाक्' हो चाहे 'लेखन', दोनों ही अनादि (बिगनिंगलैस) हैं और आदिरूप में ही बने हैं और उनके 'अर्थ' हमेशा देशकाल में भेद और भिन्नता (डिफरेंस एंड डिस्टेंस) से पैदा होते हैं। वाचक से वाक् भिन्न नहीं होता तो अर्थ कैसे बनता ? वह वाक् वाचक से भी मुक्त होता है। किसी भी अर्थ का अनुभव 'अर्थभेद' का ही अनुभव होता है। और वह 'भेद' अनादि है।

अनादि ! यह शब्द देरिदा का प्रिय शब्द है और विचित्र संयोग है कि भर्तृहरि के यहाँ भी 'अनादि' इसी तरह मिलता है। भर्तृहरि के यहाँ शब्द और अर्थ का पार्थक्य अनादि ही है और भाषा के हर स्तर पर है। चाहे वाक् हो या लिखित, यह सर्वत्र है। चाहे मध्यमा वाक् हो (मानसिक), चाहे पश्यन्ती वाक् हो (सहजानुभूति मूलक), चाहे वैखरी वाक् (क्रमिक वाक्) हो। सभी में भेद सक्रिय रहता है। भर्तृहरि वैखरी, मध्यमा, पश्यन्ती तीन वाक् मानते हैं। तीनों में देशकाल भेद सक्रिय रहकर अर्थ उद्भासित करता है। मानसिक वाक् तक में भीतरी 'भेदादि' सक्रिय रहते हैं। अकथित वाक् (पश्यन्ती) हो, वहाँ भी भेद होता है। पश्यन्ती वाक् में वाक् और विचार एकमेक रहता है फिर भी उसमें भेदकर्म सीक्वेंस सक्रिय रहता है। भर्तृहरि मानते हैं कि शब्द में अर्थ स्वयं उपस्थिति नहीं होता। कोई भी शुद्ध अर्थ की उपस्थिति (प्रेजेंस) नहीं होती। यह भेद ही वह शब्द तत्त्व है जो अर्थ पैदा करता है। यह भेदक शब्द तत्त्व ही 'ब्रह्म' है। शब्द ब्रह्म। 'शब्द तत्त्व' उपाय मात्र नहीं, अनादि है। स्वाभाविक है। यही शब्द सिद्धान्त है। भर्तृहरि कहते हैं कि 'दिक्' (स्पेस) और काल (टाइम) की शक्ति से शब्द तत्त्व (शब्द ब्रह्म) अनन्त रूप धारण करता है। देश और काल ब्रह्म (शब्द तत्त्व) की शक्तियाँ हैं जो उसे रूप देती हैं।

भर्तृहरि का 'शब्द-तत्त्व' देरिदा का 'डिफरेंस' है। देरिदा के डिफरेंस में दोहरे अर्थ हैं। स्थान या दिक् भेद (डिफर या डिफरेंस) और कालभेद या स्थगन भेद

(डैफर)। भर्तृहरि और देरिदा भाषा के मूल उत्स को लेकर लगभग एक तरह से सोचते हैं। भर्तृहरि बहुत पुराने हैं, देरिदा नए हैं। यह भी भेद है। देशकाल का अर्थ है इतिहास। इस तरह देरिदा का भाषा-दर्शन ऐतिहासिक है और इतिहासवादी भी, क्योंकि वह देशकाल को ही अर्थप्रदाता मानते हैं।

सास्यूर को ठीक करते हुए देरिदा एक जगह कहते हैं, वाक् मानव के लिए उतना प्राकृतिक नहीं है जितना भाषा की संरचना प्राकृतिक है। यह संरचना की प्रकृति या स्वभाव ही मनोवैज्ञानिक छाप या निशान (ट्रेस) है जिसे भर्तृहरि भाषा का गर्भ कहते हैं। यह गर्भ भेदमुक्त होता है, जैसे भ्रूण भेदमुक्त होता है। यही कृत यानी शक्ति है जैसे मोर के अंडे में पीला पदार्थ रहता है जो स्वयमपि भेदक होता है। देरिदा भाषा में जिस ट्रेस या निशान की बात कहते हैं वह ऐसी मनोवैज्ञानिक छाप है जो यह अहसास कराती है कि मानो वह स्वयं बहुत पहले से 'स्वयं मौजूद' हो, पूर्व उपस्थित हो। देरिदा इसे 'स्मृति' और 'पूर्व अतीत' कहते हैं। यह इसलिए होता है कि हम अतीत को कभी वर्तमान में पूरी तरह समझ ही नहीं सकते। इसलिए जितना समझ सकते हैं, वह 'छाप' या निशान-भर होता है। यह निशान या छाप 'निष्क्रिय अतीत' नहीं होता, क्योंकि यह भेद पैदा करता चलता है, अर्थ बनाता चलता है। यह निशान द्वन्द्वात्मक होता है। स्पर्श की द्वन्द्वात्मकता ही तो भेद है, डिफरेंस है। वह जितना याद आता है उतना ही दावा करता जाता है। इस तरह 'निशान' भूत, भविष्य, वर्तमान सर्वव्यापी है।

भर्तृहरि में 'शब्द तत्त्व' को सक्रिय करने वाली शक्ति देरिदा के निशान (ट्रेस) से मिलती-जुलती है। भर्तृहरि 'काल' को सभी तरह के 'वाक्' से स्वतंत्र भी मानते हैं और साथ ही उनमें अन्तःस्यूत भी मानते हैं। यानी वाक् में काल होता भी है और उससे स्वतंत्र भी होता है, जो उसे अग्रगामी बनाता है। यह शब्द तत्त्व की निष्क्रिय उपस्थिति नहीं है, सक्रिय उपस्थिति है। अद्वैतवादी होते हुए भी भर्तृहरि 'गर्भ' की कल्पना से देरिदा के 'छाप' या 'निशान' (ट्रेस) नजदीक नजर आते हैं। भर्तृहरि कहते हैं कि जिस तरह रहट का चक्र चलता है, कालयति यानी कालचक्र सभी कलाओं को चलाता है और इसी प्रकार काल कहलाता है।

जिस प्रकार रहट की बाल्टियाँ हर बार नया पानी लेकर आती हैं, उसी तरह समय सर्वव्यापी है। उसकी यत्ति (गति) सभी चीजों को चलाती है, उन्हें उनके भौतिक (तात्कालिक) सन्दर्भों से मुक्त करती है और उन्हें गति देती है। इसलिए समय को 'काल' कहा गया है। भर्तृहरि का 'काल' गतिमूलक है। वह ब्रह्म की गति है। काल ने अपनी गति से सृष्टि की है। यहाँ भर्तृहरि वेदान्तियों से किंचित् भिन्न अर्थ में काल को लेते हैं। वेदान्त में ब्रह्म के केन्द्र में माया है। भर्तृहरि के यहाँ 'काल' है। यह काल 'शब्द तत्त्व' के केन्द्र में है। यह शब्द तत्त्व ही ब्रह्म है। दूर तक वेदान्ती रहते हुए भी भर्तृहरि भौतिकतावादी आंटोलॉजी में चलते हैं।

'पश्यन्ती' में आकर शब्द तत्त्व प्रकट होता है, वही शब्द तत्त्व पूर्ण अर्थ ग्रहण करता है, इस तरह हमारा 'वाक्' शब्द बनता है। पश्यन्ती के बाद मध्यमा में आकर शब्द तत्त्व 'क्रम' बनाता है। यह साँस या प्राण के सहारे से होता है। स्फोट मानसिक विचार में बदल जाता है। यहीं बहुलार्थता का जन्म होता है। स्मृति के संस्कार यहाँ जुड़ जाते हैं। यहाँ 'वैखरी' वाक् जन्म लेता है। इसमें वाक् की सारी क्रम व्यवस्था, उसके कार्यक्रम, सब पूरी तरह प्रकट हो जाते हैं।

देरिदा भी 'काल' का केन्द्रीय महत्त्व मानते हैं। उनके यहाँ 'वर्तमान' वर्तमान नहीं है, वह या तो अतीत है या भविष्य। हर क्षण ये दोनों एक-दूसरे को द्वन्द्वात्मक ढंग से प्रभावित करते हैं। स्मृति और कल्पना दोनों 'काल' के ही आयाम हैं। ये दोनों एक दूसरे में रहते हैं। जो भावी माना जाता है (प्रोटेंशन), वह वर्तमान में (यानी अतीत में) मौजूद रहता ही है, वह 'छाप' के रूप में रहता है। अतीत का अर्थ है वर्तमानित अतीत, इसलिए कोई भी परम 'अतीत' (एब्सोल्यूट पास्ट) नहीं होता। 'छाप' की विचित्र गति उतना ही दावा (कल्पना) करती है जितना कि याद (स्मृति) करती है। काल-भेद, स्थान-भेद को स्थगित करता रहता है।

'ऑफ ग्रामेटोलॉजी' में देरिदा ने काल को लेकर ऐसी बहुत-सी अवधारणाएँ प्रस्तुत की हैं जो बौद्ध दर्शन की काल-धारणा से मिलती-जुलती नजर आती हैं। देरिदा कहते हैं कि हमारा कोई भी 'वर्तमान' अनुभव भावी की परिकल्पना और अतीत की स्मृति के गतिशील सम्मिश्रण के बिना सम्भव नहीं होता। अतीत और भविष्य मिलकर वर्तमान की रचना करते हैं। उन्हें अलग-अलग नहीं किया जा सकता। वे हमेशा एक गतिशील तनाव में रहते हैं। बौद्ध दर्शन में भी कोई वर्तमान नहीं होता। भविष्य और अतीत के बिना वर्तमान का अस्तित्व नहीं है।

भर्तृहरि के यहाँ भी ऐसी ही परिकल्पना है। काल के दो काम वे मानते हैं। 'अभ्यानुज्ञा' यानी आज्ञा, जिससे सब चीजें पैदा होती हैं, और 'प्रतिबंध'। काल आरम्भ करता है। काल 'अंत' करता है। सतत चक्र चलाता है। क्रम (उत्थान) और 'जरा' (पतन) आता है। काल ही शाश्वत है। 'क्रम' और 'जरा' यह भूत, वर्तमान, भविष्य है। भूत को काल नियत करता है। भविष्य को नियत करता है। जब कर्म अधूरा होता है तो वर्तमान रहता है। काल नदी की धारा की तरह है। निरन्तर बहता है। इस सृष्टि का जन्म भी कालक्रम में ही हुआ है। 'शब्द तत्त्व' की मुक्ति ही 'काल' है। शब्द तत्त्व काल रूप में ही खेलता है। यही 'काल' की लीला है। देरिदा का 'खेल' (प्ले) भी इसी तरह बनता है। अतीत और भविष्य वस्तुओं को छिपाते (तमस) हैं। चीजें वर्तमान में ही प्रकट होती हैं।

काल और देश में इस कदर अलग-अलग हुए चिन्तकों के बीच भाषा के अनुभव के बारे में ऐसी उल्लेखनीय समानता देखने योग्य है। भर्तृहरि का काल भाषा को क्रम देने वाला है, देरिदा का काल भी क्रम देता है।

पेरोडी और पेश्टीच

'उत्तर-आधुनिकतावाद' अपरिभाषेय तो नहीं, किन्तु अपनी प्रकृति से वह किसी भी परिभाषा या पूर्ण सिद्धान्त में नहीं कहा जा सकता। वह एक ऐसा वाद है जो एक 'स्थिति' या दशा की तरह है जो लगातार अस्थिर है, चंचल है, विखंडनशील है। इस स्थिति से आजिज आकर इहाब हसन ने कहा है कि इससे पहले कि वह एक सांस्कृतिक अवधारणा का सम्मान पा सके और सिर्फ एक विचित्र क्लिशे बनकर रह जाएँ, यदि हम उसे परिभाषा नहीं दे सकते, हम इस पद का सिद्धान्त तो निकालें। शायद इसी क्रम में लिंडा हचियन ने उत्तर-आधुनिकतावाद का 'साहित्यशास्त्र' बनाने की कोशिश की (देखिए : ए पोयटिक्स ऑफ पोस्टमॉडर्निज्म)। यह एक तरह का जोखिम ही है। जो अवधारणा या जो 'दशाएँ' अन्य उपलब्ध आधुनिक स्थितियों को चौतरफा समस्याग्रस्त करती हों और जो हर केन्द्र को विकेन्द्रित करने की ठाने हों, हर सिद्धान्तिकी का विखंडन प्रस्तुत करके चलती हो, वहाँ स्वयं अपने सिद्धान्त क्या सम्भव हैं ? जो स्वयं परिभाषा-असम्भव हो, उसकी परिभाषा पर उतरना शुद्ध दुस्साहस ही है। फिर भी लिंडा हचियन ने यह भगीरथ प्रयत्न किया जिसका उत्तर-आधुनिकता के उपलब्ध विमर्श में एक खास मुकाम है।

उत्तर-आधुनिकतावाद के नाम पर दो तरह के मत अब इकट्ठे हो चले हैं। कुछ हैं जो उत्तर-आधुनिकता के अँधेरे पक्ष पर हाय-हाय करते हैं। वे समझते हैं कि मानो अब सब कुछ खत्म हुआ। कुछ इसमें इतिहास का 'अन्त' समझते हैं। (और ये भूल जाते हैं कि 'अंत' का भी इतिहास होता है)। क्रोकर एण्ड कुक इसमें 'पेरोडी, किश्च और बर्नआउट' मानते हैं। बौद्रिआ इसकी 'छलना' से उदास होते हैं। ल्योतार इसमें इतिहास का खात्मा देखते हैं। लेकिन हम जितने उदास, खिन्न, निराश हाते हैं, उतना ही हमारी निराशा उत्तर-आधुनिक किश्च का हिस्सा बनती जाती है। यह उत्तर-आधुनिकता का जबरदस्त वातावरण है कि उसकी आह-कराह वादी समीक्षा भी एक बार चीत्कार करने के बाद उसी के कूड़ेदान में गिर जाती है।

उत्तर-आधुनिकता की एक देन तो यही है कि "जिसे आप चुनौती देते हैं, आप उसमें शामिल होते हैं, उससे बाहर या मुक्त नहीं।" (अपने बाह्य जगत की आलोचना करते वक्त हम भूल जाते हैं कि आलोचना करते वक्त हम स्वयं उस वातावरण के हिस्से होते हैं, उससे मुक्त नहीं।) उत्तर-आधुनिक साहित्यशास्त्र का शास्त्र के क्षेत्र में यह पहला अवदान है।

'उत्तर-आधुनिकता' पर एक आक्षेप इतिहास मुक्त होने का लगता है। यह आरोप वामपंथी बुद्धिजीवियों से आता है। अब यह हैरत की बात ही है कि जो स्थिति शुद्ध भौतिक ज्ञानदशा की बात करती है, जिसका सन्दर्भ भौतिक है, समकालीन है, वह इतिहास बाह्य या अ-ऐतिहासिक भी हो सकती है ! समस्या सिर्फ इतनी-भर है कि वह इस तरह के इतिहास से अलग एक जटिल इतिहास सम्भव करती है, जो उपलब्ध ऐतिहासिक आसानी से और एक ध्रुवीय परिभाषा से अलग जा पड़ता है। यहाँ आकर इतिहास बदल जाता है। क्योंकि उसके कर्ता की अवधारणा बदल जाती है, उसके विषय की अवधारणा बदल जाती है। यह उपलब्ध इतिहास को चुनौती देती है यही उसकी ऐतिहासिकता है।

बौद्रीआ ने 'द प्रोसेसन ऑफ साइमूलक्रा' में उत्तर-आधुनिक परिदृश्य की जो नक्शानवीसी की है, उससे त्राहि-त्राहि की प्रलयदशा का अहसास बढ़ता है। बौद्रीआ तो साफ कहते हैं कि इस वक्त में रचना सम्भव ही नहीं। नकल, पेश्टीच और पेरोडी ही सम्भव है। यहाँ कोई प्रतिरोध सम्भव नहीं है। बौद्रीआ कहते हैं कि जनसंचार माध्यमों ने यह काम कई तरह से किया है। पहले यथार्थ खूब दिखाया है। फिर उसे छिपाया है। फिर यथार्थ के अभाव को छिपाया है और अन्ततः यथार्थ को बेदखल कर दिया है। यथार्थ का सम्बन्ध विच्छेद कर दिया है यही 'साइमूलक्रा' (छलना या प्रपंच) है जहाँ अर्थ का अन्तिम संहार होता है।

लेकिन इस अहसास के बाद ही नया अर्थ भी शुरू होता है। इस प्रपंची यथार्थ को समस्याग्रस्त करने, उसे बताने के प्रचलित इकहरे ढंग को (यथार्थवादी) अधूरा जताने-बताने से हम इस प्रपंच की परतें समझने की कोशिश करते हैं। ऐसा नहीं है कि सत्य और उसके सन्दर्भ खत्म हो गए हैं। हुआ सिर्फ इतना है कि सत्य और उसके सन्दर्भ हमें अब तक बने-बनाए, दिए हुए मिलते थे, चुनौतीरहित एवं प्रश्नरहित मिलते थे, अब वे समस्यामूलक हैं, प्रश्न सहित हैं, चुनौती योग्य हैं। मौजूदा 'हाइपर रीयल' या अतियथार्थ भी एक आदि रखता है। हाँ, वह हमारे उपलब्ध औजारों को व्यर्थ करता दिखता है। यथार्थ-अतियथार्थ में बदलने पर भी अपने स्रोत नहीं खो देता। हाँ हमारी आँख, जरा उलझे, छिपे स्रोतों को नहीं देख पाती। उत्तर-आधुनिक साहित्य की समस्या यही है : यथार्थ को देखने के ढंग की समस्या। मार्खेज या इको के वृत्तान्तों की चुनौती एक यथार्थ कहने की नहीं है। बल्कि पाठक को अतीत की घटनाओं और उन तथ्यों (मतों) के भेद के प्रति सजग

बनाना है, जिनसे अतीत को नए मायने मिलते हैं। यथार्थ को मायने देने वाले माध्यमों और तरकीबों की पड़ताल करना इस प्रपंच का नया रचनात्मक विस्तार है। (हरियाहरकुलीज की हैरानी में मनोहरश्याम जोशी 'ज्ञान' के सिर्फ बहिर्गत 'अस्तित्व' को प्रश्नांकित करते हैं तो प्रकारान्तर से यही करते हैं कि यथार्थ का ज्ञान सिर्फ प्रयोगशालाओं, शास्त्रों में नहीं रहता, अनुभव में भी रहता है और अनुभव की प्रक्रिया प्रचलित ज्ञान को चुनौती दे सकती है। हरियाहरकुलीज जिस ज्ञानी संसार के लिए पगलैट है, उस पगलैट की नजर में यह ज्ञानी संसार स्वयं एक पगलैट संसार है।) अनुभव की बहाली और अनुभव पर भरोसा (फिर से) वह उत्तर-आधुनिक ज्ञानावस्था में से निकलने वाला नया तत्त्व है। अनुभव की महत्ता—जिसे आधुनिकता में अनुशासित बाधित या संगठित करने की कोशिश की है। इसे हम तमाम आधुनिक साहित्य-शास्त्र—खासकर उपलब्ध यथार्थवाद में, उसकी प्राथमिकता के प्रश्न में, देख सकते हैं।

बौद्रीआ की 'छलना' इसी मायने में साहित्यशास्त्र की कुछ नई समस्याएँ हल करती हैं, क्योंकि वह यथार्थ से भी आगे एक 'अतियथार्थ' को समक्ष करती है। बौद्रीआ की निराशा और उदासी का एक आकलन यह भी है कि अब अन्तर्विरोधों का सुलझाव असम्भव है। यदि हम मानें कि अन्तर्विरोध (अति यथार्थ के अन्तर्विरोध) एक सतत प्रक्रिया है, और मार्क्सवाद का नया संस्कार (वह चाहे जब हो) उन्हें हल करेगा तो यह पूर्वानुमान अतियथार्थ का शास्त्र बना सकता है। यहाँ से हम उत्तर-आधुनिकतावाद की ऐतिहासिक व्याख्या कर सकते हैं। (भले ही एज़ाज़ अहमद अपने इकहरे मार्क्सवादी अहंकार में इस प्रस्ताव पर फ्रेडरिक जेमेसन पर हँसें !)

यह बात बौद्रीआ ही रेखांकित करते हैं कि अतियथार्थ (हाइपररीयल) संस्कृति एक निश्चित (विकसित) पूँजीवाद में ही सम्भव है। वह पूँजीवादी व्यवस्था का तर्क बनती है (सिर्फ प्रतिबिम्ब नहीं)। उत्तर-आधुनिकता इस सांस्कृतिक तर्क को ज्ञानदशा (या समीक्षाशास्त्र) का अभिन्न हिस्सा मानती है, स्वयं को उसमें पाती है, उससे अलग नहीं। वह स्वयं को पूँजीवादी व्यवस्था से बाहर नहीं मानती। क्योंकि उत्तर-आधुनिकतावाद जानता है कि पूँजीवाद से बाहर रहना सम्भव ही नहीं। लिंडा हचियन कहती हैं कि इस तरह उत्तर-आधुनिकता पूँजीवाद में रहती है ताकि उसे भीतर से तोड़ सके। उसकी मूल्य व्यवस्था को भीतर से ध्वस्त कर सके। अपने समय के प्रभुत्ववादी वृत्तान्त (पूँजीवाद) में वह एक षड्यंत्रकारी की तरह रहती है। एडवर्ड सईद इसे उत्तर-आधुनिकता की आलोचनात्मक चेतना कहते हैं। 'द वर्ल्ड, द टैक्स्ट एण्ड क्रिटिक' में एडवर्ड सईद कहते हैं कि यह 'आलोचनात्मक चेतना' भेदों, प्रतिक्रियाओं, प्रतिरोधों के प्रति सचेत है।

फूको की तरह उत्तर-आधुनिकतावाद यहाँ तक आत्मस्वीकार करता है कि

हर विमर्श मूलतः सत्ता का विमर्श है। हर विमर्श सत्ता की वैधता का विमर्श करता है, वह सत्ता को वैधता देता है। लेकिन यह यानी उत्तर-आधुनिकता आधुनिक विमर्शों से एक मायने में अलग है कि यह उस वैधता के क्यों और कैसे पर बराबर नजर रखती है। कला के निर्माण और संचार, प्रसार एवं ग्रहण की राजनीति की खोज करती हुई, (वर्चस्ववादी विचार और संस्कृति को चुनौती देने के लिए) उत्तर-आधुनिकता स्वयं एक विचार बनती है। समस्या खड़ी करना, प्रश्न खड़े करना मूलतः विचारधारात्मक काम है। उत्तर-आधुनिकता इस मायने में आधुनिकता का अंश स्वीकार करती है। हाँ, प्रश्नांकित करने का तरीका उसका अलग है। वह अधिक निष्करुण, विखंडनात्मक है जहाँ कोई 'पैतृक वात्सल्य' सक्रिय नहीं होता। उत्तर-आधुनिक प्रश्न चालू विमर्श से तो पूछे ही जाते हैं, वह उन प्रश्नों पर भी प्रश्न उठाती है, जो कुछ पहले हुए थे। उत्तर-आधुनिक प्रश्नावली एक ही साथ विषय और उसकी आलोचना दोनों पर लागू होती है, स्वयं उस पर भी। यह उत्तर-आधुनिकतावाद का अपना अनिवार्य अन्तर्विरोध है। इसीलिए उसके पास सवाल ज्यादा हैं। जो जवाब हैं वह मानती है कि वे स्वयं समस्याग्रस्त हो जाते हैं। उत्तर-आधुनिकता द्वारा दिए गए आधुनिकता के क्रिटीक को जो लोग आवश्यक और उचित मानते हैं वे उससे 'आसान' उत्तर नहीं पाते तो निराश होते हैं।

उत्तर-आधुनिकता उन तमाम समग्रतावाद, साकल्यवादी व्यवस्थाओं की कमियों और पक्की सांस्थानिक बाउंडरीज की कमियों, कमजोरियों के बारे में सचेत करती है। उत्तर-आधुनिकता के अन्तर्गत आने वाले वृत्तान्त यथार्थ की 'पेरोडी' खींचते हैं। वे ऐसा आत्मबिम्ब बनाते हैं जो न केवल एक यथार्थ को कहे, बल्कि कहते हुए ही उसे चुनौती भी दे। उसके पेश्टीच (पिस्टी या कतरन साहित्य) साहित्य और गैर-साहित्य वृत्तान्त की सीमाओं को तोड़ देते हैं, वृत्तान्त और विमर्श की सीमाएँ तोड़ देते हैं। यहाँ इतिहास, आत्मकथा, जीवनी सब मिश्रित हो उठता है। यहाँ साहित्य की विधाएँ टूट जाती हैं, उनके पक्के रूप टूट जाते हैं। वे शाश्वत, मुकम्मल और शुद्ध नहीं रह पाते। यहाँ 'महिला विमर्श' और 'अल्पसंख्यक' और दलित या पिछड़े विमर्श भी जगह पाते हैं। यहाँ 'साहित्यिक' के मायने हैं वह साहित्यिकता जो किसी 'टैक्स्ट' के बाहरी या ऊपरी तत्त्वों पर निर्भर न हो, बल्कि उन तत्त्वों की स्थिति पर निर्भर करती है जो चालू विचारधारात्मक क्षेत्र में टैक्स्ट को बनाती है। इस तरह 'साहित्यशास्त्र' की जगह, हमें समस्याशास्त्र मिलता है उत्तर-आधुनिकतावाद में। उत्तर-आधुनिकतावाद के विमर्शों द्वारा उठायी गई समस्या में ही पैदा होता है उत्तर-आधुनिकतावादी साहित्य-शास्त्र। वह साहित्य की उन तमाम अवधारणाओं पर प्रश्न उठाता है जो अब तक सर्वस्वीकृत एवं सर्वमान्य रही हैं। इस साहित्य-शास्त्र में कथा और गैर-कथा, इतिहास और अनैतिहास, साहित्यिक और गैर-साहित्यिक, जिन्दगी और कला के बीच प्रचलित भेद और बाउंडरीज की

टूट-फूट की जाँच होती है। कला के प्रचलित रूपों की सीमाओं पर प्रश्न उठाए जाते हैं, उनके अभेद स्थापित किए जाते हैं क्योंकि यहाँ उनके भेदों को समझा जाता है। निष्कर्षवाद यहाँ नहीं होता, क्योंकि यहाँ निष्कर्ष या 'नींबू निचोड़' एक असम्भव स्थिति है। उत्तर-आधुनिक विमर्श (साहित्य समीक्षा) में यह सवाल कभी नहीं भुलाया जाता कि क्या हम सत्य को जान गए ? क्या हम उसे पूरी तरह जान सकते हैं ? यह आत्मसन्देह उत्तर-आधुनिक साहित्य विमर्श की पूर्व शर्त है। तमाम उत्तर-आधुनिक कलाएँ इस आत्मसन्देह से शुरू होती हैं। उसका शास्त्र भी। वह रहस्यवाद नहीं है। ज्ञान की नई दशा की उपलब्ध दुविधाएँ हैं, अनश्चितताएँ हैं। एक जमाना था जब कला, धर्म, राजनीति, संस्कृति गड्डमड्ड थे। आधुनिकता में वे विलग हुए, स्वायत्त स्वतंत्र हुए। एक बार फिर वे अपने रूपों को गड्डमड्ड कर रहे हैं।

उत्तर-आधुनिक साहित्य ने उस वृत्तान्त मूलकता को 'समस्यामूलक' कर दिया है जिसमें शाश्वत, सार्वभौमिक सत्य कथन का दावा था, जो सबको एक साथ मोहित करने वाले थे। सतत वृत्तान्त, अनिवार्य परिणतियाँ, कार्य व्यापार के सार्वभौमिक रूप, जो कथा साहित्य में एक युग में सर्वस्वीकृत रहे, उत्तर-आधुनिकता में नहीं चल पाते।

इतिहास को जानने और लिखने के उत्तर-आधुनिक तरीके हैं। इतिहास की पाठीयता और हरेक रचे हुए शब्द में अन्तर्पाठीयता देखी जाती है। कोई भी रचना अन्तर्पाठ के बिना सम्भव नहीं होती। पढ़ते हुए पाठक उसमें अपना एक अन्तर्पाठ सिद्ध करता है, तभी अर्थ की प्राप्ति होती है। कलाकृति का अन्तर्पाठ समकालीन सांस्कृतिक वातावरण में ही सम्भव है।

उत्तर-आधुनिकता का एक बड़ा कलात्मक उद्यम 'पेरोडी' बनाना है। आरम्भ में यह स्थापत्य में दिखा, जिसमें प्राचीन ऐतिहासिक स्थापत्य की नकल में नए स्थापत्य दिखे। इतिहास को पेरोडाइज करने से साहित्य में एक व्यंग्यात्मकता का जन्म होता है। 'पेरोडी' इतिहास को 'इतिहास बाह्य' नहीं करती, उसको उसके प्रभामंडल से हीन करती हुई चलती है। (हिन्दी में उसका एक उदाहरण 'कुरु कुरु स्वाहा' और 'हरिया हरकुलीज' है तो दूसरा उदाहरण 'अपने-अपने राम' है। तीसरा उदाहरण 'मुझे चाँद चाहिए' है। काका हाथरसी और नागार्जुन की बहुत-सी कविताएँ इसी कोटि में आती हैं।)

पेरोडी 'अन्तर्पाठीयता' का व्यंग्यात्मक रूप है जिससे इतिहास को उलट-पुलट किया जाता है। पेरोडी एक तरह की कला का आत्म रूप है। इतिहास के साथ की जाती पेरोडी मार्का उलट-पुलट यथार्थ के भीतरी ढाँचे और अब तक न पूछे गए अन्तर्विरोधों को सामने लाने का एक तरीका बन जाती है। इसमें कला के 'प्रतिबिम्वन' की आधुनिकतावादी अवधारणा लागू नहीं हो पाती। यहाँ पेरोडी साहित्य की स्वायत्तता को व्यर्थ कर देती है। यहाँ पुराण, इतिहास और विज्ञान;

सब एक-दूसरे से संवाद कर सकते हैं, क्योंकि इतिहास में वे भले न कर सके हों, भाषा के खेल में वे करते ही रहते हैं। (इसका उत्तम उदाहरण मनोहरश्याम जोशी का 'कुरु कुरु स्वाहा' है जहाँ तंत्र, साहित्य और फिल्म उद्योग सब एक-दूसरे से संवाद में उपस्थित होते हैं, अपनी महानता को खत्म करते हुए। यह प्रक्रिया कला के सन्दर्भ को ही समस्या बना डालती है।)

हम अतीत को कैसे जानें ? इसका एक तरीका इतिहासवाद है। उसका 'सन्दर्भवाद' है। उत्तर-आधुनिक पेरोडी में यह सन्दर्भ खत्म हो जाता है। पेश्टीच में कोई भी पक्का सन्दर्भ नहीं बचता। उत्तर-आधुनिकता यह नहीं कहती कि इतिहास है ही नहीं। बस वह उसे जानने के प्रचलित तरीकों की अपूर्णता को उजागर करती है। हम जो तथ्य देते हैं, जो सन्दर्भ जुटाते हैं, वे सब भाषा की संरचनाएँ ही हैं। उनमें से किसी एक मायने को हम 'फिक्स' कर देते हैं। उत्तर-आधुनिकता कहती है कि इस एक मायने के अलावा भी कोई मायने होंगे, परम्परा नहीं, परम्पराएँ होंगी ('दूसरी परम्परा की खोज' एक ऐसी ही किताब है जहाँ परम आधुनिकतावादी नामवरजी 'परम्पराएँ' बोलते हैं और इस तरह परम्परा का उत्तर-आधुनिक अन्तर्पाठ शुरू करते हैं)।

उत्तर-आधुनिकता प्रचलित मानवतावाद को चुनौती देती है। यह मानवतावाद में 'विषय' की संरचना को ही प्रश्नांकित करती है। मानवतावाद में 'मनुष्य' की (कर्ता की) एक स्वायत्त सत्ता मानी गई है। यह कर्ता 'मनुष्य का सार' है। सार जो इतिहास की प्रगति की गारण्टी देने वाला है, जो कर्ता मनुष्य के जरिए इतिहास में स्वयं को पाता है। मानवतावाद के इस मूल विचार पर कोई भी प्रश्न नहीं उठाया जा सकता। फ्रायड हो या उत्तर-आधुनिक जन हों, जिसने भी मानवतावाद के इस सार या प्रश्न को उठाया है उसे सभ्यता संस्कृति का दुश्मन घोषित कर दिया गया है। लेकिन 'स्त्री-विमर्श' और 'काले' (यूरोप अमरीका में) और दलित विमर्श ने अपने उत्तर संरचनावादी साहस से अब इसकी धज्जियाँ बिखेर दी हैं। इतिहास का विषय, इतिहास का कर्ता घबराया हुआ है। स्त्री-विमर्श और दलित विमर्श कहते हैं कि जो कर्ता स्त्री या दलित का है ही नहीं, वह इन्हें देगा क्या ? महिला विमर्श पहले स्वयं को 'विषय' बनाता है फिर मर्द के विषय को चुनौती देता है। यही दलित करता है। 'काला विमर्श' जहाँ कथित मानवतावाद के 'यूरोपकेन्द्रित' विमर्श को चुनौती देता है, वहीं अपना विषय भी ढूँढ़ता है, अपनी अस्मिता भी ढूँढ़ता है। इन विमर्शों का आधार उत्तर-आधुनिक ज्ञान-दशा ही है। स्त्री-वादी, काले, स्थानीयतावादी, समलैंगिक, उत्तर औपनिवेशिक तथा अन्य ऐसी ही विकेन्द्रतावादी सिद्धान्तिकी के विमर्श उत्तर-आधुनिक विमर्श हैं जिनमें आपस में भेद हैं और जिन्हें किसी एक सिद्धान्त से नहीं हाँका जा सकता। उत्तर-आधुनिक विमर्श ने प्रचलित समीक्षा सिद्धान्त के केन्द्रवाद को ध्वस्त कर दिया है। विकेन्द्रित सिद्धान्तिकी विमर्शों को

उसने जन्म दिया है। अब समीक्षा बातचीत है, विमर्श है। 'फैसला' नहीं है !

समीक्षाकर्म में सिद्धान्त और व्यवहार प्रायः अलग-अलग माने जाते हैं। आधुनिक साहित्य शिक्षण में यह काम बहुत पहले से चल रहा है। उत्तर-आधुनिक समीक्षा सिद्धान्त और व्यवहार के ऐसे विलगीकरण को अनुचित मानती है। व्यवहार से भी सिद्धान्त कहे जा सकते हैं। उत्तर-आधुनिकता ऐसा मानकर चलती है। समीक्षा और रचना के भेद यहाँ आकर खत्म हो जाते हैं। यही इसका आधार-विरोधवाद या 'एण्टी फाउंडेशनलिज्म' है जो किसी भी सिद्धान्त को पूर्ण या पर्याप्त नहीं मानता। सिद्धान्त की जगह व्याख्या, फिर व्याख्या, टीका की पुनर्टीका। यही है उत्तर-आधुनिक विमर्श, जहाँ अन्तिम और परम निष्कर्षों की गुंजाइश नहीं। यहाँ फतवों का कोई भविष्य नहीं। यहाँ सिद्धान्त व्यवहार अलग नहीं होते। यहाँ बहुवचनता, तर्कवादिता और व्यवहार तीनों एक साथ रहते हैं। समीक्षा विमर्श में बदलकर ही जनतंत्र बनाती है।

उत्तर-आधुनिक कलादृष्टि भीतर-बाहर दोनों जगह अन्तर्विरोधों को जानती है। यह न निराशा की स्थिति है, न गर्वोक्ति की। उत्तर-आधुनिकता में अन्तर्विरोध अनिवार्य हैं। इन अन्तर्विरोधों को छिपाना या इन पर पर्दा डालना एक आधुनिकतावादी बेईमानी है। एक रचनाकार अपनी रचना में हजार अन्तर्विरोधी अनुभवों, दृष्टियों को लेकर चल सकता है। अन्तर्विरोधों से उत्तर-आधुनिक को कोई शर्म नहीं। सौन्दर्यात्मक, कलात्मक और राजनीतिक यथार्थ के बीच, पाठ और इतिहास के बीच रचनात्मक तनावों को उत्तर-आधुनिकता नष्ट नहीं होने देती है, उन्हें रिकार्ड में रखती है। उत्तर-आधुनिकता वाल्टर बैंजामिन के द्वारा खोजे गए 'कला के प्रभामंडल' को चुनौती देती है, जो कला को जिन्दगी से दूर और अलग करता है। जिन्दगी और कला को एकमेक देखकर वह कला को 'अरहस्यात्मक बनाती है। आधुनिकतावादी स्वचालित प्रतिनिधित्व (ऑटोरिप्रेजेंटेशन) 'रहस्यहीनता' के जरिए समस्याग्रस्त हो जाता है। तथ्य तथा कल्पना की सीमाएँ खत्म हो जाती हैं।

छवि और सूचना उत्तर-आधुनिकता के वे औजार हैं जो यथार्थ और कल्पना के भेद मिटाते हैं। उस भेद को गड़बड़ाते हैं। 'छलना' (साइमूलक्रा) स्वयं एक उत्तर-आधुनिक स्थिति है। जनसंचार के माध्यम का 'प्रपंच' स्वयं एक उत्तर-आधुनिक साहित्य है। यहाँ लेखकीयता, अद्वितीयता, मौलिकता, स्वायत्तता, भव्यता सब खत्म है। सब कुछ उपभोग्य है। साहित्य और बाजार के भेद यहाँ नहीं रहते। साहित्य दैनिक अखबार है। साहित्य सूचना है। साहित्य रेडीमेड है। विज्ञापन है। उच्च कला यहाँ जनसमाज की खपत-भर बन जाती है। एक स्तर पर उत्तर-आधुनिक साहित्य पण्य है, उपभोग्य है, इसी तरह वह उच्च कलावाद के यूरोपीय केन्द्रित गोरावाद (ब्राह्मणवाद) को चुनौती देता है।

चित्रकला और नृत्यकला या संगीत में जहाँ भी, जो भी स्वायत्तता की अवधारणा और भव्यता, पवित्रता और उच्चता को तोड़ता है, वहीं उत्तर-आधुनिकता का हस्तक्षेप होता है। फिल्में इसका अन्यतम उदाहरण हैं जहाँ सीमाएँ टूटती रहती हैं। ये सब न तो आनन्द की उपलब्धियाँ हैं, न इतिहास की मृत्यु का रुदन। ये सब उत्तर-आधुनिकता के दृश्य हैं। इसीलिए यहाँ किसी अन्तिम शास्त्र का दावा नहीं है। सिद्धान्त बनाना स्वयं एक आत्मविरोधी स्थिति है।

उत्तर-आधुनिक समीक्षा पर बौद्रीआ के छलना सिद्धान्त का सर्वाधिक प्रभाव है। अनेक मानते हैं छलना ने 'वास्तविक' के बारे में उठने वाले प्रश्नों को एकबारगी ही असंगत बना दिया है। यथार्थ या वास्तविकता को समस्यामूलक बनाना—उत्तर-आधुनिकता का यह स्वभाव है, क्योंकि यथार्थ अब समस्यामूलक हो उठा है। इसका ये मायने नहीं कि प्रश्न नहीं उठाए जा सकते। उत्तर-आधुनिकता खुद पर भी प्रश्न उठाती है।

समीक्षा कर्म मूलतः समस्यासृजन का कर्म है। किसी चीज में समस्या देखना या पेश करना, प्रश्न पेश करना, एक तरह से, मानकर चली गई या उपेक्षित स्थिति को फिर से संगति प्रदान करना है, उसे नया जीवन देना है। इसलिए वास्तविकता के उपेक्षित पहलुओं पर जोर देना और मात्र चीजों को प्रश्नित करना समीक्षा का नया कर्म-भर नहीं है। वह तो प्लेटो से चला आता है। हाँ, इसे सतत समस्यामूलक बनाए रखना उत्तर-आधुनिकता का अपना अनिवार्य अन्दाज है, इस तरह उत्तर-आधुनिकता हमें बेसुधी, विस्मरण से बचाती है। इससे समीक्षा शास्त्र न बनकर विमर्श बनती है।

उत्तर-आधुनिकता सिर्फ उदार मानवतावाद के यथार्थवाद को ही प्रश्नित नहीं करती, वह यथार्थ की हत्या को भी चुनौती देती है। यथार्थ प्रश्नित करने के मायने यह कतई नहीं कि यथार्थ है ही नहीं। हाइपररीयलिटी भी एक स्थिति है, यथार्थ का नया रूप। उत्तर-आधुनिकता यथार्थ के सन्दर्भ नष्ट नहीं करती, बल्कि हाइपर रीयल में यथार्थ के विचार की समस्याओं के प्रकट होने के प्रति उचित संवेदनशीलता दिखाती है। वह छलना के सन्दर्भ को 'आसानी' से खोजने योग्य नहीं मानती। वह सरलीकरणों को स्वीकार नहीं करती।

उत्तर-आधुनिकता में स्वीकृत 'छलना' कहती है कि हम 'अर्थ' के इकहरे संसार से आगे 'चिह्नों' के संसार में आ गए हैं। चिह्नों को स्वीकार करना नए यथार्थ को स्वीकार करना है, नकारना नहीं। उत्तर-आधुनिक कला इस तथ्य को रेखांकित कर चलती है कि हम चिह्नों के यथार्थ को जान सकते हैं, खासकर अतीत के यथार्थ को। वह एक नई पद्धति पेश करती है, यथार्थ का संहार नहीं करती क्योंकि उत्तर-आधुनिकता स्वयं एक घोर और ठोस यथार्थ है। वह चिह्नों के संसार में उन्हीं को मायने देती है जो यथार्थ होते हैं।

इस तरह उत्तर-आधुनिकता 'हाइपररीयल' के बावजूद स्वयं 'छलना' न बनकर, यथार्थ को ही देखती है और इस तरह प्रतिनिधित्व को नए ढंग से सँजोती है। प्रतिनिधित्व को वह 'मान्य' या 'सर्वमान्य' नहीं मानती। ल्योतार आधुनिक प्रतिनिधिकता को प्रश्नित करते हैं, लेकिन उसकी जगह 'टुकड़े-टुकड़े' की प्रतिनिधिकता को स्वीकार करते हैं। वह 'अतीत का वर्तमान' बनाती है, प्रतिनिधिकता में ही रहती है। हाँ चालू प्रतिनिधियों के नियमों को अमान्य कर अपने नए नियम बनाती है। वह वर्तमान की निश्चित दूरी से अतीत को देखती है। वह सपनों (मार्क्सवादी) और सर्वनाश (नीत्शेवादी) दोनों में से किसी भी अति को स्वीकार नहीं करती। उत्तर-आधुनिकता का लक्ष्य बहुत मामूली है। वर्तमान की निश्चित दूरी से अतीत को दिखाना और यह बताना कि यह दूरी अतीत को जानने की हमारी योग्यता की अनिवार्य दशा है। इस दूरी से पैदा होने वाली विडम्बनाएँ ही उसे अतीतरागी (नोस्टेल्जिक) नहीं होने देतीं। पुनरुत्थानवादी नहीं होने देतीं। यहाँ अतीत की ओर वापस जाने की कोई कामना नहीं हो सकती। यहाँ यह भोलापन नहीं चलता कि अतीत से लौटकर 'आसान हल' और आसान जीवन पाया जा सकता है। यह एक असम्भव स्थिति है। यही उत्तर-आधुनिकता का भविष्यवाद है।

उत्तर-आधुनिकता मानती है कि अतीत अपने आप में कोई महान् या मूल्यवान स्थिति नहीं। वर्तमान और अतीत जहाँ मिलते हैं वहीं हमें हमारी संस्कृति के 'क्यों' और 'क्या' के उत्तर मिलते हैं। इस तरह उत्तर-आधुनिकता संस्कृति (संस्कृतियों) के संकट में होने का बयान है, यूरोपीय संस्कृति के संकट में होने का बयान। लेकिन सिर्फ इतना-भर। कोई क्रान्तिकारी परिवर्तन नहीं है संस्कृति में। उत्तर-आधुनिकता स्वयं अन्तर्विरोधी प्रत्यय है, क्योंकि यह जिसे चुनौती देती है, उसी से हाथ मिलाती है, समझौता भी करती है।

उत्तर-आधुनिकता की साहित्यिक अवधारणाओं ने साहित्य में कई सदी से मान्य 'यूरोपीय मानववाद' प्रेरित अवधारणाओं को चुनौती दी है। (हिन्दी में भी यही अवधारणाएँ सक्रिय हैं।) उत्तर-आधुनिक सिद्धान्तिकी और समीक्षा का सार यही है। वह मानववाद के आधार आधुनिकतावाद द्वारा स्थापित कला की अराजनीतिक स्वायत्तता तथा समीक्षा की 'मूल्य मुक्त' कलावादी अवधारणाओं को चुनौती देती है। उत्तर-आधुनिक सिद्धान्त बताते हैं कि प्रतिनिधिकता से बचा नहीं जा सकता, लेकिन उनसे यह जाना जा सकता है कि प्रतिनिधिकता के आधुनिकतावादी सिद्धान्त किस तरह एक खास 'ज्ञानदशा' को वैधता देते हैं, और किस तरह किसी एक सत्ता (पावर) की वैधता सिद्ध करते हैं, सेवा करते हैं। उत्तर-आधुनिक कला विचारधारात्मक है। (जैसे कि 'मास कल्चर' है)। वह विचारात्मक है, क्योंकि उसका स्वभाव प्रतिनिधित्वमूलक है। प्रतिनिधिकता में

निहित विचारधारात्मकता महत्त्वपूर्ण नहीं। महत्त्वपूर्ण है उसका विचारधारात्मक प्रकार्य जो अर्थ के निर्माण को निश्चित करने में मदद करता है। (महिलावादी, समलैंगिक, हाशियाकृत या काले या दलित विमर्श स्वयं प्रतिनिधिक हैं, वे विकेन्द्रित यथार्थों का प्रतिनिधित्व करते हैं। लेकिन यहाँ प्रतिनिधिकता के तत्त्व अर्थ के निर्माण को निश्चित करने के औजार हैं, स्वयं स्वीकृत और किसी 'सत्ता' को वैधता प्रदान करने वाले तत्त्व नहीं। विकेन्द्रित साहित्य की सत्ता है। प्रतिनिधिकता होनी है तो उनकी होनी है। वर्चस्वशाली संस्कृति के नीचे दबे हाशिए ढूँढ़ना ही उत्तर-आधुनिकता है।)

लिंडा हचियन कहती हैं और सही कहती हैं कि यह खतरा पूरा है कि उत्तर-आधुनिकता पूँजीवादी जनसंस्कृति (मास कल्चर) या उच्चकला के केन्द्रों द्वारा उदरस्थ की जा सकती है। (स्त्री विमर्श को किसी महावृत्तान्त, प्रगतिवादी या मानवतावादी वृत्तान्त में फाँस लेना हम अनेक स्त्री विमर्शों में देख सकते हैं। उत्तर-आधुनिकतावाद को व्यावसायिक बनाया जा चुका है, बहुत-सों के लिए यह फैशन है, उसका सौन्दर्यशास्त्र फैशन में घटाया जा चुका है। कला और प्रायोजन का भेद मिटाया जा चुका है। स्थिति यह कि कोई भी कला या कलात्मक प्रक्रिया उच्च कला के बाजार द्वारा तथा जनसंस्कृति द्वारा उदरस्थ की जा सकती है।) उत्तर-आधुनिकता के पास उसके बचने का रास्ता उसका समग्रीकरण का विरोधी होना और विकेन्द्रणप्रिय होना है। चूँकि उसके कलाविमर्श आधुनिकतावाद की भाषा में ही उठते हैं, इसलिए उसके प्रतिरोध के उदरस्थ होने का भी खतरा है। यह उत्तर-आधुनिकता का नया उत्तर-पक्ष उत्तर-आधुनिक विमर्श के समस्यामूलक औजार हैं। उत्तर-आधुनिकतावादी विमर्श समस्या बनाने वाली समीक्षा है समस्या खोजना ही 'उत्तर' (पोस्ट) है यहाँ। यहाँ बने-बनाए उत्तर नहीं, प्रश्न खड़े किए जाते हैं। फिर भी उत्तर-आधुनिकता के अन्तर्विरोध 'उत्तर' पैदा करते ही हैं।

प्रश्नों में ही उत्तर-आधुनिक विमर्श पनपते हैं, विकेन्द्रण को सम्भव करते हुए नए-नए प्रश्न उठाते हैं जिनके आगे बने-बनाए उत्तर नजर नहीं आते।

हम बता चुके हैं उत्तर-आधुनिकता का एक खेल पेरोडी है। यह दोहरा अस्त्र है। आधुनिकतावादी जकड़बंदी को भीतर-बाहर दोनों तरफ से तोड़ता हुआ। किसी भी इतिहास की पुनर्रचना पेरोडी है। इस तरह ज्यादातर साहित्य पेरोडी होता है। पेरोडी के जरिए उपलब्ध कलारूपों को उपयोग में लाया जाता है। और उन्हें तोड़ा भी जाता है। उन्हें स्थिर भी किया जाता है, अस्थिर भी। इस क्रम में पेरोडी अपने भीतर के अन्तर्विरोधों को भी उजागर करती है। वह सौन्दर्य प्रतीति की मौलिकता के विचार को नष्ट करके स्वयं भी नष्ट होती रहती है, वह मौलिक कृति की पाठीयता को अन्तर्पाठीयता (पेश्टीच या पैबन्द जिनसे कोई भी रचना बनती है) में बदलती है। इस तरह पेरोडी कला इस जगत की एक नए किस्म की नक्शानवीसी

करती है। इस मायने में उत्तर-आधुनिकता आधुनिकता पर निर्भर भी है और उसका भीतरघात कर स्वतंत्र भी रहती है।

किसी कृति में अतीत के उल्लेख, या सन्दर्भ, प्रकटतः गम्भीरता से लिये जाने वाले सन्दर्भ होते हैं। ('अपने-अपने राम' में अतीत या पुराण का जितना उल्लेख है, वह यदि गम्भीर ऐतिहासिक मान लिया जाएगा तो हम उस पेरोडी को छोड़ बैठेंगे जो लेखक ने बनाई है। इसी तरह 'कुरु कुरु स्वाहा' में 'पहुँचेली' 'चंडी' या तंत्र के सन्दर्भ यदि पोजीटिविस्ट ढंग से ले लेंगे तो पेरोडी की दुहरी मार को समझ भी नहीं पाएँगे।) पेरोडी में जिस चीज की पेरोडी बनती है, वह नष्ट नहीं की जाती बल्कि तोड़ी जाती है। उसमें सेंध लगाई जाती है, उसकी स्थिर संरचनाओं को व्यर्थ किया जाता है, क्योंकि वे संरचनाएँ स्वयं तानाशाही बन चुकी हैं। इससे जिस चीज की पेरोडी की गई है वह 'नया रूप' प्राप्त कर लेती है और स्वयं अपने असह्य अन्तर्विरोध जगा लेती है। ताजमहल की नकल ताजमहल को बेदखल करती है और बेदखल करते हुए स्वयं भी समस्याग्रस्त (हास्यास्पद) होती है। लेकिन समस्याग्रस्त होकर भी वह होती है, क्योंकि उत्तर-आधुनिकता ने कला (महान् ताजमहल) को दैनिक बनाकर, शेष जगत से उसका सम्बन्ध स्थापित किया है, उसे सच्चा देशकाल दिया है। यह है उत्तर-आधुनिक कला।

उत्तर-आधुनिक 'पेरोडी' में गहराई नहीं होती, यह कहना एक सरलीकरण ही है। टेरी ईगलटन ने उत्तर-आधुनिक पेरोडी पर हमला करते हुए कहा है कि पेरोडी मूलतः गहराईरहित और तुच्छ कूड़ा-भर है। (विस्तार के लिए देखिए 'कैपीटलिज्म, मॉडर्निज्म एण्ड पोस्टमॉडर्निज्म—टैरी ईगलटन) फ्रेडरिक जेमेसन पेरोडी की तुच्छता मानते हुए भी कहते हैं कि इतिहास का उत्तर-आधुनिक व्यंग्यात्मक स्मरण न तो अतीत राग नौस्टेल्जिया है और न 'सौन्दर्यात्मक रक्तपान' है। जेमेसन चाहते हैं कि उत्तर-आधुनिकता ऐतिहासिकता ही प्रस्तुत करे। वह हमारे सामाजिक, ऐतिहासिक और अस्तित्वात्मक वर्तमान तथा अतीत को अनिवार्यतया सन्दर्भ बनाए, उन्हें आखिरी सत्य बताए। उत्तर-आधुनिक कला ऐतिहासिकता ही प्रस्तुत करे। वह हमारे सामाजिक, ऐतिहासिक और अस्तित्वात्मक वर्तमान तथा अतीत को अनिवार्यतया सन्दर्भ बनाए। उन्हें आखिरी सत्य बताए। उत्तर-आधुनिक पेरोडी ऐसा नहीं करती, लेकिन जब ऐसा नहीं करती तो वह ऐसा रणनीति के तहत ही करती है। उत्तर-आधुनिकतावादी पेरोडी दरअसल इसी गलतफहमी को साफ करती है कि अतीत के आखिरी सत्य को जाना जा सकता है। वह इस सम्भावना को ही प्रश्नित करती है कि आखिरी बात, समग्र अन्तिम सत्य जानने की क्षमता उपलब्ध औजारों में मौजूद है। पेरोडी अपनी उपहास-वक्रता में यही काम करती है। अतीत का आखिरी सत्य भी विमर्शात्मक है, निष्कर्षात्मक नहीं। उत्तर-आधुनिक पेरोडी इसी एक सत्य को कहती है। इसलिए कोई भी वास्तविक ऐतिहासिकता वही है जो स्वयं

को विमर्शात्मक माने और समस्याग्रस्त भी जाने। यहाँ अतीत 'खराब' नहीं किया जाता, उसे शामिल किया जाता है, बदला जाता है और नितान्त नया अर्थ दिया जाता है। उत्तर-आधुनिकतावादी कला यही करती है। उत्तर-आधुनिक पेरोडी अतीत से बचती नहीं, बल्कि उसकी एक सामाजिक-ऐतिहासिक भूमिका बाँधती है, लेकिन उसे दूषित करते हुए। बदलते हुए।

स्थापत्य में यह पेरोडी स्पष्ट और विवादहीन ढंग से दिखती है। दूसरे युद्ध के बाद यूरोपीय समाज की पुनर्रचनाओं में आधुनिकतावादी स्थापत्य ने एक 'समग्रता' पैदा की। 'स्थान' को उसने समानता में ढालने का प्रयत्न किया। प्रगति की समग्र अवधारणाएँ पैदा कीं। तर्कवाद और शुद्धतावाद का सहारा लिया। उत्तर-आधुनिक स्थापत्य ने उसको उपहास-वक्रता का हिस्सा बनाया। स्थापत्य को दूषित किया। यहाँ पेरोडी का अर्थ आधुनिकता के सिद्धान्तों का उपहास उड़ाना भर नहीं है। वह आलोचनात्मक दूरी से नकल उड़ाना है, जिसमें व्यंग्यात्मक संकेत स्पष्ट हों, जो समानता के बीच भेद को बताए। सर्वत्र—फिल्मों में, चित्रकला में, संगीत में, स्थापत्य में यह पेरोडी एक ही साथ नया परिवर्तन भी प्रस्तुत करती है और सातत्य भी पैदा करती है। (एक झुग्गी-झोंपड़ी कालोनी में, एक झुग्गी में मिलने वाली तमाम चीजें, जो आधुनिक मध्यवर्ग के बड़े घर में मिलती हैं, एक पेरोडी की तरह होती हैं जो एक ही साथ सत्य की नकल करती हैं उसका मजाक उड़ाती हैं और आत्मरूपा संयुक्त होती हैं।)

पेश्टीच ! उत्तर-आधुनिक कला के क्षेत्र में पेश्टीच एक नई विधा है। यह पेरोडी का अगला रूपाकार है। उससे निकलता हुआ, फिर भी उससे अलग। पेश्टीच, यानी चिप्पियाँ, मलीदा, खिचड़ी। इसे देख जेमेसन जैसे लोग त्राहि-त्राहि करते हुए कहते हैं कि यह तो 'अतीत की तमाम शैलियों' का भक्षण है, यह मनमानी है, जल्लादी है ! ऐसा नहीं है 'व्यंग्य' और 'खेल' पैदा करना 'भक्षण' है, स्वयं को बचाए रखने का तरीका भी है। चार्ल्समूर का स्थापत्य या रिकार्डो का स्थापत्य व्यंग्यात्मक होने पर ही अपना तर्क रखता है। (एक झुग्गी का अपना तर्क है।)

पेरोडी महावृत्तान्तों की निरंकुशता का जवाब है। वह उत्तर-आधुनिकतावादी कला की ऐसी हरकत है जो महावृत्तान्तों की जकड़बन्दी या उच्च आधुनिकतावादी धनाढ्यता को जीभ दिखाती है। आधुनिकतावादी नगर बनाने वाला स्थापत्य (अपने यहाँ डीडीए या अंसल या डीएलएफ) कहता है कि वह जानता है कि हमें कैसी छत चाहिए, कैसा चौका, कैसा ड्राइंगरूम। उसे गर्व है कि वह जानता है कि भविष्य का स्थापत्य कैसा होगा। उपभोक्ता या ग्राहक नक्शा नहीं जानता, न विशेषताएँ जानता है। इस तरह उसे नियन्त्रित किया जाता है, बाँधा जाता है। ला काबूर्जिए ने चंडीगढ़ बनाया, भारत भवन चार्ल्स कोरिया ने तो न तो वहाँ रहने वाले से

काबूर्जिए ने पूछा कि उन्हें क्या चाहिए और न कोरिया ने ही पूछा कि तमाम कलाकारों को क्या चाहिए ! यह मान लिया गया कि लोग उसी तरह रह लेंगे जैसे हम कमरे, जगह, बैठकें देंगे। हम उनके लिए उनकी जिन्दगी व्यवस्थित कर देंगे। बड़ी-बड़ी कालोनियाँ, कोठियाँ 'स्पेस' की ऐसी व्यवस्था करती हैं जो आधुनिकतावादी जीवन का सार हैं। जहाँ कंक्रीट के जंगल हैं। सोसाइटियाँ उच्च आधुनिकतावादी संरचनाएँ हैं, और धीरे-धीरे नर्क बन जाती हैं। बड़े-बड़े स्काईस्क्रेपर और सिर्फ शीशे के बने बहुमंजिले भवन, होटल शुद्ध बुर्जुआ की आधुनिक संरचनाएँ हैं। महँगे और आतंकप्रद किराएदारों को अनुशासित करना आधुनिक स्थापत्य का एक लक्षण है। जॉर्ज बेयर्ड ने स्थापत्य को 'जीवन दशा तै करने वाला' कहा है। शहरों की योजना स्वयं 'जीवन की दशा' को तै कर देती है। सड़के, गलियाँ, खुले मैदान सब। सड़कें अन्ततः गाड़ियों के लिए रह जाती हैं, खाली जगहें सुन्दरता के लिए (अशोक विहार में एक पार्क में हगने वाले मजदूर को सिर्फ इसलिए गोली मार दी गई है कि वह 'गन्दगी' फैला रहा था)। यह है आधुनिकतावाद। बुर्जुआ का 'स्थान' पर सम्पूर्ण अधिग्रहण। 'जीवनदशा' तय करने की पूर्ण क्षमता। (पास बसी झुग्गी जो इसी मध्यवर्गीय बुर्जुआ 'जरूरत' के रूप में बनती है, वह व्यक्ति यदि हगता है, लोगों का 'गू' यदि इसे मुँह बिराता है, गन्दगी बिखेरता है तो वह गन्दगी एक उत्तर-आधुनिकतावादी पेरोडी ही तो होती है। सुबह बोतल लेकर दिशा मैदान के लिए निकलने वाले लोग उसी सातत्य की तलाश करते हैं जो शहर के स्थापत्य ने खोदी है। उत्तर-आधुनिक स्थापत्य इसलिए जड़ों की तलाश करती है। यहाँ यह सम्भव नहीं कि आधुनिक सड़कों, भवनों को ध्वस्त किया जा सकता है। आधुनिकता को उत्तर-आधुनिकता पूरी तरह से अस्वीकार नहीं कर सकती। उसकी सामग्री और उसकी तकनीकी को वह अस्वीकार नहीं करती। बल्कि वह 'जीवनोपयोगी' स्थापत्य को वापस लाती है। जिसे लोग अपने अतीत से जोड़ सकें। 'अँगीठी, हाँडी, दावत' जैसे होटल उसे फैशन बना सकते हैं, लेकिन वह पेरोडी ही बन जाते हैं आधुनिक गूर्मे की। पेरोडी में एक दोहरी धार होती है। वह जिसकी नकल करती है उसमें अपनी नकल बनाती भी है। यही पेरोडी का अन्तर्विरोध है कि वह जिसे उपहास का विषय बनाती है, उसको तो बनाती ही है, स्वयं भी उपहास में बदलती है।)

पेरोडी एक तरह का आत्मकथन भी होती है। वह जिसका उपहास बनाती है, उसे अपनी संरचना में ढालती है, उसके विचाराधारात्मक पहलुओं को खुलेआम छूती है। इस तरह पेरोडी एक ही साथ वर्तमान और भूत का एक परिप्रेक्ष्य देती है जिससे कलाकार चौतरफा विमर्श खड़ा करता है। ध्यान से देखें तो बर्टोल्ट ब्रेख्त ने पेरोडी का ऐसा ही उपयोग किया। पेरोडी एक दूरी रचती है और पाठक या दर्शक को शामिल भी करती है। उसमें लेखक और पाठक एक साथ शामिल हो जाते

हैं। (हमारे कवि सम्मेलनों में हास्य कवि काका हाथरसी की कविताएँ ऐसे ही देसी उत्तर-आधुनिक उदाहरण हैं। बाबा नागार्जुन की व्यंग्य कविताएँ ऐसी हैं।)

उत्तर-आधुनिकता में केन्द्रीय है वृत्तान्त की समस्यात्मकता। पश्चिम के उत्तर-आधुनिकतावादी उपन्यासकारों में गैब्रियल गार्सिया मार्खेज का 'वन हंड्रेड ईयर्स ऑफ सोलीट्यूड', गुंटरग्रास का 'टिनड्रम', डॉक्टोरोव का 'लुनलेक', रीड का 'द टेरीबल टूज', किंगसटन का 'वूमन वारियर', उम्बर्टो इको का 'पैंडुलम', पिंडले का 'फेमस लास्ट वर्ड्स', रश्दी का 'शेम' गिनाए जाते हैं। यहाँ भी पेरोडी काम करती है, पेश्टीच काम करती है। हिन्दी में मनोहरश्याम जोशी के कुरु कुरु स्वाहा, कसप, और हरियाहरकुलीज की हैरानी, सुरेन्द्र वर्मा का 'मुझे चाँद चाहिए' भगवानसिंह का 'अपने-अपने राम', वीरेन्द्र जैन का 'डूब' उत्तर-आधुनिक विमर्श के उपन्यास कहे जा सकते हैं जिनमें पेरोडी का उत्तर-आधुनिक उपयोग, 'कलात्मक प्रविधि' की तरह हुआ है। उम्बर्टो इको इसे व्यंग्य (विडम्बना) का खेल (गेम ऑफ आइरनी) कहते हैं जो अपने उद्देश्य में पूरी तरह 'गम्भीर' होती है और अपने विषय के प्रति जिम्मेदार भी। इको के अनुसार, "दरअसल व्यंग्य ही वह स्थिति है जिसमें आज हम थोड़े गम्भीर हो सकते हैं। हमारी दुनिया में भोलेपन को जगह नहीं है। हम उन बातों, विमर्शों की उपेक्षा नहीं कर सकते जो पहले हुए हैं, उन्हें सन्दर्भ बनाने की मजबूरी को व्यंग्य के जरिए ही कहा जा सकता है। 'पूर्व कथित' को फिर से विचारणीय बनाया जाना चाहिए। यह व्यंग्यात्मक ढंग से ही हो सकता है। यह अतीत राग नहीं है।" (साहित्य के कई मूर्ख कठमुल्ले उसे ऐसा कह सकते हैं) 'अतीत राग' अतीत को आदर्शीकृत करता है, उसमें रहने की इच्छा पैदा करता है। उत्तर-आधुनिकता अतीत को वर्तमान से टकराती है। अतीत राग की भी पेरोडी बनाती है। सिर्फ नएपन के पीछे न भागकर उत्तर-आधुनिकता हमें अतीत को 'दोबारा सोचने' के लिए कहती है। अतीत और वर्तमान दोनों एक-दूसरे की कसौटी से देखते जाते हैं। यही 'व्यंग्य' का आलोचनात्मक इस्तेमाल है।

अनेक निन्दकों के लिए उत्तर-आधुनिकता प्रतिक्रियावादी है। वह पुराने कला-रूपों की ओर लौटने की कायल है। लेकिन ऐसे निन्दक अज्ञानवशात् उस वास्तविक ऐतिहासिक रूपरचना को नहीं समझ पाते, जिन तक यह वापस जाती हैं। निन्दक यह भी भूल जाते हैं कि उत्तर-आधुनिक वापसी राजनीतिक है। पावलो पोर्तोनेसी ने 'पोस्टमॉडर्न : द आर्कीटैक्चर ऑफ द पोस्टइंडस्ट्रियल सोसाइटी' (1983) में कहा है कि यह आधी सदी के स्मृतिविहीनता के बाद स्मृति की बहाली स्वयं हमारी परम्पराओं के रीति रेवाजों में स्पष्ट है, कपड़ों में स्पष्ट है। इतिहास में बढ़ती दिलचस्पी तथा उसके वृत्तान्तों में, विमर्शों में बढ़ती दिलचस्पी से स्पष्ट है। प्रकृति से निकटता के भाव में स्पष्ट है जो मशीनी सभ्यता के विरोध में माना जाता है। (हिन्दी में जरा केदारनाथ सिंह या प्रयाग शुक्ल की कविता देखें।) यहाँ

अतीत राग नहीं है जो वर्तमान से खाली होता है। यह मूलतः उत्तर-आधुनिक खोज है, अपनी भिन्नता की खोज। सब कुछ को एक जैसा बना डालने के विरुद्ध, दुहराव के विरुद्ध अपनी पहचान को खोजना। यह पुनरुत्थानवाद नहीं है, यह अतीतराग नहीं है, क्योंकि उत्तर-आधुनिक स्थितियाँ अतीत की पेरोडी बना सकती हैं, उसे 'सृजित' नहीं कर सकतीं। वृद्ध पूँजीवाद में सामन्तवाद नहीं लौट सकता। हाँ, उसकी पेरोडी जरूर बन सकती है।

उत्तर-आधुनिकता के भोले निन्दकों के लिए साहित्य में 'स्मृति' का ऐसा उपयोग जिन्दगी के यथार्थ को ढकने का एक षड्यंत्र भी है। लेकिन उत्तर-आधुनिकता तो स्वयं वही यथार्थ है जिसे ढकने का आरोप 'श्रेष्ठिवर्ग' निन्दक उस पर लगाते हैं, उच्च आधुनिकतावादी उस पर लगाते हैं।

उत्तर-आधुनिक उपन्यास को आधुनिकतावादियों ने 'उपन्यास की मृत्यु' कहा है। ये लोग पुराने ढंग के उपन्यास को मानते हैं। 'मैटाफिक्शन' को नहीं मानते। उनका कहना होता है कि यह उपन्यास यथार्थ का 'प्रतिबिम्बन' नहीं करते, न उसके बारे में कोई 'सत्य' महासत्य बनाते हैं। इन लोगों की समस्या यह है कि ये प्रतिनिधिकता के जटिल प्रसंगों में नहीं जाना चाहते। इन्हें यथार्थ की कुंजियाँ चाहिए, नई सड़क छाप।

उत्तर-आधुनिक संरचना पर यह आरोप भी है कि उसने रचना के केन्द्र से रचनाकार को हटा दिया है। वह 'पाठ' (टैक्स्ट) को उसके पाठक से भी हटाती है। यह आरोप भी नासमझी पर आधारित है। उत्तर-आधुनिक रचना दरअसल 'पाठ' को फिर से सन्दर्भ में डालती है। वह रचना प्रक्रिया को भी पुनः सन्दर्भित करती है, पाठ कर्ता को भी सन्दर्भित करती है। वह 'पाठ' (टैक्स्ट) को समूची संचार प्रक्रिया में रखकर चलती है। इसमें रचना के सामाजिक, विचारधारात्मक, ऐतिहासिक, सौन्दर्यात्मक सन्दर्भ शामिल हैं। वह उन तमाम प्रक्रियाओं में झाँकती है जिनमें एक रचना अस्तित्व रखती है।

आधुनिकतावाद कलाकार को 'अनजबीपन' का विशेषाधिकार देता था। यहीं से उत्तर-आधुनिक हस्तक्षेप होता है। वह इस अजनबीपन का पुनर्मूल्यांकन करता है। वह लेखक के समाज, समाज के चिह्न विज्ञान से सम्बन्धों को पुनर्भाषित करता है। वह लेखक को कोई विशेषाधिकार नहीं देता। उसका साधारणीकरण कर देता है। उसका प्रभामंडल खत्म कर देता है।

सन्दर्भ का विशिष्ट होना, उत्तर-आधुनिकता की निशानी है। उत्तर-आधुनिकता आत्मबिम्बन से परे जाती है। वह हर विमर्श को विशिष्ट सन्दर्भ में परखती है। सीधे-सीधे आत्मप्रतिबिम्बन तमाम यथार्थवादी उपचारों में रहता है। फिल्मों में रहता है। अत्यधिक जटिल वहाँ नहीं होता। उत्तर-आधुनिक इसी यथार्थ का रहस्य भेद करता है। यथार्थ चिह्न और सूचना बनता है, प्रतिबिम्ब मात्र नहीं।

उपभोक्ता संस्कृति से, जनसंस्कृति से उत्तर-आधुनिकता का सम्बन्ध भी लोगों के लिए बहुत स्पष्ट नहीं है। अनेक लोग 'पॉप कल्चर' को उत्तर-आधुनिकता का पर्याय कहते हैं। यह पुनः अज्ञानी और आसानीपसन्द दिमागों की काहिली के परिणाम हैं। यह सम्बन्ध पूरक का ही नहीं है, 'आलोचनात्मक' भी है। ईगलटन ने 'कैपीटलिज्म, मॉडर्निज्म, पोस्टमॉडर्निज्म लेख में प्रकारान्तर से स्वीकारा है कि (उत्तर-आधुनिक) कलाकार और सिद्धान्तकार औद्योगिक पूँजीवाद के इस खास चरण में शामिल हैं जो उत्पादन को शुद्ध लाभ के लिए करता है, 'उपयोग' के लिए नहीं। इसी में आलोचक पढ़ते हैं, लिखते हैं, किताबें प्रकाशित करते हैं जैसा कि उत्तर-आधुनिक कलाकार भी करते हैं। लेकिन जैसा कि ला काप्रा ने 'हिस्ट्री एण्ड क्रिटीसिज्म' में कहा है : "जनसंस्कृति पर हमला करना खुद को हराना है और उन प्रतिरोधों को न जानना है जो इससे पैदा होते हैं। स्वयं ईगलटन इसी में से जन्मे प्रतिरोध हैं। उत्तर-आधुनिक कला एक द्वन्द्वात्मक कला है। वह अपने भीतर के प्रतिरोधी तत्त्वों को भी उजागर करती है।" अगर हम उसकी सुनें तो।

हम उत्तर-आधुनिकता के विकेन्द्रण की ओर अपने कान करें, उसको सुनें। उत्तर-आधुनिकता साहित्य और समाज की केन्द्रीकृत, समग्रीकृत श्रेणीबद्ध (हाइराक्रियाइज्ड), बन्द व्यवस्था को प्रश्नांकित करती है। वह उन्हें प्रश्नांकित करती है, लेकिन उन्हें 'नष्ट' नहीं करती। वह मानती है कि मनुष्य में व्यवस्था बनाने की अन्दरूनी इच्छा होती है। वह कहती है कि हर व्यवस्था, संरचना मानवीय निर्माण ही है। प्राकृतिक या पूर्वकृत या दी हुई (अमर शाश्वत) चीज नहीं। बस वह यही प्रश्न करती है। और समग्रता के बाहर जा पड़े हाशिए, उपकेन्द्र सामने आ जाते हैं, क्योंकि वे 'मानवीय संरचनाओं' में 'फिट' नहीं हो सके हैं। एक जैसी चीजों, एक जैसी जीवनशैली के मुकाबले प्रश्न खड़े करना, उनकी अमरता को क्षणभंगुर सिद्ध करना, हाशिए के यथार्थ के लिए जगह बनाना है, बहुविधिता, बहुलता को जगह बनाना है, स्थानीय और दबे हुए को जगह देना है। यह केन्द्र को नष्ट करना नहीं, नए केन्द्र गढ़ना है, यही पूँजीवादी साम्राजी केन्द्रवाद पर पुनर्विचार है। चालू विमर्शों, संस्कृतियों, विषयों को प्रश्नांकित करना ही उत्तर-आधुनिकता का मिजाज है। उत्तर-आधुनिकता समग्रता-विरोधी तत्त्वों की खोज का नाम है। अन्तर्विरोध खोजना और सकलता के विपरीत ध्रुव की ओर बढ़ना। उत्तर-आधुनिक समीक्षा लगातार प्रश्न करने के अलावा कुछ नहीं है। यह असन्तोष की प्रविधि है। यह उन्हें ही मिलती है, जो 'सन्देह' कर सकते हैं और जो किसी के गुलाम नहीं हैं।

यह संसार काले और सफेद में ही विभक्त नहीं है। इसमें अनेक रंग हैं। यह सिर्फ एक अनुलोम और विलोम नहीं है, यह अनेक अनुलोम और विलोमों वाला

है। आधुनिकता ने इस यथार्थ को दो ध्रुवीय सत्य में बाँटा है। उत्तर-आधुनिकता इस दो ध्रुवीयता को असत्य सिद्ध करती है। आधुनिकता की सीमाएँ हैं उसका केन्द्रवाद, दो ध्रुवीय सत्यवाद, आदर्शवादी व्यवस्थावाद, यानी बुर्जुआ मानववाद। उत्तर-आधुनिकता कुछ ऐसे ही पहलुओं को चुनौती देती है। वह कला की कथित आधुनिकतावादी स्वायत्तता को, जिन्दगी से उसके सचेत अलगाव को अस्वीकृत करती है, 'व्यक्तिगत विषय' की अभिव्यक्ति को चुनौती देती है, उसके प्रतिरोधी रूप को व्यर्थ बताती है, जनसंस्कृति (मास कल्चर) के विरुद्ध उसकी घृणा को नाटक या फालतू बताती है।

उत्तर-आधुनिकता सम्पूर्णतावादी नहीं है। वह यह नहीं कहती कि जिन्दगी में कोई व्यवस्था हो ही नहीं सकती। उसका कहना सिर्फ इतना है कि जिन्दगी में कोई एक किस्म की व्यवस्था एक किस्म की श्रेणीबद्धता अन्तिम नहीं होती, अनेक तरह की और अनेक तरह से हो सकती है। और व्यवस्थाएँ मनुष्य ही बनाते हैं, वे शाश्वत नहीं होतीं। बनी बनाई, पवित्र शुद्ध नहीं होतीं। यही उनकी सीमाएँ हैं। वे 'आसमानी चीजें' नहीं होतीं, पहले से प्राप्त या बनी हुई या दी हुई नहीं होतीं, सार्वभौमिक या सार्वकालिक नहीं होती। वे मनुष्यकृत होती हैं। वे अनावश्यक भी हैं, अनिवार्य भी है। लेकिन उनका ऐसा होना उसके सत्य (मूल्य) को निर्धारित करता है। इस तरह स्थानीय, क्षणभंगुर, सीमित, अस्थायी 'सत्य' ही उत्तर-आधुनिक सत्य है। मायने यह नहीं है कि यह दुनिया 'अर्थ रहित' या व्यर्थ है। मायने यह है कि दुनिया में जो भी अर्थ है, दुनिया का जो भी अर्थ है, वह हमारा अपना ही बनाया हुआ या लिया हुआ है और वह एकमात्र नहीं है, 'अनेक' रूप है।

उत्तर-आधुनिकता की भाषा इकहरी नहीं है, वह दोहरी या अनेकार्थी भी है। दलित विमर्श में यह दोहरापन है जिसमें अन्तर्विरोध कभी समाहार नहीं पा सकते। यहाँ मैलोड्रामाई बुर्जुआ अन्दाज में काले-गोरे, दलित-ब्राह्मण 'दोगाना' गाते नहीं दिख सकते। यही स्थिति स्त्रीवादी विमर्श की हैं। वह 'मर्दवादी विमर्श' के केन्द्र से अलग स्थापित होता है। यही है उत्तर-आधुनिकता की बहुवाचकता, बहुवचनता। बिना उत्तर-आधुनिक जगह बने, दलित या स्त्री या प्रकृति-विमर्श सम्भव नहीं थे। दलित निन्दक या स्त्री-निन्दक ही उत्तर-आधुनिकता के निन्दक सम्भव हैं। यह स्वाभाविक है। जो लोग उच्च कला और निम्न कला (मास कल्चर या जन संस्कृति) में भेद स्थापित करते हैं, वे उत्तर-आधुनिकता से तकलीफ पाते हैं। (उंबर्टो इको का 'द नेम ऑफ द रोज' जासूसी उपन्यास की तरह चलता है। हिन्दी में मनोहरश्याम जोशी का 'कुरु कुरु स्वाहा' भी जासूसी अन्दाज का उपन्यास है। इस तरह के उपन्यास उच्च कला और निम्न कला के भेद समाप्त करते हैं। उत्तर-आधुनिकतावाद एक ही वक्त में लोकप्रिय है और कलात्मक है। ऐसी कामना कौन

नहीं करता कि वह कलात्मक भी हो, लोकप्रिय भी हो। हिन्दी में ऐसी उपलब्धियों की माँग अरसे से उठने वाली एक उत्तर-आधुनिक माँग है। अंग्रेजी की शोभा डे की कृतियाँ ऐसी ही हैं।)

यही उत्तर-आधुनिकतावाद की अन्तर्विरोधी (पैरोडोक्सीकल) प्रकृति है कि वह ऐसी रचनात्मक तकनीक निकालता है जो अतिपरिचित चीजों की स्थापना करे फिर उन्हें भीतर से तोड़े। वह लोकप्रिय बनता भी है और उसे व्यर्थ भी करता है। इसलिए उसके लिए 'प्रयोग' अनन्त हो जाते हैं। चालू यथार्थवाद अधूरा पड़ने लगता है। वह एक ऐसी द्वन्द्वात्मक प्रस्तुति होता है जो एक ही साथ तकलीफ देता है, पाठक को स्वयं उसके मूल्यों की वैधता की पड़ताल को कहता है, उसे तुष्ट या सन्तुष्ट करता है। उंबर्टो इको ने एक जगह कहा है कि उत्तर-आधुनिक उपन्यास 'रूप' में बहुत 'मुक्त' होता है, लेकिन उसके लिए एक निश्चित संयम भी जरूरी है। जिससे कि 'रूप से मुक्ति' का अहसास भी हो सके। यानी उत्तर-आधुनिकता ऊल-जलूल का नाम नहीं, ऊल-जलूल के भीतर भी एक तर्क हो सकता है, उस तर्क का नाम है। ऐसे उपन्यास अब तक के तमाम प्रचलित रूपों का इस्तेमाल करते हैं और फिर उन्हें तोड़ते हैं। यही है उत्तर-आधुनिकता का सूत्र : 'अतीत की वर्तमानता'। यहाँ अतीतराग नहीं होता, यहाँ उसे भी आलोचनात्मक ढंग से देखा जाता है। सैक्स के प्रश्न हों, सामाजिक विषमता के प्रश्न हों, विज्ञान या धर्म के प्रश्न हों या कला और जीवन के प्रश्न; ये तमाम प्रश्न यहीं उठाए जाते हैं। और अतीत की वर्तमानता में वर्तमान का अतीत दिखाया जाता है। अतीत न आदर्श है, न व्यर्थ है, यह बात उत्तर-आधुनिकता का इतिहासबोध है। इस तरह से वह अतीत के वर्चस्ववादी विमर्शों को प्रश्नित करती है, और व्यर्थ करती है। यहाँ न तो 'नए किस्म के रूढ़िवाद' को प्रश्रय मिलता है, न मानववाद विरोधी विचार को। हाँ, यहाँ मानववाद द्वारा निश्चित सत्यों की समस्याओं को चिह्नित किया जाता है।

एक साफ-सुथरी कथा हो, साफ प्रतिनिधिमूलक चरित्र हो, समकालीनता हो, जीवन का सीधा प्रतिबिम्बन हो; बुर्जुआ मानवतावादी ये टोटके उत्तर-आधुनिक कला के लिए व्यर्थ हैं। 'प्रामाणिक अनुभवों' की सनद नाटक है। हाँ, उत्तर-आधुनिक कला चाहे तो इन नुस्खों का उपयोग कर सकती है, मगर इन्हें व्यर्थ करने के लिए। ज्ञानोदय के मारे और आधुनिकता के चौखटों में बन्द ज्ञानियों के लिए यह बात तकलीफदेह ही है कि कला के ऐसे पक्के और आजमूदा तरीकों को उत्तर-आधुनिक व्यर्थ मानते हैं। उपभोक्ता समाज में आकर जब प्रतिनिधिकता स्वयं संकटग्रस्त दिखती हो, जब अनुभव की प्रामाणिकता रोजाना अप्रमाणित होती हो, तब भी आधुनिकतावाद के चौखट में बन्द दिमाग अपने स्वर्गीय दिनों में लौट जाना चाहता है। इसके आगे, उत्तर-आधुनिकतावाद, उपभोक्तावादी समाज से अपने

सम्बन्धों को छुपाता नहीं। उन्हें वह इन सम्बन्धों का एक नई समीक्षात्मकता के लिए तथा एक नए राजनीतिक उद्देश्य के लिए इस्तेमाल करता है। उत्तर-आधुनिकता ही स्वीकार करती है कि अपने समय में सांस्कृतिक उत्पादन और उसके राजनीतिक तथा सामाजिक सम्बन्धों के बीच अटूट सम्बन्ध होते हैं।

स्वायत्तता और सामाजिक सम्बन्ध। उत्तर-आधुनिकतावाद दोनों को अर्ध 'सत्य' मानता है। सिद्धान्तिकी और व्यवहार दोनों सत्य हैं। मगर दोनों समग्र नहीं हैं। दोनों स्वतः पूर्ण नहीं हैं।

दरअसल उत्तर-आधुनिकतावाद का समीक्षा शास्त्र आधुनिकतावाद के साथ उसके सम्बन्धों से ही पैदा होता है। आधुनिकतावादी दृष्टि दोनों के बीच 'निर्विकल्पता' की माँग करती है। आप या तो आधुनिक हो सकते हैं या उत्तर-आधुनिक। उत्तर-आधुनिक दृष्टि यह 'निर्विकल्प स्थिति' नहीं मानती। यह दोनों के बीच के तनाव को जरूरी समझती है। इहाब हसन ने बताया है कि उत्तर-आधुनिकतावाद किसी निर्माण को बनाने वाली प्रक्रिया है। यह उपस्थिति की अनुपस्थिति है। यह एक ऐसा विकेन्द्रण है जो केन्द्रण को इसलिए जरूरी समझता है कि उसे विकेन्द्रित कर सके। यह ऐसी संहिता है जो किसी भी केन्द्रीय या अन्तिम संहिता को स्वीकार नहीं करती। यह तत्क्षणता है जो तत्क्षण होते हुए भी अमर है, आधुनिकता के काले/सफेदवाद के बरक्स एक साथ दोनों भी हो सकती है। काला या सफेद की निर्विकल्पता को उत्तर-आधुनिकता स्वीकार नहीं करती। स्पष्ट ही उत्तर-आधुनिकता आधुनिकता के क्रम में ही जन्म लेती है। हिन्दी के उल्लिखित कई लेखक आधुनिकता और उत्तर-आधुनिकता की सीमा पर खड़े दिखते हैं।

बहुत-से विद्वान् जैसे जान बार्थ, उत्तर-आधुनिकता को आधुनिकता से निस्संग और नया तत्त्व मानते हैं। आधुनिकता से जिसका खास लेना-देना नहीं है। ऐसे लोग उसे आधुनिकतावाद का विस्तार, सघनीकृत रूप, आधुनिकता को भीतर से तोड़ने वाला मानते हैं। दूसरी तरह के लोग उसे आधुनिकतावाद से नितान्त पृथक् मानते हैं, वे उसे 'टूट' करने वाला मानते हैं। इनमें सुजान सौंटाग प्रमुख हैं। इनके लिए आधुनिकतावादी साहित्य की गहराई के विरुद्ध है उत्तर-आधुनिकतावाद। आधुनिकतावादी गाम्भीर्य के विरुद्ध है उत्तर-आधुनिकतावादी 'पेरोडी' और व्यंग्यात्मकता। 'अगेंस्ट इंटर्प्रेटेशन एण्ड अदर ऐसेज' में सुजान सौंटाग ने कहा है कि उत्तर-आधुनिकतावाद आधुनिकतावाद से गुणात्मक रूप से भिन्न है। आधुनिकतावादी साहित्य में रूप है, व्यवस्था है, एक केन्द्रीयता है, ऐसा मानकर चला जाता है। उसके बरक्स उत्तर-आधुनिकता में यह मानकर चला जाता है कि यहाँ रूप की अराजकता, अनिश्चितता और असमग्रता होगी। एलन वाइल्ड ने 'हॉराइजन्स ऑफ एसेंट' में लिखा है कि उत्तर-आधुनिकता का सन्देहवाद

आधुनिकतावाद के 'नायकत्व' का नकार है। ब्रियान मैकहेल अपने 'पोस्टमॉडर्न फिक्शन' में यहाँ तक कहते हैं कि आधुनिकतावाद जहाँ ज्ञान मीमांसावादी (एपीस्टीमोलॉजीकल) है जबकि उत्तर-आधुनिकतावाद 'सत्ता शास्त्री' (आंटोलॉजीकल) है। लेकिन उनके उलट बार्थ, रसैल, मैकाफेरी, क्रासिंस्की इत्यादि उसे आधुनिकता का विस्तार और विपरीत विस्तार मानते हैं। लिंडा हचियन भी मानती हैं कि उत्तर-आधुनिकतावाद में एपीस्टीमोलॉजी और आंटोलॉजी दोनों सक्रिय रहती हैं। 'लिंडा' ने इसी आधार पर अपनी प्रसिद्ध पुस्तक 'ए पोयटिक्स ऑफ पोस्ट मॉडर्निज्म' में सिद्ध किया है कि उत्तर-आधुनिक साहित्य खासकर उपन्यास 'इतिहासमूलक अतिवृत्तान्त' (हिस्टरीयोग्राफिक मेटानेरेटिव) है।

उत्तर-आधुनिकतावादी 'तत्त्व-ज्ञानी' न बनकर, सत्ता विमर्श देखता है, वह साहित्य की बारीकियों में बाद में जाता है, पहले उसकी सत्ता की बारीकी में जाता है, उसकी अर्थशास्त्रीय सत्ता में जाता है। यहाँ कोई भी सांस्कृतिक कर्म शुद्ध सांस्कृतिक कर्म की तरह नहीं देखा जा सकता, उसे एक आर्थिक, सामाजिक, राजनीतिक कर्म की तरह भी देखा जाता है। आधुनिकतावादी साहित्य-दृष्टि इधर झाँकती ही नहीं। जेमेसन का एक आरोप यह भी है कि उत्तर-आधुनिकतावाद वृद्ध पूँजीवाद के आर्थिक तर्क को जरूरत से ज्यादा देखता है।

'पोएट्स प्रोफेट्स, एण्ड रिवोल्यूशनरिज्म' (1985) में लिखा गया है कि उत्तर-आधुनिक साहित्य-समीक्षा यह मानकर चलती है कि सभी तरह की साहित्य दृष्टि, संज्ञान, कार्य और संचार सामाजिक क्षेत्र में ही बनते-बिगड़ते हैं। यहाँ कोई एक विरोधी तत्त्व नहीं होता, न कोई सुरक्षित इकहरी आत्म-परिभाषा होती है, क्योंकि सभी तरह के मायने, इसी सामाजिक क्षेत्र में सम्भव होते हैं।

डोब्र फोकेमा (लिटररी हिस्ट्री, मॉडर्निज्म एण्ड पोस्टमॉडर्निज्म, 1984), चार्ल्स न्यूमैन (द पोस्टमॉडर्न औरा : द एक्ट ऑफ फिक्शन इन द एज ऑफ इन्फलेशन, 1985) आदि उत्तर-आधुनिकता एवं आधुनिकता में प्रतिबिम्बन और खंडवाद (फ्रैंगमेंटेशन) को समान पाते हैं।

कविता में उत्तर-आधुनिकता बहुत कुछ आधुनिकता से लेन-देन करती दिखती है। कविता को दैनिक और आत्मिक बनाने की आधुनिकतावादी क्रिया उत्तर-आधुनिकतावादी कविता में यथावत् चली आती है। फर्क यहाँ होता है कि उत्तर-आधुनिकता में एक व्यंग्य या पेरोडी का स्पर्श उसे उसकी भावुकता से, मुक्त कर देता है। कविता के क्षेत्र में उत्तर-आधुनिकता, आधुनिकता को स्वीकार भी करती है और चुनौती भी देती है। इसे देखकर क्रिस्टोफर बटलर (आफ्टर द ब्रेक, एन एस्से आव कंटेपरेरी अवांगार्द, 1980) हैंस बर्टन्स (द पोस्टमॉडर्न वैल्टांश्चांग एण्ड इट्स रिलेशन विद मॉडर्निज्म 1980), मैनफ्रैड पुज (द स्ट्रगल और पोस्टमॉडर्न 1973) ने उत्तर-आधुनिकतावाद के दो रूप माने हैं। एक वह

उत्तर-आधुनिकता जो आधुनिकता से नितान्त भिन्न है, विपरीत है, जो गैर-यथार्थवादी है, जो अति स्वायत्त है, जो सन्दर्भ-विरोधी है। दूसरी वह, जो नए ढंग से ऐतिहासिक है, समस्या है।

हम कह सकते हैं कि उत्तर-आधुनिक रचना आधुनिकतावादी ढंग से न प्रतिनिधिक हो सकती है, न यथार्थवादी, न सन्दर्भमुक्त। उसकी प्रतिनिधिकता, उसका यथार्थ सब कुछ नए ढंग से घटित होता है। उत्तर-आधुनिक उपन्यास आधुनिकता के औजारों को नकारते नहीं। हाँ, उनका सर्वथा नया इस्तेमाल करते हैं, इस तरह उन्हें बेकार करते हैं। वे आधुनिकता के अन्तर्विरोधों को ढकने की जगह उन्हें उजागर करते हैं।

उत्तर-आधुनिक समीक्षा तमाम आधुनिकतावादी समीक्षाशास्त्र से मदद लेती है, लेकिन उससे आगे निकलती है। वह प्रतिनिधिकता, अर्थ और संरचना तीनों को प्रश्नित कर, उन्हें उनके नए सन्दर्भों में 'स्थित' (सिचुएट) करती है। यहाँ मार्क्सवादी विमर्श, उत्तर संरचनावादी विमर्श और स्त्रीवादी विमर्श सक्रिय रहते हैं। जैसा कि क्रिस्टोफर नोरिस ने कहा है कि उत्तर-आधुनिक दृष्टि ऐसी किसी भी समीक्षा प्रक्रिया को प्रश्नित करती है जो 'थोकवादी' सिद्धान्तिकी गढ़ती है, जो विषय के विशेष सन्दर्भों या स्थानीय सांस्कृतिक रूपों, निर्माणों को एक ही अलगनी पर सुखाए। यही नहीं, उत्तर-आधुनिक विमर्श मानकर चलता है कि विमर्श के रूप में वह 'सत्य' की अन्तिम 'नींव' नहीं है यह आत्मसन्देह विमर्श को उत्तर-आधुनिक बनाता है। इसीलिए हमारा विमर्श रुकता नहीं है, चलता जाता है। आधुनिकतावादी विमर्श 'निष्कर्ष' वादी होते हैं, इसीलिए रुकते हैं। विमर्श और फिर विमर्श ! विचार और पुनर्विचार। यही उत्तर-आधुनिक विमर्श है।

उत्तर-आधुनिक समीक्षा या विमर्श श्रेणीबद्धता नहीं पैदा करते। श्रेणीबद्धता या तो सिद्धान्तिकी को प्राथमिक बनाती है या व्यवहार को। उत्तर-आधुनिकता में न सिद्धान्त स्वायत्त है, न अन्तिम। यहाँ दोनों की सीमाएँ अतिक्रमित होती हैं। रचना और समीक्षा, व्यवहार और सिद्धान्त एक साथ चलते हैं। (स्वयं ल्योतार की रचनाएँ या मिलान कुंडेरा की रचनाएँ या इको की रचनाएँ इन भेदों को मिटाती हैं) एडवर्ड सईद स्पष्ट करते हैं कि दर्शन, रचना, समीक्षा, इतिहास या समाजशास्त्र की अपनी दीवारें यहाँ फाँद ली जाती हैं। आधुनिकतावाद की सीमाओं में कैद रहने से बेहतर है उनसे बाहर आया जाए। उत्तर-आधुनिक के साथ उत्तर-संरचनावाद और भी तीखा हो जाता है। कहने की जरूरत नहीं कि उत्तर-संरचनावाद उत्तर-आधुनिक ज्ञानदशा का ही विस्तार है।

उदारतावादी मानवीय या आधुनिकतावादी समीक्षाशास्त्र ने हमें मानवतावाद, स्वायत्तता, दूसरों के लिए बोलने की क्षमता (ट्रासैण्डैंस), निश्चितता, अथॉरिटी, एकता (अन्विति), समग्रता, व्यवस्था, सार्वभौमिकता, केन्द्रीयता, सातत्य, क्रमिकता,

समापन, श्रेणीबद्धता, संरचना, एकरसता, मौलिकता के विचार दिए हैं। हर कृति इनसे गुजारी जाती है। उत्तर-आधुनिक समीक्षा इन सबको चुनौती देती है। सर्वोपरि इन विचारों में छिपे 'निश्चिन्त केन्द्रवाद' को चुनौती देती है। मानवतावाद की जगह मनुष्य की विशिष्ट स्थिति की खोज, स्वायत्तता की जगह अंतर्निर्भरता, प्रतिनिधिकता की जगह चिह्न शास्त्रीयता, निश्चितार्थता की जगह सन्देह का लाभ, अथॉरिटी की जगह पाठ, समापन की जगह अनन्त खुलेपन की माँग, विधाओं की श्रेणियों का मिश्रण, अनेकरसता, अन्तरपाठ, उत्तर-संरचना, उत्तर-आधुनिकता के बीज शब्द हैं।

स्त्रीत्ववादी विमर्श की शुरुआत

हमारे समाज में महिलाओं की जो स्थिति है, उनकी साहित्यिक उपस्थिति उससे बेहतर नहीं है।

यह सच है कि हिन्दी में लिखने वाली महिलाओं की संख्या बढ़ी है और सांस्कृतिक परिदृश्य में वे दिखलाई भी पड़ती हैं, लेकिन उनकी आवाज हाशिए पर ही है। पश्चिम में, महिलाओं ने अपने हाशियाकृत अस्तित्व को बहुत पहले पहचानना शुरू कर दिया था। वर्जीनिया वुल्फ ने तीसरे दशक के आसपास बता दिया था कि औरत को लिखने के लिए 'घरेलू जिम्मेदारियाँ' (बच्चे पालना, खाना बनाना आदि) जरूरी 'आजादी' और वक्त नहीं देतीं। इस तरह औरत का 'लिखना' अपने आप से, यथास्थिति से विकट संघर्ष होता है। औरतों का लिखना अपने आप में महत्त्वपूर्ण और ऐतिहासिक कार्य है, यह अहसास लेखिकाओं में कम दीख पड़ता है। बहुत-सी प्रतिक्रियाएँ और बहसें हिन्दी में अंग्रेजी के वुल्फ युग से आगे नहीं आ पाई हैं।

एक चालू भ्रम यह भी है कि बहुत-सी चीजों की तरह साहित्य-संस्कृति में 'स्त्रीत्ववाद' (फेमिनिज्म) पश्चिमी नकल-भर है, फैशन-भर है और इसका भारतीय वस्तुस्थिति से कोई ताल्लुक नहीं बैठता। आज के भूमंडलीय युग में, जब देशों और राष्ट्रों की एक्सक्लूसिव गोपनीयता एवं निजता चारों ओर से खुली हुई नजर आती है, जब अनेक भूमंडलीय सांस्कृतिक सूचना चैनल काम कर रहे हैं; तब कोई नई चीज अथवा विचार नकल का 'चयन' नहीं होता, वातावरण की तरह होता है। स्त्री का समाज के केन्द्र में आना और किसी हद तक विचार के केन्द्र में आना हमारे आर्थिक-सामाजिक विकास का परिणाम है। पिछले दस-पन्द्रह वर्षों में भारतीय समाज में महिलाओं के विकास पर खासकर ध्यान दिया गया (यह अलग बात है कि उस क्षेत्र की सफलताएँ बेहद सीमित रहीं)। 1975 में महिला दशक अंतर्राष्ट्रीय स्तर पर मना। संयुक्त राष्ट्र संघ की प्रेरणा से तीसरी दुनिया के देशों के विकास

ढाँचे को तोड़ने की है। प्रचलित कोई भी भाषा शिश्न-केन्द्रिकता से इस कदर संचालित होती है (हिन्दी तो खूब ही है) कि वह स्त्री अनुभव को पूरी तरह व्यक्त करने में असमर्थ ही रहती है। यों भाषा एक सामाजिक सम्बन्ध है, लेकिन सदियों से पुरुषों द्वारा स्व-केन्द्रिक अनुभवों का निर्माण करने के कारण स्त्री अनुभव को बहुत दूर तक खारिज कर चुकी है। उस दी हुई भाषा के स्तरों एवं संरचना को तोड़े बिना स्त्री को वाणी नहीं मिलती।

स्त्रियाँ जहाँ काम करती हैं, वहाँ उन्हें शिश्न-केन्द्रिक भाषा के अतिचार का सामना करना पड़ता है। यह स्थिति कितनी भयावह और सार्वजनिक है कि 'लेना', 'देना', 'लेंगी', 'देंगी' जैसी मामूली क्रियाओं तक को मर्दों द्वारा द्विअर्थी बना दिया जाता है। क्योंकि भाषा के इस ढंग से ही स्त्रियों पर शासन किया जा सकता है। दो-अर्थी भाषा के अनेक रूप हमारे घरों, बाजारों, दफ्तरों, बसों, ट्रेनों, फिल्मों, गीत-संगीत, टीवी, रेडियो, अखबारों में फैले पड़े हैं, जिनमें एक लिजलिजी शिश्न-केन्द्रिकता इतराती और स्त्री का अपमान करती है। यह भाषा पुरुष-वर्चस्व को टिकाऊ बनाने के लिए जरूरी होती है न !

इस अर्थ में देखें तो हिन्दी साहित्य का इतिहास पुल्लिंग-केन्द्रित भाषा का इतिहास है, चाहे वह रामचन्द्र शुक्ल का ही क्यों न हो, या हजारी प्रसाद द्विवेदी का मध्यकालीन विमर्श ही क्यों न हो। यदि कोई स्त्री उसे लिखे तो निश्चय ही उसमें अब तक प्रच्छन्न शिश्न-केन्द्रिकता प्रकट हो। समकालीन साहित्यिक परिदृश्य में हिन्दी का स्त्री-लेखन यदि एकदम हाशिए पर है तो इसीलिए कि प्रचलित वर्चस्ववादी भाषा स्त्री की वाणी नहीं बन पाती और बहुत कम लेखिकाएँ स्त्री के लिए निजी भाषा खोजने की चिन्ता करती हैं।

'वूमन'स वर्ड' में एनी लेक्लर्क ने जब कहा कि "हमें भाषा की खोज करनी होगी अन्यथा हम नष्ट हो जाएँगी" तो वे दरअसल उस भाषा से बाहर एक ऐसी भाषा को खोजने की बात कह रही हैं जिसमें 'स्त्रीत्व' की रक्षा हो सके। स्त्रियों को जो भाषा मिलती है वह पुल्लिंग नियंत्रित है। हमारे चुटकुले, हमारी गप्पें, हमारी अन्तर्कथाएँ सबमें यही पुल्लिंगत्व है। हिन्दी के अनेक स्वनामधन्य कथाकार कवि अपने एकान्त और सीमित दोस्त मंडली में जब अपनी जवानी के किस्से याद करते हैं तो उनके किस्सों में, उनकी मर्दानी भाषा में पता नहीं कितनी स्त्रियाँ नंगी होती हैं, कितनियों को वे कथाकार-कवयित्री बनाते हैं। अति सभ्य समाज में बारीक चुटकुलों में भाषा का यह लिंगवाद औरतों को बेपर्दा करता रहता है।

जिस तरह शहर अथवा गाँव में अकेली स्त्री घर के बाहर निर्भीक होकर विचरण नहीं कर सकती, उसी तरह हिन्दी साहित्य में वह घुस नहीं सकती। घर से बाहर अकेली औरत जितनी असुरक्षित है, उतनी ही साहित्य में असुरक्षित है। इसका कारण भी भाषा की शिश्न-केन्द्रिकता है जो उसे शिकार बनने से बचने के

रास्ते नहीं देती। आज भी एक लेखिका को मान्यता 'लेखक' देता है तो लेखिका स्वयं को 'लेखिका' समझ धन्य होती है। हिन्दी के लेखक में 'कृष्ण कन्हैया' वाला भाव और कई लेखिकाओं में 'गोपी भाव' उसी तरह 'विरुद्धों' का 'सामंजस्य' दिखता है जिस तरह के सामंजस्य को स्त्री-केन्द्रिक लेखक चुनौती देता है। लिंग भेदी भाषा जो पुल्लिंग प्रेरित है, उसमें कन्हैया भाव गोपी भाव का और गोपी भाव कन्हैया का पूरक सम्पूर्ण और इस प्रकार प्रश्नों से परे एवं सहज नजर आता है। यह हमारे जीवन और भाषा की शिश्न-केन्द्रिकता ही है जो स्त्री अनुभव पर अंकुश रखती है।

भाषा की यह शिश्न-केन्द्रिकता औरत को निर्वाक् बनाती है। दुनिया की तमाम बड़ी लेखिकाओं को प्रचलित भाषा अपूर्ण और लिंगभेदी लगी है और नई भाषा वे आसानी से बना नहीं सकी हैं। इसलिए एक ऐसा विमर्श पैदा हुआ है जो 'खामोशियों' से अर्थ देता है। एक स्त्री की खामोशी, आत्मनिर्वासन और आत्म सैंसर का दूसरा नाम है। स्त्रियों के शब्दकोश में गालियों की मात्रा बहुत कम अथवा शून्य होती है तो इसीलिए कि 'गालियाँ' मूलतः शिश्न-केन्द्रिक व्याकरण से उद्भूत होती हैं। हिन्दी में कई लोग लेखिका या उसकी पात्रा से गाली सुनकर शादियों में 'गारी' सुनने का मर्दाना मजा अब भी लेते हैं। वे उसे 'बोल्ड' कहकर मर्दों के शब्दकोश में ले आते हैं। हिन्दी लेखिकाओं की भाषा में इस मर्दों वाले शब्दकोश का दबाव इतना भयानक है कि जिन लेखिकाओं ने सचेत ढंग से लिखा है, वहाँ भी उनकी भाषा सबसे ज्यादा आत्मनिर्वासित होती है। कई नई लेखिकाओं के लेखन में—खासकर वृत्तान्त में—वस्तुस्थिति के वर्णन में जो निजता और अपने आप से बात करते हुए चलने की शैली मिलती है, वह बहुत हद तक उसी निर्वासन का फल है जो मर्दों की अवैध दुनिया ने दिया है। कविता के क्षेत्र में जो भी दो-चार कवयित्रियाँ मौजूद हैं, उनके मुहावरे में आत्मालाप इस स्थिति का स्वतः प्रमाण है।

हिन्दी के स्त्री-लेखन की एक बड़ी बाधा हिन्दी आलोचना का पुल्लिंगवाद है जो अपनी समूची खुराक आधुनिकतावादी विचारों से लेती है। हिन्दी क्षेत्रों में कुछ ऐसा आधुनिकतावाद ही सम्भव हुआ कि तर्कविद्या तो आधुनिक होगी, लेकिन चित्तवृत्ति की मांसपेशियाँ सामन्तीय तलवार मार्का मूछों वाली रहीं। इस आलोचना ने स्त्री-लेखन को कभी अपना विषय ही न माना। मर्दों की मर्दुमशुमारी से फुरसत मिलती तो इधर देखते। यों, न देख पाने का एक बड़ा कारण वह शब्दकोश था जो आलोचकों ने शिश्न-केन्द्रित बना लिया था, या कहें उन्हें वैसा बना-बनाया मिला था। यह शब्दकोश स्त्री केन्द्र के अनुभवों की ओर झाँकने ही नहीं देता।

मर्दानगी का मारा मर्द कहता है :

—ये औरतें काम करती ही क्यों है ? (उन्हें चौके में होना चाहिए या बिस्तर में।)

—लिखना-पढ़ना ठाले बैठी औरतों का शगल है। (जैसे औरतों के पास स्वतंत्र समय होता हो।)

—ये औरतें आगे बढ़ने के लिए देह की राजनीति करती हैं। (यानी कि उनके पास दिमाग तो होता ही नहीं, वह ठेका तो मर्दों के पास सदियों से है।)

ऐसे अनेक विचारसूत्र वहाँ भी सुरक्षित रहते हैं जहाँ पढ़े-लिखे बुद्धिजीवी लोग होते हैं। (हिन्दी समीक्षा में औरतों के अनुभवों के आकलन का ऐसा शून्य हिन्दी में औरतों की समग्र स्थिति पर एक स्वतःस्पष्ट टिप्पणी है। यहाँ प्रतिक्रियावादी और क्रान्तिकारी सब एक ही घाट पर शिकार खेलते हैं।)

स्त्री-केन्द्रिक लेखन ने सर्वाधिक तोड़-फोड़ विमर्श की भाषा में करनी चाही है। खासकर भाषा में रचना के 'पाठ' को लेकर स्त्रीवादी चिन्तन ने कुछ अभूतपूर्व आयाम खोजे हैं। उत्तर-संरचनावाद और विखंडनवादी पद्धति की एक विशेषता स्त्री का नितान्त अलग किस्म का 'पाठ' सम्भव करना है। बलात्कार के किसी वृत्तान्त या रिपोर्ट या कथा को जब कोई 'स्त्री' स्त्री होते हुए पढ़ती है तो उसका पाठानुभव किसी 'मर्द' के उस अंश के 'पाठ' से न केवल भिन्न होगा, बल्कि विपरीत होगा। दहेज हत्या का वृत्तान्त भी मर्द के लिए अलग 'पाठ' बनता है, औरत के लिए अलग। इस तरह भाषा और रचना में पाठ का 'बहुलवाद' अनिवार्यतया पैदा हो जाता है। इसका अर्थ यह भी है कि अब तक के साहित्य का चला आना केन्द्रवाद 'सार्वभौमवाद' और 'सर्वे भवन्तु सुखिनः' वाला आदर्श मूलतः पुल्लिंगवादी विमर्श है जिसमें स्त्री केन्द्र को हमेशा ही खामोश रहना है। स्त्री के अनन्य पाठ में इस केन्द्रवादी सार्वभौमिकता का कोई स्थान नहीं, क्योंकि उसके पाठ से मूल्यों की सार्वदेशिकता और सार्वकालिकता, प्रातिनिधिकता आदि भरभराकर गिर पड़ते हैं। यही स्त्रीलेखन का उत्तर-यथार्थवाद है। एक विध्वंसक तत्त्व है।

पुल्लिंगीय भाषा में स्त्री की व्यवस्थित और नियंत्रित खामोशी को हिन्दी में बहुत कम लेखिकाओं ने पहचाना है। कृष्णा सोबती, मृणाल पांडे, और नासिरा शर्मा के लेखन में मर्दों द्वारा नियंत्रित खामोशी को ध्वस्त करने के कतिपय प्रयत्न दिखलाई पड़ते हैं। लेकिन वे अभी नाकाफी हैं।

इस टिप्पणी का अन्तिम बिन्दु स्त्री लेखन—खासकर वृत्तान्त—की सरंचना और प्रविधि की संक्षिप्त जाँच-पड़ताल के साथ किया जा सकता है। हिन्दी की ज्यादातर लेखिकाओं के वृत्तान्तों के ढाँचे थोड़े-बहुत बदले हैं, लेकिन अभी नयी कहानी के उच्छिष्ट को पर्याप्त देखा जा सकता है। कई लेखिकाओं के वृत्तान्त किसी 'सम्पूर्ण पुरुष' के 'सम्पूर्ण प्यार' को पाने के लिए भटकते हैं। कभी वृत्तान्त की स्त्री 'पति' से ऊबकर प्रेमी की तलाश में बिसूरती है। हिन्दी में ऐसा किशोरी

लेखन खूब प्रचलित है जो मूलतः जैनेन्द्रीय पुल्लिंगता का शिकार है।

स्त्री का केन्द्र में आना दलित या अश्वेत के केन्द्र में आने से भिन्न स्थिति पैदा करता है। उन्हें कुछ लोग सिर्फ इसलिए एक साथ रख लेते हैं, क्योंकि वे स्वयं भाषा में शिश्न-केन्द्रिकता को सुरक्षित रखना चाहते हैं और लिंगभेद और तदनुरूप स्त्री शोषण को एक विशिष्ट स्थिति नहीं मानना चाहते। कुछ लोग स्त्री लेखन और दलित लेखन का एक संयुक्त मोर्चा बनाने के सपने भी हिन्दी में देखते हैं, क्योंकि संयुक्त मोर्चा स्वयं शिश्न-केन्द्रिकता को सुरक्षित रखता है। अश्वेत और दलितों के विशिष्टानुभवों ने एक विशिष्ट भाषा दी है। अंग्रेजी में 'अश्वेत भाषा' प्रत्यक्ष हुई है और मराठी में दलित भाषा बनी है, लेकिन उसमें पुल्लिंगता का परम्परागत बोलबाला है। उसमें दलित स्त्री के स्त्री होने के अति विशिष्ट अनुभव को उतनी ही जगह रह जाती है जितनी मर्दों की दुनिया में आम औरत की। दलितों की स्त्रियाँ स्त्री होने के नाते लिंगभेदवादी शोषण से दलित दुनिया में भी गुजरती हैं और उनके दुःखों का पाठ, कई स्तर पर, स्त्री जाति का पाठ जैसा होगा। दलित स्त्री मोर्चे वाले उत्साहीजन इन कठिनाइयों से नहीं उलझते और मर्दों वाली कृपा बनाए रखते हैं।

हिन्दी में स्त्री-केन्द्र अभी बनना है। भाषा में वह केन्द्र अभी आना है, विचारों की विविध श्रेणियों में उसका साक्षात्कार अभी होना है। तकनीकी क्रान्ति और उत्तर-आधुनिक सामाजिक अवस्थाओं ने लिंगभेद के सामने अनेक प्रश्न खड़े कर दिए हैं जो विश्व के स्त्री-लेखन के एजेंडे पर आ रहे हैं। हिन्दी में ये आने हैं।

हिन्दी में स्त्री-केन्द्र के सम्भव होने की अपनी जटिल भारतीय अवस्थाएँ हैं। तीसरी दुनिया में पिछड़ेपन और विकास के प्रश्नों के साथ तकनीकी एवं उत्तर-आधुनिक जटिलताएँ भी सक्रिय हैं। वे बड़े बुनियादी वैचारिक संघर्षों को जन्म दे सकती हैं। महिलाओं की मुक्ति यहीं कहीं छिपी है। साहित्य संस्कृति का अगला वैचारिक-संघर्ष-बिन्दु यहीं से शुरू हो सकता है। अब तक चला आता मर्दानापन साहित्य और भाषा में यहीं से चुनौती पा सकता है। नयी भाषा यहीं कहीं बन सकती है। यह एक अभूतपूर्व चुनौती है। भविष्य की भाषा दूर तक स्त्री केन्द्रित हो सकती है। अभी स्त्री को बोलना है। अपने एकान्त को खोजना है।

मीठी सड़ांध

कुरु कुरु स्वाहा !

भोलेपन का स्वाहा ! साहित्य के इकहरे भोलेपन का स्वाहा ! 1983 में।

"यह भी साहब, अपनी हेराफेरी का नमूना था, क्योंकि कामनसैंस से मैं जानता था कि उत्तरी-फुत्तरी दौर में वह दिल्ली भी उजड़ चुकी है जिसमें यार लोग मॉडर्न लिटरेचर को वेद-वेदान्त बनाए हुए लिटररी नेम ड्रापिंग से पुण्य कमाते थे। साठोत्तरी दिल्ली में तो इंटेलैक्चुअल बिरादरी तक में नेम ड्रापिंग पोलटिकल हो चली थी।"

मनोहर के तीन चेहरे।

एक जोशी, दूसरा मैं, तीसरा मनोहर। थ्री इन वन ! और फिर कहानी तिहरी चाल चलती है। यह है उत्तरी-फुत्तरी दौर। दिल्ली तो उजड़ ही चुकी। वह कथा भी उजड़ चुकी जो मॉडर्न थी। एक झोंक में 'कुरु कुरु स्वाहा' स्पष्ट करता है। 1983 में उसे आधुनिकोत्तर कहकर राजकमल ने प्रचारित किया था। तब आधुनिकोत्तर के लेवाल न थे, अब हैं। सो कुरु कुरु स्वाहा सब एक बार फिर पढ़ें :

एक में तीन हैं।

जोशी परम इंटेलेक्चुअल है। मनोहर संस्कारी है। वाचक यानी श्याम (मनोहर श्याम जोशी में बीच का श्याम) कस्बाई है। और तीनों जब चाहे गड्डमड्ड करते हैं। वे अलग-अलग नहीं रहते। सो तीनों 'पहुँचेली' (यथार्थ) के पीछे हैं। अपने-अपने ढंग से।

यहीं से उत्तर-आधुनिक गद्य पैदा होता है। बायस्कोपी गद्य। फ्रेम में चलती कथा। टूटती-बिखरती, तेज, चंचल यथार्थ का कतरब्यौंत, चिप्पी, पेश्टीच।

बायस्कोप के फ्रेम की तरह पढ़ें तो उलझन नहीं होगी। हर फ्रेम को अलग लें। हर फ्रेम को उसकी चंचलता में पकड़ें। पटकथा और कथा के बीच फर्क न समझें।

यह एक जासूस कथा है। उंबर्टो इको की सी जासूस कथाएँ यहाँ आती हैं,

लेकिन निरी नकल नहीं।

पहुँचेली की खोज में निकला 'मैं' अकेला नहीं है (कभी नहीं है)। उसके साथ दो और घुसे रहते हैं। दो और जमूरे घुसे हुए हैं। एक है जोशी। ''लेखक-वेखक हैं, समझे ना ईडियट-ईलियट टाइप। बहुत प्रेमपूर्वक घोटा लगाते हैं पश्चिमी साहित्य का अंग्रेजी में और हिन्दी में लिखते हैं कुछ न कुछ अपने आराध्य ओरिजनल अलाँ- फलाँ के स्टाइल में कि कोई फिर इनका साहित्य अंग्रेजी में अनुवाद करे और ओरिजनल अलाँ-फलाँ से इन्हें दाद दिलावाए। इनकी आकांक्षा है स्वीट डिकेडैंस उर्फ 'मीठी सड़ांध' पर फिल्म बनाई जाए।'' (कुरु कुरु स्वाहा के फ्रेम की शैली 'मीठी सड़ांध' पर फिल्म ही है।)

महान् वृत्तान्त की तलाश में रहते हैं जोशी जी। (कितने सारे लेखक ऐसा नहीं सोचते ? आह !) एक ठो 'वार एण्ड पीस' एक ठो 'वैस्ट लैण्ड' सब लिखना चाहते थे। नहीं सध पाया (सधता कैसे ?) तो एक अदद मीठी सड़ांध बनाने की इच्छा पाली।

अब इन जोशीजी को 'एक अदद जनाना' की दो अदद सम्भावनाएँ दिखती हैं। एक पतुरिया जो वार एण्ड पीस की पात्रा है। दूसरी 'मीठी सड़ांध' की हीरोइन।

जोशीजी के साथ दूसरे घुसे हैं मनोहर। ये इंफेंटाइल हैं। इन्हें पतुरिया सुमनोहरा लगी। संसार की सुन्दरतम स्त्री। जोशी और मनोहर इन ''दो लोंडों की रूमानियत ने करा दिया मुझे सवार खब्त के गदहे पर। यह कहानी उसी खब्त की है।'' यहाँ से कहानी एक फिल्मी खब्त की तरह चलती है। फ्रेम बाई फ्रेम।

तीन वाचक हैं कहानी के। तीन यथार्थ। तीनों एक-दूसरे को काटते हुए। वह स्त्री जो दलाल के जरिए चौपाटी पर प्रत्यक्ष हुई वह 'पहुँचेली' है। पहुँचेली का खेल गजब का है। वह अद्‌भुत नायिका है। इसी की जासूसी करनी थी जोशीजी को। पहुँचेली पहली टक्कर में ही कहती है : ''लेखक जिज्ञासु तो होता है जासूस नहीं।'' इसके बाद जिज्ञासा और जासूसी और लेखक सब गड्डमड्ड होता है। लेखक और जासूसी की सीमाएँ टूट जाती हैं। जोशीजी पहली भेंट में पहुँचेली के 'पिछवाड़े' पर मर जाते हैं। पहुँचेली 'मेरे यहाँ से नहीं अपने पिछवाड़े से मुखातिब होकर' बोलती है।

कहानी तिहरे स्तर पर चल निकलती है। जोशीजी, मैं और मनोहर के बीच पहुँचेली की कहानी। पहुँचेली पूछती है : ''एनो मीनिंग सूँ, इसका क्या मतलब ?''

जोशी, मैं, मनोहर में कब कौन क्या रूप धारण कर लेगा, आप पता नहीं कर सकते। तीनों की तीन कथाएँ नहीं मिलेंगी, बल्कि जैसे विजनमिक्सिंग होता है, इनमें मिक्सिंग होता रहता है। (क्या यही नहीं होता चेतना में ?) पहुँचेली मनोहर के संवाद देखें। पहुँचेली जोशी के पास पहुँचनी थी, पहुँच गई मनोहर के पास। जोशीजी गए सिगरेट लेने (बुद्धिजीवी ठहरे) और रह गए मनोहर।

(कहानी की विशेषता ही यह है कि कोई भी व्यक्ति स्थिर चरित्र की तरह नहीं रहता, उसके भीतर बैठा दूसरा या तीसरा सामने आता है। यह जादुई नहीं है, यह मेटा-नेरेटिव है।)

खलीक तरक्की पसन्द शायर बम्बई की धूल फाँकता है।

खलीक महावृत्तान्त लिख रहा है। खलीक सूचना देता है। खलीक इकहरा। जोशीजी तिहरे। एक मनोहर, दूसरा जोशी, तीसरा मैं। खलीक कविता सुनाता है। जोशीजी सोचते हैं किसकी है ?

(चेतना के कई स्तरों पर इसी तरह चलते हैं पात्र। इसमें नाटकीय या भावुक प्रसंग ठहरते नहीं। उन्हें ठहरना भी नहीं चाहिए।)

खलीक कहता है : क्या कहते हैं आप हिन्दी वाले 'आलूचना' (यानी आलोचना)।

(ऐसे खेल उपन्यास में भरमार हैं। प्रयाग वाले और प्राग वाले। इत्यादि)

(जोशीजी जिन तलाटी साहब और त्रिखा साब के साथ रहते हैं एक चाल में, वे भी 'मनोहर' और 'मैं' के प्रतिरूप हैं।)

कहानी इतनी ही है। इसे जोशी जी सुनाते हैं और यही कुरु कुरु स्वाहा का किस्सा है। बहुत संक्षिप्त कि "एक होती है वेश्या और फिर क्या होता है जासूस वेश्या द्वारा पकड़ा जाता है, जबकि जासूस को वेश्या पकड़नी है।" 'मैं' कहता है कि इस कथा का संशोधित रूप यह हो सकता है कि : "एक होता है वह और पता नहीं वह साला वह होता है कि नहीं। एक होती है वह और पता नहीं वह साली वह होती है कि नहीं और फिर कुछ होता है और पता नहीं क्यों लगता साला यही है कि कुछ हुआ ही नहीं"। "बात यही है कि एक वह होता है, एक वह होती है और जो कुछ होता है, वह कुछ भी नहीं होता क्योंकि वह उनके दो होने से होता है और सच्चीमुच्ची वे दो थोड़े ही होते हैं"...

सारा अस्तित्ववाद एक झाड़ू में साफ है यहाँ। सारी नई कहानी जो यथार्थवाद पर दंड खेल रही थी, साफ है।

ज्ञान के पक्केपन की मूर्खता पर, भाषा के पक्केपन की कमजोरी पर ये पंक्तियाँ बम की तरह गिरती हैं। जो होता है, वह भी पता नहीं है कि नहीं। कहानी तो तब बने जब मान लिया जाए कि जो होता है वह होता है। यह जो होता है वह होता ही नहीं। नितान्त 'अयथार्थ' का यथार्थ। कुरु कुरु स्वाहा की कथा नई कहानी की ऐसी की तैसी कर देती है और उस जातीय वृत्तान्त से मिल जाती है जो उसको लीला की तरह लेता है।

बम्बई। फिल्मी दुनिया। फिल्मी दुनिया में खलीक भाई और खलीक सुन्दरी। पूर्वेन्दु फिल्म बनाने वाले। (ये कला फिल्मों के दिन रहे होंगे जब मनोहरश्याम जोशी इसे लिख रहे होंगे।)

खलीक सुन्दरी वही पतुरिया है। यह बार-बार मिलती है। बार-बार आती है।

पतुरिया उर्फ खलीक सुन्दरी उर्फ पहुँचेली अपनी कहानी बताती है (बालक मनोहर को)। बालक मनोहर जोशीजी के कान में कहते हैं, तब यह कहानी हम तक पहुँचती है। (अंतर्पाठ ! यही नाम है न इंटरटैक्स्चुअलिटी का ! अन्तर्पाठ ! साला सारी सेंटीमैंटलिटी खत्म कर देता है। कहानी पैरोडी हो उठती है) :

"मेरे पिता पचास बरस पार कर चुके थे जब मैं पैदा हुई थी उनकी पहली और आखिरी सन्तान। उनकी मृत्यु मेरी दसवीं वर्षगाँठ के दिन। दीया-बाती का समय था। पास के मन्दिर में आरती हो रही थी। मेरे सर्राफ पिता दुकान से मेरे लिए पाजेब लाए थे। पहनाते हुए मेरे पाँवों पर झुके और झुके ही रह गए। आँगन की तुलसी के पास।"

कुरु कुरु स्वाहा की समूची कथा इतनी ही है। यह बार-बार कही जाती है। यह पहुँचेली की कथा है। वह इतना ही कहती है। बार-बार।

पहुँचेली बताती है : "बहुत प्यार करते थे मेरे पिता मुझसे और थोड़ा डरते भी थे। कभी सोचती हूँ कि मेरे पाँवों पर मरने से पहले के क्षण में क्या उन्होंने भी यही समझा जो लोगों ने बाद में कहा—देवी के चरणों में शीश रखकर प्राण त्यागे। सद्‌गति मिलेगी ! पूरे चार साल पागलखाने में रही हूँ, तेरहवें से सोलहवें बरस तक बाकायदा पागल"—पहुँचेली की कहानी एक कदम और बढ़ती है। 'कुरु कुरु स्वाहा' की यही स्क्रिप्ट है।

यहाँ मौलिकता पहली दुर्घटना है।

जोशीजी बताते हैं : "बोर्जेस ने अपनी एक कहानी में सवाल उठाया है कि क्या किसी पूर्ववर्ती की कृति को दुबारा ज्यों का त्यों लिखना मौलिक सृजन नहीं ?"

पहुँचेली कहती है कि "स्त्रियोचित भावुकता और आयाम जैसे शब्द बोलने वाला व्यक्ति मौलिक नहीं हो सकता। तुम चौरासी लाखवीं कार्बन कापी हो उस मूलपाठ की जिसे सँभालने लायक न समझकर फेंक दिया गया है।"

'कुरु कुरु स्वाहा' की यह रणनीति लगातार जारी रहती है। वह चालू समय को यूँ ही कूटता है। उसकी कथा कूटती चलती है। यह कथा स्क्रिप्ट कार्बन कापी है। मूलपाठ नहीं। यह है भावनाओं का बाजार भाव। पहुँचेली इसे जानती है। शेष मनोहर, मैं, जोशी; तीनों फ्राड साबित होते हैं।

पहुँचेली ! खेलीखाई ! ऐसी स्त्री जो एक बार भी मर्द की मर्दानगी का रुतबा नहीं खाती। (शायद पहुँचेली मर्द द्वारा लिखित पहली स्त्रीत्ववादी बम-स्त्री है।)

पहुँचेली से सघन भेंट के प्रसंग में बहुत कुछ ऐसा गड़बड़ होता है कि मैं, मनोहर और जोशी तीनों पहुँचेली के सामने पराभूत हैं :

"उसने मेरी हथेली पकड़कर उस बिग क्लोजअप के बाएँ हिस्से पर रख दी।" वह कह रही थी : 'ओंल मदनाय नमः' पहुँचेली को देख जोशीजी और वाचक

को सिर्फ बायलॉजी सूझती है। लेकिन पहुँचेली यूँ ही पहुँचेली नहीं। 'झटपट बायलौजी फिर इत्मीनान से रोमांस, साइकलॉजी फिर सिप्रचुअलिज्म'। अगर नहीं जँचता तो पहुँचेली जोशीजी की लाज और पौरुष को मुक्ति देती हुई कहती है : "तो फिर वही पुराना रास्ता। दिमाग से दिल, दिल से देह, फिर वक्त बचा तो देह से आत्मा। यही शायद ठीक भी है, क्योंकि देहलीला शुरू में रख देने पर पुरुषों के लिए कहने-करने को कुछ भी नहीं बचता, मगर दिक्कत यह है कि सबसे अन्त में भी उसे रखें तो मनुष्य पुरुष इसी कोशिश में रहता है कि बाहरी किलेबंदी टूटे और वह देह पर झंडा गाड़ दे। तेरह साल से ही 'कौंचीकौंची' से जवान हुई" पहुँचेली का सैक्स-विमर्श बेहद चुनौतीपूर्ण है। वाचक इस पहुँचेली के आगे बालक मनोहर ही बन जाता है, हार जाता है। मनोहर (बालक) उसे देवी मानने लगता है, सिद्धा मानने लगता है।

यहाँ से (कुरु कुरु स्वाहा, पृ. 50-51) से पहुँचेली की छवि में 'सिद्धा' तांत्रिक काली का मिश्रण होने लगता है।

चुनौती देकर पहुँचेली रोती है। मनोहर को वह सिद्धा माँ (ममतामयी) लगती है। मैं (कस्बाई) जानता है कि यह नौटंकी है।

"पाँच फुट ग्यारह इंच के जोशीजी आमतौर पर इस तरह के शाट में छाए रह पाते हैं हीरोइन पर। लेकिन जब चिबुक उठाकर समझा चुके कि 'भावुक मन हो' तो पहुँचेली कहती हैं : 'अब चलूँ प्यारे लाल आवारा' !"

पेरोडी ! कथा की पेरोडी खींचकर उसमें से भावुकता झाड़ दी गई। ऐसा खुला प्रेम प्रसंग जो जरा ढील में गर्म बेडरूम सीन बन जाता, 'कुरु कुरु स्वाहा' में एक हास्य प्रसंग बन जाता है : "अब चलूँ प्यारे लाल आवारा" मनोहर रोता है, रुआँसा होता है। जोशीजी ने वाचक से कहा : "कुछ कहा हमसे तीखा" लेकिन रुआँसा ही रहा ! क्या कहता ! "इस दृश्य पर रीयल में क्या कहता।" वृत्तान्त को तोड़ना और फिर बनाना। मनोहर श्याम जोशी यही करते हैं 'कुरु कुरु स्वाहा' में।

जरा फ्रायड की ऐसी-तैसी देखें : जोशीजी का 'मैं' पहुँचेली की कहानी की व्याख्या करता है : "अमीर बाप की इकलौती लड़की। जिद्दी लड़की। देवी का अवतार मान ली गई। देवी काम्पलैक्स। पिता का पैरों पर मरना। लड़की के अहम का विस्तार। प्रेमी के रूप में पिता की खोज। सैक्सहीन सैक्स !" फ्रायड वाली विश्लेषण पद्धति कहती है कि पहुँचेली 'ईरोस' और 'थेरोस' की मारी है। उसकी इच्छा हर पुरुष को नपुंसक बनाने की है। फ्रायड दाढ़ी खुजाने लगते हैं अन्त में फ्रायड को नींद आ जाती है। मार्क्स बाबा ब्रिटिश म्यूजियम लाइब्रेरी में पढ़ते-पढ़ते सो गए थे। पहुँचेली की गुत्थी खुलती नहीं। जोशीजी एक प्रगीतात्मक फिल्म बनाना चाहते हैं। पहुँचेली फिर भी नहीं खुलती। पहुँचेली को लेकर सवाल उठता है :

"माता से प्यार और पिता से स्पर्धा से उपजी इस ग्रंथि का आप अनन्त बलात्कार से कैसे सम्बन्ध जोड़ते हैं ? बाबा फ्रायड बोले : अब सोने दे नहीं तो तेरे बाबा पर भी बलात्कार का लक्षण लगेगा।" यानी फ्रायड भी गए। उत्तर-आधुनिक पहुँचेली की कहानी फ्रायड से नहीं लाकां से खुलती है, जिन्होंने फ्रायड की नई व्याख्या की है।

जोशीजी यहाँ से वाचक 'मैं' को डिकेडेंट कहने लगते हैं। मनोहर तो इस झटके में पागल हो गया। डॉक्टर इलाज बताते हैं। वन वूमन, टू नाइट्स ए वीक। मनोहर पहुँचेली पर बर्बाद हैं। (मनोहर श्याम जोशी हिन्दी के एडल्ट राइटर हैं। जरा सँभल के। फिर भी बेडरूम सीन पूरे नहीं बनाते।)

(हरिया हरकुलीज के मदुआ से, यानी हरिया से बहुत कुछ मिलते-जुलते हैं मनोहर। उधर पहुँचेली 'कसप' की नायिका से मिलती-जुलती है, या पिरुली कैंजा से।)

पतुरिया उर्फ सिद्धा उर्फ पहुँचेलो उर्फ रहस्यमयी अब साक्षात् चंडी लगने लगती है। मिस्टर तिरखा कहते हैं : "देवी कहती है कि लुक आई एम लाइक यू आई एम नॉट लाइक यू। मैं ह्यूमेन फार्म धारण कीतां है। मगर आन मी, ह्यूमेन फार्म दियां लिमिटेशानां अप्लाई नई कर दी हैं। बिजली को, हवा को, कोई रूप नहीं ना है आकार नहीं ना है। फिर भी किरिया व्यापार सारे चलते हैं उनादे। ओसतरां ही महाशक्तिकामी पहुँचेली इस तरह महामाया महाशक्ति बन जाती है।" जोशी, मैं, मनोहर के लिए लेकिन सिर्फ महामाया या महाशक्ति नहीं, वह एक साथ ही पहुँचेली पतुरिया है। (यह बहुरूपीयता ही तो पेरोडी पैदा करती है।)

पतुरिया, सिद्धा, महामाया, पहुँचेली जब रहस्यमयी बनकर कमरे पर आती है तो तिरखा तलाटी के बीच मनोहर उसे सीधे महामाया के रूप में देखने लगता है: "चौड़े लाल पाट की बंगाली साड़ी, आँखों में काजल, माथे पर बड़ी-सी बिन्दिया, बाल खुले-खुले, कोई जेवर नहीं, कोई बनाव नहीं और यही सादगी उसकी सुन्दरता को कुछ और निखारती हुई भोग्या से पूज्य बनती हुई। मनोहर को छिन्नमस्ता के श्लोक याद आने लगते हैं : तामाद्यां प्रकृतिं ···

(कुरु कुरु स्वाहा में तंत्र साधना फिल्मी शैली के फ्रेम दर फ्रेम में आती-जाती रहती है। तंत्र में सैक्स, सैक्स में तंत्र आता-जाता रहता है। किसी भी एक पर दृश्य ठहरता नहीं।)

लेकिन फिर कथा तोड़ दी जाती है। लेखक बताता है कि जोशी की तिकड़म क्या है ? वाचक जोशी से कहता है : "तुम तो प्रकृति के रूप में इसका स्मरण करके इसके मुस्कराते चरण कमलों से स्वार्थ सिद्धि की कामना पाल रहे हो, परले दरजे के फ्राड हो। तुम पतुरिया प्यार के इस चक्कर से बाद में साहित्य का चक्कर चलाओगे और झूठ को सच बनाकर पतुरिया के फिल्म के समकक्ष नहीं तो

समानान्तर अवश्य रख दोगे।" (लेखक छिन्नमस्ता को पतुरिया के समानान्तर रखता है। और इस तरह वह हिन्दी वालों की धोखाधड़ी यानी बदमाशी की ओर पेरोडी और मजाक से इशारा कर देता है।) आधुनिक सन्दर्भ में पौराणिक साहित्य की पुनर्व्याख्या करना (ज्ञानोदय की महान् कला यही करती रही है) और आधुनिक साहित्य की, पौराणिक साहित्य की मिथक भंगिमा प्रदान करना। दोनों ही कथाकार मनोहर श्याम जोशी को समान रूप से अभीष्ट रहे हैं। अपने बहाने जोशी हिन्दी के लेखक की धोखाधड़ी को एक इशारे में सामने ले आता है, लेकिन निंदा के बिना। मजाक में मजाक। यही कथा का विरल पक्ष है।

मनोहर की आराध्या है पहुँचेली उर्फ महामाया। मनोहर का प्यार भी इंटेलैक्चुअल है : "इधर सूर्य से चन्द्र तक की यह छलाँग, उधर महायोनि के मध्य चलता व्यापार। दिक्कत तलब शाट था यह। मगर साहब, ये इंटेलैक्चुअल तो इसी तरह करते हैं यह कार्रवाई भी।"

(इस शाट में प्रेम/सैक्स की बौद्धिक छवि धराशायी होती है।) जोशी का एक प्रिय शब्द है 'विडंबना' : (नई कविता और नई कहानी के जमाने का बीज शब्द !)

वाचक पहुँचेली के 'आयरनिक जोक' (विडम्बनात्मक मजाक) तक पहुँचना चाहता है और पहुँचेली कह रही थी : "मुझमें समाहित हो, मैं विश्व योनि हूँ !"

शब्दों का खेल। पहुँचेली शब्दों से खेलती है। जोशी भी खेलते हैं। सकुचाते वाचक को देख पहुँचेली बोली : "याकि ऐसा है कि तुम्हारे सपने पुल्लिंग मात्र हैं और मेरे दुःख स्त्रीलिंग मात्र ?" समुद्र के किनारे जब पहुँचेली के साथ इस बौद्धिक के शारीरिक 'कामज्वर' का उतार आता है, जब समुद्र की लहरें 'फेन फूल' बरसा देती हैं, जो 'कायदे से परमानन्द का क्षण होना चाहिए था' "बेकायदा जोशीजी मैथुनेतर उदासी में डूब चले। पहुँचेली तभी पड़े-पड़े बोली : "वह अविरल, वह अनन्त बलात्कार–मनोहर–जिसमें किसी भी संशय, किसी भी पुनर्विचार के लिए स्थान नहीं होता।"

पहुँचेली हर बार फिसलती जाती है पकड़ से (पाठक की पकड़ से। वह उसे फिक्स नहीं कर सकता टैक्स्ट में)।

"वह मेरा भगवान् था जिसने तेरह साल की बच्ची से बलात्कार किया। दिव्य था वह बलात्कार। चमत्कार था वह बलात्कार जो मेरे भगवान् ने किया मुझसे।"

पहुँचेली भगवान् के बारे में ऐसे बात करती है जैसे 'वह इसका यार हो' हीरोइन टॉप क्लास और संवाद द्विअर्थक। यह एक 'अध्यात्मिक द्विअर्थी' की विडम्बना थी।

महाकाव्य या वार एण्ड पीस लिखने के लिए चाहिए कोई 'स्थिर बिन्दु' केन्द्र। स्थिर बिन्दु है ही नहीं।

(कुरु कुरु स्वाहा अपनी संरचना में शायद पहला उपन्यास है जो किसी भी

स्थिर बिन्दु को बनने नहीं देता। यथार्थवाद फनाँ होता रहता है हर बार।)

"यह भी सोचिए, आपके बाबा मार्क्स इसे पढ़कर क्या कहेंगे ? जाइए, बता आइए उन्हें कि मेरे देश के लोग तो गाय के गोबर से अनाज बीनकर खा रहे थे और मैं टामसमान की लीद में से।"

(इसी विडम्बना से नई कहानी ने रोटी खाई है बरसों।)

स्थिर बिन्दु ! 'प्रयोग यदि प्रगतिशील भी हो तो मच द बैटर।' और तब गिरता है यह स्थिर बिन्दु जब वह इस चलाचल में फँस जाता है : "मैं 'न्यू एज' से उठा और मैंने नवयुग लाने वाली बिरादरी पर एक सरसरी निगाह डाली। वह लोग, टेरेस थियेटर हो, फिल्म सोसाइटी हो, कला प्रदर्शनी हो, वही लोग और मगर तमाम वही लोग नहीं, मुट्ठी-भर लोग जो जमीन पर हगने वालों के इस मुल्क में कल्चरदार क्रान्ति और क्रान्तिकारी कल्चर का नगाड़ा बजाते हुए 'अहसासे जमाना' का परचम उठाए हुए आगे बढ़ रहे हैं। तूफाने बदतमीजी का सामना करने के लिए !"

(अगर ये लोग प्रगतिशील हैं, तब जोशीजी जरूर प्रतिक्रियावादी होंगे। लेकिन प्रगतिशीलता के स्थिर बिन्दु के गिरने के बाद प्रतिक्रियावादी भी गिर जाता है। बचना कहाँ है ?)

यह है 'वड़चो यथार्थ' ! 'स्वीट डिकेडैंस'। मीठी सड़ांध। जोशी की फिल्म जारी है। रथिजित भट्टाचार्य नामक निदेशक। कमर्शियल बनाने वाले, लेकिन कला फिल्म के कायल। उनके पास पहुँचकर पहुँचेली ताराझावेरी हो जाती है। नहीं महामाया सेन गुप्त। यहीं मालूम होता है नक्सलवाद जिसमें नेता नहीं सिपैथाइजर मर गया। ऐसी सूडो ट्रैजेडी। रथिजित उर्फ सूडो कलाकार बताये जाते हैं। लेकिन स्थिर बिन्दु पर टिके, बड़ा आर्ट बनाने को तैयार रथिजित दा मनोहर जोशी की कहानी सुनकर कहते हैं : "बनिया का बच्चा साला : इनको आर्ट का चिन्ता नहीं, पइसा का वरी। तुम साल क्विसलिंग, तोमारा जीवन दर्शन क्विबिलिंग, तोमारा बिजनैस निबिलिंग, अउर क्या बोलते तुम्हारा आर्ट ओ साल पिफलिंग। तोमारा तिजोरी के चूहे का मानेलिंग में तोमारा इस पिफलिंग आर्ट से जास्ती ओउजन, जास्ती ताकत, यू पीपुल डोंट डिजर्व दिस।" लेकिन जोशी जी इसे यहीं छोड़ देते हैं।

(अभी तक पाठकर्ता ने हिन्दी फिल्मी दुनिया में क्रान्तिकारी प्रतिज्ञा लेकर जीने वाले लेखकों की करुण त्रासदियाँ ही पढ़ी हैं। यहाँ यह कामेडी है, पेरोडी है, इसीलिए स्थिर बिन्दु नहीं है। कामेडी है इसलिए 'मीठी सड़ांध' है।)

पतुरिया उर्फ पहुँचेली उर्फ महामाया यहाँ फिर दृश्य में आती है। क्लासिक में कामिक यहाँ भी घुसता है। जोशी पूछते हैं 'क्लासिक को कामिक से कन्फ्यूज करने वाले कूड़मगज ! हक्सले ने सिर्फ यही कहा है कि क्लासिकी कवि जीवन को समग्रता में देखते थे और नायक अतिमानव बनाते हुए भी एक स्तर पर

साधारण मनुष्य के रूप में प्रस्तुत करते थे। वाचक जोशी उर्फ हक्सले जवाब देते हैं : "तो यह बताइए प्रभु, इस नए रस को क्या कहते हैं जो आपको न फ्लाइट के लिए प्रेरित कर रहा है न फाइट के लिए !"

ल्योतार ने इसे ही 'एज ऑफ स्लैकनिंग', शैथिल्य का वक्त कहा है !

चूँकि कुरु कुरु स्वाहा क्लासिकी लेखक की कामिक व्याख्या है, इसलिए इसे साहित्य के नए शास्त्र की तरह भी पढ़ा जा सकता है। गम्भीर लेखक के लिए जीवन की क्षुद्रतम भंगिमा में गहनतम रहस्य छिपा होता है। इधर गहनतम में भी झटकेबाजी है।

'स्वीट डिकेडैंस' का एक दृश्य इस तरह बनता है :

"पहुँचेली (रक्तदन्तिका) यहाँ फर्श पर किस लापरवाह देहाती ठस्के से बैठी है। घुटने मोड़कर, पिंडली तक पेटीकोट उठने देकर। कैसे यह धूर्त धूर्जटि इस समय हिन्दू संस्कृति के साथ अपने घर की किसी मुँहलगी छमकछल्लो नौकरानी का भी स्मरण कर रहा है पहुँचेली को देखकर। यह भी गौरतलब है कि स्नेह वत्सला का पल्ला गिर गया है। और स्नेह की गोलाइयाँ विश्वबंधु को ग्लोबल अफेयर्स से भी ज्यादा गौरतलब मालूम हो रही हैं। डोभानवाला का हाथ स्नेह वत्सला की जाँघ पर है।"

विडम्बना की पीड़ा नहीं। टीस नहीं। स्वीट डिकेडैंस की कामेडी। यही है चारों तरफ।

पतुरिया केन्द्र में है इस मीठी सड़ांध के। लेकिन एकरूपा नहीं है वह। रंडी है वह, तांत्रिक है वह, लेखिका है, क्रान्तिकारिणी है, व्यापारी है। जोशी अन्त के आसपास पहुँचकर कहते हैं : "और तुम इतने झूठ बोलती हो अपने बारे में, दूसरों के बारे में कि तुम्हारा सच इस गोरखधंधे में छिप जाता है। मुझे दिलचस्पी है झूठ के गोरखधंधे में किए हुए तुम्हारे सत्य से।"

(सत्य ! कुरु कुरु स्वाहा सत्य का उद्घाटन करने नहीं चलता, झूठ का उद्घाटन करता है। सत्य की प्रतिनिधिकता संकटपूर्ण है। उसे जानना कितना कठिन है, यह पहुँचेली के अनेक रूपों, अनेक झूठों से स्पष्ट है। कुरु कुरु स्वाहा समूचे प्रतिनिधान पर टिप्पणी बन जाता है। एक उत्तर-आधुनिक टिप्पणी। यकीन न हो तो 'कुरु कुरु स्वाहा' का 'काम में कामू का क्या काम' चैप्टर पढ़ें।)

पहुँचेली की कथा फिर एक टुकड़े में आती है : "बलात्कारी भगवान् या एक आदमी उम्र में मुझसे बीस साल बड़ा, बहुत योग्य विद्वान् सम्भ्रांत। वह संन्यासी-सा था। मेरा ट्यूटर, और होते-होते जब मैं तेरह साल की थी तब मैंने ऐसा सवाल पूछा जिसका जवाब कानूनी भाषा में बलात्कार ही कहा जा सकता है।" यह सवाल तांत्रिक के संभोग का था जिसका नतीजा बलात्कार था।

लेकिन यह यथार्थ नहीं। स्क्रीन पर है। पटकथा है। बनी-बनाई चीज है।

सो विडम्बना न ढूँढ़ें शोषण की। यह किस्सागोई है, फिल्म की किस्सागोई। कुरु कुरु स्वाहा !

'मूँगफली अश्लील होती है' वाले अध्याय में मनोहरश्याम जोशी कुरु कुरु स्वाहा का एक सूत्र देते हैं : "जोशी जी की सारी व्यथा कथा मस्तिष्क रसायनों से उपजी है। यह रासायनिक नियतिवाद है।" (यही हरिया हरकुलीज में है)

महामाया सेन अन्ततः महामाया एंटरप्राइजेज बन जाती है जिसकी आडिट रिपोर्ट मिस्टर तलाटी लिखते हैं। उसका कालिका कार्पोरट से डील है। यहीं है हिमालय कैमीकल्स। (सिद्धाजी सर्विसेज ऐंटरप्राइज, कार्पोरेट और कैमीकल्स सर्विसेज सब जोशीजी की फैंटसी में पहुँचेली के विशेषण नजर आते हैं। ये तमाम नाम जोशीजी के लिए, मनोहर के लिए पहुँचेलीमय, सैक्समय हो जाते हैं।) शीवचन्द्र, ताराझावेरी। शीव (शिखर) तारा। दोनों ही तंत्र के प्रतीक।

तलाटी रिपोर्ट पेश करते हैं आडिट की तो वहाँ भी पहुँचेली की कथा निकलती है : "ताराझावेरी तेरह साल की थी मर गई। उससे पहले जब वह दस साल की थी तब उसका बाप पायल पहनाते हुए उसके पैरों पर मर गया। तलाटी कहते : मिस्टर जोशी ! इदर स्तुति का जगह एकाउंट का आडिटिंग करो और सारा बातें क्लीयर हो जाएगा।"

यह मिक्सिंग है कथा की, विजन की।

कहानी ऐसे ही फ्रेम दर फ्रेम अन्त की ओर आती है कि वाचक कहता है : "आप जिसे 'डैप्थ' उर्फ गहराई समझते हैं, क्या उसमें यही एक अदद मनोहर बैठा आ है ? क्या इसी से आप डिफरेंट होना चाहते हैं ? यह मानते हुए भी इसका सुझाया यह 'डिफरेंट' आत्मघाती होता। क्रान्ति, सिद्धि, तस्करी, अनबूझ पहेली, उपनिषद्, निर्जन, चक्करदार रास्तों में जिस चकरा देने वाला शिंऊँ शिंऊँ ट्रैफिक, जिस किसी चक्कर में यह लौंडा आपको फँसाएगा उसमें विडम्बना का वही मुद्दा होगा कि सारे गलती से मारे गए।"

आधुनिकता की साहित्य-योजना पर इससे बेहतर टिप्पणी नहीं हो सकती। डैप्थलेसनेस और एलीट के अभेद पर इससे बेहतर टीका वाचक नहीं दे सकता। जोशी एलीट डिफरेंट दिखने के लिए जनेऊ कील पर टाँग देगा। जब 'मैं' जानता है कामनसैंस से कि यह 'उत्तरी-फुत्तरी' दौर है ··· इसमें उच्च कला निम्न कला के भेद मिट गए हैं। फिल्म में तो मिट ही गए हैं। इसलिए सारी कथा फ्रेम शैली में चलती है।

मनोहर पहुँचेली को स्टेशन पर छोड़ने आता है और रोता है। सबको गाली देता है : क्रान्ति विज्ञान संस्कृति सबको (क्योंकि कोई भी उसे सत्य नहीं बताता, पहुँचेली का यथार्थ नहीं बताता)। टिकट चैकर पूछता है कि "रोता कायकूँ कोई मर गया है क्या ? कौन है वह ?" तो मनोहर बोलता है कि जो पटरियों में कटकर

मरा है वह 'मैं' है। टिकट चैकर कहता है : "जा तू अपनी कबर में सो जा !" यह क्लोजिंग शॉट है।

क्लोजिंग शॉट में सब स्पष्ट है : पहुँचेली फ्राड है। उसकी कहानी 62-63 की है। अन्तिम शॉट 80 का है। "बुर्जुआजी से फाइट करने के लिए बुर्जुआ में शामिल होना पड़ता है।" खलीक आखिरी नम्बर वाले शाट में कहते हैं। यह हुई 'स्वीट डिकेडैंस' यानी मीठी सड़ांध। उत्तर-आधुनिकता।

"एकमध्यवर्गीय बुद्धिजीवी के निहायत ही लचर से जीवन को अतिनाटकीय किस्म के मंथन से उसमें जोड़ा गया था। जमाने-भर की बातें आधुनिकता के नाम पर इस फिल्म में ठूँसी गई थीं और फिर भी दर्शकों के हाथ वही लगता था।"

एक बुद्धिजीवी के तीन स्तर। एक कथा के तीन सौ स्तर। हर दर्शक का अपना स्तर और अर्थ। कहानी स्वाहा। यह है कुरु कुरु स्वाहा।

कथा का ऐसा खुला और खेल वाला विन्यास ! भाषा का ऐसा खेल ! चालू समीक्षा के लिए 'कुरु कुरु स्वाहा' मानो है ही नहीं। पर कुरु कुरु स्वाहा की ताकत है कि वह चालू समीक्षा को व्यर्थ कर देता है। उसका विखडंन ही किया जा सकता है, क्योंकि वह स्वयं साहित्य का विखंडन करता है। साहित्य को आहुति बना देता है। व्यर्थ कर देता है। वह उस सीधे-सहज वृत्तान्त को खत्म कर देता है और एक विविध स्तरीय किस्सा बना देता है जो चंचल है, अस्थिर है। नायक 'लिबिडो' के दमन का मारा है और यथार्थ में ही निहित है। बड़ी कला इसीलिए कामिक मामूली कला बन जाती है। पेरोडी और उसमें निहित हास्य-वृत्तान्त यथार्थवादी वृत्तान्त को एकबारगी खत्म कर देता है।

कुरु कुरु स्वाहा के बाद हम प्रेमचन्द की परम्परा का गायन-वादन बन्द कर सकते हैं। प्रेमचन्दीय इन्नोसैंस स्वाहा।

हरिया की हैरानी

अपने उम्बर्टो इको ने हिन्दी में हरिया लिख दिया है। हरिया हरामी इको के 'पैंडुलम' और 'रोज' दोनों को छका रहा है।

मनोहरिया का वयस्क खेल ठहरा। परम खिलाड़ी। पहले दरजे के उत्तर-आधुनिकाए हुए कथाकार।

हिन्दी की पहली वयस्क-कथा लिख दी है मनोहरिया ने। मर्दवादी कथा।

हिन्दी के आरामपरस्त पढ़ाने वाले सिर पकड़कर बैठे हैं। गाली दे रहे हैं। कम्बख्त गन्दी-गन्दी बातें करता है जी ! नामर्दी और मर्दानगी के गोपनीय प्रसंग कहता है खुलेआम पापी !

हरिया हरकुलीज की हैरानी उन्हें चिढ़ाती है। मनोहरिया से लेखक बिरादरी उसी तरह परेशान-हैरान है और दो-चार साल होती रहेगी। जिस तरह हरिया ने कहानी के भीतर डॉ. नीलाम्बर, हेमन्त शराबी, गणेशदत्त शास्त्री, मुरलीधर ज्यू हेमुली बोज्यू और दर्जन-भर उन लोगों को हलकान कर रखा है और इस हैरान करने वाली हैरानी के बारे में आप तभी जान सकते हैं, जब कुल जमा एक सौ सत्ताइस पृष्ठ की इस उपन्यासिका का आनन्दपूर्वक पाठ कर लें और हैरानी का अपना पाठ बना सकें।

चूँकि महान् हरिया हरकुलीज मदुआ हैं, मैंटलीरिटार्डेड जैसे हैं, फिर भी अपनी बिरादरी के लिए एक हैरान करने वाली कहानी, सुलझाने के लिए छोड़ गए हैं। इसलिए कृपा करके उस 'गू' पर न अटकें जो उनके पिता श्री रायसैप यानी एल. डी. सी. उर्फ राय साहब उर्फ गिरवाणदत्त तिवारी उर्फ जंगलात कटाने वाली उर्फ समलिंगी उभयलिंगी व्यभिचारी जी के उपस्थ में अक्सर अटका रहता है और कहानी में हरिया मदुआ उन्हें उकड़ूँ बिठाकर अटके हुए को निकालने का अपना कर्तव्य परम आनन्द के साथ निभाता है। तो हे पाठक, 'गू' की तरह न अटकें। अन्यथा हरिया निकालने आ जाएगा।

मनोहरिया इस वक्त फार्म में है। 'कसप' और 'कुरु कुरु स्वाहा' के बाद अब वे एक ऐसी उत्तर-आधुनिक वयस्क कथा कहते हैं जो लेखक बिरादरी को उसी तरह अटका दे रही है जिस तरह गिरवाणदत्तजी का जीवन अटका हुआ रहा। जिन लोगों तक उत्तर-आधुनिकता में 'भाषा-खेल' (ल्योतार) की जानकारी न हुई, वे सिर पीटेंगे कि देखा साला फिर बदमाशी कर गया।

मनोहर श्याम जोशी एक दुष्ट लेखक हैं। हरिया तो उनसे भी सौ गज आगे है। देखिए न मदुआ हरिया गिरवाणदत्तजी का गू निकालते हुए उस पिटार पर किस होशियारी से कब्जा करते हैं कि शराबी, कबाबी हेमन्त देखता रहा जाता है। जिसमें 'गू' और 'लिंग' का रहस्य बन्द है, जो स्वयं 'गूमालिंग' ही है। टीवी बाद के इन दिनों में टीवी पूर्व के दिनों की कहानी ऐसे ही और इतनी ही खुली-खुली और "चाहें-तो-आप बना लें" वाले अन्दाज में कही जा सकती है।

यदि अपना पाठ बनाने वाले पाठक 'गू' और 'गूमालिंग' द्वारा उत्तेजित स्वैर कल्पनाओं में उलझे अटकेंगे तो वह उन कथा-संजालों में उलझ सकते हैं जो कथा के अनेक पात्रों के भीतर अन्तर्पाठीयता की स्थिति पैदा करके कई जगह पढ़ने वाले को मजेदार ढंग से तंग करते हैं ।

जैसे गूमालिंग है कि नहीं है ? हरिया भी है कि नहीं ? हैरी स्मिथ है कि नहीं ? यानी यह कथा है कि नहीं ? यह सवाल और ऐसे सवालों के जंजाल चालू किस्म के पाठक को उकताने अटकाने-भटकाने के लिए काफी हैं। लेखक ने 'तंग' करने की कला में उस्तादी हासिल की है हरिया की तरह। मदुआ यानी रिटार्डेड हरिया कहानी में ऐसे तंग करने वाला जीव है जो वैज्ञानिक बुद्धिवादी नीलाम्बर आदि को भी तंग किए रहता है और आस्तिक किस्म के मुरलीधर ज्यू को भी। और तंग करने की शैली भी ऐसी देसी ठहरी कि लगे मसखरी करता हो। सारी कहानी मसखरी के साथ कही-सुनी जाती है। बिरादरियों में मसखरी और खिंचाई के बिना कथा नहीं बनती।

हरिया 'पगलेट', 'रिटार्डेड' माना जाता है। बिरादरी में। उसके पिता रायसैप बीमार हैं। उनके सारे पुत्र मर-खप चुके हैं। कहते हैं उन्हें शाप दिया है किसी पुजारी ने, जिसके जंगल कटवाए रायसैप ने। गूमालिंग का यह शाप कहता है कि सौ मौतें देखकर मरोगे।

उनका आखिरी बेटा है हरिया। हरिया किसी चीज से हैरान नहीं होता। जैसा कि डॉक्टर नीलाम्बर बहुत खोजबीन के बाद बता पाते हैं (और फिर मर जाते हैं) कि हरिया के सिर में वह नस ही नहीं बनी है जो उन्हें 'हैरान-परेशान' होने का अनुभव कराती हो।

कहानी के हरिया दो चीजों के विशेषज्ञ हैं। एक कि वे 'बिना घिनाए, बिना अघाए, बिना घबराए, मरते हुए रोगी की शुश्रूषा' कर सकते हैं, मरने के बाद बहुत

कायदे से, हिसाब से उसे फूँक-फकवा सकते हैं। वे अपनी युवावस्था तक आते-आते छत्तीस लोगों को फूँक चुके हैं। वे रोगी का गू-मूत, कफ, थूक, अटका हुआ मल सब कुछ बिना घिनाए करते आए हैं। सारी बिरादरी जानती है। सब बिरादरी के लोग 'शोक मनाने का सुख' लूटते हैं तब हरिया जी हरेक के मरते हुए सगे-सम्बन्धी का नर्क साफ करते हैं। ऐसे महान् हरिया बिरादरी के लोगों के 'परम मूढ़', 'सनीचर', 'बुद्धू' उपहास के पात्र हैं, लेकिन वे नियम से पिताश्री का अटका मल निकालते हैं, 'सोशल विजिट' पर जाते हैं और क्लर्की भी निभाते हैं।

दूसरी विशेषता यह है कि वे कभी हैरान-परेशान नहीं होते। वे मुर्दा नहलाते वक्त हैरान नहीं होते। सामने मरते व्यक्ति को देखकर परेशान नहीं होते। वे इस जगत प्रपंच को रहस्य नहीं समझते। वे उसकी परवाह तक नहीं करते। चालू किस्म का अपना समाज, अपनी बिरादरी जो आनन्दपूर्वक भोगती है, उसे भी देख अचरज में नहीं पड़ते, जिज्ञासा नहीं करते। वे दुनिया के तमाम उन झमेलों (समस्याओं) से उदासीन हैं जो दुनिया को चकित करते रहते हैं। हैरानी हरिया के व्याकरण में बनती ही नहीं। धोखा, छल, कपट, पैसा, धेला किसी पर वे हैरान नहीं होते। एकदम उदासीन सम्प्रदाय के व्यक्ति। लेकिन बिरादरी के लोगों ने हैरान होकर तै कर दिया था कि वे 'पगलैट' हैं, 'मदुआ' हैं, रिटार्डेड हैं। उन्हें नहीं मालूम, उसे देख लोग हैरान होते हैं।

बहुत बाद में जब कहानी खत्म होने लगती है तभी मुरलीधर ज्यू हाफपैंट (आर. एस. एस. के रहे मुरली बाबू) लोगों को समझाते हैं कि "जैसा तप, जैसा प्रायश्चित्त हरिया कक्का ने किया है और किसी ने किया बिरादरी में ? गांधी जू अपना पाखाना साफ करके महात्मा हो गए, लेकिन कक्का तुम्हारे बीमारों की टट्टी-पेशाब-कफ साफ करके भी तुम्हारी नजरों में 'गू' ही ठहरने वाला है क्या ? तुम आप तो मांचो सौंजने तक के लिए हाथ इस्तेमाल नहीं कर सकने वाले ठहरे, क्या कहते हैं, टिश्यू पेपर चाहिए ठहरा और उस आदमी का तपोबल तुम्हारे पल्ले नहीं पड़ सकने वाला ठहरा जिसने बाबू का ही नहीं, तुममें से भी कितनों के ही रिश्तेदारों का अटका हुआ गू अपने हाथ से निकाल दिया। यह भी हैरानी की बात ठहरी।"

ऐसे हरिया के ब्रोदे दिमाग में हैरानी का पहला बीज उस दिन पड़ता है जब वह देखता है पिता को नींद नहीं आती है, मल नहीं निकलता है, वे मल हाथ से खींचकर निकालते हैं। (यह मल विकट रूप से ठोस था) उसी दिन हरिया अपने मौसेरे भाई पत्रकार धरणीधर पाण्डे (धारी) के बातून और किशोर बेटे से 'सोशल विज़िट' पर मिलता है। अतुल टीवी-बाद का छोकरा है जो बहुसूचित है, किसी बात पर 'चकित' होना छोड़ चुका है, ज्ञानी है। अतुल से वार्त्तालाप में शरीरशास्त्र पर बात करते-करते, अचानक अतुल टिप्पणी करते हैं कि मनुष्य का शरीर भी मशीन

ही है, फिर भी फर्क है। मशीन ठीक की जा सकती है, मशीन के पार्ट आसानी से मिल जाते हैं, शरीर के पार्ट अव्वल तो मिलते नहीं, फिर ठीक लगते नहीं। अब अतुल रायसैप के मल निष्कासन की सुनकर जिज्ञासा करता है कि ये बताइए, आदमी का शरीर मशीन की तरह पूरी तरह उसके वश में क्यों नहीं होता ? बापू के अंग उनका कहना क्यों नहीं मान रहे ? आपके बापू अपने शरीर में कहाँ स्थित हैं ? यहाँ तक भी हरिया हैरान नहीं होता है। तभी अतुल एटलस देखने लगता है और उस महान् 'संज्ञा' को बोलता है जिसे सुनकर कभी हैरान न होने वाले हरिया जी हैरान होते हैं और जो इस कहानी की नींव बनती है।

अतुल बोला : 'गूमालिंग', कुछ देर पहले 'गू' पर चर्चा चल रही थी, सो फिसलकर अतुल ने एटलस में 'गू' से शुरू होने वाला स्थान पकड़ लिया : "अभी हम लोग 'गू' की बात कर रहे थे और यह देखो पश्चिम आस्ट्रेलिया में एक जगह जिसका नाम है 'गूमालिंग'। पहली बार हरिया इस शब्द को सुन जिज्ञासु होते हैं, थोड़ा हैरान होते हैं। कहीं ऐसा शब्द भी हो सकता है ? जिज्ञासु हरिया चकित होना शुरू होते हैं कि क्या गूमालिंग में भी लोग रहते होंगे। गूमालिंग में ही क्यों रहते होंगे ? 'गू' से शुरू होने वाले स्थान में ही क्यों ? अतुल बताता है कि वहाँ हमारे जैसे लोग रहते हैं।" (आधुनिकतावाद के सार्वभौमिक एकरूप कर दिया गया 'मानवतावाद' यही तो कहता है।) अतुल मजाक में बताता है कि जैसे आप 'गू' निकालते हैं, वहाँ भी कोई निकालता होगा। लेकिन हरिया तो इस पर चकित-थकित रह जाते हैं कि क्या उनका 'डबल' सम्भव है ? जैसा आईने में दिखाई देता है। यहीं पहली बार जीवन में हैरानी प्रवेश करती है हरिया के। वह उनसे अलग नहीं।

यहीं से वह हैरानी-भरा सवालों का अधिष्ठान-सवाल, तमाम दर्शनों का जनक सवाल हरिया के सीमित भेजे में मल की तरह अटक जाता है कि "क्या वह दूसरा सचमुच मेरे जैसा है ? वैसा, जैसा मुझे आइने में दिखाई देने वाला होता है ? क्या उसका डैडी मेरे बाबू जैसा होगा, साक्षात् ?"

जानने की ऐसी दुर्दम्य इच्छा होती है हरिया को जीवन में पहली और अन्तिम बार कि अन्ततः वे गूमालिंग के एक जादुई बिम्ब में निकल जाते हैं और देखते हैं कि वही सब बिम्ब में हो रहा है जो वे देखते करते आए हैं। फिर अचानक वे सोचते हैं कि वे भी उस बिम्ब में घुस जाएँ और उस दूसरे को पुकारें जो कि हरिया ही है। (और उपन्यासिका के अन्त में हम यही खबर पाते हैं कि हरिया उस बिम्ब में अन्ततः घुस ही गये।)

इसे व्यक्तित्व का विघटन या स्प्लिट पर्सनलिटी या आर. डी. लैंग जैसे नियो फ्राइडियन का नया 'सीजोफ्रैनिक चित्त' कहा जा सकता है। इसे भारतीय दर्शनों का प्रिय बिम्ब-प्रतिबिम्बवाद भी कहा जा सकता है, लेकिन मनोहरश्याम जोशी इस धोखे को बनाते हुए मसखरी भाषा में दार्शनिक गम्भीरता को बार-बार तोड़कर

निकलते जाते हैं। अतुल का गूमालिंग इत्तफाक था, सो हरिया के अटका, फिर बन्नो का 'गू' को 'लिंग' कहना हरिया के लिए 'गूमालिंग' बनता जाता है और बढ़ती जाती है उसकी हैरानी। सुल्तान अहमद की बीवी तो बजाप्ता 'पगलैट' है। पगलैट से पगलैट चकित होता है यहाँ। बन्नो जो भूल चुकी है कि उसका पति कौन, वह स्वयं कौन है ?

यहाँ से कुछ फ्रायडियन, दार्शनिक सवाल हरिया के दिमाग में आने लगते हैं कि क्या गूमालिंग विस्मृति से उपजा एक झूठ है ? यह जो अटके हुए मल के जरिए एक-दूसरे में अटके हुए पिता-पुत्र का बिम्ब बार-बार उभरता है, उसमें कौन-सा गूमालिंग है ? गूमालिंग क्या 'गू' का बना लिंग हुआ ? "ऐसे लिंग को ही लोग क्यों पूजते होंगे जो पेशाब करने के लिए बना है और हगने की जगह के पास है !" बच्चों को पैदा करने वाले को किस बात का पूजना ठहरा !"

पुराने ढंग के रसपरिपाक में डूबे रहने वाले पाठ में इस 'वीभत्स' को 'शौचालय' का शुद्धाद्वैत कहा जा सकता है और तुलना के लिए इन्हीं दिनों प्रकाशित एक अन्य 'दुष्ट' कवि विष्णु खरे की मैला ढोने वालियों से सम्बन्धित कविता की उपमा दी जा सकती है, लेकिन बन्नो या सुल्तान अहमद या अतुल 'गूमालिंग' की क्रमिक उपसंरचनाएँ-भर हैं। 'गू' से अटका हुआ मल। अटके मल से अतुल का एटलसी गूमालिंग फिर बन्नो का 'गू' गूमालिंग। शुद्ध शून्य से, हरिया के पगलैट मन से। एक दिन रात के अटके हुए मल के 'बिम्ब' से धावित और दोलायमान हरिया जैसे 'पगलैट' का दिमाग असामान्य हो जाता है। यहीं से कथा बनती है। बिरादरी की कथा।

हरिया नपुंसक है। हरिया को कभी इस बात पर हैरानी नहीं हुई कि जब बाकी सारे मर्द औरतों में उत्ता रस लेते हैं, तब मुझे जो उनमें कोई खास जैसी क्यों नहीं नजर आती होगी ? हेमुली बोज्यू नामक प्रौढ़ा जब उससे इश्क-पेच-सा कुछ लड़ाती है तो भी हरिया आकर्षित नहीं होता। लेकिन अटके मल के अटक गए गूमालिंग से झटके लिंग में अटककर वह हैरान होना शुरू होता है कि "योनि-लिंग अगर मरने वाले प्राणी ही पैदा करने वाले ठहरे तो इन्हें पूजा क्यों जाने वाला ठहरा ?" ये तमाम सवाल अब उसे हैरान करते थे। हरिया सोचता है कि "अगर भोगने वाला भी मौत द्वारा भोगा जाने वाला ठहरा आखिर में, अगर यह भोग-विलास की दुनिया निस्सार ठहरी तो उसे क्या पूजना जो, क्या नाम कहते हैं, भोग विलास का खास हथियार ठहरा ?"

कहने की जरूरत नहीं कि यहीं से कहानी में हरिया बिरादरी के लिए गुत्थी बन जाता है। बिरादरी रोज शाम को खाना खाने के बाद पनवाड़ी की दुकान पर चर्चा करती है। हरिया को हर आदमी अपने हित, रुचि और विचार के अनुसार बढ़ाता-घटाता चलता है। इतने सारे उपबन्ध कथा में एक-दूसरे को काटते-बनाते

चलते हैं।

नीलाम्बर की थीसिस यह रही है कि हरिया का गूमालिंग उनके कमजोर दिमाग की बहक है, उनका इलाज होना है। वे बार-बार चैकअप कराते हैं, लेकिन चैकअप उन्हें इतना पागल नहीं सिद्ध करते कि हास्पीटल में भरती हो जाएँ। हेमन्त नामक भतीजा जरूर चाहता है कि हरिया हस्पताल में डाले जाएँ, ताकि वह गिरवाण के पिटार के माल को हजम कर सके। मार्क्सवादी नीलाम्बर की कथा गणेशदत्त शास्त्री जैसे हिन्दूवादी की कथा एक-दूसरे को काटती चलती है। हरिया द्वारा 'मल पूजन' की जिज्ञासाएँ शास्त्री जी के लिए मार्क्सवादी ढंग से व्याख्यायित नहीं की जा सकतीं।

नीलाम्बर के यहाँ मशीन बनाम मनुष्य; मल पूजा बनाम लिंग पूजा की उक्त बहस सुनते-सुनते पिता की तबीयत खराब होने की खबर सुनकर मिर्गी आती है। यहीं से 'पिटार' का जन्म होता है।

फिर उस रात रायसैप मर जाते हैं। तब हरिया उनके पास नहीं होता है। कहानी में एक पाठ यह भी बनता चलता है कि हेमन्त ने पिटार के लालच में, हरिया को नींद की गोली दी और रायसैप के मुँह पर तकिया रख दिया। बहरहाल रायसैप मर गए हैं, लेकिन पिटार की चाभी हेमन्त को नहीं मिलती है। बाद में हेमन्त को बहाने से दूर भगाकर रायसैप के लँगोटे से हरिया को चाबी मिलती है और साथ में मल का एक टुकड़ा (पाठक जी ! यह मल का वही टुकड़ा है जो अटका रह गया था उस दिन हरिया की कहानी में)।

लेकिन जिस दिन हरिया को नीलाम्बर के यहाँ मिर्गी का दौरा पड़ा, जिस दिन 'गू' और 'गूमालिंग' की गहन सैद्धान्तिक चर्चा वहाँ हुई, जिस शाम हेमन्त ने उन्हें पिता के पास से अलग गोली देकर भेज दिया, उस रात 'लेटे-लेटे' हैरान होते हरिया ने पाया कि उन्होंने ऐसे ही फालतू सोच-विचार कर 'गूमालिंग' के बारे में जो अटकल लगाई थी, वह सच साबित हो रही थी, अन्यथा 'गूमालिंग' का नाम सुनकर रायसैप का चेहरा फक क्यों हुआ उस दिन ? उसी दिन रायसैप की मार्फत उसे ज्ञात हुआ कि गूमालिंग का शाप रायसैप को लगा है। सौ मोतें देखनी होंगी उन्हें। गूमालिंग मरने न देगा। सौ वियोग दिखाएगा। परिवार के सब उनके सामने मरे हैं। यह मदुआ भी मर जाएगा।

दूसरा गुट हेमुली का रहा। हेमुली ने पिरुली को बदला लेने वाली डायन बताया जो रायसैप के आखिरी बीज को भी खा गई।

तीसरा संस्करण तीसरे गुट का रहा जिसमें कामरेड विदुषी कार्यकर्ता कौमुदी त्रिपाठी रहीं कि पिरुली कैंजाओं के ऐसे झूठ हेमुली के सचों से बेहतर है।

बिरादरी ने यहीं तपाक से कौमुदी-हेमन्त की टाँका भिड़न्त ठहराकर तीसरी उपकथा भी खत्म कर दी।

अब हुआ यंह कि दिन बीते तो मुरलीधर ज्यू की कथा के वीभत्स तत्त्व गायब होते गए। 'गूमालिंग' अपने राह किसी दूसरे का दार्शनिक अर्थ पाने लगा। मामला आदिम साम्यवाद तक जा पहुँचा। (विश्वास ?) उधर गणेश जी के यहाँ वीभत्सता बढ़ती गई। 'गूमालिंग' का घटांटोप भी पिरुली का माना गया। उधर नीलाम्बर वीभत्सवादी कथा के हामी बने, जबकि हेमन्त पिरुली का पक्षधर।

अन्त में मुरलीधर ज्यू हरिया की कथा को बिरादरी के भले से जोड़कर हरिया को 'तपोबल' से मुक्त करते हैं।

(हम देखते हैं कि जितने व्यक्ति हैं बिरादरी में, उतने ही 'प्रमेय' हैं कथा के और उतनी ही सिद्धियाँ, उतने ही कथान्त।)

टीवी बाद के इन दिनों में इसी तरह बिरादरी रोज हरिया कथा में बिजी रहती है और नए-नए पेंच लगाती रहती है। सारे कथावाचक सिरे से झूठे मक्कार साबित होते हैं। कहानी का दबाव यहाँ तक आता है कि बिरादरी के लोग जितना ही अनुमान अनुसन्धान करते चले जाते हैं, उतने ही तथ्य और सत्य उनके पास जमा होते जाते हैं। लेकिन उनके विषय में सत्यासत्य का निर्णय करना कठिन होता जाता है।

(उत्तर-संरचनावाद के अन्तर्गत यही सत्य स्थापित होता है कि कहानी या भाषा के सत्य को हर आदमी अपने ढंग से 'पाठ' बनाकर हल करता है, किसी भी कथा का कोई सार्वभौम या सार्वकालिक या 'समग्र मूल्य' नहीं होता और जो अर्थ भी मिलता है, वह दूसरी कथा के 'भेद' से तै होता है।)

हरिया की कथा के अन्तिम क्षणों में जब मनोहरिया बताते हैं कि बिरादरी ने उनसे कहा लिखने को हरिया की कथा और जब टीवी आ चुका था, उसने हरेक के घर में नई-नई हैरानी-परेशानी भेजनी शुरू कर दी थी। उन दिनों में हरिया की इस हैरानी वाली कथा में किसी की दिलचस्पी नहीं रह गयी थी। टीवी के बाद के दिनों में कहानी बनाने वाले लोग ही नहीं बचे। तब बिरादरी के बचे-खुचे लोगों को चिन्ता हुई कि क्या बिरादरी के खत्म हो जाने के बाद कहानी भी खत्म हो जाएगी हरकुलीज की ? (हरिया हरकुलीज की हैरानी का असल तोड़ यही है कि क्या इन दिनों भी हैरानी की कथा सम्भव है, जब कैमरे ने और तर्कवाद ने लगभग हर हैरानी को 'तथ्य' और तर्क में बदल दिया है ?)

यहीं से जाति-बिरादरी, जो हरिया की कथा की हर कदम पर नई-नई व्याख्या करती आयी है, कथा में एक आधार की तरह निकल आती है। उत्तर-यथार्थवादी सम्प्रदाय कोई अमूर्त समाज नहीं। उत्तर यथार्थवादी बिरादरी यानी जाति। जाति के भीतर एक खानदान, एक कुटुम्ब के परिजन, बिरादरी।

इसलिए, भूली जा चुकी बिरादरी के लिए हैरानी की कहानी निश्चित अन्त वाली और निश्चित नए तत्त्वों वाली सम्भव नहीं थी। जब आधुनिकता में डूबे लोगों

ने चकित होना छोड़ दिया, जब रोजमर्रा का मुहावरा बाजार की सजीली वस्तुओं में रूप पा गया हो तब हैरानी की कहानी अनन्त अन्त वाली, अन्त तक आरम्भ वाली होनी निश्चित है। यही इस कथा की अन्तर्पाठीयता और खुला-खुलापन है। यहाँ बिरादरी के जितने लोग हैं, उनके लिए हरिया की हर हरकत की व्याख्या-कथा अलग-अलग है। हर पंक्ति में नया श्लेष है यहाँ। लोग दिनों तक हरिया की 'बुनावट' को खोलते फिरेंगे।

कथान्त अतुल महान् ज्ञानी के इस वाक्य से होता है कि "बात सिर्फ इतनी ही है कि (1) मेरे एटलस में आस्ट्रेलिया के नक्शे में गूमालिंग नामक जगह थी (2) रायसैप का मल आँत में और पलंग के नीचे रखे एक पिटार में अटका रहता था (3) हरिया कक्का के पास हरकुलीज साइकिल थी (4) बिरादरी अब उन्हें भूलने का अभ्यास करती रहती है (5) इसीलिए वे 'गू' और 'गूमालिंग' में खोने लगे हैं..."

पोस्टमॉडर्निस्ट, अमरीका पलट, अतुल सिद्ध करता है कि आप लिखें चाहे न लिखें, जीएँ या मर जाएँ, हरिया हरकुलीज की हैरानी की कहानी तब तक रहेगी जब तक हमारी बिरादरी रहेगी। क्योंकि हैरानी के बिना कहानी नहीं होती है और कहानी के बिना बिरादरी नहीं होती।

हरिया लिंग-योनिवादी बिरादरी की कहानी है। बिरादरी बिना हैरानी के जीवित नहीं रह सकती। सो जब-जब उसे हैरानी जरूरी होगी, वह हरिया की कथा कहेगी, कहानी कहेगी जो जीवित रहेगी, नहीं तो मर जाएगी। समूची लोककथाएँ जातीय कथाएँ इसी तरह बनती हैं और बनती रहेंगी। मनोहरश्याम जोशी ने हरिया की कथा में बिरादरी को लाके, बिरादरी के 'गू' से 'गूमालिंग' बनाया। फिर बिम्ब बना गूमालिंग विचार बन गया। पाप बोध का, प्रायश्चित्त का विचार, बिरादरी का केन्द्रीय विचार। (ऐसे पाठ में हरिया की असल समस्या नामर्दी है। बिरादरी में मर्द कथाएँ मर्दानगी-नामर्दी की दबे-सैक्स की कथाएँ होती हैं। लिंग-योनि पूजक हिन्दू समाज के लिए हरिया एक सहज नपुंसक पगलैट है, और जीवन-भर अपना गुमा हुआ लिंग खोजता है। इसी खोज की कथा है यह। हरिया की कूट, लम्पट कथा। वह कूटभाषा में पढ़ी जा सकती है।)

यहाँ से कहानी गूमालिंग में प्रवेश कर जाती है। गूमालिंग, जो एक मुफ्त का मिथ है। आस्ट्रेलिया में दिखने वाला गूमालिंग, उसमें बैठा दूसरा हरिया इस पहले हरिया उर्फ हैरी की तरह है। गैरी स्वयं गिरवाणदत्त ही है। मल निकालते-निकालते जो बिम्ब हरिया के मन पर है, वही आस्ट्रेलिया के हैरी में भी होगा। उसे भी शाप है जो यहाँ भी है। उसने गैरी की गर्दन मरोड़ने की सोची तो यहाँ हरिया ने भी सोची यानी सुनी। (हरिया हरकुलीज की हैरानी—हैरानी के रूप में हरिया के बेदम दिमाग में ही चलती है।)

बहरहाल, दो-दो हरिया और दो-दो रायसैप के बिम्ब-प्रतिबिम्ब या 'स्प्लिट' में आकर भी हरिया फँसते नहीं। हरिया को विश्वास है कि हम बाप-बेटा कई-कई समयों, कई-कई स्थानों में रहते हैं। दाढ़ी बनाने के सामने रखे शीशे में जो हरिया है, वह हरिया के गूमालिंग का ही हरिया लगता है। शीशा, छवि, एक बोदा दिमाग एक बिम्ब से कहाँ-कहाँ की कथा गढ़ लेता है ? कल्पना का स्वैराचार उत्तर-आधुनिक कथा का एक बड़ा खेल है।

अब जरा ये प्रस्ताव देखें। हरिया हरामी के प्रस्ताव :

—मल प्राण है, मल निकला तो प्राण निकला। हरिया का पहला प्रस्ताव है।

—शीशा, वही गूमालिंग है। छवि देता है। बताता है कि छवि में जो दूसरा है वह भी हरिया है। हू-ब-हू वैसा ही। (सीजोफ्रेनिया है ? शुद्धाद्वैत है ? क्या है ?)

—टीवी पूर्व के उन दिनों में शीशा ही छवि देता है, दूसरे के होने को बताता है। टीवी बाद के इन दिनों में बिरादरी पनवाड़ी के यहाँ गूमालिंग के जरिए हरिया की कथा जीवित रखती है। क्या हरिया टीवी में मनोहरिया की तरह कूद गया है ? क्या टीवी में हरिया अपना गुमा हुआ लिंग खोज रहा है ? टीवी ने जैंडर बायस क्या तेज कर दिया है ? टीवी यानी शीशे में।

—जिस तरह शीशे में झाँककर हरिया बर्बाद हुए, टीवी में झाँककर उस दूसरे को पाने वाले हम भी बर्बाद हैं। क्या ऐसा संकेत यहाँ है ? टीवी में झाँकती बिरादरी हैरान होने के लिए क्या हरिया को फिर-फिर न बनाएगी ?

—विशेष यह कि हरिया शीशे में के दूसरे को सच मानता है। इसीलिए 'गूमालिंग' का अर्थ वह जो मेरे जैसा दूसरा है ? यह दूसरा क्या पाठक है ? बिरादरी है ? लेखक है ?

बहरहाल ! हरिया कथा में फिर आगे बढ़ते हैं।

पिटार में कुछ पुराने फोटो, नंग-अधनंग, सहवास के चित्र, पिताश्री मैथुनरत दिखते हैं। (ये चीजें हरिया के नपुंसक संसार को नए झटके देती हैं।) गूमालिंग का रहस्य यहीं पूरी तरह खुलता है।

पिटार में निकलता है किन्हीं 'रिग्यांग चो' का पत्र, जिसमें रायसैप को जंगल कटवाने से नाराज देवता (गूमालिंग) का शाप कहा है। यहीं ज्ञात होता है कि गिरवाणदत्त उसे चुराके लाए थे। यही अपराध हरिया को प्रायश्चित्त के लिए उकसाता है। हरिया तै करता है कि पिटार को गूमालिंग में देना है, तभी मुक्ति मिलेगी शाप से।

कहते हैं कि इसके बाद हरिया ने बुढ़िया हेमुली बोज्यू से कामसुख के बारे में विस्तार से प्रश्न किए (यह भी बिरादरी में प्रमाणरहित सत्य था)। हेमुली से पिरुली कैंजा नामक प्रौढ़ा सुन्दरी का पता चलाया जो रायसैप के चित्रों में नंगी थी। इस दौर में हरिया का शरीर चिन्तन बढ़ा। डॉक्टर ने उसे ट्यूमर बताया।

हरिया ट्यूमर से नहीं डरा। उसने प्रश्न किया, जब मैं नहीं पगला रहा तब मेरे दिमाग के कोश क्यों पगला गए ? (पगलाए कोशों से भी एक पगला प्रश्न करे तो किसके कोश पगलाए हैं ?)

हरिया की इस पर्सनैलिटी में जिज्ञासा बढ़ी तो बढ़ती गयी। शरीर चिन्तन से वह दर्शन तक पहुँचे और सोचने लगे कि 'जब मेरे भीतर कई' मैं हो सकते हैं तो बाहर क्यों नहीं हो सकते ? गूमालिंग में क्यों नहीं हो सकते। यहीं पर स्पष्ट होता है कि गूमालिंग हरिया का दूसरा लोक है। शीशे की तरह। बिम्ब की तरह। यह रहा सीजोफ्रेनिक विघटन का भूमंडलीकरण। यह धरती ही स्प्लिट दिखती है महान् हरिया जी को ! कितना बड़ा अचानक सच !

गूमालिंग की खोज आगे बढ़ती है। अतुल पत्र लिखाता है। हरिया लिखता जाता है। इसी क्रम में पिरुली कैंजा आती है। दृश्य में गूमालिंग की ज्ञाता होकर (बिरादरी फिर भी कहती है कि मामला पिटार का है)। पिरुली-गिरवाण प्रसंग खुलता है। पिता के कुकर्मों का पिटारा खुलता जाता है।

(पिरुली के आगमन से यथार्थवाद का पुट आता है कथा में। गिरवाणदत्त जी का कामुक भ्रष्ट पाखंडी जीवन खुलता जाता है। हरिया उसी मूढ़ भाव से सुनता जाता है; लेकिन बिरादरी नहीं मानती, हेमुली नहीं मानती, मुरलीधर नहीं मानते पिरुली का यथार्थवाद। दामोदर मामा नहीं मानते। हेमुली को भी धकियाते हैं कि सूरज जैसे प्रतापी रायसैप पर कीचड़ उछालती है।)

(जब हरिया गूमालिंग की खोज में निकलता है तो एक क्षेपक एक अंग्रेज रिपोर्टर का भी आता है जो हरिया को एक रिजैक्टेड कहानी 400/- में बेच जाता है जिसमें वह गूमालिंग का और हिमाचल के कुछ स्थानों का जिक्र कर देता है।)

(यह व्यक्ति हैरी स्मिथ प्योर गप्पखोर है। ऐसी कहानी के बाद में ज्ञात होता है कि उसकी कहानी में वही जंगल का किस्सा था, हरमौर का, जिन्हें कटवाया था रायसैप ने। इसी कथा में गूमालिंग 'परममिथ' बनता है। गूमालिंग देवता है। उसे जो जान जाता है वह जाता है, यानी जिज्ञासा जानलेवा ही हो सकती है।)

(अधिकतर ज्ञानीजन परेशान हो सकते हैं कि हरिया के खोपड़े में जब इन प्रश्नों को जगह नहीं तो आते क्यों हैं ? बिरादरी से बाहर, राष्ट्रवादी, अन्तर्राष्ट्रवादी विचारों से लैस आधुनिकता के ज्ञानदम्भ में पगे लोगों को ट्यूमर के मारे हरिया पगलैट और यह कथा एक प्रलाप लगे तो मनोहरिया को आश्चर्य उसी तरह नहीं होना चाहिए जिस तरह हरिया को नहीं होता।)

हैरी स्मिथ नामक महाझूठे और महासच्चे पियक्कड़ पत्रकार के उसी झूठे-सच्चे दस्तावेज में 'गूमालिंग' का अर्थ दिया है कि इसका अर्थ मैं ही वह दूसरा है। यह छाया की तरह है। छायाएँ होती हैं इस जगत में। इस जगत की। इसलिए परछाईं नहीं देखते लोग, देखते हैं तो मर जाते हैं। इसीलिए शीशा नहीं देखते।

शीशा देखते ही आदमी खतम।

(साहित्य जिन्होंने समाज का दर्पण मान रखा है, गूमालिंग के इस अर्थ के अनुसार, जो साहित्य में अपनी छाया खोजते रहते हैं, यथार्थवादी स्कूल की तरह मृत्यु को प्राप्त होते हैं। हरिया हरकुलीज इतना भयावह उत्तर-यथार्थवादी कथाकार ठहरा। हरिया की यह कथा साहित्य की कई यथार्थवादी दुकानों को, पोजिटिविस्ट सम्प्रदायों को ध्वस्त करती हुई आगे निकल जाती है।)

हैरी स्मिथ की इस 'गप्प' को नीलाम्बर-हेमन्त नहीं मानते। हेमन्त तो गूमा-हूमालिंग को हरिया की हेमुली-पिरुली की शुद्ध बदमाशी मानता है। असल मामला प्रापर्टी के पिटार का ठहरा। हरिया पिरुली के साथ चल देता है पिटार लेकर गूमालिंग की खोज में।

शोध और नक्शों के सारे मानक ध्वस्त करते हुए एक दिन बिरादरी में पिरुली लौटती है चार महीने बाद। अकेली। यह कहानी उसके द्वारा बतायी जाती है। सुनने वाली बिरादरी होती है। बिरादरी, जैसा कि आरम्भ से सभी को कुछ झूठा—कुछ सच्चा या सच्चा-झूठा मानती आयी है, इस बार भी पिरुली की कथा को सच्चा यानी झूठा कहती है। पिरुली कह चुकी है कि हरिया कहीं मर-खप गया, यानी बिम्ब में समा गया। वह बचते-बचाते कथा सुनाने पहुँची है।

पिरुली सूत्र में बताती है बिरादरी को कि जो हरिया गया था वह लौटा नहीं ? बिरादरी की जिज्ञासा शान्त करने के लिए वह कहती है कि 'सारी बात' समझाऊँ तो समझ में आएगा। शुरू से शुरू करती है वह (वही आधुनिक कथावाचक का समग्रतावाद, टोटलिटी जिसके बिना कुछ भी समझ में नहीं आता, ऐसा कहा जाता है)।

पिरुली हरिया-लोप की कथा सुनाती जाती है। बीच-बीच में फलसफे भी देती जाती है। बिरादरी को फलसफा अच्छा नहीं लगता। पहली बात यह बताती है कि हरिया की मूलचिन्ता 'उस दूसरे के होने' और मनुष्यों की याददाश्त को लेकर थी जो अटक जाए तो आदमी दुख भोगता है। पिटार को यह गूमालिंग को देना चाहता है। रास्ते में जितने लामा मिलते हैं, एक से एक बदमाश हैं। सब पिटार चाहते हैं। अन्त में पिटार को रायसैप द्वारा भोगी हुई रानी की बेटी ले जाती है। यहीं हरिया 'आईने के पार' चला जाता है। वह खाली पिटार लेकर वापस आ गयी। (या यह कथा पूँजी, काम-कुंठा और मनोविक्षेप का पेश्टीच है ?) ज्ञानीजन सोचेंगे।

बिरादरी और पिरुलीकृत इस कथा के जवाब-सवाल हरकुलीज की जान हैं। बिरादरी वाले पिरुली की कहानी गलत मानते हैं। "टीवी पूर्व के जमाने में बिरादरी के लोग कैंजा की कथा में कमजोरियाँ ढूँढ़ते रहते। उन्हीं दिनों फिर बिरादरी के कुछ सरकारी अफसरों ने हरिया कथा की खोज करायी। कथा के कई संस्करण बने।"

हर संस्करण पहले को असत्य सिद्ध करता था। प्रेमकुमारी की कथा को

लामा काटता था, उसी को लामा पाछेन। इस सबसे पिरुली की कथा कटती थी। बिरादरी में हरिया को लेकर अनेक परस्पर विरुद्ध कथाओं पर विश्वास करने लगे। धीरे-धीरे ध्रुवीकरण होने लगा। कुछ लोग पिरुली का पक्ष लेने लगे, कुछ उसे पिटार की लुटेरी मानने लगे। जिन्हें माल चाहिए था वे कैंजा की कथा के साथ थे। (हेमुली और हेमन्त दोनों।) उधर बिरादरी की मूल महानता को खोजने वाले कहते कि देखो तो हमारे परमूढ़ मदुए तक सिद्ध पुरुष निकलते हैं।

पिरुली कथा का सबसे बड़ा दंड संशयात्माओं को झेलना पड़ा। वे तीन उपकथाओं में बँट गए। पहला वैज्ञानिक गुट था नीलाम्बर धारी का। इनके लिए पिरुली की कथा विज्ञानसम्मत तर्कसम्मत नहीं थी। लेकिन बिरादरी पूछती थी कि बिरादरी के लोग जो अचानक मिनिस्टर मंत्री बन रहे हैं, इसमें हरिया का ही पुण्य है।

संशयात्मक हरिया हरकुलीज की इस अनन्त रूपाकार वाली, अनन्त पाठ वाली कथा से भी कष्ट पाएँगे। लेकिन यह स्थिति हरिया को 'हैरान' नहीं करेगी क्योंकि ऐसे पाठक यथार्थ के मल में अटके हुए जो होंगे।

मनोहरश्याम जोशी ने हरिया से एक साथ कई खेल कर दिए हैं :

—उन्होंने कथा के भोलेपन का अन्त कर दिया है (यही बौद्रीआ की 'छलना' है)।

—उन्होंने तर्कसंगत, वस्तुगत ज्ञान-अज्ञान के कथित भेद को हरिया के जरिए मिटा दिया है।

—उन्होंने पूँजी (पिटार), काम (लिंग, गूमालिंग) और और विभक्त-अविभक्त चित्र के भेद मिटा दिए हैं।

—उन्होंने कहानी, हैरानी और बिरादरी के भेद मिटा दिए हैं।

—उन्होंने कहानी को 'पाठ' में बदल दिया है और जता दिया है कि पाठ के बाहर कहानी नहीं होती। कूट-भाषा का पाठ !

—उन्होंने विमर्श की भाषा को वृत्तान्त की भाषा बना दिया है, वृत्तान्त को विमर्श। सारी कहानी बातचीत में नहीं, बातचीत की भाषा में, चलती है। एक बिरादरी की बिरादरियत की हिफाजत के साथ।

—हर पाठक अपना पाठ पा सकता है कहानी में। 'गू' का कीड़ा 'गू' का पाठ करेगा। बिम्ब का कीड़ा बिम्ब का। पिटार का कीड़ा पिटार का। काम का कीड़ा काम का।

—हरिया ने कहानी की प्रचलित नई समीक्षा को हिन्दी के अटके हुए मल की तरह अटका हुआ सिद्ध कर दिया है।

—इसीलिए हे पाठक, यह समीक्षा नहीं, हरिया के गूमालिंग का रोचक पाठ-भर है। जो इसे समीक्षा बनाए सो हरिया की मुफ्त सेवा प्राप्त करें। कौतुक कथा के कौतुक प्राप्त करें।

—अन्त में हरिया गुरू यानी मनोहरिया गुरू साहित्यकारों की उपलब्ध बिरादरी को हमेशा ऐसी कहानी देते रहेंगे, क्योंकि बिरादरी है तो हैरानी है। हैरानी है तो कहानी है। इसका उलटा भी सच है कि हैरानी है तो कहानी है, कहानी है तो बिरादरी है।

हैरानी यह है कि टीवी के इन दिनों में साहित्यकारों की बिरादरी हैरान होना भूल चुकी है। इसलिए हरिया जी थोड़ा-बहुत हैरान करने आए हैं अपने गूमालिंग के साथ। सुगन्धि पसन्द लोग, पाँच सितारा लोग, पंडे पवित्रतावादी इसे पढ़ेंगे तो अटक जाएँगे। वहीं। सो न पढ़ें। यह उनके लिए नहीं है।

लिंग-योनि पूजक बिरादरी का यह कथा-प्रपंच दस फीसदी ही कहता है, नब्बे फीसदी पढ़ने वाले पर छोड़ता है। जो जैसा अर्थ लगा ले। यही इसकी छलनात्मक शैली है। यह छलना कूटभाषा के जरिए पैदा की गई है। यही हिन्दी का वयस्क तत्त्व बनता है।

डूब : विकास पर सवाल

एक सरकार है जो बेतवा पर बाँध बनाना चाहती है। एक गाँव है जो बाँध नहीं चाहता। गाँव में, एक आदमी बाँध नहीं चाहता। शुरू से आखिर तक वह अपने सत्य को सत्ता से टकराता चलता है। यह वीरेन्द्र जैन का 'माते' है। आदमी से दोगुनी जिन्दगी जीने वाला, गाँव वालों में मातबर, और अनिवार्य-सा आदमी।

'डूब' जब लिखा जा रहा था तो एक दिन वीरेन्द्र जैन का पत्र आया कि "मैं आ रहा हूँ, उपन्यास का अंश सुनाऊँगा। आस-पड़ोस से गौरीशंकर कपूर, चित्रा मुद्गल, सुरेश उनियाल, मोहन गुप्त, आप और क्षमा जी होंगे। बस।" फिर उस रविवार वीरेन्द्र हाजिर। थैले में पांडुलिपि थी। सादतपुर से मयूर विहार तक की यात्रा के बाद भी लेखक में कोई हड़बड़ी, कोई उत्तेजना नहीं थी। चाय-पानी के बाद पाठ शुरू हो गया था। और डेढ़-दो घण्टे बिना रुके चला। 'गोराबाई' ने उस प्रकरण में दो लपकों से अपनी इज्जत बहादुरी से बचाई थी। हमने उपन्यास पर चर्चा नहीं होने दी। वीरेन्द्र ने भी नहीं चाहा।

अब जब किताब की शक्ल में 'डूब' पढ़ा तो एक समस्या आई। वह 'एक बैठक' में नहीं पढ़ा गया। यानी जैसे ट्रेन में सफर के वक्त आप एक हेडले चेईज या लुडलुम पूरा कर लेते हैं, उस रफ्तार से न पढ़ा गया, किन्तु छोड़ा भी नहीं गया। और इसका कारण 'माते' था। माते वीरेन्द्र जैन का एक विचित्र-सा चरित्र है, यह एक टेढ़ा-सा, बाँका-सा चरित्र लगा। पढ़ने वाले के लिए भी रूठा हुआ। और इसीलिए इसका पीछा किया। मुझे लगता है कि माते किसी हद तक स्वयं वीरेन्द्र जैन है, जो दिल्ली में भी 'सभ्य' नहीं हुआ है, और माते की तरह क्षुब्ध रहता है।

'माते' एक विकास विरोधी चरित्र है और यह जमाना विकासवाद और प्रगतिशील विकास की कामना का है। 'माते' इस तमाम विकास पर थूकता चलता है। कहानी में ऐसे कई पात्र आ गए हैं जो सरकार की विकासनीति यानी बाँधनीति का मुआवजा लेकर 'ये जा वो जा' होते हैं, कुछ शहरों का रुख करते हैं, किन्तु

माते नहीं हिलता। दाँत में जो सुपाड़ी शुरू में फँसी है, वह आखिर तक निकलती नहीं। यह दाँत में विकास की सुपाड़ी है।

ऐसा विकासविरोधी चरित्र और एक आधुनिकतावादी विकासवादी युग में ! प्रगति के एक रास्ते को एकमात्र रास्ता मानने वाले हमारे दिमाग में माते अचानक एक—'रूढ़िवादी' प्रतिक्रियावादी पात्र बन जाता है। वीरेन्द्र जैन ऐसे पात्र को अपनी सहानुभूति दिए चलते हैं। है न रिएक्शनरी बात। तब वीरेन्द्र पर चर्चा क्यों हो ! यह हिन्दी में साहित्य विमर्श की स्थिति बन चली है कि मुँह खोलने से पहले वहाँ पता किया जाता है कि कौन किधर है ? वीरेन्द्र जैन किधर है तू ? या माते की तरह है जो अपनी 'भूमि का पुत्र है'।

'डूब' का कथानक नीचे से ऊपर की ओर नहीं चलता। वह आरम्भ से अन्त की ओर विकासात्मक ढंग से नहीं दौड़ता—वह जहाँ का तहाँ रहता है। ठहरे पानी की तरह। वह कोलाज जैसा है। एक गाँव के, आपस में दैनिक रूप से फँसे हुए लोगों की आपबीती का चिट्ठा। हरेक की रामकहानी अलग भी, और मिली हुई भी। माते उम्रदराज और केन्द्रीय पात्र है। समूची कहानी प्रत्येक पात्र के भीतर-बाहर एक आत्मालाप की तरह चलती है। यह शुरू से आखिर तक एक लहराते गुस्से का फल है।

वीरेन्द्र जैन सीधी 'हिट' कथाएँ कहने में सक्षम रहे हैं, फिर भी उन्होंने यहाँ आत्मनिवेदनात्मक और आत्मालाप-प्रलाप शैली का सहारा लिया है। आत्मालाप का गलत अर्थ लेने से पहले यह समझ लें कि यह बर्णनात्मक शैली का ही जोड़ीदार है जो 'वस्तु' के क्रमिक विस्तार को ठोस करने की जगह, उस पर की गई प्रतिक्रियाओं से हमें उसकी तस्वीर दिखाता है। यहीं आत्मालाप कहीं संलाप, कहीं प्रलाप, कहीं दौड़ होता है। वीरेन्द्र जैन के लगभग सभी पात्र बौराए हुए-से अपने आप से बतियाते रहते हैं। इनमें भी सर्वाधिक माते बर्राते हैं।

लेखक ने समूचे कथानक को वर्तमान काल में कहा है। भूतकाल यहाँ गायब है। यदि कहीं है तो वाक्यधर्म के कारण। वर्तमान काल में प्रतिक्रिया करते हुए हर पात्र टिप्पणीकार-सा बन जाता है। प्रलाप-संलाप का यही अर्थ है, जैसे वह अकेले अपने आपसे बात करता हो। लेखक हर पात्र को उसके वर्तमान में ही खोलता है—जब पात्र नहीं बोलते तो लेखक सीधे बोलता है।

गाँव की दुनिया वर्तमान में नहीं जीती। कम से कम प्रेमचन्द की कथा 'भूतकाल' में चलती है, इसीलिए जो गुजर गया है, वह उसे कहती है, उद्घटित करती है। फिर जो हो रहा है, उसे वर्तमान में कहना न केवल कठिन है, बल्कि एक काल काठिन्य भी पैदा करता है और चले आये यथार्थबोध को धकियाता है। जो हो रहा है, उसका कथन वर्तमान में करके लेखक न तो निष्कर्षों पर पहुँचता है (जिन्हें पढ़ने के हम आदी हैं), और न पूर्वनिष्कर्षों से हमें आश्वस्त करता है।

यह वृत्तान्त का नया वाचन है—वर्तमान से वर्तमान में, वर्तमान द्वारा। यह अखबारनवीसी और रिपोर्ताज की शैली है। एकदम वर्तमान।

काल की इस अवधारणा से इस वृत्तान्त का पाठ बनते ही विखंडित होता है। भाषा में बैठा वर्तमान काल वृत्तान्त के रसीले सुख के लिए अवकाश नहीं छोड़ता और न भाषा को 'रोमान' के गुण से युक्त करता है। वह कथानक को बिगाड़कर एक क्षेत्र के कई लोगों का व्यक्तिचित्र और रिपोर्ट जैसा बना देता है। कुछ लोगों ने इसमें भ्रष्टाचार, अनाचार आदि का 'एक्सपोजर' देख इसे यथार्थवादी खूँटी पर टाँग दिया, किन्तु यह उपन्यास यथार्थ से उलट चाल चलता है यानी एक यथार्थ से परे जाने की चाल। उत्तर-यथार्थवाद की ओर। यह कहना कि उसमें भ्रष्टाचार, सरकारी अनीति का भंडाफोड़ है, न उपन्यास की भाषा को समझना है, न सरंचना को। चालू यथार्थवादी खोल में भ्रष्टाचार अनाचार, अत्याचार आदि सभी 'अचारों' का बोलबाला पिटने की हद तक पक चुका है, 'डूब' इसी का तिरस्कार करता है। भ्रष्ट हैं, शोषक हैं, उत्पीड़क हैं, तो हैं। वे जीवन में तो और भी भयानक हैं। तो फिर हम उपन्यास क्यों पढ़ें, अपने जीवन को देख लें और सन्तोष कर लें। यथार्थवाद का चालू खेल शोषण को टाफी की तरह चूसता है : 'डूब' इसका तिरस्कार करता है। डूब पानी की ऊपरी सतह की लहरों को नहीं गिनता, बल्कि डूब गए यथार्थ को देखता है। 'डूब' हिन्दी की रंगीन आंचलिकता का भी तिरस्कार है।

वह एक मौलिक प्रश्न पूछता है : उस विकास से क्या फायदा जो मनुष्यों को उखाड़ दे, बेघरबार कर दे, उन्हें गलत जगह रोप दे, उनकी सहजात इच्छाओं को रोंद दे ? सरकार 'लबार' है। उसे क्या हक है कि वह शान्त ग्राम्य जीवन में उपद्रव करे, नदी की दिशा बदले। कितनी जनहानि, धनहानि है ! कहीं दूर बैठी सरकार फैसला करती है और कहीं दूर बैठे गरीब लोग उजड़ने लगते हैं। तो बाँध क्यों बनें ? और यदि बाँध बनाया जाना ही है तो क्या गाँव के भूमिपुत्रों के दिलों को भी वह बाँध सकता है जो अपने उजड़ने से टुकड़े-टुकड़े हो रहे हैं ? यह विकास लीला है या विनाश लीला। डूब का नायक माते शुरू से अन्त तक बौखलाया हुआ एक ही सवाल करता है, गाँव के गरीबों के जीवन का 'सत्य' सच है या सत्ता ? सत्ता के प्रतीक रेडियो को उपन्यास के आखिर में वह वट वृक्ष के तने से दे मारता है और रेडियो सत्ता का सच कहने लायक नहीं रहता। वह उसी पानी में डूब जाता है जो 'डूब' क्षेत्र को डुबाने आया है।

सत्ता और सत्य के इस मुकाबले में एक ओर बाबुओं, अखबारों, चीलगाड़ी, मोटर और अहलकारों के दौरे हैं, दूसरी ओर माते है। एक ओर मुआवजा है, दूसरी ओर न बिकने वाला जीवन है। एक ओर बदलाव की ताकतें हैं, विकास की ताकतें, दूसरी ओर अपने ढंग से जीवन जीने वाले लोग, जिनका प्रतिनिधित्व माते करते हैं।

विकास गाँव की शान्ति छीन रहा है। बड़ा आदमी बनाने का लालच देता है शहर। रामदुलारे जाता है बाहर। साब लोग भी जाते हैं बाहर। मास्साब भी। वे सब गतिमान हैं, मोबाइल हैं। वामन महाराज महा अवसरवादी हैं। अट्टसाब हैं जो गतिमान हैं। यानी ज्यादातर लोग गाँव में हैं और उतने ही शहर में। किन्तु माते के लिए गाँव स्थायित्व का, जड़ों का प्रतीक है। सम्बन्ध बदले हैं। गाँव में पूँजी का खेल घुस आया है। स्वार्थ घुस आया है।

बाँध का काम शुरू करने बाहर से मजूर लाए जाते हैं तो ऐतराज होता है। बाहर से आने वाले मजूर भी स्वीकार नहीं हैं। बिजली बनाने के लिए ऊँचाई पर पानी रोका जाएगा। उसे रोकने के लिए मिट्टी के ढूह बहाये जाएँगे। इस चक्कर में पंचमनगर, बारी, टोढ़े, सिरसोदिया, लड़ैई बाढ़ में डूब जाएँगे। गाँव के सामने चुनौती स्पष्ट है : "इस बाढ़ से लड़ सके, जो मुकाबला कर सके या कि जो इन्तजार कर सके इस आफत के टलने तक वह रुका रहे अपने गाँव में, वरना अपने खेत-खलिहान, घर-द्वार बेच-बूँचकर जा रहे कहीं शहर में। उसकी जमीन-जायदाद खरीदने को ही तो बैठे हैं होरा साब लड़ैई में। जमाना बदल गया है, कलयुग आ गया है कलयुग। इस जमाने की रीति उलटी। इस युग की नीति उलटी। पहले राजा को पानी की दरकार थी सो गाँव बसाया था। अब राज्य को पानी की दरकार है सो गाँव उजाड़ रहे हैं।" पानीपुरा का बच्चा-बच्चा गाता है यह।

पहले गाँव के लोगों को पानी चाहिए था। नदी के पास बस गया। अब देश-भर को बिजली चाहिए। देश के लिए गाँव को कुर्बान करना होगा। विकास का नया सिद्धान्त कहता है। गाँव वाला कहता है कि हमारी कीमत पर विकास क्यों हो रहा है ?

उपन्यास बार-बार इस सवाल को प्रस्तुत करता है। एक जोखिम-भरा सवाल है यह। विकास का विरोधी प्रति उत्तर देता है। प्रेमचन्दीय कथा में शहरीकरण और विकास एक महत्त्वपूर्ण जीवनमूल्य दिखता है। यथार्थवाद जिस विकासवादी आधुनिक बुर्जुआ मूल्यों का पोषक होकर कला में उभरा, उसमें क्षयशील तत्त्वों को गिरते दिखना तथा अग्रगामी तत्त्वों का उज्ज्वल रूप में दिखना अनिवार्य था। ग्राम्यजीवन की शान्त, आत्मतुष्ट छवि को जब से अंग्रेजों ने अपनी नीतियों से अशान्त और खराब किया; तब से शहरीकरण, विकास आदि के मूल्यों को अग्रगामी कहा गया। प्रगतिशील समीक्षा कर्म पुराने ढंग के सम्बन्धों को टूटते और नए के बनने की प्रतीक्षा करता था। 'पूस की रात' का नायक गाँव की बदतर हालत छोड़कर शहर भागने, मजदूर बनने की कामना करता था। 'गोदान' का होरी गाँव में आ रही सड़क पर मजदूरी करते मर जाता है, किन्तु गोबर शहर में मजूर बनकर अधिक तेज और नई चेतना लेकर लौटता है। प्रेमचन्द का यथार्थवाद विकासवाद के समान्तर चलता है।

प्रेमचन्द के बाद कहानी-उपन्यास सीधे शहर में आ विराजते हैं और एक बार जम जाने के बाद लौटकर जाते नहीं। वे विकसित नए यथार्थ के रिकार्ड रूम बनते जाते हैं। वे यथार्थ की इस गति को कहीं 'क्वश्चन' नहीं करते कि क्या सही हो रहा है ? वे विकास के फफोलों और रोगों को तो दिखाते हैं; किन्तु लौटकर गाँव नहीं जाते। वे गाँव को बचाने की सोचते तक नहीं। यह विकास का जीवन मूल्य है जो गाँव को सोचने ही नहीं देता। मध्यवर्गीय लेखक जब विकास के कुचक्र में भ्रष्टाचार, अनीति, चोरी और नृशंसता पाता है तो भी वह घबराकर पीछे नहीं देखता। पीछे कुछ बचा ही नहीं है। इसीलिए नई कहानी के बाद हमें जो कहानी और उपन्यास मिलते हैं, वे शहरी जीवन को ही सृष्टि का आदि-अन्त मानते हैं। कई बार शहर-गाँव में बदलाव के एजेंट की भूमिका भी निभाते हैं। गत दशक में लिखी गई अनेक रचनाएँ शहर से गाँव गए मजदूर या छात्रों द्वारा किए गए परिवर्तनों को आँकती हैं।

इस प्रक्रिया को और 'विकास' की इस अवधारणा को पहला झटका 'कामरेड का कोट' देती है। पहली बार एक भूमिपुत्र शहरीकरण और विकास के प्रतीक, अतिशिक्षित, अन्तर्राष्ट्रवादी मार्क्सवादी नेता के ज्ञान और निर्णयों के औचित्य को चुनौती देता है कि उन्हें हमारे समाज की स्थिति मालूम ही नहीं है ? वे शहरी लोग हैं। ज्ञानी-धानी हैं। किन्तु ग्राम्यांचल के रहस्य वे क्या जानें; भूमिपुत्र अपनी झोंपड़ी और खेत में अब किसी को नहीं घुसने देना चाहता। 'कामरेड का कोट' ने शहरी विकास और शहरी संस्कृति पर चोट की। 'डूब' विकास की अवधारणा के औचित्य पर ही प्रश्नचिह्न लगाता है।

यथार्थवाद की चली आती समझ में यह बात नहीं समा सकती। वह तो इतिहास की सड़क को अपनी नाक की सीध में जाते देखता था। कृषि निर्भर पुरानी ग्रामीण अर्थव्यवस्था और उससे जुड़े इन्फ्रास्ट्रक्चर की जगह नए का आना जरूरी मान लिया गया। विकास का एकमात्र अर्थ यह था कि अपने बन्द और आत्मतुष्ट ग्राम समाज हरित क्रान्ति आदि के जरिए बिजली, सड़क, संचार, बाजार और पूँजी से लीप-पोत दिये जाएँ और इस क्रम में उजड़ने वालों को शहर लाकर मजदूर बना दिया जाए। पूँजीपति वर्ग के पास विकास का यही विकल्प था। कम्युनिस्टों के पास भी यही था, क्योंकि शहरी मजदूर वर्ग और सर्वहारा के अधिक होने के बाद ही समाजवाद लाया जा सकता था। विकास की यह अवधारणा पिछले चालीस साल का बहु प्रचारित सत्य है। यह इतने दिनों तक एकमात्र सत्य बना रहा कि इसके मुकाबले कोई दूसरा विकास भी हो सकता है, यह सोचना लोग भूल गए। लोग भूल गए कि विकास उजाड़ता भी है और वह स्थानीय स्रोतों, परम्पराओं और इतिहास से मुक्त भी करता है। यह तो महसूस ही नहीं किया गया कि इस सदी में विकास द्वारा उजाड़ने की प्रक्रिया ठीक वही नहीं है जो मार्क्स एंगेल्स के पूँजीवाद

के उन्नीसवीं सदी के विवरणों में मिलती है। सामन्तीय चंगुल से छूटने के लिए तड़फड़ाता बँधुआ भूदास, शहर में आकर मुक्ति पाता है, यह सत्य इतने इकहरे ढंग से नहीं प्रस्तुत होता है और न विकास गाँव से शहर की ओर इकतरफा चलता है। अपने यहाँ के उदाहरण बताते हैं कि विकास का अर्थ आत्मनिर्भरता, स्वायत्तता और सुख को छीनना भी है। विकास के केन्द्र में 'शहरी मनुष्य' के होने के कारण किसान जीवन के उजाड़ और दुःख को अनुपस्थित मान लिया गया।

एक सड़क के आने पर, एक पुल के बनने पर, बाँध के बनने पर एक जमाने में शहरी लोग प्रसन्न हो गाना गाया करते थे कि देखो रोशनी आई। 'चार दिल चार राहें' में ख्वाजा अहमद अब्बास सड़क को गाँव और शहर की मुक्ति का रास्ता बताते हैं। गाँवों में सामन्तीय शोषण के शिकार लोग शहर आकर मजदूर बन सड़क बनाते, हड़ताल करते हैं और अन्त में सड़क बन ही जाती है। यह शहर के आगे गाँव का समर्पण था। विकास का यही नक्शा था एकमात्र।

हिन्दी कथा साहित्य में जिस यथार्थवाद की प्रायः चर्चा की जाती है वह इसी विकास के फलस्वरूप पैदा होने वाले तनावों और संघर्षों की रिपोर्ट-भर है। 'पूस की रात' का नायक महाजन से डरकर, शहर भागकर मजदूर बनने की सोचता है तो इसीलिए कि गाँव में उसकी रक्षा नहीं हो सकती और शहर उसे अपने बीच रखकर सुरक्षा दे सकता है। एक बँगला कहानी पर बनी बिमलराय की फिल्म 'दो बीघा जमीन' में जमीन का मोह भले न छूटे और शहर ने भी कोई मुहब्बत न दिखाई हो, किन्तु उसका नायक शहर से कुछ कमाकर अपनी जमीन छुड़ाने आता है, लेकिन तब तक शहरी सेठ ने चीनी मिल बना डाली है और वह अपने खेत की मिट्टी तक नहीं छू पाता। इसके बाद वह कलकत्ता फिर लौट सकता है। यानी एक रास्ता बचा है, भले हाड़तोड़ मेहनत का हो, कष्ट का हो। 'पूस की रात' का नायक, 'कफन' का नायक, 'दो बीघा जमीन' का नायक, 'गोदान' का नायक गाँव से अपदस्थ होने और उखड़ने को मजबूर है, गाँव से उसका मोह नहीं बचा रहता, जमीन के सम्बन्ध स्वयं शत्रु नजर आते हैं, इसलिए वह शहर की ओर मुँह करता है। औद्योगिकीकरण की प्रक्रिया, नए शहर बनने की प्रक्रिया, आबादी के स्थानान्तरण की प्रक्रिया में तब नया यथार्थ जन्म ले रहा था। ऊर्जस्वी और मोहक गाँव रहने योग्य नहीं रह गए थे गरीब किसानों, भूदासों के लिए।

बड़े बाँध, बड़े नगर, बड़े बाजार, बड़ी सरकार, बड़ी सड़कें, बड़ी रेलें, सब मिलकर आधुनिक हो उठने का पूरा इन्तजाम था इस विकास में। यह अहसास सम्भवतः सत्तर-पिचहत्तर तक चला आया कि विकास का यह नक्शा सम्पूर्ण है, अतर्क्य है और अनिवार्य है। हम इसे शुरू से ही वैध मानते हैं। किसी ने प्रश्न नहीं उठाया कि इस प्रक्रिया में उजड़ने की प्रक्रिया से उत्पन्न दुःख कैसे होंगे ? जो उद्योग पहले मुक्तिदाता था, वह अब उजाड़ने वाला नजर आता है। 'कामरेड

का कोट' में इस जमीन से जुड़े और गर्वीले चीज की शुरुआत है और 'डूब' में यह अहसास सघनता ले लेता है। वह—'बाँध' और 'विकास' का विरोधी हो उठता है।

'डूब' की खासियत यह है कि वह विकास की अब तक चली आती अवधारणा और उपलब्धियों पर ही प्रश्नचिह्न लगाता है। माते की घृणा, जिसमें यह चरित्र प्रायः डूबा रहता है, 'विकास' के मानव विरोधी रूप को धिक्कारती है। एक भूमिपुत्र की तरह वह 'जैसा भी है, जहाँ भी है उसे वहीं रहने दो' की विकल प्रार्थना करता रहता है। सब चले जाते हैं शहर। जो नहीं जाते या जो नहीं जा सकते, वे सब माते ही हैं जो कहते हैं : हमें नहीं चाहिए तुम्हारा यह विकास।

वीरेन्द्र जैन ने इस स्थिति को यथावत् रखने का प्रयत्न किया है। इसे हम पिछले दिनों चले बाँध विरोधी, पर्यावरण समर्थक आन्दोलनों और भूमि के प्रश्नों से जुड़े आन्दोलनों के साथ रखकर देख सकते हैं। चिपको, टिकैत का किसान आन्दोलन, मेधा पाटकर का नर्मदा बचाओ अभियान और अब विश्व पर्यावरण पर विचार, विकास के उस दो सदी पुराने प्रस्ताव को चुनौती देने लगे हैं जो 'मनुष्य' को अपने केन्द्र में रखकर, उसके नाम पर जो सभ्यता बना रहा था, वह अन्ततः मनुष्य विरोधी ही बन रही थी। विकास के इस नए विचार में 'मनुष्य' की जगह धीरे-धीरे 'धरती' को दी जाने लगी है। धरती बचेगी तो हम भी बचेंगे। बाँध बनेगा। जल प्लावन होगा। गाँव न बचेगा, धरती न बचेगी, तो क्या बचेगा ? नहीं, हमें नहीं चाहिए बाँध और न वैसा विकास। इसे उत्तर-यथार्थवादी स्थिति कहा जा सकता है।

'माते' ज्ञानी नहीं, पढ़े-लिखे नहीं। वह सहज विवेकी हैं। यद्यपि वीरेन्द्र जैन ने कई बार माते पर सवारी गाँठकर उन्हें राजनीतिक टिप्पणीकार भी बना दिया है, किन्तु वे प्रसंग अलग से नजर आते हैं और माते को भरमा नहीं पाते।

इधर साहित्य के हल्कों में जब उत्तर-आधुनिक स्थितियों की चर्चा चली तो अनेक लोगों ने नाक-भौं सिकोड़ी। उत्तर-आधुनिक स्थितियाँ आधुनिकता के दण्ड स्वरूप ही उभरकर आई हैं, यह किसी ने नहीं समझा, क्योंकि वे सभी जो इस नई 'स्थिति' से परेशान-हैरान हैं, वे स्वयं विकासवादी, आधुनिकतावादी हैं। वे नर्मदा बाँध, टिहरी बाँध और अब तक के विकास के कट्टर पक्षधर हैं। शहरीकरण और पूर्ण पूँजीवादी नक्शे के कायल हैं, भले ही वे पूँजीवाद के खिलाफ लड़ते हैं। वीरेन्द्र जैन ऐसे तमाम आधुनिक लोगों के सामने प्रश्न रखते हैं कि विकास और आधुनिकता के जो मानक अब तक रखे गए हैं, उनके संहारक रूप को देखें या डूबने को तैयार रहें। शहरीकरण इस तरह वीरेन्द्र के लिए नकारात्मक तत्त्व बन जाता है। बाँध, बिजली, सड़क, सब नकारात्मक बन जाता है। यह एक चुनौतीपूर्ण स्थिति है और इस पर हँसने से काम नहीं चलने का। यह स्थिति जानकर बहुत-से

लोग यह नतीजा निकाल सकते हैं कि यह एक प्रतिक्रियावादी उपन्यास है। खासकर वे लोग ऐसे निष्कर्ष निकाल सकते हैं जो आधुनिकतावादी हैं। उनकी प्रगतिशीलता की व्याख्या इस आधुनिकतावाद के साथ ही शक्ति प्राप्त करती है। आधुनिकतावाद को नकार दीजिए तो ये श्रेणियाँ नष्ट हो जाती हैं। वीरेन्द्र जैन यही करते हैं।

'डूब' अब तक 'प्रगतिशील' माने गए रास्ते पर ही प्रश्नचिह्न लगाता है इसलिए 'प्रतिक्रियावादी' या 'प्रगतिशील' दोनों ही उलट जाते हैं। इस उपन्यास को पढ़ते हुए आप इन शब्दों की सीमाओं को समझने लगते हैं। 'डूब' इस अर्थ में अपने बदलते समय से भी एक बहस उठाता है।

यों हिन्दी में जिस तरह के माफिया सक्रिय हैं, उनके रहते यह कठिन ही है कि ऐसे बेढब प्रश्नों को लाने वाले को कोई आँख-भर देखे। वीरेन्द्र जैन का एक बड़ा दोष यह है कि वे भी देवताओं को खुश करने लायक न तो शराब पीते-पिलाते हैं और न वैसा पढ़ते-पढ़ाते हैं जैसा कि गुरुजन चाहते हैं। 'माते' की तरह वे धरतीपुत्र हैं जो खुद मर्जी से भले बदले, दूसरा उसे नहीं बदल सकता। माते के चरित्र में कई जगह स्वयं वीरेन्द्र जैन मौजूद है। माते में 'टिकैत', माते में चंडीप्रसाद भट्ट, मेधा पाटकर मौजूद हैं। वह पहला मुकम्मिल भूमिपुत्र है जो हिन्दी जाति के बीच लौटा है। वह बहुत कच्चा-कच्चा है, कई जगह वह अधूरा है और इकहरा है; किन्तु वह जितना भी है, एक नया तत्त्व है, एक नए उत्तर-यथार्थवाद का तत्त्व।

यही है राइट चॉइस बेबी ! (आ हा !)

मुझे चाँद चाहिए। यानी वर्षा को चाँद चाहिए। यह चाँद क्या है ? यह नेशनल स्कूल ड्रामा है, यह हर्ष है, यह बॉलीवुड है, यही चाहिए वर्षा को, वर्षा वशिष्ठ को। (यही है राइट चॉइस बेबी !)

तब सिलबिल को क्या चाहिए ? क्या चॉइस है ? क्या चयन है ?

सिलबिल को चाहिए चाँद। चाँद यानी नया नाम, वर्षा वशिष्ट। शाहजहाँपुर के 54, सुलतानगंज में रहने वाली सिलबिल एक दिन हाई स्कूल का फार्म भरते हुए अपना नाम बदल डालती है। सिलबिल नहीं, यशोदा नहीं, नाम होगा वर्षा वशिष्ठ। कारण, यशोदा नाम में कोई सुन्दरता नहीं है। यशोदा के नाम में 'चाँद' नहीं है। चाँद की तलाश यहीं से शुरू होती है। और अन्तिम पृष्ठ तक सिलबिल सौन्दर्य-संधान यानी चाँद-संधान यानी वर्षा-संधान के बारे में सोचती है। यह एक चयन है।

(पाठक ! इस उत्तर-उपन्यास की 'समीक्षा' उत्तर-समीक्षा की तरह ही सम्भव है जैसा कि कहा जाता है : हम आगे देखेंगे।)

सिलबिल यदि एक कस्बाई लड़की का प्रतीक मान ली जाए तो पाँच सौ इकहत्तर पृष्ठों में हाहाकार करती उसकी बेजोड़ संघर्षयात्रा नारी-मुक्ति की एक अमर कथा हो सकती है। एक दृश्योपन्यास हो सकती है।

वर्षा वशिष्ठ यदि सिलबिल का आधुनिक विद्रोह, विस्तार-भर है तो समीक्षा कर्म कुछ इस तरह निपट जाना चाहिए :

सिलबिल बराबर वर्षा वशिष्ठ बराबर निम्न मध्यवर्गीय एक कस्बाई लड़की।

तभी शाहजहाँपुर के उस कॉलेज (सहशिक्षा) में दिव्या कत्याल नामक शिक्षिका का आगमन। दिव्या महानगर (लखनऊ) से आयीं। मिश्रीलाल डिग्री

कॉलेज में फैशनवती। कारसंचालिका। "चलती तो विद्यार्थी समुदाय की निगाहों में रेड कारपेट बिछती जाती।" आते ही दिव्या ने 'ध्रुवस्वामिनी' नाटक खेलकर "मिश्रीलाल डिग्री कॉलेज की सीमाएँ पार करके नगर को आलोड़ित कर दिया।"

यहीं दिव्या (जी) वर्षा की फादर फिलासफर गाइड बनती है (जिनसे वर्षा के लैस्बियन किस्म के सम्बन्धों के चर्चे (कर्दम-क्रीड़ा) बाद में बम्बई की फिल्म पत्रिकाओं में छपते हैं) और जो कस्बे के जीवन को, यानी सिलबिल के जीवन को बदल देती है।

दिव्या महानगरीय आधुनिकता बोध की एजेंट है। सिलबिल यानी वर्षा का घर संस्कृत अध्यापक का घर है, जिनकी सात पीढ़ियों में किसी ने कभी नाटक नहीं किया, कोई शहर से बाहर नहीं गया, किसी लड़की ने घर के बाहर रात नहीं गुजारी।

यानी 54, सुल्तानगंज प्रतीक है एक टिपीकल निम्न मध्यवित्तीय कस्बाई घर का। दो भाई, दो बहनें, माता-पिता। यहीं हलचल है। उपन्यास के पहले एक बेटा तीन हिस्से का वृत्तान्त शाहजहाँपुर का यही घर है। बड़ी बेटी गायत्री गाय है रामजी की। छोटी झल्ली का कोई व्यक्तित्व नहीं। महादेव बड़े भाई पिता की गद्दी के वारिस। छोटा किशोर मुँहदेखा। पिता यानी दद्दा एक औसत पिता। संस्कृत के कट्टर अध्यापक। कविकुलगुरु कालिदास के चौखम्बा सीरीज वाले नाट्यग्रन्थ एकमात्र संस्कृति हैं।

अपवाद है तो सिलबिल। उसके साथ बारहवीं कक्षा तक आते-आते कुछ प्रश्न उठते हैं। उसकी 'ब्रा' का साइज बड़ा हो जाता है। उसके शरीर के अंग तथा कटाव और मांसल और मुखर हो जाते हैं। लेकिन देह के इस वसन्त का उसके मन के 'शोक गीत' से तालमेल नहीं है।

सिलबिल से अचानक वर्षा वशिष्ठ हो उठना उपन्यास का पहला वर्षा मार्का झटका है जिससे 54, सुल्तानगंज हिल जाता है। वर्षा एक आत्म सजग लड़की है। दिव्या के प्रभाव से उसे विश्व के कुछ महान् आधुनिक साहित्य के महाकाव्य, सौन्दर्यबोध 'भावतंत्र' 'जीवन सौन्दर्य', 'अनुभूति', 'अस्तित्व' जैसे नये परिभाषा पद मिलते हैं। यह आधुनिक अस्तित्ववाद का धक्का है जो कस्बे को लगता है।

वह क्यों पैदा हुई ? उसके जीवन का उद्देश्य क्या है ? क्या जीवन की प्रकृति वैसी ही होती है जैसी 54, सुलतानगंज की है ? क्या उसे भी वैसा ही जीवन जीना होगा जैसा अम्मा, दद्दा और जिज्जी का है ? एकदम अस्तित्ववादी प्रश्न आ घेरते हैं। उदासी उसका स्थायी भाव बन जाती है।

यह यथार्थवाद हुआ। महानगरबोध कस्बों में घुस रहा है। घर विचलित हो रहे हैं। छठे-सातवें दशक में हर कस्बे में दो-चार सिलबिलें वर्षा वशिष्ठ बनती हैं, सौन्दर्य और अस्तित्व की खोज में साहित्यिक होती हैं, फिर दुनिया को चुनौती

देती हैं।

चालू प्रगतिशीलता में वर्षा वशिष्ठ एक मौलिक विद्रोहिणी स्त्रीवादी नायिका भी कही जा सकती है। वह पहला नाटक खेलती है। फिर लखनऊ जाकर सहेली दिव्या के पास रहकर नाटक खेलती है। घरवाले उसे पीटते-रोकते हैं, लेकिन वह नहीं रुकती। फिर वह बी. ए. करती है। माता-पिता शादी करके छुट्टी पाना चाहते हैं। तिकड़में करते हैं। वह नेशनल स्कूल ऑफ ड्रामा में दाखिला लेना चाहती है। नहीं लेने देते। फिर भी जिद और दिव्या की मदद से वह एन. एस. डी. पहुँचती है। अपने भाग्य और मेहनत के बल पर (सौम्य-मुद्रा स्कूली नाटक) वह दाखिला प्राप्त करती है। अंग्रेजी सीखती है। मेहनत कर अटल जी का स्नेह पाती है। यहीं हर्ष मिलता है, चतुर्भुज मिलता है। शिवानी, ममता, स्नेह, आदित्य सब मिलते हैं। ड्रामा स्कूल की ट्रेनिंग के दिनों में ऐन गणतंत्र दिवस पर दिव्या अपने प्रेमी हर्ष के साथ 'कौमार्य विसर्जन' करके सृष्टि का रहस्य जानने का सुख उठाती है। "ऐन राष्ट्रीय पर्व के दिन, जब गणतंत्र लागू हुआ, जब राजपथ पर तोपें राष्ट्रपति को सलामी दे रही थीं तो हठी प्रेमी मेरे काम कलश पर नखरेखा अंकित कर रहा था। इस तरह मेरे तनमन की क्रान्ति राष्ट्रीय चेतना के इतिहास के साथ गुँथ गयी है।" वह तफसील में दिव्या को खत लिखती है।

नए की प्रतिनिधि इससे अधिक बोल्ड क्या होती ? कस्बे की सिलबिल जरूर पहली स्त्रीवादी हैं। यथार्थवाद की मारी हुई समीक्षा हुलसकर यहाँ 'राष्ट्रीय चेतना' के इतिहास में 'सैक्स क्रान्ति' को अनूठा प्रतीकात्मक कर्म मान सकती है, कोई दिलजला समीक्षक चाहे तो ऐसी कुलटा, कुलकलंक 'वेश्या' (जो उपाधि वर्षा को बम्बई में मिलती है) को 'दद्दा' की तरह डंडियों से 'पीट' सकता है, क्योंकि जिस तरह दद्दा की समझ में नहीं आया, उसी तरह सिलबिल का वर्षा-विद्रोह यथार्थवाद की खोज में लगे समीक्षक कोलम्बसों को भी नहीं आएगा।

यथार्थवाद के लिए तरसती समीक्षा की खातिर हम आगे की कहानी फिर टटोलें।

वर्षा सभी एन. एस. डी. वालों की तरह एक दिन फिल्मी दुनिया की राह लेती है। यहीं आदित्य है, यहीं हर्ष है, यहीं सिद्धार्थ है, यहीं सब कुछ है—यहीं उसका नया संघर्ष शुरू होता है। यहाँ कमजोर चरित्र हार मान लेते हैं। वर्षा नहीं मानती। वह वैसे ही कीर्तिमान स्थापित करती जाती है, जैसे एन. एस. डी. में किये थे। वह देखते ही देखते नम्बर एक अभिनेत्री हो जाती है। घरवाले उसके आलोक से आलोकित होने लगते हैं अनाप-शनाप पैसा बरसने लगता है।

लेकिन कला और संवेदना तथा व्यावसायिकता में तालमेल हमेशा तो नहीं बैठ पाता। हर्ष नहीं बैठा पाता। कला का अहंकार और व्यवसाय की भयावह शर्तों के बीच वह नशे का सहारा लेता है और एक शाम बम्बई की तीखी 'नाटकीय

समक्षता' (लेखक सुरेन्द्र वर्मा का यह बीज शब्द है जिसकी चर्चा थोड़ा आगे आएगी।) में आहत होकर वर्सोवा बीच पर लाश के रूप में पड़ा पाया जाता है। (पिस गया वह दो कठिन पाटों बीच। ऐसी ट्रेजेडी है नीच। मुक्तिबोध के काव्य का एक बड़ा पूरक है हर्ष) वर्षा आहत अपराधी होती है। लेकिन क्या करे ? वह उस बच्चे को जन्म देना चाहती है (अनब्याही) जो हर्ष का है और उसके पेट में पल रहा है। वह परवाह नहीं करती कि कोई क्या कहता है। उपन्यास के अन्तिम पृष्ठों पर वह, उसका बच्चा, कैंसरग्रस्त दिव्या, उसकी बच्ची प्रिया है। नियति के समक्ष नतमस्तक है वर्षा।

यथार्थ का चित्रण यहाँ खूब हुआ है। वर्षा एक प्रतिनिधि पात्र है। नारी के संघर्ष का, अकेली नारी के लम्बे अनथक संघर्ष का। यथार्थवाद का खोजी समीक्षक कहेगा।

लेकिन सिलबिल के चाँद का रहस्य इतने से नहीं खुलेगा। चालू समीक्षा इस किताब को नहीं पढ़ सकती।

'मुझे चाँद चाहिए' का दूसरा पाठ मनोवैज्ञानिक किस्म का हो सकता है। (इसमें बहुत छूट है और बहुत मसला है। यहाँ हमें वर्षा की पतनशीलता और व्यावसायिकता की पतनशीलता दिखाई जा सकती है।)

सिलबिल दमित यौन की प्रतीक है। सौन्दर्य के प्रति ललक, देह की मुक्ति के प्रश्न हैं जो कभी दिव्या, कभी मिट्ठू (यह लखनऊ का एक्टर था) कभी हर्ष (गणतंत्र दिवस का कौमार्य विसर्जन), कभी सिद्धार्थ (तप्त रेगिस्तान में शूटिंग लोकेशन पर प्रगाढ़ चुम्बन), शिवानी, अनुपमा, रीटा आदि के साथ अर्ध लैस्बियन सम्बन्ध (प्रगाढ़ चुम्बन, नाइटी-पैण्टी प्रेम, किंचित खुले पश्चिमी ढंग के मजाक), अन्त में हर्ष के बच्चे की अनब्याही माँ। यही है सौन्दर्यबोध। देह की मुक्ति।

फ्रायड को लागू करें तो वर्षा के तमाम कार्यकलाप 'पेनिस एन्वी' के कार्यकलाप हैं, इड ईगो, सुपर ईगो के तारल्य पर तैरती वर्षा।

लेकिन लाकां के कामना सिद्धान्त को लागू करें तो वर्षा का 'ईगो' दमित नहीं कहलाएगा। वर्षा जिस अनुभव को तलाशती है, वह उसके ईगो को ढँकता ही है।

लाकां को लागू करें तो पाएँगे कि वर्षा का आत्म, देह के रूप में 'आत्मरति' है। उसका आत्म आत्मरतिवादी है। वह अपनी छवि में बन्द एक देह है। 'समथिंग कर्टेन्स द बॉडी ऐज इमेज'—लाकां। यह देह संस्कृति में सौन्दर्य की खोज के लिए विकल है। अभिनय उसकी आत्मरति का विस्तार है जिसके लिए वह सब कुछ सहती है।

वर्षा की आत्मरति उस 'आत्म' का सहज विस्तार है जो हमारा राजनीतिक अर्थशास्त्र संस्कृति के क्षेत्र में हमें देता रहा है। नेशनल स्कूल ऑफ ड्रामा के

पाठ्यक्रम में अध्यापक निदेशक अटल जी के निदेशन में, विविध प्रशिक्षण लेने वाले छात्रों की बातचीत से लेकर बम्बई की फिल्मी दुनिया में कंचन प्रभा की 'कदली स्तम्भा जंघाएँ', 'उरोजों के आक्रमण', भीगती नृत्यमुद्राएँ और हॉलीवुडीय जान विल्सन के कथन बताते हैं कि देह और आत्मरति अभिनय के उद्योग का केन्द्रीय सार है।

अभिनय क्या है ? खाली स्पेस में देह का विस्तार। संस्कृत नाटक क्या है ? 'खाली स्पेस में अभिनेता का शरीर' वर्षा कविकुलगुरु कालिदास की ध्रुव पंक्तियाँ उद्धृत करती रहती हैं। ड्रामा स्कूल में भी यही सिद्धान्त पढ़ती है। वह रंगमंच पर अपने जीवन को ही देखती है (शरीर का विस्तार)। अन्त में हॉलीवुड का जान विल्सन वर्षा के अभिनय की व्याख्या करते हुए कहता है "कैमरे के लैंस के साथ वर्षा की इरोटिक कैमिस्ट्री है।" 'एक्शन' के बाद वह यौवन का पहला गहन क्षण व्यंजित करती है। एक्टिंग उसके लिए 'और्गाज्म' है।

अभिनय की ऊँचाइयाँ छूकर वर्षा अपना सौन्दर्य-लोक (और्गाज्म) पा लेती है। यही उसका चाँद है जो उसे मिलता है।

लेकिन वर्षा को पूरा प्रेम नहीं मिलता, प्रेम की एक सम्पूर्ण परिभाषा उसे नहीं मिलती। आत्मरति पलटकर प्रेम की तलाश, प्रेम की तलाश पलटकर प्रेमी की तलाश बन जाती है और प्रेमी के आत्महत्या कर लेने के बाद प्रेम की अन्तिम परिभाषा 'अन्तिम नामालूम उदासी' है वह चेखव के सीगल की तीता के इस वाक्य में प्रेम की आखिरी परिभाषा पाती है कि "जिस चीज का हमारे पेशे में महत्त्व है, वह यश नहीं, बल्कि सहने की क्षमता है—दायित्व निबाहो और विश्वास रखो।"

अस्तित्ववादी 'नामालूम उदासी' (शोकगीत बजते रहते थे) से चलकर 'नामालूम उदासी' में एक वेदान्ती किस्म का ताटस्थ्य है। वर्षा हो जाने के बाद 'महत्त्वाकांक्षा' के प्रश्न पैदा होते हैं जो वर्षा को सफलतम अभिनेत्री बनाकर फिर भी 'नामालूम उदासी' में धकेल देते हैं।

वर्षा की संरचना जिस वृत्तान्त में है उसकी संरचना यदि यथार्थ का 'प्रतिबिम्ब' मान ली जाए या 'ईगो' की अभिशप्त कथा (अस्तित्ववाद) की तरह पढ़ी जाए तो वृत्तान्त का बहुत-सा पाठ छूट जाएगा।

यह आसान है कि हम वर्षा में शोभना भूटानी से लेकर नीना गुप्ता तक के चेहरे पढ़ लें। अटल को अलकाजी मान लें। सूर्यभान को मनोहर समझ लें। अपने आसपास के सांस्कृतिक जगत के अनन्त चेहरे जो मंडीहाऊस के चक्कर पर पिछले बीस-पच्चीस साल से बैठे हैं, हम चाहें तो उपन्यास में से एक-एक चेहरा पहचान सकते हैं। हम चाहें तो उपन्यास को एन. एस. डी. का और कला फिल्मों का लघु इतिहास भी कह सकते हैं। इसे मंडी हाऊस का वृत्तान्त भी कह सकते हैं।

लेकिन यह इस उपन्यास की वृत्तान्त संरचना में छिपे धोखे हैं। यही इस संरचना की विशेषता है कि इसे प्रचलित समीक्षा की पदावली से सफल-असफल, महत्त्वपूर्ण-अमहत्त्वपूर्ण, मौलिक-मामूली कहा जा सकता है।

सबसे बड़ा धोखा इसकी भाषा में छिपा है जो 'अर्थ' की 'उपस्थिति' की भाषा नहीं है। पढ़ते हुए जो घटनाएँ, जो पात्र प्रकट होते हैं वे 'प्रतिनिधि' या 'आत्म' की यात्रा नहीं; बल्कि 'व्यंजक'-भर हैं और एक-दूसरे के 'व्यंग्य' भी हैं। उनमें लगातार तबादला चलता है। वर्षा-दिव्या, दद्दा-महादेव भाई, हर्ष-सिद्धार्थ एन. एस. डी.–फिल्मी दुनिया के युग्मों में लगातार भूमिका का परावर्तन होता रहता है।

उपन्यास में कथा के व्यंजकों के सोपान का क्रम कुछ इस प्रकार बनता है :

—शाहजहाँपुर-लखनऊ, शाहजहाँनाबाद, बम्बई।

—मिश्रीलाल डिग्री कॉलेज, नेशनल स्कूल ऑफ ड्रामा, फिल्मी दुनिया, हालीवुड।

—कविकुलगुरु कालिदास, कामू, चेखव।

—दद्दा, महादेव भाई, किशोर, हर्ष, आदित्य, सूर्यभान, अटलजी, सिद्धार्थ, हेमन्त।

—सिलबिल-वर्षा-दिव्या-रीटा शिवानी-ममता-कंचन-प्रभा-रंजना-प्रिया।

देरिदा के विखण्डन का सहारा लें तो इस कथा-सोपान के क्रम को उलटकर देखें। हमें अचानक बम्बई, हॉलीवुड, चेखव, हेमन्त, प्रिया वृत्तान्त के केन्द्र में मिलेंगे। वर्षा नहीं मिलेगी। वर्षा की महत्त्वाकांक्षा के ये कुछ नमूने मिलेंगे। वर्षा की देह मिलेगी। वर्षा नहीं मिलेगी।

विखण्डन करते ही प्रश्न उठेंगे कि शाहजहाँपुर में बम्बई-हॉलीवुड कैसे पहुँचा, कालिदास में कामू और कामू में चेखव कैसे आ घुसा ? दद्दा जैसे परम्पराभक्त परिवारी ब्राह्मण की अनब्याही बेटी द्वारा जनी गयी एक नशेड़ी कलाकार की सन्तान कहाँ से आ गयी ? यह है एक नयी 'संहिता' जो इन्हें जोड़ती है।

वर्षा वशिष्ठ के इस जीवन वृत्त में दो तरह की संहिताएँ सक्रिय हैं। एक है कामू-चेखव की अस्तित्व की परमपीड़ा का अनुभव, अकेलेपन का अनुभव और उस भूमिका की तलाश जो 'संवेदनशून्य' न होने दे, जो कलात्मक मूल्यों के सलीब को उठाती चले, जो व्यावसायिकता के दबावों से मुक्त जगह बना सके। यह है कालिगुला (कामू) की संहिता जिससे सक्रिय होकर सिलबिल वर्षा बनती है, सुरेन्द्र वर्मा का उपन्यास बनता है : "अचानक मुझमें असम्भव के लिए इच्छा जागी। अपना यह संसार काफी असहनीय है, इसलिए मुझे चन्द्रमा या खुशी चाहिए। कुछ ऐसा जो वस्तुतः पागलपन-सा जान पड़े।" यह उद्धरण (कालिगुला) समर्पण पृष्ठ पर है। एक अच्छी अस्तित्ववादी समर्पित श्रद्धांजलि। चन्द्रमा यानी खुशी यानी एक असम्भव स्थिति। आकांक्षा और स्थिति का द्वन्द्व, द्वन्द्व की पीड़ा, यही वर्षा का

चालक तत्त्व है। यह एन. एस. डी. के हर छात्र का चालक तत्त्व है। यही उसका पाठ्यक्रम है, यही प्रशिक्षण है। यही नाटकीय सिद्धान्त है यही 'नाटकीय समक्षता' है। पिछले चालीस साल से हर कलाकार का चालक तत्त्व रहा है यह।

वर्षा या उसके तमाम सहयोगी इस 'नाटकीय समक्षता' को हर बार फेस करते हैं। इसी के चलते स्नेह जी 'मंडी हाउस का शाप' नामक कविता लिखते हैं जिसमें व्यवसाय के लिए भाग खड़े हुए, एक से एक बड़े संवेदनशील कलाकार को उपालम्भ दिए गए हैं।

व्यावसायिक-कलात्मक, सफलता-असफलता के बड़े केन्द्रीय युग्म यहीं पैदा होते हैं। ये अस्तित्ववादी संहिता के युग्म हैं। ये हिन्दी की तमाम सांस्कृतिक बहसों में फैले हैं (और आज भी सक्रिय हैं। पाठक पढ़ते हुए इनका आनन्द उठाता है। उपन्यास की तेज गति इसीलिए है।)

"जिस समाज के सांस्कृतिक पर्यावरण के लिए हमने अपना सब-कुछ होम दिया, क्या उसका हमारे प्रति कोई उत्तरदायित्व नहीं है ?" स्नेह पूछते हैं।

दायित्व क्या है समाज का ? "आदित्य को कितना पहले संगीत नाटक अकादमी का एवार्ड मिलना चाहिए था, पर तत्कालीन सचिव अपने अहं के चलते रोड़ा बने रहे। दो बार उसे पद्मश्री मिलने की बात हुई, पर फाइल कहीं धूल खाती रही।" (स्नेह स्पष्ट करते हैं कि समाज का दायित्व है पद्मश्री देना, अकादमी एवार्ड देना। लेकिन अस्तित्ववादी संहिता इन्हें कलाकार का 'हक' बताती है) समाज के लिए सहा है तो समाज प्रतिदान क्यों नहीं देता ?

"सच्चा कलाकार सिर्फ आत्महत्या के लिए अभिशप्त है" चतुर्भुज कहते हैं। जुत्शी नामक कलाकार मंडी हाउस के मेघदूत थिएटर में फाँसी लगा चुका है। (बाद में हर्ष वर्सोवा बीच पर छलाँग लगा देता है।)

अस्तित्ववादी संहिता कलाकर्म और जीवन में दो-फाड़ किये चलती है। सिलबिल वर्षा बन घर से भागती है, बम्बई हॉलीवुड पहुँचती है। यह कथाक्रम उलटकर पढ़ें : अस्तित्ववादी संहिता को पूरा करने के लिए बम्बई की फिल्मी दुनिया शाहजहाँपुर पहुँचती है, फुसलाकर वर्षा को बुला लेती है। बम्बई की पूँजी की दुनिया अस्तित्ववादी संहिता की पूरक है (लेकिन एन. एस. डी. के छात्रों को लगता है कि शत्रु है)।

यह इन्नोसैंस ही इस संहिता की सुरक्षित उपलब्धि है। कलाकर्म की मासूमियत, लगभग हर रंगकर्मी इस मासूमियत को प्राप्त करता है। उसे विचार की तरह पेश करता है। पेट भरने के लिए समझौते करता है, अच्छा जीवन जीने (जो वह समाज से माँगता है) के लिए अभिशप्त रंगकर्मी टीवी, विज्ञापन, ब्रोशर, बम्बई फिल्मों का सहारा लेता है। जितना सहारा लेता है उतना ही 'अपराधी' महसूस करता है। उपन्यास के अन्तिम पृष्ठों पर स्नेह द्वारा जब हर्ष की 'असफलता' को

धिक्कारा जाता है। तो हर्ष वर्सोवा के बीच पर नशा करके छलाँग लगा देता है (मुक्ति पूरी न होने का अपराध हर्ष को मार डालता है, मरकर वह समाज के गाल पर तमाचा मारता है)। यही कला के प्रति प्रतिबद्धता है। समूचे उपन्यास में कला बनाम व्यवसाय की बहस उठती-गिरती है।

यह अस्तित्ववादी-संहिता व्यंजकों के जादू को छिपाए चलती है। उपन्यास की 'नाटकीय समक्षता' (स्थिति) में खलनायक बनते हैं कला मूल्य और समझौता विरोधी कार्यशैली।

निराशा, संशय, प्रतिबद्धता, शिकायत, आत्महंता अवसाद और शहादत (आत्महत्या) इस संहिता में एक ऐसे समाज की माँग करते हैं जो कला को जीवित रख सके, उसकी स्वतंत्रता को जीवित रख सके। (यानी कलाकार को निरंकुश स्वतंत्रता दे सके) यह अवांगार्दिज्म मोहक है, त्रासद है। वह इस सड़े-गले समाज पर हिकारत-भरी टिप्पणी है।

इस अस्तित्ववादी संहिता में एक विनिमय सक्रिय है। यह विनिमय दूसरी संहिता है जो विचित्र ढंग से अस्तित्ववादी संहिता के बाहर और निर्णायक ढंग से चलती है, जो अवांगार्दिज्म की 'इन्नोसेंस' को पलक झपकते धराशायी कर देती है। उसमें अस्तित्ववादी उक्त संहिता का विखंडन करें तो हमें यह नयी संहिता नजर आती है (वैसे यह नयी संहिता ही अस्तित्ववाद की कपाल क्रिया कर देती है)। यही है 'राइट चॉइस'। अस्तित्व के चयन से आगे बाजार का चयन। चॉइस।

आत्महत्या के लिए अभिशप्त संजीदा कलाकार क्या चाहता है ? सफलता, पैसा, शराब, होटल, यश, कीर्ति, धन, अपार धन, अपार ताकत। सफलता के क्रमिक अनुपात में ही वह बचा रहता है। उसे बचाने के लिए समाज को उसे पैसा, यश, सत्ता मुहैया करानी है। (अन्यथा ये दुनिया अगर मिल भी जाए तो क्या है ?)

यह सफलता कहाँ मिलती है ? व्यवसाय में ? वह व्यवसाय की दुनिया पर निर्भर है। हर्ष की 'मुक्ति' एक वितरक सेठ या फिल्म वित्त निगम के खजाने पर निर्भर है। अस्तित्ववादी संहिता मूलतः पूछती है कि यह ख़जाना कैसे हाथ आए ताकि बकौल आदित्य 'गाड़ी में बैठकर पाँच सितारा में पाँच सौ की बोतल शामी कबाब' के साथ चढ़ायी जा सके।

मासूमियत की हद यह कि लोगों (पाठक) को यहाँ 'कामना' मात्र दिखाई पड़ती है, 'कामना' का अर्थशास्त्र नहीं।

आह ! मंडी हाउस की मासूम दुनिया। कला क्षेत्र की अस्तित्वादी इन्नोसैंस।

यहीं दूसरी संहिता छिपी है। जीवन की संहिता, नए अर्थशास्त्र और नए माध्यम की संहिता। राजनीतिक अर्थशास्त्र के 'माँग और पूर्ति' के अटल नियम की संहिता, जो दुनिया की हर चीज को 'पैसे' में बदलने की शक्ति रखती है। माध्यमों के वर्चस्व की संहिता, जहाँ कलाकार और कला सब पैसे का एक निश्चित

विनिमय-भर है। हर्षवर्धन 'मुक्ति' के लिए पैसे चाहता है तो सेठ कंचन-प्रभा के 'वेट डांस सीन' चाहता है। 'मुक्ति' और 'नंगा नाच' बराबर आ जाती है इस संहिता में। मुक्ति और पैसा दोनों ही मिलें। यही है असम्भव की इच्छा, कालिगुला की इच्छा, हर्ष की इच्छा, वर्षा की इच्छा। पूँजी और मीडिया की जय।

'मुझे चाँद चाहिए' दरअसल 'राइट चॉइस' की कथा है। वह 'चाँद' चाहने की आकांक्षा के बाजार में बिकने की कथा है। पूँजी और बाजार की संहिता ही दिव्या बनकर, सिलबिल को वर्षा बनाती है। शाहजहाँपुर को बम्बई बनाती है, दद्दा को जारज सन्तान बनाती है, दिव्या को प्रिया बनाती है, वर्षा को वर्षा बनाती है। यही व्यंजकों का उलटना है। यही सही चयन है। आहा ! अस्तित्ववादी 'चयन' की पीड़ा यहाँ उपभोक्तावादी पीढ़े पर पसर गयी है।

वर्षा एक सफलता है। हर्ष असफलता। वर्षा हर्ष की मृत्यु पर रोती है, लेकिन फिल्म नहीं छोड़ती। वह पूँजी का जादू जान चुकी है (राइट चॉइस का रहस्य)। वह बाजार की संहिता को निर्णायक मान चुकी है। जो ऐसा कर चुका है वह जीवित है, उसे उसका 'चाँद' मिल जाता है। 'हेमन्त' (हर्ष का अवैध पुत्र के रूप में) नाम, यश, कीर्ति, धन के रूप में, ताकत के रूप में, राइट चॉइस का राइट चाँद है वर्षा का।

वर्षा को हर्ष के जाने का दुःख है, लेकिन अपराध-बोध बहुत गहरा नहीं है। पूँजी को 'शोक' हो सकता है (कि कलाकार मर गया), लेकिन वह अपराधी नहीं है। पूँजी की संहिता अपराधी नहीं है। अपराधी वह 'मासूमियत' है जो खुद को मार डालती है। हर्ष की आत्महंता 'भिड़न्त' में वर्षा हर्ष को अपनी मौत का जिम्मेदार मानती है : "अपराध किसी का है तो सिर्फ हर्ष का, एक ओर ऊँचे कलात्मक मूल्य, जिद और स्वाभिमान है और दूसरी ओर छुई-मुई अहं।"

अब हम इस विखण्डन को व्यवस्था दे सकते हैं :

चाँद की, असम्भव की आकांक्षा अस्तित्ववादी संहिता है। वर्षा जिसका व्यंजक है। शेष चरित्र उपव्यंजक है। यह संहिता वर्षा से हर्ष में पहुँच जाती है। वर्षा नहीं मरती (वह एक बार शाहजहाँपुर में नींद की गोलियाँ खाती है, एक बार ऐसा सोचती है, बस), हर्ष मरता है। अस्तित्ववादी कालिगुला मर जाता है। असम्भव की आकांक्षा मर जाती है। पूँजी और मीडिया उसकी जगह ले लेते हैं।

रह जाता है एक दैनिक जीवन और किसी तरह सुख से काट देने की कामना। पूँजी की शर्तों के आगे समर्पण। वर्षा की पूँजी के संसार में एक वेदान्ती 'उदास', जीवन कुछ-कुछ 'कर्मण्येवाधिकारस्ते मा फलेषु कदाचन'। कहती हुई वर्षा अस्तित्ववादी संहिता को अलविदा कर देती है। असम्भव की आकांक्षा को अलविदा कर देती है। यहाँ से कला के महान् मूल्यों की जगह उपभोग के मूल्यों का वर्चस्व शुरू होता है, छवियों और ग्लैमर का निर्णायक संसार शुरू होता है, जिसे वर्षा क्या,

कोई भी नहीं ठुकरा सकता। यह 'कालिगुला' का उपभोक्तावादी हो उठना है। अन्तिम दृश्यों में वर्षा की कला बनाम व्यवसाय की तमाम दुविधाएँ खत्म हो जाती हैं। यह शाहजहाँपुर की सिलबिल का कला का आखेट है। चाँद क्या है ? पूँजी का बाजार है, उपभोग है, वर्षा की आकांक्षा है।

और यही इस उपन्यास की संरचना है। जटिल। परत-दर-परत, अनेक परतों वाली, जिसे तोड़े बिना आप 'चाँद' तक नहीं पहुँच सकते। आप अस्तित्व सम्बन्धी गम्भीर चिन्ताओं में उलझ सकते हैं, यथार्थवादी मूर्खताओं में फँस सकते हैं, मनोविश्लेषणात्मक लिबिडों में कैद हो सकते हैं। इन सब संरचनाओं को तोड़ेंगे तो चाँद पर बैठी मिलेगी पूँजीमाया। उसे पुचकारती मिलेगी एक सन्तुष्ट वर्षा। जिसने अन्तिम असम्भव को पा लिया है, जहाँ सब-कुछ सम्भव है। अब असम्भव कुछ भी नहीं है। यही है राइट चॉइस बेबी !

सुरेन्द्र वर्मा ने इसी खातिर कई संरचनाओं के फरेब खड़े किये हैं। उन्हें पार करके ही चाँद की आकांक्षा का उपभोक्तावादी सार समझा जा सकता है। सुरेन्द्र इसके लिए 'नाटकीय समक्षता' की तरकीब बार-बार लाते हैं, ताकि मैलोड्रामा से बचा रहा जा सके और जीवन की नाटकीय रूप में समझा जा सके। इसके लिए सुरेन्द्र अन्तर्पाठीय संरचनाओं का पर्याप्त सहारा लेते हैं। पात्रों के बयानों के साथ वर्तमान वाक्य और स्मृति में आने वाले नाट्यालेख अन्तर्पाठीय तकनीक है जो हिन्दी कथा में अभूतपूर्व ही है। इससे 'हास्य' एक औजार की तरह निर्मित होता है जिससे लेखक ऐसी कथाओं में प्रायः आ जाने वाले 'मैलोड्रामा' 'रस सिद्धान्त' को मार भगाता है। वर्षा के अधिकांश वक्तव्य ऐसी अन्तर्पाठीय रणनीति हैं जो वर्षा को एक जिन्दगी नहीं देते, एक नाट्यालेख में हर बार अभिनय की भूमिका देते हैं। अपने ऊपर हर बार हँसना एक भावात्मक दूरी पैदा करता है और इसे यथार्थवादी मूर्खता से बचाता है। इस अर्थ में यह एक सम्पूर्ण उत्तर-यथार्थवादी उपन्यास है। यथार्थवाद से अलग नहीं, उसके पाखंड का निषेध करता हुआ एक नया उत्तर यथार्थवादी रणनीतिक उपन्यास, यहाँ से संस्कृति एक स्वतन्त्र प्रकीर्य बन जाती है। कलाएँ निर्बन्ध और मुक्त हो उठी हैं। यह उपन्यास कलाकर्म के अस्तित्ववादी अपराध-बोध को निकाल फेंकता है।

यही इसकी महान् उत्तर-यथार्थवादिता है। यह वह नया है जिसकी हिन्दी को (प्रेमचन्द के बाद) बेहद जरूरत थी। यहाँ से वृत्तान्त बदलता है। यथार्थवादी आखेट से परे का वृत्तान्त। एक कामेडी वृत्तान्त। असम्भव का सम्भव वृत्तान्त। यह मंडी हाउस का अभिशाप नहीं, वरदान है। मंडी हाउस कला की मंडी बन रहा है। कालिगुला कला की मूँगफली बेच रहा है। यही है राइट चॉइस बेबी ! आ हा !

एक उत्तर-आधुनिक समय में एक उत्तर-यथार्थ ही सम्भव है।

कविता जो एक केलि है

उत्तर-आधुनिकता में देह एक महत्त्वपूर्ण केन्द्र है। और अशोक वाजपेयी मूलतः 'देह' के कवि हैं, 'केलि' के कवि हैं। 'थोड़ी-सी जगह' में उनके पिछले पाँच काव्य संग्रहों से संकलित एक सौ तीन प्रेम कविताएँ एक साथ एक नए ढंग के शृंगार, नई स्त्री देह और दैहिक प्रेम का पाठ कराती हैं। एक साथ एक सौ पचपन पृष्ठों का पाठ करते हुए अचानक लगता है कि हम एक हठीले और साहसी प्रेमी की एक नई भाषा के सामने हैं जो हर बार लगभग अनथक ढंग से प्रेमिका के नए सौन्दर्य रूप, प्रेमी के नितान्त नए प्रणय निवेदनों, प्रेमिका के समर्पण, केलि लीलाओं के नितान्त ऐन्द्रिक और प्रायः छायामय दृश्य उपस्थित कर हमें चकित करती है।

कइयों के लिए यह व्यथा-भरी बात हो सकती है कि अशोक प्रेम को कविता का स्थायी कवि समय मानते ही नहीं हैं, वे उसे अपनी कविता में 'स्थायी देश' भी बनाते हैं। "जिसने जीवन में प्रेम न किया हो वह मनुष्य क्या और जिसने कविता में प्रेम न किया हो वह कवि क्या ?" अशोक यहीं हिन्दी की पूर्व रूमानी और रूमानी प्रेम कविता से अलग होते हैं। वे 'कविता में प्रेम' करते हैं। कविता ही वह 'थोड़ी-सी जगह' है जहाँ प्रेम सम्भव है। 'जिन्दगी में प्रेम' से अलग है कविता में प्रेम। जिन्दगी का 'प्रेम' प्रतिनिधि नहीं हो सकता कविता में हो सकने वाले प्रेम का। इसीलिए कविता में प्रेम तब भी सम्भव है जब जीवन में वह असम्भव हो जाए। जीवन में सम्भव सो कविता में सम्भव के अभ्यस्त पाठक यहाँ कष्ट पाते हैं। यहीं अशोक अपने लिए नया पाठक चाहते हैं। प्रेम में लिबिडो का नया संसार बनाते हैं।

कविता में प्रेम सम्भव करते हुए अशोक अनेक ढंग से प्रेम की सम्भावना को कहते हैं : "स्वेता के मित्र हाथों को छूकर मैंने जाना कहीं नहीं थी वह शान्त निजी गरमी जिसे मैं अपना प्रेम कह सकता। मैंने दुखी होकर देनी चाही अपनी करुणा तो याद आए वे हाथ। और फिर मिल गए कुछ शब्द, जिन्हें मैं वहाँ रख सकता था। वहीं जहाँ पहले वे हाथ थे। मेरे हृदय में हाथों के लिए, कविता के

लिए अब एक आशा थी।'' (सम्भावना) कविता की कई पंक्तियों को त्यागकर जो क्रम ऊपर रखा गया है उसमें हाथ (स्पर्श) और उनकी जगह शब्दों का मिलना 'कविता में प्रेम' की अशोक की अपनी तरकीब है। स्थितियों का लगातार स्थानान्तरण, स्थितियों से शब्दों की ओर आगमन और फिर अचानक शब्द की कैद में बन्द होना अशोक की अपनी प्रेम-समस्यात्मकता भी है।

अशोक के लिए प्रेम पुराने प्रेमियों की तरह 'सिद्धि' नहीं है, एक समस्या है—घनघोर तात्त्विक समस्या। और अनथक ढंग से वे उसे सुलझाने की कोशिश करते चलते हैं। इसी क्रम में स्त्री सौन्दर्य के रूप, उसकी देह और नए ढंग की रति दृश्य में आती है। कविता के भीतर प्रेम करने की केन्द्रीय समस्या है, प्रणय निवेदन की प्रक्रिया। निवेदन की यह प्रक्रिया 'स्वीकार' को सम्भव मान जब वास्तविक निवेदन पर आती है तो हर बार एक शिकायत पैदा होती है : ''आखिर तुम कब जानोगी—यह रात-दिन की बारिश। यह उसमें झींगुरों की अथक पुकार। यह हर कुछ को छूती-घेरती हवा। मेरा प्रणय निवेदन।'' (प्रणय निवेदन) यहाँ निगोड़ी प्रेमिका मानिनी नहीं है। दरअसल प्रेमी बहुत 'डिमांडिंग' है इन कविताओं में। प्रेमिका बेचारी बहुत नहीं बोल पाती। अवसर ही नहीं है। यहाँ प्रेमी लेना जानता है, देना नहीं। यह रूपधारी प्रेमिका कविता में प्रणय निवेदनों से इतनी चकित है कि एक बार भी संवाद नहीं कर पाती खुल के। प्रेम उसकी समस्या नहीं बन पाता। वह एक 'मर्द' समस्या बना रह जाता है। वाचक स्वयं ही प्रेम से लहूलुहान या सुखी होता रहता है। यही इस प्रेम की समस्या है।

जब निवेदन करता है यह प्रेमी तो किस तरह ? नितान्त फॉर्मल ढंग से, किताबी होकर और प्रस्तावों में आती है ढेर सारी 'रेअर' उपमाएँ : ''मैं प्रस्तावित करता हूँ हरियाली पर पहली ओस। ऊँचे उड़ता और नीलिमा से एकाकार होता अन्तिम पक्षी। पुनरपि ज्वलन्त सूर्य की लालिमा'' (प्रेम के रूपक) इस प्रस्ताव के इशारों को समझने के लिए प्रेमिका का कम से कम ऊँचे पाए की कवयित्री अथवा दार्शनिक होना जरूरी है। ऐसी विदुषी प्रेमिकाएँ प्रकृति ने रची नहीं, सो कवि अगली कविता में थोड़ा आसान 'प्रस्ताव' करता है : सुख का प्रस्ताव जिसमें ''चिलचिलाती धूप में प्रसन्न खिला अमलतास'' है, ''फूलों-भरा गुलमोहर अपनी ही लौ लपक में घिरा है'', 'इस बीहड़ संसार' और 'पृथ्वी को भूलने-तजने छोड़ने को' और 'अपने स्पन्दन को सुनने को', 'पंखुरी-पंखुरी चुनते बिखरते सुख' के लिए वह सुख का प्रस्ताव करता है। सीधा केलि प्रस्ताव है, लेकिन जैसा कहा कि प्रेमी नहीं जानता कि इस दुनिया में ज्ञानी प्रेमिकाएँ नहीं हैं, प्रेमिकाएँ हैं।

इस प्रेम निवेदन को थोड़ी-सी जगह चाहिए। यह भी दुर्लब्ध स्थिति है। अशोक ऐसी 'रेअरिटी' के ऐसे 'रेअर' कवि हैं कि परवाह नहीं करते कि ऐसी 'रेअर' जगह जिन्दगी में तो मिलने से रही जैसे : ''ओस गिरने, ठण्ड तप्त में उत्तप्त खिलने,

नीले आकाश के रक्ताभ होने, मेघों के कामातुर झुकने, हरसिंगार के फूल चूने की जगह, थोड़ी-सी जगह वहीं मैं तुम्हें प्यार करूँगा।" (थोड़ी-सी जगह) स्पष्ट ही मामला अमर प्रेम और स्थायी प्रेम निवास का नहीं, थोड़ी-सी जगह में थोड़े-से प्रेम का है। प्रेमिका फिर भी नहीं रीझती, लेकिन प्रेमी प्रेम में 'अन्धा' है, इस बार प्रेमिका को फुसलाने के लिए 'पूरी की पूरी पृथ्वी' दे डालना चाहता है, बताना चाहता है कि 'प्रेम के लिए' पूरी की पूरी पृथ्वी जरा-सी जगह बराबर होगी। निष्ठुर प्रेमिका नहीं पसीजती तो पुकार उठता है प्रेमी कि "सुबह के हल्के उजास में क्या धीरे से मैं तुम्हें पुकार सकता हूँ और उम्मीद कर सकता हूँ कि निमन्त्रण पर तुम आओगी ?" निवेदन की इस भाषा में जरूर कोई गहरी गड़बड़ है कि प्रेमिका नहीं आती तो नहीं ही आती। मगर प्रेमी तो प्रेमी है। हमेशा आग्रहशील और आक्रामक। कुछ देर मन को समझाता है कि "वह हवा जो अभी बहुत हल्के से धूप के बावजूद तुम्हें छूकर और न छूकर भी गई है, कहीं मैं तो नहीं।" (कैसी हो ?) यानी प्रेम की समस्या है स्पर्श। अशोक का प्रेमी स्पर्श को बहुत महत्त्व देता है : "क्योंकि तुम हो शब्द छू पाते हैं अर्थ।" ऐसे पीछे पड़े हुए जिद्दी प्रेमी से प्रेमिका नामक वह स्त्री कब तक बचेगी, यह खोज काव्यपाठ की लगभग जासूसी खोज बन जाती है। उसे चुप देखकर ठोस निमन्त्रण दे डालता है : "अपने यौवन के वैभव में मुझे थोड़ा-सा स्थान दे दो, जहाँ में अपनी कामना चित्रित कर सकूँ।" (थोड़ी-सी जगह।) थोड़ी-सी जगह, थोड़ी-सी धूप, थोड़ी-सी पृथ्वी, 'थोड़ी-थोड़ी' ऐसी माँग में दबी हुई कामना है लगातार स्त्री देह की प्राप्ति की। थोड़ी-सी के संकेत और कविताओं में फैले अनेकार्थ बताते हैं कि प्रेमी को वही चाहिए जो अक्षय कुमार को शिल्पा शेट्टी से चाहिए। फर्क भाषा का है, व्यंजना का नहीं, "तुम हरी घास हो, मैं उड़ती हुई ओस–" "मुझे एक जरा-सी नोंक दे दो, जहाँ मैं विलीन होने के पहल ठहर सकूँ" (थोड़ी-सी) में बौद्धिक कवायद है जबकि वह 'तू चीज बड़ी है मस्त-मस्त' सा ही निवेदन है। सीधे देह का निवेदन देह से।

अशोक की प्रेम संरचनाओं में लिबिडो व्यर्थ गोपन नहीं करता। बहुत देर तक वे नए मध्यवर्ग के पढ़े-लिखे और दुर्लब्ध स्थितियों में जीने वाले पुरुषों के प्रेम के अभाव को एक नए प्रेम भाव में बदलते हुए देह को प्रेम का निस्संकोच केन्द्र बनाते हैं। देह की कामना और केलि, स्त्री का रूप शृंगार और सुख यही कुछ है इस प्रेमी के जीवन में जो वह कविता में जीता है। फिल्मी ढंग के अभिव्यंजनामूलक यौन निवेदनों के अभ्यस्त लोग समझ सकते हैं कि दोनों के सुख के भाव में कोई तात्त्विक फर्क नहीं है। अशोक फर्क करते हैं, लेकिन असफल रहते हैं और इस तरह उनकी अद्‌भुत उपमानमालाएँ, उनका उक्ति वैचित्र्य उसी प्रेम के सरीखा नजर आता है जिसमें यह पूरी की पूरी फिल्मी पृथ्वी फिल्मी ढंग से फँसी है। अशोक की विशेषता यह है कि प्रेम को 'दमित यौनेच्छा' नहीं रहने देते, 'मुक्त लिबिडो'

बना देते हैं। इसके लिए भी स्त्री देह का आविष्कार करते हैं अशोक और उनसे भी ज्यादा करता है वह वाचक, जो कविता में परमानेंट प्रेमी है। उसके प्रेम निवेदन की मुद्रा बहत दूर तक याचना और समर्पण की है, अज्ञेय जिसके माहिर थे, लेकिन प्रेमी को असल आनन्द अपनी उपमानमालाओं को जुटाने में आता है। ये उपमान-मालाएँ बहुत कुछ छायावादी विशेषणों की ऋणी हैं। प्रेम के लिए प्रेमी ने जगह बनाई तो "तारों को बुहारकर अलग कर दिया", "सूर्य चन्द्रमा को रख दिया एक तरफ", "पृथ्वी को झाड़ा-पोंछा और आकाश की तहें ठीक कीं" (प्रेम के लिए जगह।), "कभी देवताओं को ठेल दिया", "पक्षियों से अनुरोध किया थोड़ा आकाश छोड़ दें।" (प्रेम के लिए जगह-2) लेकिन देह की उद्दाम ललक इतनी आवेगमुक्त है कि झाड़ने-बुहारने से काम न चला तो 'कहीं और' चला प्रेमी जहाँ "बच्चे नक्षत्रों से खेलते हैं और फिर भी जहाँ" प्रार्थना आरती हो नीम के बौर-सी नीरव, जहाँ पृथ्वी की परिक्रमा करता हो सूर्य, जहाँ चन्द्रमा तुम्हारे उरोजों के बीच छिपता हो (कहीं और) इस बहुत-बहुत देह में देह ही प्रेम का प्रथम और अन्तिम आश्रयस्थल है। अपनी तमाम आनन्दवादी उपमानावली के बावजूद "प्रेमी के लिए देह की अन्तिमेत्थम है।" (देह को प्रकट करती है देह।)

लेकिन देह का सौन्दर्य, उसका दर्शन, उसका हल्का स्पर्श प्रेमी को ऐसा बावला बनाता है कि वह उपमानों की उड़ानें भरने लगता है। माँग देह की होती है, लेकिन प्रेमिका के चेहरे का सूर्य नमस्कार (सूर्य स्मरण) करता नजर आने लगता है। मानो नया जायसी हो गया हो इस खुले लिबिडो वाले समय में। जब 'स्वीकार' होता है तो उसके लिए "सब कुछ रुक जाता है।" नक्षत्रों तक का ट्रैफिक जाम हो जाता है। यहीं से केलि लीला शुरू होती है। प्रेमिका के स्वागत के लिए स्वार्थी प्रेमी आकाश, नक्षत्र, पृथ्वी सबसे कुछ न कुछ लेता है, लेकिन देता क्या है ? कुछ उपमान। प्रेमिका क्या ओढ़े, क्या बिछाए ? जब 'चुम्बन' तक मामला पहुँचा तो फिर आकाशगंगा में जा पहुँचा प्रेमी (अचानक) और जब 'थोड़ी-सी जगह' मिली एक बार तो एकादशी हुई यों कि एक अंग छुआ तो धीरे-धीरे सर्वांग जग गए : "वह सुख की दरार है, देहरी है तृप्ति की, वह अर्ध-चन्द्र है केलि की।" "नेत्र भरे हैं, स्वप्न और प्रिय दर्शन से उरोज यौवन से सघन जंघाएँ रस लालित्य से।" जब "फूल फूल को समो लेता है" तब कहीं जाकर प्रेमिका कहती है एक बार : "मैं कब, कैसे भरी जाऊँगी" (एकादशी) नितान्त स्वार्थी प्रेमी को रति के बाद भी स्त्री की शिकायत सुनाई पड़ती है। यह प्रेम का अन्त है। प्रेम का सार। वह जो 'प्रेम' जैसे मिथ में छपा रहा है, वह देह भोग पात्र। प्रेमी अपनी सारी अलंकार योजना जुटाता रहता है कविताओं में, इसी 'देह भोग' की अतृप्त लालसा को छिपाने के लिए। 'एकादशी' से लेकर 'वापसी' के बीच तक कोई पचास-साठ पेजों में तरह-तरह की केलि मुद्राएँ देखी जा सकती हैं या केलि कामना। प्रेम केलि बन

जाता है। प्रेमी जब प्रेम कहे तो केलि-इच्छा-भर समझिए।

संकलन के उत्तरार्द्ध में 'कविता में जगह' साफ होती है कि प्रेमिका की जगह जो शब्द रखे जाते हैं, वे कविता होते हैं। शब्दों के बीच जगह बनाना कविता के साथ केलि के लिए जगह बनाना है (उसकी जगह शब्द)। यहाँ प्रेम बिना शब्द नहीं होता। वह बहुत 'वोकल़' है। अशोक की कविता में कैद प्रेमी अपनी प्रेमिका (केलि) को हरचन्द 'सैलीब्रेट' करता है, छुपाता नहीं, लजाता नहीं। प्रेम को भाव-रिक्त करता है। इस मायने में वह 'हाई मॉडर्निस्ट' है। यहाँ तक पहुँचने के बाद प्रेम मीमांसा का अवसर आता है। 'समस्या' दुखती रग की तरह उभर आती है। "वह सुख से इतनी झिझकती क्यों है ?" (एक लम्बी अधूरी कविता) आश्चर्यचकित रस लोभी रस-लम्पट की यह चकित चित्तावस्था उसी स्वार्थी प्रेमी का विस्तार है जो प्रेम निवेदन के बहाने देह टटोलने लगता है।

वार्द्धक्य में भी प्रेमी निराश नहीं होता, बल्कि 'परिपक्व युवा' पर मुग्ध होकर भरोसा करता है कि 'आयु नजर नहीं आएगी' (आयु का आश्चर्य), यहीं कहीं इस देहवादी प्रेमी का मन द्रवित होता है। हो सकता है। 'यों तो', 'विदा', 'खोया हुआ प्यार' आदि कुछ-कविताओं में प्रेमी थोड़ी देह को देह से बाहर निकलता है कि फिर देह में घुसने को आतुर होता है। "देह की पुकार समुखि सुनती है देह ही।"

प्रेम यानी केलि। देह यानी सम्भोग। सुख यानी देह की 'रेअर' प्राप्ति। कविता की देह में प्रेमी की कुल यात्रा नितान्त निजी सुख की ओर है, गैररूमानी एकदम मर्दवादी बखान की तरह। यहाँ स्त्री की वाणी नहीं है फिर भी प्रेम है। प्रेमिका नहीं है। जो है सो कविता में रह रहे आखेटक की कल्पना है। आराधना है। वह एक अनन्त सुख की तलाश में है। सुख देह में है, रूप में, शृंगार में है, वह उपमानों के जरिए इस सृष्टि को एक सम्भोग योग्य देह के रूप में ही देखता है, कविता भी देह है उसके लिए : "यहीं कुछ उत्सुक कुच-अधखुले-से क्षण : सुख नहीं बैठो और बात करो : (सुख से) सुख उसके कुचों के बीच हल्की-सी हरकत सा। सुख कुसुमित उसकी झाड़ी में।" (सुख से)

केलि सुख के इस संसार में चूँकि देश-काल सिमटकर देह केन्द्रित है, इसलिए ऐन्द्रिक सुख ही अन्तिमेत्थम है। स्वार्थी प्रेमी या तो आत्मरति में है या स्त्री-रति में। प्रेमिका यहाँ प्रेमी की चुनी हुई है। रूमानी प्रेमावस्था जिसमें कुछ ऊँचे किस्म के आदर्श बन जाया करते होंगे, प्रेमी की बाधा नहीं। अशोक रूमानियत से विदाई के कवि हैं।

जरूर अशोक वाजपेयी की कविता के पाठ में मिलता वह 'रसलम्पट' अशोक का पर्याय नहीं है (न होना चाहिए) और यह भी सम्भव है कि अशोक ने उसे वैसा न बनाना चाहा हो, लेकिन वह तो बन गया है और अपने कवि को उसने बना दिया है एक ऐसे गैररूमानी प्रेम का कवि जिसमें देह प्रधान है। हिन्दी का पाठक देह को अभी इतना प्रत्यक्ष नहीं देखता। वर्जनाएँ हैं। अशोक की कविताएँ रूमानियत और वर्जना को चुनौती हैं।

कविता जो एक चिह्न है

'निमित्त' की कविताएँ पढ़ते-पढ़ते आप पाते हैं कि पढ़ते हुए वे एक नए ढंग से 'पाठ' बनती जाती हैं। पाठ यानी पढ़ते हुए जो पाठकर्ता के भीतर बनता-बिगड़ता है वह पाठ। गिरधर राठी जो भी काव्य पंक्ति देते हैं वह खुद इसमें मदद करती हैं। पढ़ते हुए हम पाते हैं कि कविताओं को पढ़ने का एक ढंग जरूरी है और राठी की हर कविता को पढ़ने का अलग ढंग जरूरी है।

'कौन जो बतलाए सच ?' को आप ठीक वैसे नहीं बाँच सकते जिस तरह 'सहृदय' या 'सोचना-बोलना-बताना' या 'अभीष्ट' या 'तरतीब' को या 'लेखक/लेखन' को या 'चार शामें' को। 'निमित्त' इन दिनों उपलब्ध ऐसा संकलन है जिसमें हर कविता पाठकर्ता को अलग ढंग से स्वयं को पढ़ने की माँग करती है। शीर्षक से लेकर अन्तिम शब्द तक, बीच में लम्बी और छोटी पंक्तियों के बीच तक पाठकर्ता को अपनी आदी भाषा छोड़कर राठी की भाषा में पढ़ना पड़ेगा कविताओं को। और फिर वे पाठकर्ता को अपने दिल की बात कहती लगेंगी। उसकी भाषा का संस्कार होगा। राठी अपने वक्त के शायद सर्वाधिक सावधान और धीरज वाले कवि हैं जो अपने काव्य कर्म में न व्यर्थ बेचैन दिखते हैं और न काव्य-गति के प्रति बेचैन होते हैं कि पढ़ेंगे तो क्या कहेंगे लोग ? इस अर्थ में उनकी कविता उनके लिए भी एक चुनौती-भरी तटस्थ दूरस्थ चीज है।

बावन कविताओं को एक शीर्षक 'निमित्त' दिया गया है और ब्लर्ब में स्वयं कवि ने (जो कि जरूरी था) लिखा है कि " 'निमित्त' खुद एक प्रतीयमान कारण है, व्याज है, बहाना है।" यह अच्छा ही है कि जिन दिनों कविता को, कविता की भाषा को रचना-पाठ में बदलने वाले लोग कम से कमतर हो रहे हों और ढेर सारे काव्य अभ्यासी चालू किस्म के काव्योद्योग में लगे हों, उन दिनों एक कवि अपनी कविता की परिभाषा या प्रत्यय करना एकदम कठिन पाता है। पिचानबे के इन दिनों में वह काव्य प्रयोजन को तो और भी कठिन पा रहा है।

'निमित्त' कविता का बहाना है, बहाने का कारण भी तय नहीं है, यानी कविता क्यों ? तो उत्तर है कि निश्चय नहीं, इसलिए निमित्त मात्र भव सव्यसाचिनः लेकिन यहाँ 'निमित्त' नाटकीय मुद्रा-भर नहीं, क्योंकि कवि एक व्याकुल कर देने वाली बात कह उठता है : "अगर यह (निमित्त) सम्प्रदान के विपर्यय के रूप में करण है तो किस हेतु, क़िस प्रयोजन से ? अगर यह चिह्न या संकेत है, कोई निशानी है तो इसका लक्ष्य क्या है ? क्या यह निरा ठूँठ है ? अगर इसका कोई निशाना है तो कौन-सा ? क्या मात्र एक शुभाशुभ लक्षण है, भविष्य का सूचक ? या क्या यह केवल एक अवसर है—कर्तव्य, कृति, कृतित्व को परखने का ? और इस निमित्त अपने समय, स्वत्व और समाज इत्यादि को बहुत कुछ और परखने का भी ?" लगता है 'ब्लर्ब' नहीं राठी की बेहद उद्विग्न काव्य पंक्तियाँ पढ़ रहे हैं आप कि वे कह उठते हैं : "जो स्वयं को कवि कहता दिखता है, वह मुक्त रहना चाहता है—अपने उन पाठकों, रसिकों, समालोचकों की ही तरह जो मुक्त हैं इसे अपना कोई भी, कैसा भी निमित्त मानने या न मानने के लिए..." पिचानबे के इन दिनों में अपनी कविता के साथ ऐसी तापस-निस्पृहता सिर्फ मुद्रा नहीं हो सकती। दरअसल यह 'निमित्त' हो उठने की तड़प उस 'मुक्ति' की तड़प है जो किसी भी सच्चे कवि के अनुभव की तरह आती है। कविता की महत्ता, वैधता से, मोह से मुक्ति। अपनी कविता के आशय, यश और आलतू-फालतू व्यामोह से मुक्ति। तभी पाठकर्ता को छूट है कि वह इन कविताओं को कैसा भी निमित्त माने या न माने। और एक नई वैधता की तलाश कि कविता क्यों ?

लेकिन मुक्ति कहाँ है ? जब तक कविता है तब तक मुक्ति नहीं है और गिरधर राठी के लिए कविता 'परखने' का निमित्त है, प्रतीयमान या प्रत्यक्ष ढूँढ़ने का निमित्त है यानी सोचने और सोचने के बारे में सोचने का निमित्त है। स्वयं कविता पढ़ने वालों को इन कविताओं को सिर्फ इसलिए पढ़ना जरूरी होगा कि वे यह जानें कि कविता करना सिर्फ कहना (अभिव्यक्ति) नहीं है (बहुत लोग अभी मरे हुए अभिव्यंजनावाद में फँसे हैं।), बल्कि एक साथ सोचना-बोलना-बताना है।

यों तो कविता को अनेक लोग सोचने का ढंग मानने लगे हैं, लेकिन गिरधर थोड़ा स्पष्ट करते हैं कि यह सोचने के बारे में सोचना है, सिर्फ सोचना नहीं है। "सोचने बोलने बताने के रिश्ते अजीब हैं।" जब हम सोचते हैं तो अक्सर बोलते नहीं और जब बोलने लगते हैं तो यह सोचकर कि सोचेंगे वे जो हमें सुनते हैं एक हल्की-सी खरोंच देते हैं राठी प्रतिनिधिमूलकता पर : "सोचेंगे वे जो हमें सुनते हैं।" फिर सोचने-बोलने-बताने की अनन्त दुविधा पर बढ़ते हैं कि "मैं वह बोल नहीं रहा था जो मैं सोच रहा था।" सोचने और बताने यानी चराचर का ज्ञान और क्रिया या अनन्त कर्मों और जगत व्यापार या इस विकट प्रपंच को कहने का दम्भ बिखर जाता है। कवि कह उठता है कि और वह सब इतनी आसानी से नहीं जितना

कि हमने रखना चाहा है। सोचंना, बोलना, बताना एक साथ लगभग असम्भव-सा काम है, उसमें अनेक (अनन्त) काम सुविधा के लिए एक कहलाने वाला काम है। जिसमें थाह लेनी होगी उस "प्रत्यक्ष या प्रतीयमान की जो फिर एक नहीं अनेक है।"

हिन्दी में कवियों ने अनुभव और अभिव्यक्ति की एक सरल सूत्रीय अवधारणा मान रखी है, चालू आलोचना ने इस सूत्र को मानने के अलावा कुछ नहीं किया, लेकिन यहाँ एक कवि सामान्य-सा उत्तर-संरचनात्मक अनुभव कह रहा है कि "प्रत्यक्ष या प्रतीयमान जो फिर एक नहीं अनेक है।" क्योंकि इस चराचर, इस जगत की इस गतिमय अनेकरूपता को बहाल करना जरूरी है जिसके बिना न मनुष्य की रक्षा सम्भव है न कविता की। यह कहानी, अनुभव, कथन और फिर पाठ की अनन्तता की स्वीकारोक्ति एक सच्चा वैचारिक साहस है, जो ब्लर्ब से लेकर प्रत्येक कविता में अनेक तरह के पाठों की सम्भावना मानता है। इससे अधिक अपनी कविता में कवि की अनुपस्थिति और क्या होगी ? समकालीन कविता के लिए कवि का यों तटस्थ न होकर अनुपस्थित हो उठना एक पोजीशनल चुनौती-भर नहीं, वैचारिक चुनौती है। आगे की कविता इसके बिना सम्भव नहीं।

पाठकर्ता ठहरें। न सोचें कि यहाँ 'रस' नहीं है। यों इस कविता में ताजे गन्ने के रस की दुकानें नहीं खुल रहीं, जहाँ गब्बर सिंह और अमिताभ जैसे कोई दो चेहरे हेमा मालिनी के साथ डेढ़ रुपए का बड़ा गिलास पी रहे हैं। जिन्हें वैसा रस चाहिए वे अपने चालू कवि चुनें, लेकिन जो समकालीन जगत को एकरैखिक या अनुभव को सरल नहीं मानते वे जब इन्हें बाँचेंगे तो एक चिन्तन-रस यहाँ पाएँगे जिसमें बेचैन प्रश्नोत्तरी अपने समूचे कड़वेपन और कसैलेपन के साथ चलती है। इसे हम समकालीन स्थिति और कविता के जरिए चालू कवि कर्म की सार्थकता को प्रश्नांकित करने का उपाय भी कह सकते हैं। लेकिन यहाँ तक राठी छलाँग मारकर नहीं पहुँचते, एक सुदीर्घ आलोचनात्मकता से होकर पहुँचते हैं।

अपने समय के 'अतर्क' की व्याख्या, फिर अपने अभीष्ट की व्याख्या, फिर अचानक पाना कि : "इस तरह मेरा ध्येय मेरा निमित्त मेरा लिखा/दूर-दूर होता जाता है मुझसे/और मैं मापता जाता हूँ यह बढ़ती हुई दूरी/पर ठिठकता ठुमकता डगमगाता/काँपने क्यों लगता हूँ उससे जो मेरा/नहीं मेरे बहाने किसी और बहाने का/किसी और ही बहाने से लिखा गया।"

अचानक रोलां बार्थ का लेख 'लेखक की मृत्यु' याद आता है। अचानक उससे निकला वह 'संशय' याद आता है जो इस 'निमित्त' में छिपा है, जिसे कल तक कविता की गजब की 'डेफिनिटनेस' पाकर लोग भूल ही गए थे। कविता को लेकर दो दशक ही पहले कहे गए धूमिलीय 'हीरोइक्स' जो कविता की 'मास कल्चर' बन चले हैं, यहाँ दुर्घटनाग्रस्त हो जाते हैं, उनके अंजर-पंजर हिल जाते हैं। राठी का यह 'संशय' सिर्फ उनकी कविता का नहीं, उत्तर-आधुनिक यथार्थ की

चंचलता को, उसके पूरी तरह से पकड़ में न आ पाने के अनुभव के भीतर बना हुआ सच्चा संशय है। और इसे कहने का साहस गांधी के किस्म का साहस है।

निमित्त की पहली कविता ही पूछती है :

"कौन जो बतलाए सच ?" और कविता कहती है कि कोई नहीं बता सकता सच को। "पड़ने वाली मार, मिलने वाला गोपन दुलार, उल्लास, सन्ताप, इन्द्रधनुष, फूलती मौलिश्री"

और :

"यह बर्फ वह शृंगार वह रति/वह मेरा सब/इन्हीं के बीच कहीं/दबीनुची सिसकारी/आह।"

ठहरें, कंट्रास्ट पर न रीझें। राठी उसमें अनेक जगह बेजोड़ हैं। देखें कि "उड़ान में लपकते गिद्धों की धसान, भेड़ियों के नुकीले दाँतों की ठसक, एक नई महाशक्ति के नए सरताज की।" यानी मार, दुलार, सन्ताप और शृंगार के ऊपर नई महाशक्ति के सच को, इन तमाम सचों के बीच के तमाम सचों को कौन है जो बताएगा ? इस टेव की कई व्याकुल कर देने वाली कविताएँ बार-बार पूछती हैं कि अब सच कौन बताएगा ? कोई नहीं।

"बार-बार देखने लगता था पीछे/उधर उस छोर पर घिसटता आता था सच।"

कैसी घनीभूत पीड़ा है। सच घिसटता आता है। समूची तत्त्व मीमांसा उलट गई है। दर्शन औंधे पड़े हैं इस समय। राठी इसे जानते हैं। अब इस पर चर्चित सामान्य पाठक 'रीझे' तो कैसे ? इस सच से अकेले हो जाने के भय से कोई भी अकड़ा हुआ क्रान्तिकारी कह देगा कि राठी पतित प्रतिक्रियावादी ही ठहरा। मगर राठी कहेंगे यह उसका निमित्त ठहरा।

तकलीफ देने वाली बहुत-सी बातें हैं राठी के पास। 'संशय' और 'चिन्ता' और आगे खोयापन उनकी कविता-उद्यम के केन्द्र में हैं। उनकी कविता पढ़कर कामायनी के 'चिन्ता' सर्ग की याद आए बिना नहीं रहती। लेकिन राठी पिचानबे की चिन्ता करते हैं और वे मनु नहीं हैं। सो वे कविता में प्रथमतः उस रेटरिक की व्यर्थता दिखाते हैं जो यथार्थ कहने की कविता की अकड़ को बनाए था और बढ़ाता है। सोच, तकलीफ, चिन्ता, संशय यहाँ उस रैटरिक को रैजिस्ट करने का काम करते हैं। जरा 'किसलिए हुए हैं बेचैन ?' पढ़िए और बेचैन लोगों की मुद्रा को जानिए : "किसलिए हुए हैं बेचैन/न डर है मौत का/न खौफ खुदा का/सुख हैं गिने चुने/जिन्दगी के गुर/हैं गिने चुने/किसलिए हुए हैं बेचैन।"

चालू चिन्तन, चालू विरोध, चालू विद्रोह, चालू क्रान्ति; ऐसी कितनी सारी चालू कविता की मास कल्चर को बेदखल करते हैं राठी कई कविताओं में। 'बीसवीं सदी', 'अपने समय में', 'यहाँ, वहाँ आसपास', 'लेकिन कहाँ है जवाब ?' ऐसी ही पाठ योग्य कविताएँ हैं।

इस क्रम में अनुभव जब जटिल होने लगते हैं तो राठी अपनी तरकीब बदलते हैं। सीधे कंट्रास्ट पैदा करने, परस्पर विरुद्धों को पैठाने और चालू अनुभव के व्यर्थ हो उठने को बेहद दबी हुई व्यंग्योक्ति में निपटाने के बाद जब अपने अनुभव को जुटाने चलते हैं तो राठी कविता का तरीका बदल लेते हैं। सिर्फ उदाहरण देखने हों तो 'हिसाब', 'चार शामें', 'कुटुम्ब', 'लेखक/लेखन', 'अभीष्ट', 'तरतीब', जैसी निराली कविताएँ देखें। ये कविताएँ मानो कवि के अनुभव और कथन के बीच उठाए उसके अपने सवालों के जवाब की तरह भी पढ़ी जा सकती हैं। यह कवि की जिम्मेदार आदत कही जा सकती है। वह एकाउण्टेबिलिटी से पीछे नहीं हटता।

'हिसाब' में पन्द्रह मिनट और समूचे देशकाल में कवि की गति के बीच मुकाबला है। इस व्यर्थ हो रही जिन्दगी का हिसाब कोई कैसे करे ? एक-एक क्षण में मन युगों, कल्पों में विचरण कर आता है। कुछ पल, कुछ दिन, कुछ साल यों ही जमा खर्च हुए : "फिर खारिज किए मैंने कई वर्ष/जो बीते थे पिछले चार दोस्तों की निन्दा में/और कुछ जो आज के बचे खुचे/मित्रों के गुण-दोष चित्रण में"

और :

"इस तरह बीत गए लगभग पन्द्रह मिनट और/अभी भी लेकिन खाता खुला है।"

ऐसी झटकेदार–'कट' करने की तकनीक कविता में बेहद शब्द संयम की माँग करती है। अनुभव की उलझन-सुलझन देखनी हो तो 'चार शामें' एक अनूठी कविता है : चार शामें यानी चार दोस्त। खोएपन की बेहद में आदमी कई-कई चित्तवाला हो उठता है। एक कमरे में चार दोस्त शाम को जमा हैं, लेकिन यह क्या कि शाम उस शाम को बदलती चलती है, संग-साथ में हर आदमी अपने भीतर अपनी शाम लिये बैठा है। दोस्तों की नितान्त सम्बन्धहीनता और संवादहीनता के साथ खोयापन शाम के साथ उग आता है। सम्बन्धों के बीच असम्बद्धता और असंपृक्तता को पढ़कर अलग निकाल लाना राठी की अपनी खासियत है। समूची कविता सम्बन्धों की अनुपस्थिति की 'रीडिंग' बन जाती है और अजनवीपन से आगे 'खोएपन' को दृश्य में लाती है। "कभी-कभी हमारी बातचीत में से/कोई एक शब्द वह लोक लेती/और कभी मेरी खाल उधेड़ने-सी लगती/इसी में मेरा गिलास गिरते-गिरते बचा।"

समूची कविता में खो जाने का अनुभव हिन्दी कविता में शायद एक नया अनुभव है। कविता के बाकी के तीनों दोस्त भी 'खोते' रहते हैं। यह खोना और जब जो खोता है उसका होना, यही है खोने से मुक्ति। शाम आपको खो देती है, खोने में मदद करती है, वही सबसे बड़ी साथी है, संगी है। यह खोयापन राठी की कविता की नितान्त मौलिक पूँजी है। सोलह-सत्रह पृष्ठ के बाद फिर पचास पृष्ठ पर 'खोयापन' शीर्षक कविता इसकी गवाह है। खोने और खोयापन यही अलग

होते हैं : "आँखों के आगे रखी हुई/वह माचिस/खोजने पर मिलती नहीं/गोया सरेआम छिपी रहने को व्यग्र/बेरुख और गुमसुम"

'संशय' से कुछ आगे यह खोयापन इस प्रपंच में बड़े शास्त्रों के हार जाने और भाषा के हार जाने का फल है, यद्यपि इसकी बानगी 'नशे' की-सी है। राठी वस्तुओं में जीवित गति पैदा करके उन्हें खो जाने देते हैं। या आ जाने देते हैं। माचिस का खोना महत्त्वपूर्ण नहीं है। महत्त्वपूर्ण है उसका खोयापन। यह न अपनी नजरों का धोखा है, न ही हमारे खोएपन का नतीजा। तब क्या ? यह कि चीजें छिपी रहने को व्यग्र हैं।

'खोयापन' निमित्त का भाव सार है यदि उसे वैसा कहा जा सके तो कविताओं में वही बजता है। इसके ढिंग बैठा है 'ठहराव'। 'खोयापन' पर दो कविताएँ काम करती हैं। 'ठहराव' पर भी। अर्थशास्त्र में जिसे 'स्टैग्नेशन' कहते हैं, वह ठहराव राठी के यहाँ एक अनुभवात्मक उपस्थिति है जो खोएपन का कारक है। पहले बताई गई बेचैन प्रश्नोत्तरी में उत्तरों का न होना, किसी बताने वाले का न होना, शब्द का एक अर्थ से अनेक अर्थ की ओर आना, कहने-बताने के बीच सतत दुविधाओं का रहना, कुछ ऐसी काव्योक्तियाँ पैदा करता है जो समकालीन कविता में सिर्फ राठी के पास हैं। एकदम अन्यत्र दुर्लभ। वे बहुत दूर तक लगभग एक दर्जन कविताओं में यथार्थ की स्वीकृत आलोचना करते हैं, लेकिन वहाँ उन्हें अभीष्ट तोष नहीं मिलता। तब वे कविता में ठहराव और खोएपन को ढूँढ़ने लगते हैं, प्रश्नोतरी करते हैं और अन्ततः शब्दार्थ की नई समस्यात्मकता तक ले आते हैं अपने अनुभव को। यहाँ से कविता का उत्तर-आधुनिक स्कूल शुरू होता है। पिछले आधुनिकतावादी काव्य को हाशिए पर छोड़ता हुआ। यहाँ कविता में निःशेष हो गई तत्त्व मीमांसा और दार्शनिकता प्रवेश करती है।

इस क्रम में 'रामदास का शेष जीवन' जैसी रिस्की अन्तर्पाठीय पद्धति की कविता राठी ही लिख सकते हैं जो उनकी काव्यात्मक दुविधा का, साथ ही दुस्साहस का भी उदाहरण है। रघुवीर सहाय की कविता में जहाँ रामदास मारा गया था, वहाँ से उठाकर राठी रामदास को गृहस्थ में लाते हैं। और उसके मारे जाने या मार दिए जाने की अनिवार्यता बताते हुए 'हमनाम' के मारे जाने के जरिए यमक-सा लगाते हैं और साथ अपनी समूची काव्य क्षमता को दाँव पर लगा देते हैं और अन्त में हमें परिचित दहशत को बताने वाली कविता-भर हासिल होती है। जबकि इस दहशतवाद को राठी अपनी कई कविताओं से बेदखल कर चुके हैं। इसी तरह, ऐसी कई कविताएँ इस संग्रह में रखी गई हैं जो सिर्फ प्रतिक्रियाएँ-भर बनती हैं, जबकि राठी सिर्फ प्रतिक्रिया के कवि नहीं हैं। 'ढाई अक्षर', 'सत्यं शिवं सुन्दरम्', 'तमसो मा ज्योतिर्गमय' तथा कुछ अन्य ऐसी ही राठी की पुराने ढंग की कविताएँ हैं जिनका मोह उन्हें अभी होता है।

राठी ने अपनी कविता बदली है और बदले हुए में ही असल ताकत है। वे सूक्तियों, फड़कती पंक्तियों के कवि नहीं हैं। वे अनुभव से अवधारणा तक और अवधारणाओं से अनुभव तराशने तक आवाजाही करते हैं। अपने संग साथ के कवियों में उन्हें बेखटके ज्ञानमार्गी कवि कहा जा सकता है। इस ज्ञानमार्ग में चिन्ता और करुणा सक्रिय हैं। यह ज्ञानमार्ग निष्कंटक नहीं है। कई जगह वे पुराने ढंग की तत्त्व मीमांसा की ओर लपकते हैं, लेकिन अब वे ज्यादा नहीं जाते। जहाँ वे नई अवधारणाएँ सोचते हैं, वहाँ उनमें नई चीजें पैदा होती हैं।

कविता यानी प्रकृति

"हम यानी मैं कुछ सीढ़ियाँ
कुछ पेड़, पहाड़, लकड़ियाँ कभी आकाश, धूप
छत आवाजें रात दिन की।" (हमें नहीं मालूम था)

यह प्रयाग शुक्ल का हम है। सिर्फ मनुष्य केन्द्रिक हम नहीं, वह हम जो प्रकृति (जो मनुष्यकृत नहीं है और उससे पूर्वकृत) है, प्रकृति केन्द्रिक है। प्रयाग से कविता में पर्यावरण आता है और कैसी है हिन्दी कवियों की दीनता कि प्रयाग का कोई 'अन्य' सचमुच नहीं है। बड़ी-बड़ी बातों, बड़ी प्रतिज्ञाओं और प्रतिबद्धताओं की दुंदुभी बजाने वाले इतने ढेर-सारे कवियों में दूजा एक भी नहीं है जो कविता में पर्यावरण सम्भव करे और उसको सम्भव करने के लिए वह पहले हम (कर्ता) को उसके मनुष्यकेन्द्र से खिसकाए, अपदस्थ करे, उसे बहुत दिनों बाद फिर प्रकृति को दे, 'प्रकृति को' प्रकृति के केन्द्र में स्थापित करे। उक्त कविता में प्रयाग शुक्ल का हम मनुष्यकेन्द्रिक नहीं है, बल्कि मनुष्य से बाहर जो जगत है उसका केन्द्र वहाँ है।

'यानी कई वर्ष' को धीरे-धीरे लगभग प्रयाग के अन्दाज में पढ़ते हुए लगा कि इस घोर 'कलियुग' में 'त्रेता' कहाँ से चला आया है ? नहीं, इधर प्रकृति का मानवीयकरण नहीं है, मानव का प्रकृतिकरण है और प्रयाग की सारी तकलीफ, यानी कविता करने की सारी कोशिश (देरिदा लेखन को तकलीफ (एंक्साइटी) यूँ ही नहीं कहते) यही है और यही है कि किस तरह मनुष्य को उसकी प्रकृति में स्थापित किया जाए। आधुनिकतावाद के जमाने में प्रकृति का मानवीयकरण (ह्युमनाइज) ही किया गया, मनुष्य के लिए समर्पित किया गया, मनुष्य के अधीन किया गया। इस उत्तर-आधुनिक विपर्यास में प्रयाग मनुष्य को फिर प्रकृति के अधीन करने की कोशिश करते हैं। प्रकृति और पर्यावरण की वापसी उनकी कविता का दूसरा नाम है। हिन्दी कविता का मूल मिजाज प्रकृति केन्द्रित रहा है। संस्कृत

कविता के केन्द्र में मनुष्य कभी नहीं रहा, प्रकृति रही और इसलिए मनुष्य भी रहा। हिन्दी के भक्तिकाल तक यही हाल रहा। रीतिकाल में वह उपमान बनी और आधुनिक हिन्दी में प्रकृति फिर लौटी। छायावाद ने उसे बार-बार संभव किया। नई कविता ने (वहुत वाद तक) प्रकृति की जगह मनुष्यकृत यथार्थ और मनुष्य को सत्य का अधिष्ठाता वनाया। और हमारे इतिहासों ने हमारे इतिहास मर्मज्ञों ने, हमारी समीक्षा पद्धति ने यह स्थिति एकदम सहज मान ली। कविता में मनुष्यकृत मनुष्य ही केन्द्र हो सकता है, शेप प्रकृति या तो गायब कर दी गई (यह तर्कवाद का यानी कविता में उद्धववाद का दंड है) या मनुष्य के वाहर की 'प्रकृति' को वर्जित प्रदेश घोपित किया गया।

आदिकाव्य रामायण याद करें। कितनी प्रकृति है पेज-दर-पेज वहाँ। प्रकृति है, वनस्पति है, शस्य है। उसमें है राम की लीला। चराचर का ऐसा बखान किए बिना रामायण सम्भव ही नहीं होती। और परम्परा से जुड़े रहने वाले, उसका संस्कार का दावा करने वाले आधुनिकतावाद ने सबसे पहली वर्जना 'प्रकृति' की ही की कि वह कविताएँ तो क्या कहानी तक से गायब हो गई। पेड़-पौधे वनस्पतियाँ हिन्दी जाति के विपय नहीं वने, जवकि ज्यादातर आधुनिक लेखक एक-दो पीढ़ी पहले के गाँव से आते हैं और अगर केदारनाथ अग्रवाल, नागार्जुन, त्रिलोचन, शमशेर में प्रकृति आती तो उसे स्थानीय कहकर, चित्रात्मक कहकर, बिम्ब कहकर काम चला दिया जाता है ताकि कविता के केन्द्र में 'मानवतावाद' हावी रहे और कविता का 'कर्ता' संकट में न पड़े (जिसे उत्तर-आधुनिकता ने अंततः संकट में डाला)। मनुष्यकेन्द्रिक 'मानववाद' का आग्रह इतना जवरदस्त रहा समीक्षा में कि 'प्रकृति के चित्रण' को 'विम्ब' कहकर चला गया, ताकि हम बिम्ब बनाने वाले के कायल हों, प्रकृति के नहीं।

'बादल को घिरते देखा है' नागार्जुन की अनमोल कविता नागार्जुन के समीक्षकों के लिए अपवाद की तरह है। विघ्न की तरह। (यद्यपि वहाँ भी कवि का मानवतावाद जोर मारता है अगल-बगल बैठकर।) लेकिन इस अमर अनमोल कविता को ध्यान में धरें तो पाएँगे कि नागार्जुन हिन्दी में नई कविता के बंजर के बीच बादल को किस कदर देखते हैं कि खुद बादल बन बरसने लगते हैं कविता में। ऐसी हिलोर, ऐसा उल्लास कविता में प्रकृति को पुनर्स्थापित करता है और इसीलिए आधुनिकतावादी समीक्षा ऐसी तमाम कविताओं को बहस-विमर्श से बाहर रखती रही है। यही हाल त्रिलोचन के यहाँ है जहाँ प्रकृति गाँव-देहात बनकर आती है जिसे लोगों ने 'जनपद' कहकर छोड़ दिया। यही प्रकृति केदारनाथ अग्रवाल और केदारनाथसिंह में बहुत आती है। केदारनाथसिंह तो प्रकृति में ही रहने वाले कवि ठहरे। उनके आलम्बन प्रकृति से ही आते हैं। प्रयाग शुक्ल भी केदार की तरह रमते हैं। प्रकृति इधर आलम्बन नहीं, आश्रय है। केदार आलम्बन के रुप में प्रकृति को जिस तरह मनुष्य के भाव का केन्द्र बनाते हैं प्रयाग आश्रय बनाकर उसी में रह

जाते हैं। दोनों ही प्रकृति में रमते हैं, लेकिन दोनों के कारण निजी हैं।)

(केदार ग्रामीण जीवन जीते रहे हैं इसलिए वे प्रकृति के लिए आसान है, प्रकृति उनके लिए आसान। यहाँ प्रकृति के विघटन और नाश एवं निर्माण और जिजीविषा के अनन्त रूप हैं। केदार ने यह अब तक साधा है। प्रयाग शहरी हैं और प्रकृति को मिस करते हैं और शहरी अभाव में प्रकृति को ढूँढ़ते हैं हर कहीं। केदार प्रकृति निर्माण में तमाम आधुनिक उपकरणों का सहारा लेकर चलते हैं और प्रकृति को जीवित करते हैं। प्रयाग जिज्ञासा का सहारा लेते हैं। जिज्ञासा केदार में है, लेकिन वह तत्त्व मीमांसा तक जाती है और फिर प्रकृति (काल की गति और मनुष्य की नियति) की ओर लौटते हैं। प्रयाग तत्त्व मीमांसा की जगह अपनी और अपनी (यानी हम और उसके साथ बँटी चीजों की) तकलीफ बयान करते हैं।)

इस अवसरानुकूल तुलना को फिलहाल यहीं छोड़ें तो हठात् प्रयाग की कविता की एक पंक्ति हमें चौंकाती है :

"यह कविता केवल मनुष्यों के बारे में नहीं है।" (हमें मालूम नहीं था) प्रयाग का 'हम', 'मैं', और कविता सिर्फ मनुष्यकेन्द्रिक नहीं है। प्रयाग साहब ही कहते हैं कि कविता सिर्फ मनुष्यों के बारे में नहीं हो सकती (वह प्रकृति के बारे में ही हो सकती है। यही कविता की प्रकृति है)। और प्रयाग की कविता का यह साधारण धर्म शुरू से अब तक लगभग एक लयताल से जारी है। प्रकृति के आगे ऐसी दीनता, ऐसी विनत मुद्रा और ऐसी खोज उसके समकालीनों में कहीं नहीं, सिर्फ उनके अग्रज केदारनाथ सिंह में ही मिलती है। कवितासम्भव (1968) से लेकर बीते कितने बरस (1992) तक प्रयाग सिर्फ प्रकृति की यात्रा करते हैं उनका इस यात्रा में प्रगीतात्मक न होना और फिर भी प्रकृति में रमे रहना बताता है कि प्रकृति का प्रगीतात्मक रूप भी आधुनिक चिन्तन की तिकड़म है। प्रकृति आप स्वयं है। यह अनुभव स्वयं किसी भी स्टीरियो टाइप को तोड़ देता है। प्रयाग के काव्यरूप प्रगीतात्मक नहीं हैं, लेकिन भावकेन्द्रित है। ये प्रकृति में भाव भरते हैं और फिर अपने भीतर भाव भरते हैं : 'यह जो हरा है' से अचानक वे प्रकृति को एक विखंडनात्मक राजनीति की तरह इस्तेमाल करते हैं :

"यह जो फूटा पड़ता है
हरा, पत्तों से—
धूप के आर पार
वही फूट आता है
किसी और जगह
किसी और सुबह
भरोसा है तो
इसी हरे का।"

'यह जो हरा है' शीर्षक की यह समूची कविता पहली बार हिन्दी में 'शस्य' को औजार की तरह इस्तेमाल करती है और मनुष्य केन्द्र को अपदस्थ कर सकती है। 'भरोसा है तो इसी हरे का।' क्रांति का नहीं। भरोसा है तो मनुष्य को भी इसी हरे का भरोसा है। कुछ लोग इस कविता के 'हरे' को प्रतीक की तरह भी पढ़ सकते हैं कि 'हरे' का भरोसा माने नए का भरोसा माने भविष्य का भरोसा। लेकिन कविता में 'फूटा पड़ता है', 'धूप के आर पार' ये दो शब्द उसे प्रकृति सन्दर्भ देते हैं, और प्रतीक नहीं बनने देते। प्रतीक बना लें तो फिर प्रकृति की जरूरत कहाँ ? सारी प्रकृति ही प्रतीक हुई तो प्रकृति रही कहाँ ? प्रयाग का व्याख्याभ्यास और कविताएँ उसे प्रतीक बनने ही नहीं देतीं। यही है प्रयाग की काव्यभाषा जो संक्षेपण शैली में चलती है और प्रतीक नहीं बनने देती।

प्रयाग की मूल सामग्री प्रकृति है और ध्येय भी प्रकृति। और यह लगभग एक ही प्रकल्प और गति से आती है। स्मृति से, दर्शन से, लिखने से। कई कविताएँ, जो 'कविता लिखने' के विषय पर हैं, में प्रकृति एक ढंग से (स्मृति से या खिड़की से या दर्शन से) आती है। ऐसी कई कविताओं में से एक की ये पंक्तियाँ देखें कि कवि का मन कविता लिखने को हुआ तो खिड़की के पास बैठ गया :

''मुरझाई धूप !
हुईं चुप
पत्तियाँ
तोते उड़े झुंड के झुंड मकानों के पीछे
आकाश में—
अँधेरा उतरने लगा
सरपट भागते वरस
आ बैठे पास।'' (जब बहुत मन हुआ एक कविता लिखूँ)

यही है प्रयाग की रचना प्रक्रिया और प्रकृति। कविता यानी प्रकृति। कलम उठाते ही प्रकृति होने लगती है। समस्याएँ नहीं आतीं याद। नौन, तेल, लकड़ी, युग के संकट की, आदि समस्याएँ नहीं आती याद। सबसे पहले प्रकृति आती है कविता में और अंत में भी वही। कविता के रचना के क्षण कविता में हर जगह खुदे मिलते हैं जैसे धरती तोड़कर कविता फूटी हो और उखड़ी-बिखरी उसी मिट्टी के निशान अभी भी हों। कविता अंकुर की तरह फूटती है यहाँ, इसीलिए अलंकार नहीं आते। प्रकृति का क्या अलंकार होगा ? प्रयाग की कविता ही प्रकृति है। निर्मल प्रकृति और यादें, गुजरता वक्त, वक्त में कोई तकलीफ मिल-मिला जाए तो ठीक, वरना सबसे वड़ी तकलीफ है प्रकृति को पाना ! उसको सम्भव करना, साक्षात् करना।

आधुनिकता के जगत में जहाँ हर चीज 'बनी है', लकदक है। कवि परेशान

हो उठता है :

"उन्होंने बुहार दिया था।
मकड़ी जाले नहीं थे वहाँ···
वहाँ धूल भी नहीं थी
आकाश तो था ही नहीं
सब कुछ था लकदक"

इस लकदक से बाहर निकलना चाहता है कवि :

"बाहर आने की छटपटाहट में
मैं निकलकर बाहर
चन्द्रमा था
पेड़ों के इधर
तारे थे।
हवा और गली !
मैं था और लोग–
और अच्छा लग रहा था
पहचानना नीम को" (नीम)

यह है प्रयाग का प्रतिरोध। लाख प्रगतिशील चीत्कारों से बड़ा और मौलिक और जरूरी। पर्यावरणवाद के इन दिनों में प्रयाग की कविताएँ बड़ी राहत देती हैं कि जब नीम न बचा पा रहे हों हम बहुराष्ट्रीय निगमों के पेटेंट से, वहाँ प्रयाग 'लकदकी' को बहिष्कार कर नीम को पहचानते हैं। रात में भी नीम उन्हें पहचानता है। समूची कविता (और ऐसी कितनी तो कविताएँ हैं प्रयाग के यहाँ) पेटेंटवाद के खिलाफ एक 'याद' बन जाती है। वंदना शिवा जहाँ शास्त्र से लड़ती हैं, नीम और प्रकृति के पक्ष में; प्रयाग कविता में लड़ते हैं, नीम और उसकी प्रकृति के पक्ष में। बहुराष्ट्रीय यथार्थ में प्रकृति के उपकेन्द्र द्वारा प्रतिरोध इसी तरह सम्भव है कि 'याद' को, 'स्मृति' को अस्त्र बनाया जाए। उत्तर-आधुनिक विपर्यास यही करते हैं। 'याद' प्रयाग के यहाँ प्रकृति के पक्ष में एक कारगर हथियार की तरह आती है। यारों ने समझ रखा है कि याद, 'स्मृति' का मतलब है पुनरुत्थानवाद।

प्रयाग शहरी जिंदगी की आपाधापी को भी प्रकृति के हिस्से की तरह ही बताते हैं उनसे नतीजे नहीं निकालते। नितान्त शहरी वातावरण में अचानक और सहज कोई फूल, पत्ती, मौसम, हवा, छाया निकल आती है। शहरी दृश्यांक में भी वे प्रकृति को जरूर खोजते हैं। 'जब तुम पहुँचे हो इस शहर में' और 'दूसरे शहर में' जैसी अनेक कविताओं में ऐसी ही व्यवस्था की जाती है कि प्रकृति की कोई एक जीवित चीज शहरी जंगल के बीच चुपचाप बैठ जाती है (जैसे रिक्शे की घंटियों, गाड़ियों के भौंपुओं, बसों के बीच चाँद)। 'विदेश में एक दोपहर' में अन्ततः

कविता में 'खिड़की के अन्त में हिले पेड़ जोर से'। पेड़ों और हरे के बिना प्रयाग की कविता सम्भव नहीं। इतनी तरह के इतने सारे हरे रंग और पेड़ हैं प्रयाग के पास कि पूरा एलबम भर जाए। अगर वे नहीं हैं तो उनका अभाव कुछ इस तरह आता है कि 'हरा' उभरता है। प्रयाग की कविता का रंग हरा है। यही प्रकृति केन्द्र है जो प्रयाग की कविताएँ कविता में जबरदस्त ढंग से लौटा है। और यह बहुत शुरू से है। इसने व्यंजक बदल दिए हैं कविता के।

"और यहीं से शुरू होती है मेरी वह रंगों की पहचान
जिसे मैं चीजों से लेकर कभी इधर कभी उधर करता हूँ।"

1968 के आसपास के संकलन की यह पहली कविता की अन्तिम पंक्तियाँ 1992 में 'बीते कितने बरस' में प्रकृति और उसका साथ लगातार साथ-साथ चलता रहा है। हर चार-पाँच में से एक कविता में यह हरा खिलता हुआ मिलेगा।

पत्तियाँ, पत्ते, तोते। तोता पत्तों के बाद दूसरा आलम्बन है जो प्रयाग के यहाँ आ ही जाता है। कोई अन्य पक्षी नहीं। कोयल नहीं; गौरैया नहीं; तोता, तोता। यही हरापन है। तोता हरे की खान है। प्रकृति हरे का केन्द्र। यही है प्रकृति का अवतार।

प्रयाग की कविता लिखने की प्रक्रिया बहुत दुरूह नहीं, वह बहुत स्पष्ट है। उसकी सामग्री भी कोई दुर्लभ नहीं। दुर्लभ है वह मन जो प्रकृति में रमे, जो इधर किसी के पास नहीं और जो प्रयाग के पास है। सिर्फ प्रकृति के लिए कविता साधना, प्रकृति को ही कविता में खोजना। इतने संबल में बहुत बड़ी कविता कैसे बन सकती है। कोई इतिहासबोध नहीं, कोई सामाजिक समस्या नहीं और सिर्फ हरे रंग पर कविता ? लेकिन यह अपराध प्रयाग इसीलिए करते हैं, क्योंकि चालू सामाजिकता, इतिहासबोध में वही नहीं बचना, जिसके बचने से कविता को बचना है। प्रकृति पर उनकी आस्था ही उनका विचार है।

"और तुमने रहस्यों को ढूँढ़ना छोड़कर
उन्हें जानना शुरू कर दिया है।" (और)

प्रयाग 'ढूँढ़ते' हैं। 'जानने' की कोशिश ज्यादा नहीं करते। यही वह 'नया' तत्त्व है जो उन्हें प्रकृति की ओर लाता है। इसीलिए हर कहीं वे प्रकृति के रहस्य ढूँढ़ते, हैं बिना रहस्यवाद के। आश्चर्य। यह प्रयाग की कविता का केन्द्रीय भाव है। जिज्ञासा और आश्चर्य के भाव उनकी कविता का ढोल खड़ा करते हैं। जिज्ञासा ढूँढ़ने चलती। 'ढूँढ़' उसे आश्चर्यचकित करती है। कविता का कर्ता ऐसा ही शिशु है जो अपनी निश्च्छल शिशुता में हमारे आधुनिक ज्ञान को शर्मिन्दा करने वाला है। प्रयाग 'बताने वाले' कवि नहीं, स्वयं खोजने वाले कवि हैं। उनके साथ चलकर हम उन चीजों को भले उतना न खोज पाएँ जो उन्होंने खोजीं, लेकिन हम उनके खोजने को खोज पाते हैं।

इसीलिए उदासी, अकेलापन, यादें, उसी जिज्ञासा, कुतूहल और आश्चर्यभाव का हिस्सा हैं। प्रयाग अपनी कविता वर्तमानकाल में बहुत कम कहते हैं। वे निश्चित भूतकाल में ही ज्यादा रमते हैं। बहुत छोटी-छोटी वातों, बहुत छोटे-छोटे डिटेल्स से वे कविता बनाते हैं, बहुत छोटी-छोटी तहें बनाते हुए चित्त के अनुभव के भीतरी बदलाव के साथ चलते हुए वे बहुत छोटे-छोटे सन्देश देते हैं। अलग-अलग। लेकिन सब सन्देशों के मूल में रहती है जिज्ञासा। चौंकाने का भाव नहीं। चौंकने का भाव। ज्ञान भी इसी से निकलता है।

इन सब चीजों को देख उन्हें बहुत लोग 'समाज रहित' के कवि कह सकते हैं। ऐसा स्वाभाविक है, क्योंकि यह कथन जिस समाज से मिलकर बना है उसमें जो 'समाज' है उसमें प्रकृति, यादें और काल है ही नहीं। प्रयाग अपना ज्ञान अपने वातावरण से ही लेते हैं, इसीलिए उसे हर कविता में बनाते हैं। उनकी कविता में सन्दर्भ भीतर ही होते हैं।

जिज्ञासा जब आगे पहुँचती है तो प्रायः प्रेम में बदल जाती है। शायद प्रेम ही जिज्ञासा में है। प्रकृति से प्रेम। प्रकृति यहाँ सिर्फ पेड़-पौधे नहीं, मनुष्य भी हैं। मनुष्य ही नहीं, मनुष्य भी।

जिज्ञासा से प्रेरित उनकी कविता जिस ज्ञान तक पहुँचती है वह है साक्षात् भौतिक ज्ञान, लेकिन वे तत्त्व मीमांसा नहीं करते।

"इस दुनिया से न तो
धूप जा रही थी
न रेल की पटरियाँ
न घास न पेड़ ···
ये थीं इसीलिए मैंने
जाना अपना जाना
एक दिन इनसे परे।"(प्रेम)

इस दुनिया के बिना 'जाना' नहीं जा सकता और दुनिया को ढूँढ़े बिना स्वयं को नहीं जाना जा सकता है और इस दुनिया के मायने सिर्फ 'सामाजिक' नहीं हैं। प्रकृति है। प्रकृति, जो मनुष्यकृत नहीं है, और जो मनुष्यकृत भी है।

प्रयाग ने अपनी कविता का गुरुमंत्र बहुत पहले, पहले संकलन की पहली 'कविता सम्भव' में ही बता दिया था जो अब तक यूँ ही चला आ रहा है।

"सब कुछ कविता के लिए है
महसूस करता हुआ
मैं चीजों को इस तरह देखता हूँ
वे कविता में हैं... (कविता सम्भव)

इन पंक्तियों का विखंडन कर लीजिए और आप पाएँगे कि आप एक बेहद

धीरज वाले कवि के सामने हैं जो बहुत निश्चित और स्पष्ट है। स्पष्ट है, चीजें तभी हैं जब कविता में हैं। कविता के लिए हैं। चीजों के बिना कविता नहीं हो सकती, यह सच हो, लेकिन कविता के बिना चीजें नहीं हो सकतीं, यह प्रयाग का सिद्ध सच है। प्रयाग कविता को सब कुछ मानते हैं। भाषा के प्रयोग की तरह 'वहीं' सब कुछ सम्भव है। उसके बाहर चीजें असत्य हैं।

इसीलिए प्रयाग की कविताएँ देखकर यही लगता है कि प्रकृति की चीजें नहीं गई हैं। लगता है वे चली आई हैं, क्योंकि उनके बिना कविता सम्भव ही नहीं।

प्रयाग शायद सबसे कम बदलने वाले कवि हैं। प्रयाग का यह 'टिकाऊपन' विरल है। हर कवि अपना 'विकास' करता है, ऐसा समीक्षा मानकर चलती है। कोई कवि विकसित आता है। यह कहीं माना नहीं जाता। लेकिन प्रयाग की कविताएँ देखकर लगता है कि इस आदमी ने कविता में प्रकृति सम्भव करने का जो काम 1968 के आसपास शुरू किया था, वह अभी तक जारी है और फिर भी कोई दुहराव या ठहराव नहीं है। बिना किसी बड़े केन्द्रवादी चालू विचार के या उसकी धारा के, बिना किसी चीख-पुकार के प्रयाग ने एकांत साधना की तरह कविता की है।

प्रकृति का इस कदर और इतनी तरह से अवतार उनकी ऐसी पहचान है जो किसी दूसरे में नहीं। उन्होंने कविता में से मनुष्यकृत छोटी चिन्ताओं को हटाकर, मूल अस्तित्व को स्थापित कर दिया है। उनकी कविता को देखकर लगता है कि हिन्दी में कविता का विकेन्द्रण आज नहीं हुआ, वह काफी पहले से सक्रिय था। हाँ, आज वह कुछ ज्यादा स्पष्ट हुआ है।

एक सरल वाक्य की तलाश

'हम जो देखते हैं' वह क्या है ?

मंगलेश के ब्लर्ब पर कोई कहता है कि ''ये कविताएँ अनुभव की एक नई प्रक्रिया को प्रकट करती हैं जहाँ अनेक बार वर्णन ही एक सार्थक वक्तव्य में बदल जाता है।''

यानी 'हम जो देखते हैं' उसी का वर्णन करते हैं मंगलेश। 'हम' के मायने पाठक या मंगलेश ?

पाठक जो देखते हैं सो कविता में देखते हैं। कवि जब देखते हैं तो कविता से पहले देखते हैं। सो कवि का देखा और पाठक का देखा दोनों दो चीजें हैं। निश्चय ही मंगलेश ही देखते हैं।

तो क्या हम वह देख सकते हैं जो मंगलेश देखते हैं ? क्या दर्शन के यह दुसाध्य प्रश्न हल हो गए हैं कि हम जो देखते हैं, वही सब देखते हैं ? भाषा के लोगोसैंट्रिक या वाक्केन्द्रिक अर्थवाद में यह मान लिया जाता है कि जो एक देखता है वही सब देखते हैं। नहीं देखते तो देखना चाहिए।

तो मंगलेश जो देखते हैं क्या वह सभी के लिए है ? ब्लर्ब कहता है कि 'हाँ'—मंगलेश की कविता कहती है कि 'नहीं'।

मंगलेश अत्याचारियों को देखते हैं।

''अत्याचारी इन दिनों खूब लोकप्रिय हैं
कई मरे हुए लोग भी उसके घर आते हैं।'' (अत्याचारी के प्रमाण)

ऐसा क्यों है ? इसलिए कि :

''यह ऐसा समय है जब कोई हो जा सकता है अंधा लगड़ा
बहरा बेघर पागल''

मंगलेश 'करुणा की माँग' करने से आगे निकल आए हैं। 'डर' और 'डर' उनकी कविता का मर्मबिन्दु हो रहा है।

डर के केन्द्र में है डिप्रैसन।

''जोरों से नहीं बल्कि
बार बार कहता था मैं अपनी बात
उसकी पूरी दुर्बलता के साथ
किसी उम्मीद में बतलाता था निराशाएँ'' ··· (बार बार कहता था)

डिप्रैसन !

''उलटता पलटता था कुछ क्रियाओं को
मसलन ऐसा हुआ होता रहा
होना चाहिए था हो सकता था
होता तो क्या होता।'' (बार बार कहता था)

यदि कविता को कवि का चिह्न और कवि को एक मनुष्य का चिह्न मान लिया जाए और इस तरह कविता को कवि का व्यंजक (सिग्नीफायर) मान लिया जाए तो खबर हो कि मंगलेश गहरे डिप्रैसन में कविता लिखते हैं, डिप्रैसन के बारे में लिखते हैं।

डिप्रैसन क्यों है ?

क्योंकि घर छूट गया है :

''और मैं लाचार नहीं हूँ इस समय
बल्कि भरा हुआ हूँ एक जरूरी वेदना से
और मुझे याद आ रहा है बचपन का घर
जिसके आँगन में औंधा पड़ा मैं
पीठ पर धूप सेंकता था ?'' (शान्त है घर)

यह निजड़ापन है। अनिकेतन होना है। मुद्रा नहीं है। बहुत ऐन्द्रिक है अभाव का दबाव।

मंगलेश घर को बेतरह याद करते हैं। घर नहीं है। चैन नहीं है। उन्हें भरोसा है कि घर होता तो चैन मिलता ! यही उम्मीद है यही लाचारी ! घर की हुड़क आती है।

''घर के लोग हमें बार-बार बुलाते हैं। हम उन्हें चिट्ठियाँ लिखते हैं।
आ रहे हैं, आ रहे हैं आएँगे हम जल्दी''

मंगलेश बिछुड़ गए हैं घर से। लौट सकते नहीं। नए घर में जी सकते नहीं। बहुत आफत है।

घर से निकलने के बाद कविता कहाँ पहुँची ?

हाशिए पर।

''अगर हम कभी केन्द्रबिन्दुओं से कुछ बाहर देखने का कष्ट करें तो
हाशिए पर हमें एक कवि दिखेगा कविता को एक कागज से दूसरे

कागज पर उतारता हुआ।'' (हाशिए पर कविता)

डिप्रैसन का दूसरा बड़ा कारण है : 'हाशिए पर कविता का होना।'

मंगलेश की उम्मीद है कविता। मंगलेश की दीक्षा में है कि कविता जीवन के केन्द्र में है। और अब वही दनाक् हाशिए पर ! इन दिनों ''कालातीत कवि जीतेजी कालातीत हो जाते हैं।'' (कालातीत कवि) उधर ''एक प्रसिद्ध अत्याचारी विश्व पुस्तक मेले में हँसता हुआ घूम रहा था'' (दिल्ली—एक)

दीनता देखिए कि ''जब हम किसी विपत्ति का वर्णन करते हैं या बतलाना चाहते हैं कि चीजें किस हाल में हैं तो कहा जाता है कि यह शब्दों का अपव्यय है। एक आदमी घड़ी से मेज बजाकर कहता है। बन्द करो यह पुराण बताओ परिभाषा ?'' (परिभाषा कविता की)

इसलिए 'कविता की परेशानियाँ' छिपाते हैं मंगलेश।

''वे सुनते थे एकटक।
विस्तार में छिपा रहा था
कविता की परेशानियाँ''

कविता कहना कविता की परेशानी है। कविता की परेशानी छिपाना कविता की नई परेशानी है।

कविता एक असम्भव स्थिति है : कैसी मुश्किल ?

''मुश्किल से हाथ लगी एक सरल पंक्ति
एक दूसरी बेडौल पंक्ति में समा गई
उसने तीसरी नजरें किस्म की पंक्ति को धक्का दिया
इस तरह लड़खड़ाती चौथी पंक्ति बनी
जो खाली झूलती हुई पाँचवी पंक्ति से उलझी
जिसने छटपटाकर छठी पंक्ति को खोजा जो आधा ही लिखी गई थी
अन्ततः सातवीं पंक्ति पर गिर पड़ा यह सारा मलबा।'' (सात पंक्तियाँ)

यह है कविता की कठिनाई, कविता की परेशानी। सात पंक्तियाँ नहीं एक ही पंक्ति। एक पंक्ति भी लिखना कठिन है।

क्यों ?

क्योंकि डिप्रैसन में कविता सम्भव नहीं, यूटोपिया के बिना कविता सम्भव नहीं। यूटोपिया है नहीं। सो मंगलेश सौ फीसदी भोली ईमानदारी से कहते हैं कि एक सरल पंक्ति भी सुरक्षित नहीं है इन दिनों।

कविता में कविता का न बनना देखें : संरचना की समस्या देखें। जो कविता जगत को सुलझा हुआ मानकर, उसके बारे में, उसी के जरिए कविता करती थी, उसकी समीक्षा आदि करती थी, अब कोई दावा नहीं कर रही है।

पाँच साल पहले 'कविता का अन्त' में इस लेखक ने कविता के लिए

असम्भव स्थितियों के आगमन और कवियों के वस्तुतः अकेले हो उठने, सपना विहीन हो उठने की ओर संकेत किया था, वह अब इस कदर सच है कि मंगलेश एक सरल पंक्ति तक से हताश हैं।

कुछ भी नहीं टिक रहा। सब कुछ बिखर रहा है। भाषा में एक सरल पंक्ति सम्भव नहीं हो रही। कविता सम्भव नहीं हो रही। यह क्या है। हम कहते हैं कि यही है उत्तर-आधुनिक विपर्यास। अमेरिका में कविता नहीं। हिन्दुस्तान में कविता अब एक असम्भव स्थिति है।

"अमेरिका में रोना मना है
उदास होना मना है
एक बहुत बड़ी आँख सबको देख रही है
पीछे मुड़कर जीवन को देखना मना है···
अमेरिका में आगे देखिए, बढ़िए, दौड़िए
अमेरिका में ज्यादा मत सोचिए
अमेरिका में मुस्कराना याद रखिए
अमेरिका में अपना रूमाल रखना मत भूलिए।" (अमेरिका में कविता)

अमेरिका की जगह भारत रख दीजिए और कविता को पढ़िए। कविता का खात्मा। अमेरिका में कविता नहीं होती, चुम्बन होते हैं। यथार्थ की जगह नया यथार्थ आ गया है। मंगलेश को ज्ञान है। व्याकुलता इसीलिए है। मंगलेश का रुदन सच्चा है। नाटक नहीं है। दर्द पूरी शिद्दत से उठता है कि क्या हो गया है जमाने को। मंगलेश जो देखते हैं, वह यही जमाना है। मंगलेश की करुणा का जरूरतमन्द नहीं है।

'घर का रास्ता' में करुणा की पुकार थी। 'हम जो देखते हैं' में करुणा समाप्त है। इसलिए मंगलेश की कविता बहुत अरक्षित और अकेली है। श्रीकान्त वर्मा की कविता के अकेलेपन से भी ज्यादा अकेली। तब कविता में अकेलेपन का बयान सम्भव था। अब तो एक सरल पंक्ति तक नहीं बनती।

समूचा काव्य प्रयत्न अब किसी बड़े उद्देश्य के लिए समर्पित नहीं है। मंगलेश यह शायद सबसे पहले जान पाते हैं।

"मैं चाहता हूँ स्पर्श बचा रहे···"
"मैं चाहता हूँ स्वाद बचा रहे···"
"एक सरल वाक्य बचाना मेरा उद्देश्य है
मसलन यह कि हम एक इन्सान हैं
मैं चाहता हूँ इस वाक्य की सचाई बची रहे
सड़क पर जो नारा सुनाई दे रहा है
वह बचा रहे अपने अर्थ के साथ

मैं चाहता हूँ निराशा बची रहे
जो फिर से एक उम्मीद
पैदा करती है अपने लिए
शब्द बचे रहें
जो चिड़ियों की तरह कभी पकड़ में नहीं आते
प्रेम में बचकानापन बचा रहे
कवियों में बची रहे थोड़ी लज्जा।" (मैं चाहता हूँ)

मंगलेश का मेनिफेस्टो है यह कविता। प्रतिरोध नहीं, लड़ाई नहीं, संघर्ष नहीं। सिर्फ बचाव की कोशिश है। यहाँ तक कि निराशा भी बची रहे, क्योंकि आशा की छलना अभी-अभी छलकर गुजरी है। निराशा ही यहाँ प्रतिरोध का आरम्भ बिन्दु है।

'बचाव' ! समकालीन की घिरी हुई कविता की मुद्रा है यह। आधुनिकतावादी अनुभव और योजनाओं के असम्भव और कठिन होते चले जाने के इन दिनों में दर्जनों कवि 'बचाववादी' कविता लिखते रहे हैं। विनोद कुमार शुक्ल की परम आशावादी 'बचा रहेगा' मार्का क्रिया पदों वाली कविता से लेकर और कई कवियों के 'बचाववाद' तक मंगलेश जानते हैं कि बचना नहीं है इसलिए कोई आशावाद नहीं बघारते, कोई शाश्वत आस्थावाद नहीं लाते। सिर्फ चाहते हैं। चाहते हैं कि सरल वाक्य बचा रहे। सरल वाक्य क्यों बचा रहे ?

क्योंकि सरल मंगलेश, सरल हम सब जो एक सरल सिद्धान्त में पनपे हैं। (मार्क्सवाद का सरल सिद्धान्त। मार्क्सवाद नहीं, मार्क्स का 'वाद' नहीं, उसका सरल सिद्धान्त) सरल भाषा में बड़े हुए हैं, इसलिए हमें चाहिए हमेशा सरल वाक्य, सरल पंक्ति, सरल जगत, सरल भाव। सरल कहकर मंगलेश उसके विलोम की व्यंजना छोड़ देते हैं। इस व्यंजना में 'कठिन' को पाते हैं। यही मंगलेश की सरलता है जो बहुत कठिन है, क्योंकि वे एक भाव को परत-दर-परत बलवान बनाकर उसके विलोम को प्रकट करते हैं। नाउम्मीदी में उम्मीद को, भय में निर्भय होने को।

लेकिन इन दिनों कवि लोग इतना सरल क्यों होना चाहते हैं, क्यों बचना चाहते हैं ? जबकि वे सब इसी कठिन में रहते हैं ? वे जो काव्य विमर्श बनाते हैं उसमें प्रकट उनकी माँग और उनके अस्तित्व में क्या सम्बन्ध है ? (इस सवाल का उनके विमर्श से बड़ा गहरा सम्बन्ध है।)

जाहिर है कि जीवन कठिन है, कविता सरल है, चैन है, घर है।

मंगलेश का 'घर' उनकी कविता है। और वह कठिन हो रही है। उसमें रहना कठिन हो रहा है। इसलिए बचाव की पुकार है। मंगलेश की कविता ही उसका घर है। अंधड़ में छप्पर को पकड़ना, उनकी कविता का प्रकार्य है, कविता में उनका काम है।

इन दिनों कवियों की यह रक्षात्मक स्थिति क्यों है ?

मंगलेश के जरिए इसका उत्तर यों बनता है (यद्यपि कहीं कहा नहीं गया है) कि यह जगत तर्कहीन हो चला है, 'अत्याचारी पुस्तक मेले' में हँसता है, सब कुछ प्रायोजित व्यापार है, सब बेतरह गड्डमड्ड है। कोई भी संरचना वैसी नहीं बची जैसी कि थी। और कवि की दीक्षा अभी भी सरल नायकत्व की है। यह परास्त और पस्त आदमी की बचाव-स्थिति है। कविता हार गई है, जगत जीत गया है। सरलता हारी है। कठिनता जीती है।

तब कठिनाई का क्या करें ?

मंगलेश इससे निपटने के लिए 'गद्य' की ओर आते हैं। गद्य में कविता बनाते हैं। लेकिन निराशा, नाउम्मीदी यहाँ भी पीछा नहीं छोड़ती।

इसीलिए उनका गद्य सोचता नहीं, तर्क नहीं करता, स्थितियों की भीतरी परतों को सँजोता है। बच्चों के लिए चिट्ठी, नींद की कविता, कागज की कविता, हाशिए की कविता—नौ कविताएँ तर्क की भाषा नहीं, भाव की भाषा में चलती हैं।

बचाव करना है तो भावना से। उसकी शबलता से। यह मंगलेश का स्थायी भाव है कि वे तर्कबुद्धि की जगह भाव का भरोसा करते हैं। नितांत भक्तिकालीन कवियों की तरह। सूरदास की गोपियों को अपने भाव का ही भरोसा है, उद्धव को तर्क का भरोसा है। इस मायने में मंगलेश बहुत स्थानीय और उत्तर-भारतीय मिजाज के कवि हैं। इसीलिए मंगलेश निराशा से भी अपना पाथेय ढूँढ़ लेते हैं।

"निराशा में हम कह सकते हैं निराशा हमें रोटी दो। हमें दो-चार कदम चलने की सामर्थ्य।"

मंगलेश की कविता किसी सिद्धान्तिकी की ओर दौड़ नहीं लगाती। यही पीड़ा की वजह है जो मंगलेश के यहाँ सर्वाधिक है और यही तत्त्व उन्हें अलग करता है। वेदना। डिप्रेसन। और वेदना। और डिप्रेसन। वे हिन्दी में डिप्रेसन के एकाग्र कवि हैं।

डिप्रेसन से शैथिल्य पैदा होता है। एक अहिंसक बेचारगी-भरा, करुणा के लिए इन्तजार करता शैथिल्य। एक भारतीय ढंग की उत्तर-आधुनिक अवस्था, जिसे ल्योतार ने शैथिल्य का युग कहा है, मंगलेश के यहाँ उनके न चाहते हुए भी बार-बार आती है। अनुभव से बाहर कोई सत्य है—यह विश्वास मंगलेश की कविता में सक्रिय है। यह कविता का गोपी भाव है। उद्धव भाव से अलग और विपरीत मंगलेश में यह बहुत स्थिर रहता है। लगभग हर कविता में रहता है—यही उनकी ताकत है, एक अहिंसक ताकत। भ्रमर गीत के उद्धव ज्ञानमार्गी हैं, गोपी भक्ति मार्गी। उद्धव के पास समग्रता का शास्त्र है। गोपियों के पास भाव। गोपियाँ उद्धव को नितान्त अहिंसक विमर्श में संलग्न करती हैं, जबकि उद्धव ज्ञान की हिंसा करते

हैं। गोपियाँ सिर्फ अपने अनुभव का भरोसा करती हैं, वे कहती हैं कि तुम्हारा ज्ञान ठीक, तुम ठीक; लेकिन भाई, तुम्हारा ज्ञान हमारे साथ नाच नहीं सकता, न बाँसुरी सुना सकता है, न गायें चरा सकता है तो यह हमारे किस काम का ? निर्गुण होगा महान्, तुम उसे अपने पास ही रखो। ठेठ एशियाई मिजाज है यह। मंगलेश के पास यही है। वेदना की पूँजी। वेदना ही कविता है यहाँ।

पश्चिम के अतर्कवाद से यह भाव-केन्द्रिकता अलग है। पश्चिम में जगत तर्कसंगत है या अतर्कसंगत है। तर्कवादी ही ठहराते हैं कि जो असहमत है, अतर्कसंगत है। इसलिए उसे जीने का हक नहीं। गोपियों का अनुभव और भाव उद्धव के लिए कठिन है, असत्य है, लेकिन उद्धव को जीने का पूरा हक है उनके यहाँ। इसलिए कि गोपियों का भाव अतर्कसंगत नहीं है, उसका भी तर्क है और सामान्य तर्क है।

मंगलेश इसी गोपी भाव के कवि हैं, वेदना के कवि हैं। यह वेदना ही हाशिए पर है फिर भी उसे जीने का हक है। मंगलेश इस तरह सबके लिए जगह देखते हैं। हाशिए का कोई केन्द्र नहीं होता, हालाँकि उसके आसपास कई केन्द्र-बिन्दु होते हैं जो उसे बार-बार अपनी तरफ खींचते हैं। ''जब हाशिया काफी लाचार हो जाता है तो चीखकर कहता है कि मुझे यहीं छोड़ दो।'' (हाशिए की कविता)

कोई हिंसा नहीं, झगड़ा नहीं। बस इतना हठ है। इतनी आन है। गोपियों की आन जिसके आगे कृष्ण का केन्द्र थक जाता है। यह अहिंसक हठ है। हाशिए का हठ। बिना किसी सिद्धान्तिकी के अपनी बात पर अडिग रहना। मंगलेश की कविता ऐसा ही विमर्श रचती है।

इस चक्कर में मंगलेश न प्रगतिशील ठहराए जा सकते हैं न क्रान्तिकारी, क्योंकि दोनों होने के लिए उन्हें किसी सिद्धान्तिकी की शरण में होना ही चाहिए। कोई केन्द्र उन्हें हड़प ले, ऐसी जगह उन्हें चाहिए। जीवन की जरूरतों को पूरा करने के लिए वे कोई केन्द्र जरूर ढूँढ़ते, लेकिन कविता में वह केन्द्र नहीं आ पाता। उनकी कविता चीखकर कहती है : ''मुझे यहीं छोड़ दो।''

यह अहिंसा ही वह जगह है जहाँ से भाव की सत्ता फिर सक्रिय होती है। एक उत्तर-आधुनिक किस्म की केन्द्र-बाह्य भाव-सत्ता। यानी एक सरल वाक्य की तलाश।

अतीत की वर्तमानता

अ-विजयी पलड़े का स्वर्गारोहण !*

यह कृष्णगोपाल वर्मा की एक महत्त्वपूर्ण कविता का शीर्षक है। 'अन्तर्पाठीयता' किस तरह एक रणनीति बनती है, यह कृष्णगोपाल वर्मा की कविताएँ पढ़ते हुए ज्ञात होता है।

कृष्णगोपाल वर्मा उर्फ 'केजी' को पढ़ते हुए अचानक आप अतीत में वर्तमान होने लगते हैं। ऐसी विकट 'प्रेजेंस ऑफ द पास्ट' है केजी के यहाँ, जिन्होंने कम कविताएँ लिखी हैं, लेकिन जितनी हैं वे 'अतीत का वर्तमान' करने की सिद्धि का ही नतीजा हैं।

समकालीन उत्तर-आधुनिक प्रपंच में बहुत से कवि जहाँ नितान्त वर्तमान की वर्तमानता में व्यस्त रहते हैं, वहीं केजी अतीत को इस तरह वर्तमान करते हैं कि खत्म हुए 'कस्बे' साकार होने लगते हैं, मुहल्ले-पड़ोस साकार होने लगते हैं। 'स्पेस' का जैसा विन्यास केजी के यहाँ है वह स्थापत्य की याद दिलाता है।

कविता अपने आखिर से शुरू होती है :

''तब तक बाजार में
सामान लग चुका था
बिक्री
शुरू होने वाली थी''

'पलड़ा' इसी बाजार का है। सामान लग चुका है। बिक्री होने वाली है। लेकिन कोई धीरे-धीरे बाजार छोड़ रहा है। स्पेस में भारी रद्दोबदल है, लेकिन पलड़ा धीरे-धीरे स्लोमोशन में त्याग रहा है।

धीरे-धीरे जो उजड़-उठ रहा है वह क्या है , कैसे है ?

---

* समकालीन भारतीय साहित्य, जनवरी-मार्च 1995 में प्रकाशित कविता।

"छै बोरा बर्तन बिके जब
गृहस्वामिनी ने कैसा कुहराम मचाया।"

धीरे-धीरे छीज रहा है यह जगत

"सेंध लग गई है
दरवाजे पर चोट पड़ रही है"

बदल रहा है कस्बा, बाजार। बाजार में घर।

"सामूहिक कदमों ने
अपना बोझ उठाकर
टेंपों के कंधों पर ज्यूँ ही डाला
लगा—
कारतूस की गोली
निशाने पर अटककर
ठंडी हो चुकी थी"

जो लोग इन दिनों उपभोक्ता संस्कृति या पूँजीवाद या बाजार को 'शाप' देने वाली कविताएँ लिखने निकल पड़े हैं वे केजी से यह सीख सकते हैं कि चीजों की बेदखली में ही बाजार सबसे ज्यादा दिखाई देता है, उसके रूप वर्णन में नहीं। जमाना बदल रहा है। केजी चीजों के मूवमेंट से बताते हैं। एक-एक चीज की गतिमग संरचना करते हैं।

'मौसल पर्व'। महाभारत का अन्तर्पाठ शुरू में ही भूमिका बाँधता है कि विपरीत में भी निमित्त है ··· उजाड़ में भी निमित्त है। ऐसा निर्वेद है कर्ता में कि वह चुपचाप छोड़ता है जगह। एक जगह न लड़ता है न चीखता-चीत्कार करता है।

केजी कर्ता के अभाव के कवि हैं। कर्ता इधर बनता ही नहीं।

"मुहल्ले का सबसे पुख्ता घर था।"

जब क्षेत्र में 'बढ़चढ़' होने लगी, एक्सटेंशन होने लगा, तो ये पुश्तैनी स्थायी मालदार क्या करते ? हालत यह थी कि इनके यहाँ अशर्फियों की बौछार भी हुई। लालाजी ठहरे। पलड़ा यानी लालाजी। तराजू जिनका चिह्न है। कस्बाई हिन्दी में मुहावरे ऐसे ही बनते हैं। केजी के पास ऐसे अनन्त अर्ध-मुहावरे हैं जो कविता में नई भाषा बन जाते हैं।

लालाजी ओषधि पर जिन्दा हैं। (वृद्ध हैं) चौबीस घण्टे महसूस करते हैं कि "कोई उन्हें ढूँढ़ रहा है।"

घर अँधेरा था। "बरसों सूरज बाहर ही बाहर रहा।" लालाजी की ड्योढ़ी से बाहर। ऐसी परम्परा।

पुराने बही-खाते थे। हिसाब से जिरह चलती थी। मुँहजुबानी सब काम चलता। मसालों की फेहरिस्त।

कस्बों में काली टोपी पहने लाले। धीरे-धीरे कविता में 'खाली वक्त में' 'मर्सिए' बाँचते लालाजी।

''अरसों से कामकाजी उनके पास कम बैठने लगे थे'' यानी जमाना बदल रहा था।

लोग छोड़ रहे थे।

मनचलों की अपनी टीका थी। इस उजाड़ की। उपलब्धि थी तो पतंगबाजी के दिनों की। बस।

कितना कम सांस्कृतिक जगत–पुराने बुर्जुआ (लाला) का 'स्वर्गारोहण' धीरे-धीरे इसी तरह हुआ।

कर्ता सिर्फ दर्शक है : लालाजी दर्शक-भर हैं। कर्ता नहीं हैं कविता में।

''सीवरों में पानी गटकने का काम चलने लगा। बिजली आ गई।''

बस सब उजड़ने लगा। बर्तन बिकने लगे। (हिन्दी में यह मुहावरा-भर नहीं है, एक आर्थिक स्थिति की सूचना भी है।)

''लंटर कटने लगे'' (घर बिक गया। नया घर बनने लगा)

जयपुरिया लाला आ चुका है।

अभ्यागत आते। लाला भी मिलते रहते। अतीत में डुबकी। कभी प्यारे मियाँ की दरगाह। औरत की सियासत। इन्दिरा गाँधी का समय। सोने के बटन जड़कर भी पीछे रहते हमेशा।

पुराना लाला ऐसा ही था।

बस यही हुआ फेरबदल। लाला नहीं बदला। जमाना बदला।

पुत्रवधू ने कह दिया : ''मैं अब अपना नाम बदल लूँगी और बड़ों का कहना नहीं मानूँगी।''

केजी सारे दृश्य को वाक्य के किसी एक शब्द से व्यंजित करते हैं और ये शब्द हैं जो कस्बाई अँधेरों के हैं। 'पलड़ा' लालाजी हैं। औरत इन्दिरा गांधी।

केजी की एक और कविता 'समास' में देखी गई। 'खडंजा : आधा कीचड़, आधा पानी' यहाँ भी कस्बे हैं, कस्बों के लोग हैं। मुहल्ले हैं। उनका उजाड़ है। ठोस, लेकिन उजड़ता हुआ–नए के सामने नतमस्तक।

उजाड़ !

केजी उसे व्यंजक बनाते हैं। बदलाव का। यानी जो बदल रहा है जिन चीजों की बेदखली चल रही है, वे उन्हें दिखाते हैं, नई दखल करने वाली चीजों को वे नहीं दिखाते। वे उस इतिहास की संरचना करते हैं जो अचानक कविता-कहानी की स्मृति से बाहर चला गया है। शुद्ध मैट्रोपोलिटन जगत से बाहर वे कस्बों में जाते हैं, गलियों में जाते हैं और रद्दोबदल को कुछ कायदे के व्यंजकों से पकड़ते हैं। 'अप्रतिनिधि' को प्रतिनिधित्व देते हैं वे।

हिन्दी की जो कविता महानगरीय या मैट्रोपोलिटन वन गई है (और इन दिनों ढेर सारे कवि ऐसी कविता कर रहे हैं)। गाँव की कविता भी मैट्रो की हुई जा रही है। वहाँ केजी मैट्रोपोलिटन-ग्रिड से बाहर अटके कस्बों, शहरों के गली-कूचों, मकानों को ढूँढ़ते हैं। कविता केजी के लिए स्थापत्य का काम है, विखण्डन का भी काम है। वे उजाड़ के कवि हैं। रिकार्डर हैं। कस्बों का बदलना देखना हो, और अतीत और इतिहास की वर्तमानता देखनी हो तो यहीं मिलेगी।

केजी की एक बड़ी समस्या उनकी अति सूक्ष्म व्यंजनात्मकता है। वे प्रभाववादी नहीं हैं जो अपने को कविता में ले आएँ। कविता में सर्वाधिक अनुपस्थित रहते हैं केजी। शायद उस स्थानीय भाषा को जगह देने के लिए जो कस्बे को बनाती है।

उजाड़ पर ऐसी निर्मम कविता करने के लिए बड़ा कलेजा चाहिए। बहुत आसानी से नोस्टेल्जिया घेर सकता है किसी कवि को। केजी अतीत रागी नहीं होते बल्कि उजाड़ की रिपोर्ट-भर दर्ज करते हैं।

समकालीन काव्य परिदृश्य में केजी की कविता में अतीत की वर्तमानता एक विरल तत्त्व है जिसे आसानी से नहीं पहचाना जा सकता, क्योंकि केजी अपनी नपी-तुली संरचनाओं में ऐसा जगत पेश करते हैं जिसे आलोचना भूल चुकी है। केजी के यहाँ 'कर्ता' है ही नहीं। है तो निष्क्रिय है। जो कुछ है वह देश है, धीरे-धीरे बदलता हुआ। उनकी धीमी गति उजाड़ को स्लोमोशन में दिखाती है।

साहित्य समाज का दर्पण नहीं है

"जो प्रजातियाँ लुप्त हो रही हैं,
यथार्थ मिटा रहा है जिनका अस्तित्व
हो सके तो हम उनकी हत्या में न हों शामिल।
और सम्भव हो तो सँभालकर रख लें
उनके चित्र :
ये चित्र अतीत के स्मृति-चिह्न हैं"

ये पंक्तियाँ हिन्दी कवि पॉल गोमरा की हैं जो 'इंडिया टुडे' की साहित्य वार्षिकी (1995-96) में पृष्ठ 127 पर छपी हैं। पॉल गोमरा विलुप्त होती जा रही कवियों की एक 'प्रजाति' हैं, पॉल गोमरा को शक है कि एक दिन यथार्थ मिटा देगा उनका अस्तित्व। सो वे एक कविता अवश्य छोड़ जाते हैं, ताकि लोग सँभालकर रख सकें उनके चित्र ! कैसी 'रेयर' प्रजाति हैं पॉल गोमरा।

पॉल गोमरा की आफत यह है कि बचने के लिए भी पॉल गोमरा वहीं आते हैं जिससे बचने चले थे। यह डबल त्रासदी है। लोक जिसे चूतियापा कहेगा, वही उनकी कहानी है। बचने की इस महामुद्रा में बहुत सारे पॉल गोमरा अपनी कविना-कहानी की डिकी में बन्द हो रहे हैं, लेकिन यह कामना कम्बख्त सवारी किए ही जाती है कि वर्तमान के न सही, वे 'अतीत के स्मृति चिह्न' तो बने रहें। सूचना से लड़ने चले वीर पुरुप सूचना की तलाश में ही खत्म हो रहे हैं। पाल गोमरा की कामना है कि कोई उन्हें सँभालकर रखे, क्योंकि वे अतीत (इतिहास) के स्मृति-चिह्न (युगान्तकारी महाकवि) हैं। लेकिन कामना का यह 'इतिहास' अन्ततः एक 'दुर्घटना' की 'खबर' बना रह जाता है। अखबार, जिसमें वह काम करता था, जिसे वह आजीवन बनाता रहा, उसी में अन्त में एक लाइन की खबर बनकर खत्म हो गया। पॉल गोमरा की ऐसी 'नीच ट्रैजडी' लगभग 'मुक्तिबोधीय' दिखती है। लेकिन 'लगभग' ! जो एक कराह-आह पैदा होनी चाहिए, जिस तरह मुक्तिबोध

के **'प्रशंसक'** उनके लिए 'मर मिटे' वैसे लोग अब **पॉल गोमराओं को नसीब नहीं।** सो मरने के बाद भी पॉल गोमरा 'अधूरी आकांक्षाओं' का **खलीफा बनकर** गाजियाबाद-दिल्ली हाईवे पर रात को ट्रैफिक रोकता है, दिन में त्रिवेणी या इंडिया इंटरनेशनल में एकाध लड़की दबोचे स्वयं को एक 'स्मृति-चिह्न' होने का गौरव देता है। ऐसे अनन्त पॉल गोमरा हैं हिन्दी में इस वक्त। दर्जनों इंडिया टुडे के कविता खंड में हैं। उन्हें पढ़ लगता है कि पॉल गोमरा मरा नहीं है। वह ऐसी 'लुप्त प्रजाति' हो गया है जो 'इंडिया टुडे' के पृष्ठों पर सौ साल बाद भी सुरक्षित रहेगी। कोई चाहे तो आकर देख लेगा कि ढेर सारे पॉल गोमरा फूको की 'आर्किओलॉजी ऑफ हिस्ट्री' के दयनीय कण-तृण हैं जो 1995 के वर्ष में किसी महाकवि की छवि के आकर्षण में महाकवि होने की लालसा में बिना किसी तैयारी के सूचना संजाल (नेटवर्क) तक चले आए थे और तब से उस तंत्र के 'पुरातत्त्व' में 'सूचना' की तरह पड़े हैं। इनकी विशेषता यह थी कि ये यथार्थवादी थे, लेकिन यथार्थ को जानने के कायल न थे। इनमें से कुछ तो बिना किसी कम्युनिस्ट पार्टी के सदस्यता-ग्रहण के 'मार्क्सवादी' थे, फिर भी यथार्थ इन्हें कूट गया। और जब इन्हें इतिहास में बड़ी कुरसी नहीं मिली तो ये इतिहास को ही कोसने लगे और जब भूलकर चुप हुए कि क्यों रोए थे तो 'अतीत' के 'स्मृति चिह्न' बनने को उठे। ऐसे शिशु लीलाधारी पॉल गोमरा 'साहित्य में सूचना' और 'सूचना में साहित्य' के खेल को न समझ पाने की मनोरंजक सूचनाएँ हैं। ऐसा मान कर जब पॉल गोमरा ने खुद से पूछा कि भइए ! अब जब मरकर तू एक लाइन की सूचना-भर है तो बता कि यह सूचना तुझे कहाँ से मिली कि तू सूचना बने ? 'पॉल गोमरा ने नब्बे जमा तीन सौ का पान एक गलपटे से दूसरे की ओर सरकाते हुए कहा कि 'इंडिया टुडे' से। एक सूक्ष्म गर्वदीप्ति और किंचित् प्रकट तटस्थ भाव से पॉल बोला कि टीवी के लिए बिजी था। चार सौ खंडों का एक सीरियल लिख रहा था। उसमें भारतीय इतिहास की सबाल्टर्न झलक दे रहा था कि इंडिया टुडे वाले ने कहानी के लिए कहा। तीन महीने उस पर काम किया। तब भी सन्तोष नहीं था। इन दिनों लिखना कितना कठिन है। लेकिन इंडिया टुडे वालों को मना नहीं कर सका। छापते बहुत अच्छे ढंग से हैं। और पेमेंट शानदार करते हैं। दो हजार। समूची किताब की रायल्टी इतनी नहीं होती जितनी यहाँ एक रिव्यू की होती है।

अभी उनकी प्रशंसिकाओं की चिट्ठियाँ शुरू नहीं हुई थीं। थोड़ी देर में वे बताने वाले थे कि बनारस से एक प्रशंसिका का खत कल ही मिला है। प्रेमचन्द ने एक लम्बा पत्र भेजा है। महावीर प्रसाद द्विवेदी कह रहे थे कि सरस्वती का यह अंक क्या उतने पन्ने छोड़ दे। लेकिन नौबत यहाँ तक नहीं आई। वे कहानी की सूचना देने लगे कि कहानी आज के यथार्थ पर ही है—ऐसा लिख दिया है कि साले देखते रह जाएँगे—पॉल गोमरा भी क्या याद रखेगा—आप देखना। जब देखा तो

पाया कि वह तो अपना प्यारा पॉल गोमरा नम्बर वन ही था जिसने पॉल गोमरा नम्बर दो पर जब लिखा तो गफलत में खुद पर ही लिख गया और सूचना में बदल गया। दो हजार रुपए की सूचना में इस सूचना ने सोचा कि तब मरने का कारण तो बाजाप्ता मौजूद है। दो हजार लेने के बाद पॉल कहीं भी मर सकता है। सड़क पर या साहित्य में। कहीं भी, कभी भी। अब वह इंडिया टुडे में सत्रह पृष्ठों में मरा और दो हजार के लिए तो शर्त यही ठहरी थी कि वह दो हजार देने वाले सूचना संजाल को गाली देते हुए ही मरेगा, क्योंकि मरने के बाद उससे कौन पूछेगा कि भइए ! जिस सूचना को तू कोस रहा है, उसी में दो हजार के लिए मरा क्यों जा रहा है ?

कुल 242 पृष्ठों में 53 पृष्ठ विज्ञापनों के बीच साहित्य स्वयं एक सूचना संजाल के 'हाइपर रीयल' में खड़ा दिखता है। 'इंडिया टुडे' सूचना संजाल ठहरा। हिंदुस्तान का बड़ा प्रेस ठहरा। 64 प्रतिशत पाक्षिक बाजार का स्वामी। मॉनोपोली। और पॉल गोमरा से जब कहानी माँगी गई और बहुत सारे पॉल गोमराओं से माँगी गईं कविताएँ-कथाएँ तो सबने लिखीं कथाएँ, कविताएँ, सूचना संजाल में आने के लिए। जो नहीं छपे वे ईर्ष्या में आत्मदाह करते होंगे, जो छपे वो आनन्द में। साहित्य से सूचनातंत्र का ऐसा सम्बन्ध है, हो रहा है।

'इंडिया टुडे' का तामझाम न हो, रचना के एवजी दो हजार न हों, तो कितने पॉल गोमरा लिखेंगे कहानी ? पिछली साहित्य वार्षिकी पिचासी हजार प्रसारित हुई थी, यह भी उसके आसपास होगी। 242 पृष्ठ के रंगीन प्रकाशन के लिए पाँच-सात लाख की लागत चाहिए। शायद ज्यादा ही और उसे वसूलने के लिए बीस लाख से ऊपर का रिटर्न चाहिए। इन सबके लिए चाहिए एक बड़ा प्रेस, बड़ा पैसा। पॉल गोमरा सब जानते हैं। फिर भी सूचनातंत्र से घृणा है। रोज सूचना बनने को तरसते हैं, लेकिन प्रकटतः इससे घृणा करते हैं। ऐसे एशियाई पाखंड को पॉल गोमरा विचारधारा कहते हैं। अपने इस मौलिक पाखंड में पॉल गोमरा रोज मरते हैं और पैदा होते हैं। उसके मरने की खबर अब छपने योग्य भी नहीं है और उसका जिन्दा रहना तो पहले भी खबर नहीं थी।

यह रविवार है। नौ के आसपास सुबह-सुबह कॉलगेट पर पसरी ऐश्वर्य राय दाँत दिखाकर बाथरूम में गई है कि पॉल गोमरा नम्बर तीन का नाम प्रकट होता है। वह चन्द्रकान्ता के पीछे छिपा है। देवकीनन्दन खत्री का चन्द्रकान्ता पॉल गोमरा नम्बर तीन की कलम में अगवा है और फिरौती की माँग नहीं है। देवकीनन्दन खत्री बलेश्वर की चिरौरी करते हैं कि है बलेश्वर महाराज ! चन्द्रकान्ता के साथ ऐसा जुल्म न कर। तभी ज्वाला कहती है : मैं बदला लूँगी। मैं ऐसा बदला लूँगी कि मौत भी पनाह माँगेगी मुझसे। उधर क्रूरसिंह हँसता है, तारा खंजर उठाती है, शनि हुंकारता है, सूर्य भुजाएँ दिखाता है, महान् शिवदत्त महाराज साँप का चुम्बन लेते हैं।

देवकीनन्दन काली टोपी लगाए दीन भाव से टोपी उतारकर नीरजा के चरणों पर रख देते हैं : कहते है कि "बेटी ! ये मेरी किताब ठहरी। इस पर जुल्म मत ढा। तू जो दिखा रही है दिखा, लेकिन मेरी किताब का नाम मत घसीट। सच, तकलीफ होती है।" तभी बलेश्वर कलम लिये आते हैं। देवकीनन्दन टोपी हाथ में लिये नासिर हुसैन स्टाइल में बलेश्वर के चरणों में टोपी रख देते हैं। ये इज्जत अब तेरे ही हाथ है बेटे। मेरी चन्द्रकान्ता को बचा ले बेटा। अपनी पगड़ी तेरी ठोकर में रखता हूँ। बलेश्वर यानी इस दृश्य के पॉल गोमरा नम्बर तीन हँसता है : "हें ···हें ··· ये क्या खत्री जी ? क्या करूँ, जमाना ही ऐसा है। मैं तो संवाद लिखता हूँ। कहानी नहीं। मैं क्या कर सकता हूँ। और आप यह तो सोचिए कि इन दिनों आपका उपन्यास सड़सठ फीसदी दर्शक देख रहा है। नम्बर वन पर है। कभी इतने दर्शक मिले थे आपको ? पचीस करोड़ में से बीस करोड़।"

देवकीनन्दन खत्री, जो इन दिनों में पॉल गोमरावाद से किंचित प्रभावित हुए हैं और अपने वक्त के सस्तेपन पर खुद को धिक्कारने लगे हैं, टीवी का स्विच ऑफ करने को होते हैं कि पड़पोते उनका हाथ पकड़ लेते हैं। परदादा जी, डिस्टर्ब न करें, टहलने चले जाएँ, यहाँ बोर न करें। देवकीनन्दन का पॉल गोमरावाद झटका खाता है। पोता कहता है कि दादाजी, क्या बोर चीज लिखी है आपने। कोई एक्शन नहीं है आपकी चन्द्रकान्ता में। सब होशियारी दिखाते हैं और बोर करते हैं। यहाँ देखो। क्या एक्शन है ! क्या खूनखराबा है !

पड़पोते के पीछे बैठे हैं बारह प्रायोजक। प्रति प्रायोजक डेढ़ से चार लाख की थैली खोले। हर सप्ताह। साठ मिनट में से पचीसेक मिनट के विज्ञापन हैं। विज्ञापनों के पीछे बारह में से दस बहुराष्ट्रीय निगम हैं। उनके ब्रांड हैं। इन ब्रांडों को बिकना है। यह दूरदर्शन ने तय किया है। उसके पीछे यह सब 'चार कदम सूरज' की ओर फलाँगते प्रधानमंत्री ने किया है। उनके भी पीछे इस तिलिस्म का अन्त नहीं। चन्द्रकान्ता छह महीने किसी तरह मूलकथा के आसपास टहलती है। फिर गायब। चन्द्रकान्ता गायब। वीरेन्द्र सिंह गायब। तेजसिंह गायब। धीरे-धीरे सब प्रमुख पात्र गायब होते जाते हैं और रह जाते हैं चालीस-पैंतालीस विज्ञापनों में आने वाले ब्रांड उसी क्रम से, उसी समय 'ब्रेक' कर आते हुए। पात्र गायब हैं। ब्रांड बचे हैं। हर ब्रांड के पीछे भी पैसा है। वर्ष-भर का नौ बजे का स्लॉट खरीद लिया जाता है। अगर चन्द्रकान्ता नहीं दिखता तो नीरजा पर उलटा मुकदमा होगा, सारी कमाई धरी रह जाएगी। लेने के देने पड़ जाएँगे। तो नीरजा को चलाना है। दर्शकों को दिखाना है। बाजार में पहुँचाना है। ब्रांडों के इस तिलिस्म में चन्द्रकान्ता गायब है। देवकीनन्दन बाबू टहलने गए हैं तो लौट के नहीं आ पाए हैं। कहते हैं किसी ने उन्हें पटरी पर सोते देखा है। समाचार खबर भी नहीं देता, क्योंकि शिनाख्त नहीं होती।

साहित्य और सूचना संजाल के संबंध का यह दूसरा दृश्य है। पॉल गोमरा नंबर एक ईर्ष्या से नाराज हैं, बलेश्वर की इनकम से परेशान हैं। तमाम पॉल गोमरा परेशान हैं। लेकिन देवकीनन्दन की लाश के लिए आँसू नहीं हैं। वे पहचानते तक नहीं हैं। एक एफ. आई. आर. तक नहीं कराते। फिर भी चीत्कार जारी है कि हाय सूचना ने तबाह कर दिया।

एक साहित्यिक सम्पादक हैं अपने चौथे पॉल गोमरा। उन्हें कानोंकान सूचना अच्छी लगती है, कोई बता जाता है तो एडवर्ड सईद या एज़ाज़ अहमद चीखते हैं—कभी-कभी—या सो जाते हैं। वे बलेश्वर नामक जीव से परेशान हैं। कहते हैं पतित हो गया है। पतन की हद हो गई है। चन्द्रकान्ता की हत्या कर दी है। उधर बलेश्वर खुश कि देखो पतित ने पतित को पहचाना फिर भी। खुद सूचना का धंधा करता है, पत्रकारिता करता है और गाली मुझे देता है। दोगला है। ईर्ष्या है उसकी। लिखना भूल गया है, सो दूसरा लिखे तो चिढ़ता है। तुमसे तो उसकी चिढ़ बहुत पुरानी है। सोहन जब जिन्दा था तब वह बताता था कि इसने हमेशा मेरी चुगली खाई।

सम्पादक जी और बलेश्वर जी दोनों सहमत हैं कि वे साहित्य करते हैं। साहित्य होता है, सूचना संजाल अलग होता है। ये तो मजबूरी ठहरी कि हमें सूचना संजाल के लिए काम करना पड़ता है। दोनों सहमत हैं कि एक प्रगतिशील सूचनातंत्र है, दूसरा प्रतिक्रियावादी। ''आई हेट प्रतिक्रियावादी'' सम्पादक कंस जी ने कहा और सिगार भरने लगे। ''और सुनाओ'' कहकर शाम की तलाश में फोन करने लगे कि आज बाटली मिलेगी कि नहीं।

पत्रकारिता कहते हैं, लेकिन सूचना संजाल से घृणा करते हैं। सीनियर पॉल गोमरा ठहरे। घृणा में भी सीनियर हैं। तो एक सुविधाजनक शब्द निकाला है कि वे 'साहित्यिक पत्रकारिता' करते हैं। अद्भुत रहस्यवादी मजा है इस पद में। साहित्यिक पत्रकारिता : व्याख्या यह कि ऐसी पत्रकारिता जो साहित्यिक है। इस श्रेणी में ऐसी पत्रकारिता आती है जो साहित्यिक होती है। छोटी पत्रिकाएँ इसी कोटि में आती हैं।

तब क्या वे सूचना संजाल नहीं है ? सूचना देने का काम नहीं करती हैं ? करती होंगी, लेकिन मूल काम 'साहित्य' है, 'सूचना' बाद का काम है। तब क्या कोई 'साहित्य' बिना सूचना के भी सम्भव है ?

नहीं। लेकिन साहित्य पहले है, सूचना बाद में। तुम साहित्य को सूचना बनाओ। हम नहीं बनाएँगे। चौथे पॉल गोमरा कहते हैं।

क्या तुम्हारे न बनने से यह न बनेगा ? जिस मीडिया प्रपंच में हम-आप हैं, उसमें हमारा कोई भी कर्म, व्यापार, सूचना बनकर ही वह सम्भव है, इतिहास में है। सूचना के बिना इतिहास नहीं है। साहित्य कर्म को सूचना नहीं बनने देने

के लिए सिर्फ इतना काफी है कि साहित्य की कालोनी छोड़कर, दरीबे में चाँदी बेची जाए।

देखो मीडिया मत चिल्लाओ। वे चीखते हैं।

लेकिन साहित्य बिना 'मीडिया' हुए साहित्य कहाँ है ? क्या कुछ भी टैक्स्ट के बाहर है ? क्या कोई भी टैक्स्ट मीडिया के बाहर है ? क्या कोई भी साहित्य सूचना संजाल से बाहर सम्भव है ?

तुम देरिदा, फूको, पाल दमान चिल्लाते रहो। हम नहीं सुनने वाले। हम तो पॉल गोमरा, असली पॉल गोमरा हैं। साहित्य सूचना नहीं हैं—नहीं हैं। हमने कह दिया।

आपने जो कहा वह भी एक 'मोड' में कहा, एक टैक्स्ट के रूप में कहा। और कहते हुए आपने प्रसारण किया, उसी में आपके कथन की सूचना बनी।

उलझाओ मत। सूचना संजालवादी। अपना जाल कहीं और जाकर फैलाओ। साहित्य की गोपियों को इससे अधिक नहीं समझाया जा सकता।

सूचना संजाल में बैठे हुए लोगों का अजनबीपन है यह। सूचना के मारे लोगों का अजनबीपन। सूचना के मारे साहित्यकारों का अजनबीपन।

सूचना संजाल यानी सूचना तकनीक। यानी मीडिया। और सभी तरह का मीडिया जो अनुभव को सूचना में बदलता है। मीडिया अनुभव को जब 'मीडिएट' करता है तो सूचना बनाकर ही करता है। और मीडिया अनन्त रूप है। मौखिक है, अतर्वैयक्तिक है। साहित्य है। भित्तिचित्रों से लेकर आधुनिक छापेखाने तक, इलैक्ट्रॉनिक मीडिया तक है। हर मीडिया सूचना का अपना रूप तय करता है। हर सूचना प्रतिसूचना को जन्म देती है। इन दिनों सूचना क्रान्ति जारी है। सूचना संजाल विकराल है। मामूली टेलीफोन, फैक्स से आगे सूचना सुपरहाइवे तक है। फाइबर स्पेस में वर्चुअल रीयलिटी है। चूँकि सैटेलाइट ने आकाश एक कर दिया है, इसलिए इस गलतफहमी में बहुत देर रहना सम्भव नहीं कि हम चाहें तो सूचनातंत्र को नकार सकते हैं, उसके जगत से बाहर रह सकते हैं। कुछ लोग तो 'मूँदेहु आँख कतहु कछु नाहीं' वाले अन्दाज में टीवी नहीं देखते और कविता में गाली देते हैं। सच यही है कि सूचना संजाल हमारे अनुभव जगत का निर्णायक घटक है। फ्रेडरिक जेमेसन ने इसे 'दूसरी प्रकृति' कहा है। साहित्य स्वयं दूसरी प्रकृति है.

लेकिन पॉल गोमरा तो पहली प्रकृति ही मानने का हठ ठाने रहे। बाल हठ ठहरा और इसी बाल हठ को लिये-दिये वे इतने बड़े हो गए कि सिर के बाल उड़ चले, दाँत गिर चले और इतिहास के पन्ने उड़ चले। उन्होंने इतिहास के पृष्ठ तीन सौ निन्नानवे पर अपना वेट रख दिया। जहाँ वेट रखा था वहीं वे भी रखे हुए थे। सन्तोष था कि अब कहाँ जाएगा इतिहास। प्रेमचन्द के बाद की सीट कहाँ जाएगी ससुरी।

लेकिन इतिहास फिर उड़ चला। फड़फड़-फड़फड़। जिन दिनों की यह कथा है उन दिनों साहित्य का इतिहास कुछ इस तरह सूचित होने लगा : पॉल गोमरा नम्बर एक ने गुणाकर मुले और कमलेश्वर की जगह एक पटकथा के लेखक के एवज अपना नाम ऐलान इसलिए कर दिया, क्योंकि चार सौ खंडी महान् इतिहास-कथा अब उन्हें ही दिखानी थी। वे सुबह घर से निकलते, धुर दक्षिण दिल्ली के एक रिहाइशी इलाके में पहुँचते और स्टूडियो में गुम हो जाते। स्टूडियो का मालिक कंचे खेलता था। पचास कैमरे किराए पर चलते। वहीं एक टेबिल पॉल गोमरा को दे दी गई, जहाँ वे सप्ताह में एक रिम कागज पर अपने चित्र बनाते। स्वीटी इत्यादि को पास बिठाते, दोपहर को बोतल लेते। वहीं बैठकर वे मिलान कुण्डेरा से लगाकर नामवर तक को गरियाते कि सालो देखो ! मैं जिन्दा हूँ—इतिहास में जिन्दा। तुमने मुझे साहित्य से बाहर कर दिया तो मैं स्टूडियो में आ गया। क्या बिगाड़ लिया मेरा और मित्रों के जीवन पर कथाकौशल की सोचते। स्वभाव से भीरू यह तो सोचकर भी डरते कि किसी मित्र ने दो-चार लेपटे लगा दिए तो वे क्या करेंगे ? तीन-चार बार तो रहपटें खा चुके थे। सो एक रास्ता आदी बनने का था। दूसरा रास्ता चिरौरी करने का। चिरौरी को फिर सिद्धान्त में बदलने का। इन पंक्तियों के लिखे जाने तक उनकी स्वीटी का बड़ा भाई उन्हें पीटने के इन्तजार में था। तीन दिन से पॉल गोमरा दफ्तर नहीं आ रहे थे। उन्हें पता चला कि स्वीटी इत्यादि का भाई चक्कूबाज है।

जिन दिनों पॉल गोमरा स्वीटी इत्यादि के मुहल्ला प्रसिद्ध भाई बिट्टा से चक्कू खाने का इन्तजार कर रहे थे उन दिनों अन्य पॉल गोमरा लोग क्या कर रहे थे ? साहित्यिक प्रश्न यह कि वे साहित्य के मुहल्ले में क्या कर रहे थे। कछु भगवल्लीला वर्णन करि ! हे भगवन् ! अब क्या करे आपकी लीला। इस नश्वर संसार का सबसे बड़ा आश्चर्य तो आपने पहले ही कह डाला कि यहाँ रोज मरते हैं फिर जन्म लिये चले आते हैं। तो कुछ-कुछ ऐसा ही साहित्य के मुहल्ले में होता है।

पॉल गोमरा लोग इतिहास में जाने के लिए कविता-कहानी लिखे जा रहे हैं, प्रकाशक ढूँढ़ रहे हैं। किताब छप जाती है तो समीक्षक ढूँढ़ते हैं। समीक्षक भी मिल जाता है तो अखबार ढूँढ़ते हैं। अखबार मिल जाए तो टीवी ढूँढ़ते हैं। टीवी मिल जाए तो अंग्रेजी पेंग्विन में अनुवादक ढूँढ़ते हैं और खुशवंत के लॉन में फूलों की तारीफ करते हैं। कभी-कभी उसके जूतों की। इधर यह सब चल रही होती है, यानी साहित्य लीला, उधर शाम होते ही दारू चढ़ाकर अतीत से कुछ यादें सँजोते हैं : वे कुछ दिन कितने सुन्दर थे। जब बीवी नहीं थी, बच्चे नहीं थे और बुढ़ापा नहीं था। हम थे और साहित्य का मुहल्ला था। जब किताब आती तो इष्ट देवताओं की भेंट करते, लड़कियों के कभी न आए पत्र स्वयं लिखते, दोस्तों को सुबह फोन कर उलाहना देते कि पढ़ी कि नहीं, कहीं एक लाइन छपती तो कटिंग लिये फिरते

और फिर अकादमी के भूखे इनामों का इन्तजार करते। प्रकाशक से पैसे के लिए पहले रिरियाते कि देखो मैं तो मसिजीवी ही हूँ। तू दे। न देता तो झगड़ते। अखबार में बयान देते। संक्षेप में यह कि वे स्वयं साहित्य बन जाते, शेष जगत सूचना। वे रोटी के लिए सूचना संजाल में आते और साहित्य के लिए सूचना संजाल से बाहर। दिल में दो डिपार्टमेंटल स्टोर खुल गए थे। एक पर सिर्फ साहित्य मिलता था, दूसरे में सूचनातंत्र का पहिया चलता था। एक पर लिखा रहता : साहित्य समाज का दर्पण है, स्टोर। फ्री होम डिलीवरी। दूसरे पर लिखा रहता—तू मेरा चाँद मैं तेरी चाँदनी, स्टोर। वे प्रगतिवाद के ढलने के दिन थे। प्रतिक्रियावाद के उभरने के दिन थे। ऐसी ही एक सुबह जब वे अपने दिल का साहित्य-समाज-का-दर्पण-है वाला डिपार्टमेंटल स्टोर खोले बैठे थे तो स्वीटी ने उनसे एक अहम सवाल कर डाला। लीला कुछ यों शुरू हुई कि पॉल गोमरा की बीवी बिस्तर पर बेकार हो चुकी थीं और स्वीटी साकार थी। तो स्वीटी ने चाहा कि सैंया के साहित्य में प्रवेश कर जाऊँ। सो उस परम विदुषी, उस परम कुशाग्र ने एक अत्यन्त बुनियादी प्रश्न कर डाला कि पॉल गोमरा ये साहित्य जो है वो समाज का दर्पण कैसे हुआ, सो सब खोलकर समझा दो। इसके तीन-चार महीने बाद ही तो मुहल्ला फेम का बिट्टा अपना चाकू लहराने लगा। जब एक दिन सांध्य दैनिक में पॉल गोमरा की खबर छपी तो ज्ञात हुआ कि एक कुख्यात गुंडे ने उन पर जानलेवा हमला किया था। वह गुंडा सत्ता प्रतिष्ठान का आदमी था और किसी प्रतिक्रियावादी शक्ति का दल्ला। लोकप्रिय फासिस्ट था। अन्तिम बार लेखकों ने पॉल गोमरा की निकली हुई आँतों के अन्दर जाने की कामना की थी। स्वर्गारोहण से कुछ देर पहले तक पॉल गोमरा यह सोच चुके थे कि उनके जाने के बाद वाली शोक सभा कैसी होगी ? क्या स्वीटी कभी समझ पाएगी कि 'साहित्य समाज का दर्पण है' वाले डिपार्टमेंटल स्टोर और 'तू मेरा चाँद मैं तेरी चाँदनी' वाले स्टोर में कैसी जबरदस्त शत्रुता है, कि यह पॉल गोमरा इसीलिए अपने दिल पर गूमर लिये जाता है कि उसने संघर्ष किया, अनथक संघर्ष किया।

इस प्रलाप में बहुत कुछ छोड़ा जा सकता है। हम अपने उचक्केपन में अब सिद्धान्त चर्चा में लीन हों।

तो हुआ सिर्फ इतना है कि साहित्य समाज का दर्पण नहीं है (वह दर्पण था भी नहीं)। इस दर्पणवाद ने हिन्दी साहित्य की चार आधुनिक पीढ़ियों को शुद्ध चूतिया बनाया है। ब्रह्म सत्य है, जगत मिथ्या है। भाषा के प्रभाव से वह संसार काँच में प्रतिबिम्ब की तरह है। यह झूठा है। हाई लेवल पर चढ़े हुए, सन्तरा या ठर्रा चढ़ाए हमारे मनीषियों ने दर्पण को भाषा डिक्लेयर कर दिया था। तब साहित्य को दर्पण मानकर मूर्ख साहित्यकार कलेजे से लगाए रहे तो जरूर इसमें सी. आई. ए. का हाथ सक्रिय रहा होगा। चार पीढ़ी की इस दर्पण की सक्रियता ने हिन्दी

में ऐसे ज्ञान-भैरव तैयार कर दिए जो स्वयं को ही दर्पण मानकर चलने लगे। जिसे देखो वही दर्पण। कलम दर्पण, किताब दर्पण, प्रेस दर्पण, स्याही दर्पण, जुल्फें और जूते तक दर्पण। जिस प्रकार इस जगत को जाने बिना प्राणी इस जगत में रमता है और अपनी यह लीला पूरी करता है, उसी तरह यथार्थ को जाने बिना वह यथार्थ में रहता आया। चूँकि वह दर्पण था, इसलिए कहता आया कि जो उसमें दिखे सो सच ! शेष सब मिथ्या।

तो सूचना के इस जगत में साहित्य समाज का दर्पण नहीं है, वह 'चिह्न' है। एज़ाज़ अहमद ने 'इनथियरी' में अपनी भूमिका ही इस शीर्षक से लिखी है–'लिटरेचर एमंग साइन्स ऑफ आवर टाइम'। वे अपने जानी दुश्मन एडवर्ड सईद समेत तमाम उत्तर-संरचनावादियों से बहसे हुए हैं, लेकिन वे भी मानकर चले हैं कि लिटरेचर को अपने समय का 'चिह्न' कहा जा सकता है, 'दर्पण' नहीं। लेकिन अपने पॉल गोमरा लोग हाई स्कूल से रटते चले आए हैं कि साहित्य समाज का दर्पण ही तो है। इसलिए जब दर्पण टूटकर सूचना की तरह और सूचना के रूप में आता है तो दर्पणवादी, ट्रेनी हम लोग सबसे पहले मारे जाते हैं और उछलकर ऐसे चौंकते हैं कि चौंकना भी ऐतिहासिक होने लगता है। इस चक्कर में हम सूचना के साथ एक उचक्केपन का सम्बन्ध बनाते हैं। उसकी डाइलैक्टिक्स नहीं देखते, उसके बहुराष्ट्रीय, भूमंडलीय चक्र-कुचक्र को नहीं समझते, उसके तंत्र को नहीं समझते। परम आसान दो दलीय यथार्थ समझकर या तो हम उसके पक्ष में रहते हैं (जैसे कि वह कोई वैचारिक मुद्दा हो) या विरोध करते हैं (जैसे कि हम उस सूचना से नितान्त मुक्त हों)। इस परम, परस्पर विपरीतवाद में आदमी द्विधा विभक्त हो रहता है। यहीं कहीं उचक्कापन जन्म लेता है। आदमी सूचना के जाल में रहता है और मगर से भी प्यार करने लगता है। जल के बाहर निकलकर कहता है कि वह तो मगर को मारने आया था। साला मिला नहीं। सूचना से साहित्य का जो रिश्ता हम इन दिनों बना रहे हैं वह उचक्केपन और बौड़मपन का मिश्रण है।

जव अंग्रेज बहादुर अपने यहाँ प्रिंट मीडिया लाया तो अपने पुरखों ने एक बड़ी समझदारी बरती। उन्होंने बहुत जल्द समझ लिया कि हम गुफाओं में नहीं रह सकते, सूचना एक अस्त्र है और उसे अपना बनाया जाना चाहिए। इसीलिए उन्होंने अपना सूचना संजाल बनाया, अखबार निकाले, किताबें छापीं, माइक्रोफोन, टेलीफोन का उपयोग किया। इसी में साहित्य बना। प्राचीन साहित्य भी 'साहित्य' तभी बना जव प्रेस ने उसका जीर्णोद्धार कर दिया, वरना कहीं दफन ही रहता। मीडिया और सूचना संजाल का इतिहास देखें तो पाएँगे कि मीडिया के बिना साहित्य समाज में संचरण कर ही नहीं सकता। हम यह भी कह सकते हैं कि कोई भी व्यक्त-साहित्य मीडिया के बिना साहित्य नहीं बनता। नहीं बन सकता। व्यक्त होते ही, सामाजिक होते ही वह मीडियाकृत हो जाता है। इसे उल्टा कहें तो और अच्छा कि मीडियाकृत

या सूचनाकृत होने पर ही वह साहित्य बन पाता है। लोकसाहित्य आधुनिक युग में सूचना संजाल का हिस्सा बनकर आता है और तकनीकी दृष्टि से लोक-साहित्य का गायन-वादन अन्तर्वैयक्तिक संचार या सूचना संजाल का ही हिस्सा है। भले ही प्रिण्ट मीडिया में वह न आ सका हो। और यह तो हमें याद रखने की जरूरत ही नहीं है कि जनसंचार हर तरह के समाज का सामाजिक कर्म है, प्राकृतिक कर्म है, कोई पश्चिमी विचार नहीं। जनसंचार यानी सूचना संजाल हमारे 'ज्ञान की दशा' है, कोई 'अवधारणा' या विचार नहीं। अगर हम उसके होने को कोसते हैं तो हम उसके यथार्थ से बहुत-बहुत बाहर गिरते हैं, साथ में गिरता है हमारा बाल क्रोध, जैसा पॉल गोमरा का गिरा, जिसके गिरते ही स्वयं पॉल गोमरा की कहानी गिर गई।

अठारह सौ सत्तावन की लड़ाई का परिणाम क्रांतिकारी विजय में भी बदल सकता था अगर हिंदुस्तानी सिपाहियों को अंग्रेजों के दूर संचार (टेलीग्राफ) और सूचना-संज्रार की पक्की जानकारी होती और उसके उपयोग में उनको निपुणता प्राप्त होती ! विद्रोही सिपाहियों ने दिल्ली फतह करली थी। अंग्रेज दिल्ली हार गए थे। लेकिन अपने विकसित सूचना-संचार के बल पर उन्होंने मोर्चा लिया। उनकी नई कुमुक पहुँची और अंततः सिपाही गाजर मूली की तरह काट दिए गए। सिपाहियों की इस हार में, अन्य कारणों के अलावा अंग्रेजों के विकसित सूचना-संजार के बारे में सिपाहियों का अज्ञान भी शामिल रहा। इस संदर्भ में कार्ल मार्क्स की टिप्पणियां पठनीय हैं। भारतीय सिपाही नहीं जान सके कि अंग्रेजों की असली ताकत, सैन्य के अलावा, सूचना-संचार की ताकत थी। दिल्ली हार जाने पर भी, इस तरह वे दिल्ली नहीं हारे थे क्योंकि उनकी सूचना प्रणाली लगातार जारी थी। अंततः अपनी बेहतर सूचना-संचार प्रणाली और सैन्य शक्ति की बदौलत वे जीते। लेकिन कुछ लोग आज भी अठारह सौ सत्तावन की टोपीदार बंदूक से साम्राज्यवाद पर फतह चाहते हैं। इस क्रम में पॉल गोमरा जैसी कामेडीज बनेंगी ही।

सलमान रश्दी की नई किताब की पहले सूचना आई। फिर किताब। फिर किताब पर विवाद। विवाद की सूचना। सूचना न होती तो किताब न बिकती। इतनी ज्यादा न बिकती। सूचना संजाल ने जब से मार्केटिंग को अपना हिस्सा बनाया है तब से साहित्य कला की मार्केटिंग उसका एक काम है। उसके इस काम की बदौलत साहित्य और सनसनी एक साथ मिक्स कर जाते हैं, साहित्य और विज्ञापन एकमेक हो जाते हैं। (इंडिया टुडे की साहित्य वार्षिकी के विज्ञापन साहित्य के साथ-साथ ही 'पाठ' ब ते हैं।) इस रेलपेल से 'साहित्य' की पूर्वनिश्चित सीमाएँ दरक जाती हैं, गिर जाती हैं। कहाँ साहित्य शुरू होता है और कहाँ विज्ञापन। यह रेखा बहुत धुँधली, बहुत विरल हो जाती है। (टॉम वोल्फ)। सन्देह अलंकार भ्रांतिमान में बदल जाता है। साहित्य से विज्ञापन की भ्रांति होती है। विज्ञापन से

साहित्य की। अपना 'दर्पण' और उससे निकला अपना साहित्यशास्त्र इस घपले को समझाने में कोई मदद नहीं करता। वह तो 'साहित्य' के लिए बना था। उसे क्या पता था कि साहित्य विज्ञापन हो जाएगा मीडिया में, सूचना संजाल में, उसे क्या पता था कि इतिहास के विकास के एक चरण में साहित्य सूचना बन जाएगा ! 'साहित्य समाज का दर्पण' जा रहा है। 'साहित्य सूचना है' आ रहा है। पॉल गोमरा का चीत्कार इसीलिए है कि 'सासकाद' का जगत जा रहा है, 'सासू' आ रहा है।

यह मीडिया का ही कमाल है कि कोई कवि बन जाए सहज सम्भाव्य है। छपा सो कवि। न छपा सो न-कवि। यह मीडिया का जगत है। साहित्य में हम जब भी आते हैं किसी न किसी मीडिया के जरिए ही आते हैं। मीडिया एक व्यापक, अनेक स्तरीय प्रक्रिया है। कोई भी मीडिया इकहरा नहीं होता है। तिस पर इलैक्ट्रॉनिक मीडिया (जिसका पर्याय सिर्फ दूरदर्शन नहीं है) का सम्भव सूचना संजाल बहुत जटिल पर्व व्यापक है। वाणी का समूचा व्यापार अब इस सूचना संजाल के भीतर होता है। उसमें साहित्य की काया और माया दोनों बदलती रहती हैं। हमारे उपलब्ध साहित्य समीक्षाशास्त्र इस सूचनातंत्र की प्रक्रिया को नहीं देखते, सूचनातंत्र के रूप, उसके 'मोड' और प्रभाव को नहीं देखते। हमारे रचनाकार, जिनका शास्त्रज्ञान यों भी कम हो चला है और जो अभी अनुभववाद में फँसे हैं, तो और भी इस झमेले को नहीं समझ सकते। आए दिन साहित्य पर होने वाली गोष्ठियों में फेन डालकर मीडिया को गरियाते लोगों को सर्वत्र ही देखा जा सकता है। इतने सारे पॉल गोमरा नजर आते हैं कि शुमार नहीं। समय से पिछड़कर बाहर हो जाना इसे ही कहते हैं। सच यह है कि एक समूची पीढ़ी साहित्य में जड़वत् हो चली है। और यह पीढ़ी स्वयं को प्रगतिशील भी कहती है। यह कैसी प्रगतिशील है जो कट्टर सनातनियों से भी चार कोस आगे जा रही है। मीडिया से डरे हुए ये रणबाँकुरे न साहित्यकार हैं न संवेदनशील। अपने समय से बाहर धकेले हुए ये लोग शहादत देने के लिए उतावले हैं। मीडिया उन्हें दैनिक कार्टून बनाता है। हर आदमी चाहता है कि मीडिया में छपे तो लेखक हो। उसे ज्ञात है कि न छपा तो लेखक न होगा। सो छपने-भर के लिए वह सब कुछ करता है जो एक व्यावहारिक व्यक्ति को करना होता है। लेकिन मीडिया को नहीं जानता, सो जिस वक्त मीडिया उसकी 'महान् रचना' को क्षणभंगुर बनाकर दसेक रुपए में पचास हजार से पाँच लाख लोगों तक भेजता है तो वह स्वयं को ईश्वर (ऑथर) समझने के चक्कर में रहता है, जबकि जितना ही उसका प्रचार-प्रसार होता है उतना ही वह 'क्षणिक' और अस्थायी होता जाता है। शाश्वतता के मारे अनन्त पॉल गोमरा पिछले दसेक वर्षों से अपनी चीखें कविता कहानी में दर्ज करते आए हैं और आगे भी करेंगे। उत्तर-आधुनिकता के इस जंजाल में जब इस टुच्चे समय की टुच्चई उनके सामने आती है तो उन्हें अचानक अपने छल साफ नजर आते हैं और अपनी टुच्चई भी। साहित्य के चालू

विमर्श उसके प्रमाण हैं कि लोग साहित्य में किसी 'महासत्य' 'महाइतिहास' और किसी 'महासन्देश' को ढूँढ़ते हैं, जबकि वह बेचारा फोनिक्स के जूते के पास बिसूर रहा होता है।

मीडिया के विस्फोट ने साहित्य को आसान भी बनाया है। इतना आसान कि इस वक्त कवि बाद में सिद्ध होते हैं पहले उनके संकलन आ जाते हैं। 'सम्पादक पटाओ, रचना छपाओ' के अभ्यास को साहित्याध्ययन बराबर मान लिया गया है। माध्यम इतना प्रमुख है कि रचना की चिन्ता उनको भी नहीं जो गोष्ठियों में कहते फ़िरते हैं कि 'मैं समझौता नहीं करूँगा'। मीडिया के विस्फोट से मीडिया की आसान उपलब्धि ने ऐसे लोगों को भी रचनाकार बड़े पैमाने पर बनाया है जो मूलतः दाऊद इब्राहीम या बबलू श्रीवास्तव की कोटि में होते। जिस तरह फिल्म उद्योग में लाले लोग अपनी लौंडियों को नायिका बनाते हैं वैसे ही हिन्दी में भी कई लोग करते हैं। ऐसे पता नहीं कितने लोग साहित्य में घुसे आ रहे हैं जो 'व्युत्पन्न' की छोड़िए, 'अभ्यासी' भी नहीं हैं। ये सिर्फ साधन के कवि, कथाकार हैं। ढेर सारे। इनमें से कइयों को 'साहित्य' का 'सा' नहीं आता और भारतभूषण या ऐसा कोई भी इनाम ले जाते हैं। यह मीडिया का ही कमाल है कि इन दिनों इनाम की खबर जब छपती है तो ज्ञात होता है कि अमुक नौजवान कवि है, क्योंकि कई आलोचकों ने उसे कवि मान लिया है, कथाकार मान लिया है। एक विराट् नक्काली चल निकली है मीडिया की वजह से।

इससे कई लाभ हुए हैं। एक तो साहित्य की मौलिकता का 'पाखंड' खत्म हो गया है और मामला जनतांत्रिक हो गया है। मीडिया ने सबको रचनाकार सम्भव कर (यानी वह भी रचनाकार जो नहीं लिखता-पढ़ता) साहित्य के श्रेष्ठवाद को जनतांत्रिक बना दिया है। वह मास कल्चर हो गया है। यह बुरा नहीं हुआ है। साहित्य को उसकी वास्तविक जगह मीडिया ने दिखा दी है कि वह अन्य कामों, जैसे मजूरी या चोरी, कत्ल या प्यार जैसी ही कोई सामान्य मानवीय क्रिया है।

मीडिया से साहित्य को एक लाभ यह भी हुआ है कि वह रोटी कमाने का ज़रिया बन गया है। फिल्मों और टीवी से न जाने कितने अभ्यासी रोटी पाने लगे हैं। पॉल गोमरा भी पा रहे हैं। मजा यह है कि रोटी जितनी आसान हो गई है, अज्ञान उतना ही बढ़ गया है।

साहित्य 'सूचना' है। वह हमेशा एक 'सूचना' रहा है। 'दर्पण' से आगे है सूचना। सूचना 'दर्पण' से ज्यादा स्पष्ट शब्द है। हम कहते हैं कि "यह कविता संग्रह एक बड़ी घटना है" तो मूलतः सूचना संजाल की भाषा का इस्तेमाल कर रहे होते हैं। हम जब कहते हैं कि "इन रचनाओं से गुजरना एक नए अनुभव से गुजरना है" तो यहाँ भी हम सूचना संजाल की कमेंटरी की भाषा का उपयोग करते हैं। हमारी चालू समीक्षा का मिजाज स्वयं सूचनाधर्मी हो रहा है। पुस्तकों की खबरें

मिलती हैं, पुस्तकें नहीं। बाद में उन्हें पहचाना जाता है। किसी रचना की ख़बर ही आजकल उसकी राजनीति है। कौन-सी रचना प्रमुख है, यह उस समय का मीडिया ही तय करता है। लोग बाद में तय करते हैं। अब तो कई बार लोग वही तय करते हैं जो मीडिया तय करता है।

ऐसे में जो साहित्य हम पाते हैं, जो भी रचना हम पाते हैं वह मीडिया में एक सूचना की तरह आती है, और सूचना के रूप में याद रह जाती है। यह रोज होता है। ऐसे में रचना दो-चार दिन नहीं रहती तो इसलिए कि सूचनातंत्र में हर चीज 'काल' में नष्ट होती है, काल में चलती है। अंतर्वैयक्तिक मीडिया में जो चीजें हमें लोकप्रिय और अमर नजर आती हैं, वे ही प्रिन्ट मीडिया में स्थिर होती हैं और इलैक्ट्रॉनिक मीडिया में वे फिर क्षणभंगुर हो जाती हैं, सूचना बन जाती हैं। हम चाहे तो उन्हें 'रिकॉल' कर सकते हैं। यानी वे क्षणभंगुरता में ही अमर होती है क्योंकि वे 'रिकॉर्ड' में आ जाती है। पुराना साहित्य नष्ट हो सकता था। सूचना में साहित्य नष्ट नहीं होता, लगातार पुनरुत्पादित होता रहता है। उसकी कथित भव्यता नष्ट होती हैं, लेकिन वह सबको उपलब्ध रहता है। प्रिण्ट मीडिया ने पुस्तकें उपलब्ध कराईं। इलैक्ट्रॉनिक मीडिया कैसेट उपलब्ध कराता है। किताबों का रूप बदल जाता है। लेकिन किताब नष्ट नहीं होती। वह और अधिक बार पुनरुत्पादित हो सकती है।

सूचना की प्रकृति चूँकि संचरण की है और मीडिया का काम अनुभव को सूचना में बदलना है, इसलिए रचना प्रायः सूचना में बदलती रहती है। यहाँ यह प्रश्न कर लिया जाना चाहिए कि क्या हमारे पास कोई ऐसी 'चॉइस' (विकल्प) है कि साहित्य सूचना न बन सके, वह साहित्य बना रहे, जैसा कि हम चाहते हैं। (वैसे हम क्या चाहते हैं यह बात बिना माध्यम के कही नहीं जा सकती और माध्यम में आते ही जो हम कहना चाहते हैं बदल जाएगा। तब हमें कैसे मालूम पड़ेगा कि हम क्या चाहते थे ? अभिव्यक्ति के दर्शन की गह शाश्वत समस्या रहेगी।) 'जैसा हम चाहते हैं' वाक्य में छिपा हुआ छल यह है कि हम स्वयं विकल्प रहित हैं। हमें वही चाहिए जो हम चाहते हैं तो मीडिया को वह चाहिए जो वह चाहता है और मीडिया के बिना आप 'चाह' नहीं सकते, इसलिए हम वही चाहते हैं जो मीडिया चाहता है। मीडिया द्वारा चालित सूचना का संजाल हमारे ज्ञान का निर्माण करता है, इसलिए हमारे अनुभव जगत का अनुशासन भी वही करता है।

साहित्य और सूचना के सम्बन्ध को लेकर होने वाले साहित्य-विमर्शों में मीडिया को लेकर मौजूद शाश्वत चिढ़ एक साहित्यघाती परिणाम देती है। किसी भी बहस की यह पूर्व शर्त होनी चाहिए कि हम साहित्य और मीडिया में मनमाने अन्तर्विरोध न खोजें और जो अन्तर्विरोध सम्भव हैं, उन्हें देखें—जैसे लोकप्रियता और बाजार के अन्तर्विरोध। ये अन्तर्विरोध अनिवार्य हैं, यह मानकर चलें तो सुलझन

में आसानी रहेगी। पूर्व शर्त यही है कि हम अपने पिछड़ेपन को त्यागें, खिसियाहट को तर्क न बनाएँ और मीडिया के प्रति अपने चोर रवैये को तर्कसंगत करें।

हम देख रहे हैं कि साहित्य और अखबार, साहित्य और टीवी के भेद धुँधले हो चले हैं। हम देखते हैं कि एक विराट् दृश्यश्रव्य सम्भवतया हमारे अनुभवों को, उनके अब तक के स्थिर रूपाकारों को 'अस्थिर' कर रहा है। यह मीडिया ही है। यह सूचनातंत्र ही है जो ऐसा कर रहा है। उम्बर्टो इको, देरिदा, टाम वोल्फ ने उसे देख साहित्य के 'पैराडाइम शिफ्ट' की बात बहुत पहले से की है। हमारे पॉल गोमरा जन इस शिफ्ट को देख ऐसे चीखते हैं जैसे किसी गुंडे ने किसी लाजवती को आँख मार दी हो।

सूचना के विस्फोट के बिना न तो दलित विमर्श सम्भव था और न स्त्री विमर्श सम्भव थे। सूचना संजाल ने 'भेद' को विस्फोटक ढंग से सक्रिय किया है और ब्राह्मणवादी, पुरुषवादी विमर्श बौखलाए हुए हैं। वंचित लोगों तक पहुँच रही सूचनाओं ने उन्हें आजादी दी है कि वे अपनी सूचना स्वयं दें। प्रतिनिधिकता का पराया मंच यानी लेखक गिर गया है। हर मनुष्य लेखक बन रहा है। इससे महापुरुषों की नींद हराम है। हाशिए उठ रहे हैं। इसीलिए महापुरुषों के साहित्य में व्याकुलता बढ़ रही है। जरा इंडिया टुडे में छपी नौनिहाल कवियों की चीत्कार मार्का कविताएँ तो देखें। यह चीत्कार पिछले आठ-दस साल से जारी है, मीडिया के साथ लुकाछिपी जारी है और एक पूरी पीढ़ी दिमाग से लगभग दिवालिया हो चली है। थोड़े दिन में जब मीडिया साहित्य में नए हाशिए पैदा कर देगा तब यह चीत्कारवादी विमर्श अपनी शवयात्रा देखेगा।

❑❑❑